普通高等院校本科应用型规划教材——经管类

经济法学

（第二版）

主　编　颜　勇　刘　娜　吴　静

副主编　漆海燕　邓树枝　李飞鸣

程德辉　许　彦

西南交通大学出版社

·成　都·

图书在版编目（CIP）数据

经济法学 / 颜勇，刘娜，吴静主编．—2 版．—成都：西南交通大学出版社，2016.2
普通高等院校本科应用型规划教材．经管类
ISBN 978-7-5643-4556-3

Ⅰ．①经… Ⅱ．①颜… ②刘… ③吴… Ⅲ．①经济法－法的理论－中国－高等学校－教材 Ⅳ．①D922.290.1

中国版本图书馆 CIP 数据核字（2016）第 028616 号

普通高等院校本科应用型规划教材——经管类
经济法学
（第二版）
主编　颜　勇　刘　娜　吴　静

责任编辑	孟秀芝
封面设计	墨创文化
出版发行	西南交通大学出版社 （四川省成都市二环路北一段 111 号 西南交通大学创新大厦 21 楼）
发行部电话	028-87600564　028-87600533
邮政编码	610031
网　　址	http://www.xnjdcbs.com
印　　刷	四川森林印务有限责任公司
成品尺寸	185 mm × 260 mm
印　　张	20
字　　数	495 千
版　　次	2016 年 2 月第 2 版
印　　次	2016 年 2 月第 2 次
书　　号	ISBN 978-7-5643-4556-3
定　　价	39.00 元

课件咨询电话：028-87600533
图书如有印装质量问题　本社负责退换

《经济法学》编委会

主　编：颜　勇　刘　娜　吴　静

副主编：漆海燕　（四川农业大学）

邓树枝　（四川同兴律师事务所）

李飞鸣　（四川农业大学）

程德辉　（四川省雅安市司法局）

许　彦　（四川农业大学）

参　编：程　芳　（中南财经政法大学）

黄友财　（四川农业大学）

季长龙　（浙江工商大学　）

廖红霞　（四川农业大学）

刘　秀　（成都理工大学）

马　丽　（四川农业大学）

孟　琦　（四川农业大学）

孙　梦　（华南农业大学）

王　波　（西安财经政法学院）

前　言（第二版）

当前，经济全球化进程不断加快，科技进步日新月异，知识经济快速发展，经济社会正经历着广泛而深刻的变革。我国经济发展进入新常态，发展的环境、条件、任务、要求等都发生了新的变化。我国发展既面临大有作为的重大战略机遇期，又面临诸多矛盾相互叠加的严峻挑战。

党的十八届五中全会通过了《中共中央关于制定国民经济和社会发展第十三个五年规划的建议》，为我国"十三五"时期的经济社会发展指明了方向、勾画了蓝图，明确了以经济建设为中心，坚持科学发展，加快转变经济发展方式，全面深化改革，全面依法治国，加快完善各方面体制机制，更好利用两个市场、两种资源，为我国发展不断提供强大动力和有效保障。与此同时，与经济相关的法律制度也逐步完善，对于一些不适合新形势下经济发展的法律法规进行了修订，如《中华人民共和国食品安全法》。除此之外，还通过了为数不少的新法律法规。上述变化都要求我们及时修改、补充《经济法学》教材的相关内容。在此背景下，我们对《经济法学》进行了修订。

较之以往，《经济法学》（第二版）的修订，主要从以下方面着手：

第一，在编排顺序上，依照学科理论加以调整。

第二，在具体内容上，依照社会发展做了部分更新。

第三，在理论取舍上，坚持以理论够用为限。对于理论问题，不过于细化。

由于我国立法步伐的加快，书中涉及的一些法律正在修改或制定之中；有些法学理论问题，国内法学界仍在深入研究、探讨，本书的个别观点只是一家之言，有待商榷。再者，由于我们水平所限，定会有缺欠甚至讹误，敬请读者提出宝贵意见。

作　者

2016 年 1 月

前　言（第一版）

在我国，经济法一直有着深厚的生活实践基础。它的产生形成是一种历史的必然，它的广泛存在更是一种客观的现实。经济关系是人类社会最广泛、最基本的社会关系，众多的法律部门都在对它进行调整。包括调整财产关系的民法，以及调整一定经济关系的部分行政法、劳动法、环境保护法等，都可纳入广义的经济法规体系之中。有关经济的法律问题往往并不局限于严格的部门经济法领域，需要综合的广义经济法知识才能很好地解决，这需要我们掌握和了解相关知识；在教学上，采取广义经济法知识的讲解，可以突破部门经济法限制，使学生能够具备民商法的必备知识基础，实践证明这种安排易于为学生理解和接受，教学效果良好。本教材采用大众对“经济法”的通俗理解来安排教材内容，以期满足社会主义市场经济发展对非法律专业学生掌握有关经济关系的基本法律知识的要求。通过本书的学习，我们希望学生能够有如下的收获：

（一）增加法律知识，明了法律原理

我们用通俗语言描述有关规范经济的法律基础理论，力求让学生形成一个广义的经济法的基本知识框架，了解制度背后的基本原理。在此基础上，学生能够根据基本原理继续深入学习经济法律知识，分析现实中的经济法律问题，从而力图达到“授人以渔”的教学效果。

（二）养成法律思维，增强法制观念

我们期望学生通过本书的学习，能增强法律意识，在从事任何经济活动时有“合法”和“违法”的思维习惯。市场经济是法制经济。如果没有从法律视角思考问题的思维习惯，就容易只从经济角度以效率去判断某个行为，去决断某些事务，从而有可能违法甚至犯罪。因此，养成法治思维习惯，增强法制观念，对于经济行为的规范化具有重要意义。

全书编写过程中，参考了有关的专著，高等院校法学教材、著作和文献，这里不能一一列举，在此谨表示衷心感谢。另外，有关的老师、朋友也对此书的编写给予大力支持，在此也一并表示感谢。

作　者

2010 年 7 月

目　　录

第一章 导 论

案例

2007 年 4 月，美国第二大次级房贷公司——新世纪金融公司的破产就暴露了次级抵押债券的风险；从 2007 年 8 月开始，美国联邦储备系统（简称“美联储”）做出回应，向金融体系注入流动性以增加市场信心，美国股市也得以在高位维持，形势看来似乎不是很坏。然而，2008 年 8 月，美国房贷两大巨头——房利美和房地美股价暴跌，持有“两房”债券的金融机构大面积亏损。美国财政部和美联储被迫接管“两房”，以表明政府应对危机的决心。但接踵而来的是：总资产高达 1.5 万亿美元的世界两大顶级投行雷曼兄弟和美林相继爆出问题，前者被迫申请破产保护，后者被美国银行收购；总资产高达 1 万亿美元的全球最大保险商美国国际集团（AIG）也难以为继，美国政府在选择接管 AIG 以稳定市场的同时却对其他金融机构“爱莫能助”。2008 年 10 月 3 日布什政府签署了总额高达 7 000 亿美元的金融救市方案。

请尝试分析本案涉及的经济法律问题。

案例来源：百度百科：美国金融危机，http://baike.baidu.com/link?url=x9yk3x77oMyJV82UBwqmx2f4LOZZqbkG-peJL3R-S3fqKrRqO_8mdHzMuJUHe_3xi53vKZxIaBYKZn6Jx6kd_K。

第一节 经济法学概述

一、经济法学的定义

经济法学是以与经济法相关的法律问题为研究对象的法学学科。经济法学拥有区别于其他法学学科的研究领域、研究对象以及调整范围，目前已经成为我国独立运行的法律部门之一。以凯尔森的法律规范三个位阶区分，经济法学属于法律规范体系中的一般法律规范的研究范畴。作为法学体系中的新兴学科，经济法学对其本身的产生、运行规律以及发展模式研究较为深入，而经济法学作为适应现代性理论发展应运而生的法学学科，其先天便具备了适应现代市场经济发展的决定因素，在国民经济发展运作中居于重要的引导地位。

经济法学相对于传统法学学科来说属于新兴学科，其产生较晚，但发展势头十分迅猛。关于经济法学的产生，学界一般认为最早产生于资本主义国家，有学者认为现代意义上的经济法应该是最早产生于市场经济从自由竞争阶段进入到垄断阶段之后，并体现为 19 世纪末、20 世纪初在美国、德国等国家制定的有关规范市场竞争行为的法律，如英国 1890 年的《谢尔曼反托拉斯法》、德国1896年的《反对不正当竞争法》等。有学者认为经济法主要见于德国、日本等大陆法系国家的学术文献中。英美法系国家尽管存在着我们看来属于经济法的法律规范，但它们不注重法律部门的区分，没有民法的概念，更没有经济法这一概念。不过，诸多学者一致认为，经济法性质的法律规范第一次出现是在第一次世界大战期间所产生的一些“战时统制法”，而第一部具有经济法性质的经济法律是德国1919年的《煤炭经济法》。

其实，“经济法”一词，最早是由法国空想共产主义者库莱里于1755年在他的《自然法典》中提出的。此后，法国另一位空想共产主义者德萨米于1842年在他的《公有法典》中也使用了“经济法”一词，并发展了库莱里关于经济法的思想，直到20世纪初，经济法性质的法律规范才见诸于欧洲等大陆法系国家的部分法典，其中德国基于其当时的社会形势、经济政策与相关史无前例的法律现象等客观因素，以及德国学者善于理性思维，强调法律概念、体系的严谨与缜密等主观因素，德国学术界率先展开了以“经济法律问题”为研究对象的法学研究，从而使德国成为经济法学的发源地。在德国学者的带动下，自20世纪20年代以来，经济法研究在其他一些国家相继展开，经济法学进入了一个新的发展时期，并在世界范围内开创了法学层面的经济法律问题研究热潮。在我国，自1979年以来，在全国人大和国务院的文件中，也使用了“经济法”这一概念。同时，我国学术界也广泛地使用了“经济法”这一概念。

二、经济法学的历史沿革

经济法学的发展经历了一个由广义到狭义、由宏观到微观、由经济到伦理、由国家到市场等多元综合发展的动态过程。较早的德国学者认为经济法就是与经济有关的法律的总称，比如德国的艾斯特豪思认为经济法就是有关经济的法。日本学者丹宗昭信认为现代经济法的核心是“垄断禁止法”，是国家规制市场支配的法。德国的卡斯凯尔和库拉乌捷、日本的西原宽一等认为经济法是关于企业的法，企业的概念构成经济立法的出发点。法国有学者认为，经济法是对传统商法的扩展，人们更多的用经济法概念来代替传统的商法。苏联法学家斯图契卡认为，20世纪20年代苏联存在两种经济成分和经济关系，私有者之间的财产关系由民法调整，社会主义成分的各种经济关系由经济法调整，民法最终灭亡，被经济法取代。

上述经济法学理论在认识论上的不同体现为地域发展上的不均衡，而这是一种形式上的不均衡，并不是经济法学本体论上的差异。比如，英美法系国家虽然没有“民法”之名，却存在大量的财产法、契约法、侵权法等大陆法系称之为“民法”的规范，英美法系国家虽然一般不强调“经济法”之名，但也同样在财政、税收、金融、市场竞争等各个方面，存在着大量的“经济法”规范，即英美法系国家虽然在总体上没有经济法之名，却有经济法之实。事实上，任何国家，只要是搞现代市场经济，就离不开宏观调控和市场规制，就需要有相关的经济法规范。从这个意义上讲，经济法规范在各国是普遍存在的，各个国家的法学研究，也都会涉及经济法学的研究。如果把经济法分为实质意义的经济法和形式意义的经济法，则实质意义的经济法是普遍存在的。在实行市场经济的国家，实际上都有以实质意义的经济法为研究对象的经济法学。①

① 张守文：《经济法学》，北京大学出版社2008年版。

（一）国外经济法学理论的历史沿革

西方资本主义经济法产生之前，调整经济关系的主要是民商法。最初，资本主义国家十分重视市场秩序规制立法，20 世纪中期以来，西方国家大都强调对经济实行宏观管理与监督，着手制订各种不同的计划，试图在“无形之手”和“国家之手”之间找到一个最佳点。[①]

德国的社会市场经济体制中的市场竞争自由与政府调控权威相得益彰。德国经济法的发展大致可分为三个阶段：第一阶段（19 世纪末至第一次世界大战前），这时期的主要立法是 1894 年德国颁布了反不正当竞争的第一部法律——《保护商标法》，1896 年出台了《反不正当竞争行为的斗争法》。第二阶段（两次世界大战期间），第一次世界大战期间，德国颁布的经济法有《一般授权法》《关于限制契约的最高价格的通知》。第一次世界大战后，当时的魏玛共和国为了恢复被战争破坏的经济，一方面废除了战时经济统制法，另一方面又沿袭战时经济法的立法原则，先后颁布了《卡特尔规章法》《煤炭经济法》等一系列经济法，从而开创了把经济法这个概念明确用于立法本身的先例。[②]第三阶段（第二次世界大战后），德国分裂为东德和西德。[③]西德在美国自由民主思想的影响下，走上了“第三条道路”，实行社会市场体制。战后初期，根据占领军的指令，实行《反卡特尔法》。1966 至 1967 年德国发生了经济危机，为了保障经济持续增长，颁布了《促进经济稳定和增长法》，该法是实行宏观调控的重要法律。

日本政府借助经济法通过两种方式介入市场，亦即借助经济法通过两种方法反作用于经济基础：其一，维持竞争秩序，发挥市场机能；其二，国家对整个国民经济及市场运行予以规制，发挥政府调控作用。[④]日本经济法产生发展大致经历了两个阶段。第一阶段（两次世界大战期间），20 世纪初期，日本资本主义经济结构发生了明显的变化，垄断资本主义逐渐形成和壮大。日本的卡特尔在明治中期已产生，最初，日本对卡特尔采取保护与扶植的政策。日本政府先后颁布《出口组合法》和《重要出口商品生产组织法》，它们属于规制未加入卡特尔的组织使之从属于卡特尔的强制卡特尔法。第二阶段（第二次世界大战后），日本统治者在恢复和发展经济的过程中，非常重视运用经济手段调整和管理经济，制定了大量的经济法。为了防止已被解散的财阀复活垄断资本，日本政府于 1947 年颁布了《关于禁止私人垄断和确保公正交易的法律》。1952 年开始，日本进入 20 年高速发展期，这时期的重要立法有《企业合理化促进法》《中小企业基本法》等。20 世纪 70 年代以来，日本围绕摆脱危机、振兴经济、通过立法活动不断完善原有的各种经济法，这一时期主要的立法有《投机防止法》《稳定国民生活紧急措施法》《石油供应适度化法》《关于能源使用合理化的法律》《中小企业破产互助法》。

美国经济法的产生和发展大致可分为三个阶段：第一阶段（19 世纪末至 1929 年世界经济危机前），产业革命完成后，美国出现了对自由竞争产生极大妨碍的垄断，引起了人们普遍忧虑和不满。美国政府审时度势，主动出面干预，颁布了一系列反垄断和反限制竞争的法律。主要经济立法有：1890 年国会通过了 《保护贸易和商业免受非法限制与垄断之害法》，而后又通过了《克莱顿法》和《联邦贸易委员会法》。第二阶段（自 1929 年经济危机爆发至第二次世界大战结束），1929 年世界性经济危机使美国经济遭到毁灭性的打击。罗斯福总统

---

① 肖光辉：《20 世纪世界经济法理论的几个问题》，何勤华：《20 世纪外国经济法的前沿》，法律出版社 2002 年版，第 66 页。

② 李昌麒：《经济法——国家干预经济的基本法律形式》，四川人民出版社 1995 年版，第 42 页。

③ 东德即原德意志民主共和国，西德即原德意志联邦共和国，已于 1990 年 10 月 3 日完成德国统一。

④ 程信和，刘国政：《比较法在日本经济发展中的作用及对中国的启示》，法学评论 1999 年第 2 期，第 65- 66 页。

上任后，通过颁布经济立法全面干预经济活动。期间，美国颁布了 70 多部经济法令，如《紧急银行条例》《金融改革法案》《产业复兴法案》《土壤保护法》《新农业法》《国家劳动关系法》《恢复和救济法》等。[①]第三阶段（第二次世界大战以来），美国运用凯恩斯主义理论，自觉运用经济立法作为国家干预经济的法律手段成为资本主义生产方式存在和发展的一种经常性和必然性手段。这时期的主要经济立法有 1981 年《经济复兴税法》《经济复兴法》和 1986 年《税法》等。

（二）中国经济法学理论的历史沿革

自 1978 年改革开放以来，中国经济法学走过了三十多年的发展历程。三十多年来，中国经济法学立足中国现实，积极借鉴国外先进的理论，在众多理论与实践工作者的努力下，经历了从无到有、从小到大、从计划经济体制到市场经济体制、从初创到逐渐完善的过程，基本上形成了具有中国特色的理论体系，成为法学体系的重要组成部分。中国经济法学三十多年的发展和理论创新对推进中国改革开放，促进社会经济转型，推动国家经济立法，繁荣中国法学理论，构建具有中国特色的社会主义法律体系，指导法制实践，发挥了重要作用。

一般认为，中国经济法学产生于 20 世纪 70 年代末期，是中国 1978 年开始思想解放与经济体制改革的产物。从制度变迁的视角看，中国经济法学的产生和发展是中国经济社会发展的客观要求。改革开放和经济社会转型是中国经济法产生和发展的现实基础及实践源泉，经济法在很大程度上承担了为中国经济社会转型和发展提供法制保障的历史重任。中国经济法学正是在这种背景下产生和发展起来的，它的诞生和繁荣同样具有历史的必然性。回顾中国经济法学走过的历程，以 1992 年为标志，大致经历了由计划经济体制向市场经济体制转轨之前和转轨之后两个阶段。第一阶段（从 1979 年至 1992 年），这是中国经济法的产生和初步发展时期；第二阶段（1992 年以来），这是中国经济法勃兴和走向成熟时期。随着计划经济体制向有计划的商品经济体制的转换，经济法在中国诞生了。1979 年的《中外合资经营企业法》是改革开放以来的首部经济法。第一阶段期间的经济法有《统计法》[②]《森林法》《土地管理法》《中外合资经营企业所得税法》《个人所得税法》《全民所有制工业企业法》，此外还有大量由国务院制定的经济行政法规。随着经济法的兴起，民商法也产生和发展起来，《经济合同法》《民法通则》《婚姻法》《继承法》等一系列重要的民事法律相继通过。党的十四大在对国内外形势作了正确分析后，作出了建立社会主义市场经济法制的历史性选择。全国人大及其常委会抓住法制建设的契机，重视经济立法，从而使我国经济法进入了一个前所未有的快速发展时期，初步形成了比较完善的社会主义经济法体系。这一阶段，市场规制法异军突起，和先前发展起来的宏观调控法组成我国经济法的主体部分。第二阶段期间的经济法主要有《反不正当竞争法》《消费者权益保护法》《产品质量法》等。

三、经济法的调整对象

关于经济法的调整对象，无论国外还是国内都未达成共识，观点不一，争论不断。本书

① 漆多俊：《经济法基础理论》，武汉大学出版 2000 年版，第 282 页。

② 全书法律、法规、规章等涉及较多，为阅读简便，统一使用规范简称，如《中华人民共和国统计法》简称《统计法》。

从经济法的定义出发，认为经济法的调整对象是国家需要干预的社会经济关系，具体包括市场主体调控关系、市场秩序调控关系、宏观经济调控和可持续发展保障关系、社会分配关系四个方面。

（一）市场主体调控关系

市场主体调控关系指国家从维护社会公共利益出发，在对市场主体的组织和行为进行必要干预过程中而发生的社会关系。

（二）市场秩序调控关系

市场秩序调控关系指国家在培育和发展市场体系过程中，为了维护国家、生产经营者和消费者的合法权益而对市场主体的市场行为进行必要干预而发生的社会关系，也是国家在造就市场平等竞争条件、维护公平竞争秩序过程中与市场主体所发生的社会经济关系。

（三）宏观经济调控和可持续发展保障关系

宏观经济调控关系是指国家从全局和社会公共利益出发，对关系国计民生的重大经济因素，实行全局性的调控过程中与其他社会组织所发生的社会关系。可持续发展保障关系是指国家在经济发展中，在平衡当代人和后代人的利益过程中所发生的人与人之间的关系，主要包括人口、环境、资源等方面的关系。

（四）社会分配关系

社会分配关系是指在国民收入的初次分配和再分配过程中所发生的关系。总的来说，经济法的调整对象不是一般的经济关系，而是一定范围内的特殊经济关系。经济法的调整对象主要是不平等主体之间的经济关系，它不是广泛的社会关系和一般的经济关系，而是国家在协调和控制社会经济活动的过程中与其受控主体之间所发生的各种经济关系。经济法是调整这种特定的经济关系的法律规范的总称。

四、经济法的基本原则

经济法基本原则是指贯穿于经济法运作全过程之中，作为经济法规则基础的指导思想和原理。我国现在尚未制定一部基本经济法，因此，要准确地概括出经济法的基本原则是相当困难的，本书从市场经济体制对经济法的要求出发，做出以下理论概括：

（一）资源优化配置原则

市场经济是社会化的商品经济，是市场在资源配置中起基础性作用的经济。人类社会的发展，就是人们不断追求实现资源的优化配置的历程。在资源配置的方式上，主要有计划和市场两种方式。计划配置方式是国家计划部门根据社会需要和可能，以计划配额、行政命令来统管资源和分配资源。市场配置方式是依靠市场运行机制进行资源配置的方式。

我国改革开放以前的一段时间里，计划曾经是资源配置的主要方式，而市场的作用受到很大的限制。计划资源配置方式，在一定条件下，有可能从整体利益上协调经济发展，集中力量完成重点工程项目。但是，配额排斥选择，统管取代竞争，市场处于消极被动的地位，易出现资源闲置或浪费的现象。

建设社会主义市场经济，就是要在国家宏观调控下强调市场对资源配置的基础性作用，在计划与市场之间，不能走极端，必须把两者高度结合起来。既要强调市场在配置资源中的基础性作用，也要重视国家在资源配置中的调节作用，把计划的制订、市场的行为和政府的职能纳入经济法制的轨道。

（二）国家适度干预

经济法是国家为了对社会经济生活进行干预而产生的一种法律形式，适当干预原则正是经济法本质特征的体现。在国家干预经济的手段和模式的采用上，不同的国家有不同的选择，即使在同一国家的不同时期选择也是不同的。国家对经济的干预总的来讲有三种模式：过度干预、过少干预和适度干预。过度干预又叫直接干预，主要在资本主义原始积累时期和社会主义初期采用，其后果常常导致一国的经济没有活力。过少干预主要在自由资本主义时期，由于实行自由放任的经济体制，常常使经济失去控制。不论是过度干预还是过少干预，都会对经济产生不良影响，因此，国家必须吸取以往的教训，重新寻求一种适当的干预模式，即适度干预。

所谓“适度干预”，是指国家在充分尊重经济自主的前提下对社会经济生活进行一种有效又合理谨慎的干预。它包括正当干预和谨慎干预。正当干预，是指国家对社会经济主体及经济活动之干预必须仰赖于法律之规定，不得与之相抵触，也不得在法律并无授权的情形下擅自干预。谨慎干预，是指国家在进行干预时应当谨慎从事，符合市场机制自身的运作规律，不可因干预而压制了市场经济主体之经济的自主性与创造性。

（三）社会本位原则

“本位”是指“中心”，当然还包括基本观念、基本目的、基本作用和基本任务等派生性内涵。人们常说的权利本位或义务本位，意即以权利或义务为中心，以权利或义务为基本观念、基本目的、基本作用和基本任务构筑法规范体系。经济法是社会化的产物，是适应经济和市场社会化的迫切要求，为解决社会化引起的矛盾和冲突应运而生的。经济法以社会本位为价值取向，是根据社会公共利益的需要而制定的，目的在于维护社会正义、交易公平、宏观效率和公共福利。现代经济法以社会利益为本位，要求上至国家机关，下至社会组织和个人，都要对社会负责，即对社会生产力的发展、社会经济效益的提高负责。经济法正是从社会整体利益出发，通过对社会整体利益和社会个体利益的协调，来达到发展社会的目的。

（四）经济效益原则

经济效益是一切经济活动的核心。经济学给出的定义是，经济效益指在经济活动中各种耗费与成果的对比，也可表述为经济效率。经济效益是国家干预、资源优化配置、社会本位所要达到的终极目标，同时也是我国全部经济工作的重点和归宿。改革开放以来，国家为提高经济效益，采取了很多措施，并取得了一定的成效。但是，多年积累的一些深层次的矛盾，致使我国企业的经济效益下降。影响企业经济效益的原因很多，既有内部原因，也有外部原因。内部原因主要是企业的内部运行机制不健全，外部原因主要是客观环境（包括制度环境）不利于提高经济效益。面对这两个问题，经济法都大有作为。

第二节 经济法律关系

一、经济法律关系的概念与特征

（一）经济法律关系的概念

法律关系是一种社会关系，它是社会关系被法律规范确认和调整之后所形成的权利和义务关系。经济法律关系是指国家调节或协调经济运行过程中，根据经济法的规定在经济法主体之间所形成的权利义务关系。经济法律关系和其他法律关系一样，由主体、客体和内容三个要素构成。

（二）经济法律关系的特征

1. 经济法律关系是由经济法律规范所确认，并受经济法律规范的保护

没有经济法律规范的客观存在，就不会有经济法律关系的产生。从这种意义上讲，经济法律规范是第一位和决定性的因素，经济法律关系是第二位和被决定的因素。

2. 经济法律关系产生于特定经济活动中，是特定的经济活动在法律上的反映

经济法律关系产生的特定经济活动包括市场管理活动、宏观经济调控和可持续发展活动等。经济法律关系就是经济法主体依据经济法律规范的规定，参加上述经济活动，又依经济法律规范的规定形成的权利义务关系。

3. 经济法律关系是具有社会公共性的经济管理关系

经济法律关系与民事法律关系、行政法律关系的区别就在于它是具有社会公共性的经济管理关系。首先，经济法律关系是具有经济管理性的社会关系。经济法律关系是由经济法加以确认和调整而形成的权利义务关系，而经济法是政府干预经济之法，由此决定了经济法律关系必然是具有经济管理性的社会关系。其次，经济法律关系同时具有社会公共性。经济法律关系的社会公共性是指它的运作和实现都是为了社会公共利益，表现为政府及其他经济管理机关以社会管理者的名义实施经济管理，这种管理是一种普遍性的措施，着眼于社会整体。

（三）经济法律关系的构成要素

经济法律关系的要素是指构成经济法律关系的必要条件，由主体、内容、客体三个要素构成。

1. 经济法律关系的主体

经济法律关系的主体简称经济法主体，是指在经济法律关系中享有权利（职权）、承担义务（职责）的当事人或参加者。经济法律关系的主体包括经济管理主体和经济活动主体。

（1）经济管理主体，主要是指国家经济管理机关。从横向上看，包括行政机关和权力机关；从纵向上看，包括中央机关和地方机关。国家机关成为经济管理主体根源于单纯市场调节的不足，是经济协调发展的需要。国家机关和国家作为整体，既是经济管理的主体，在一定条件下也是经济活动关系的主体，如国家对外签订政府贷款和担保合同、对内对外发行政府债券、政府部门出让土地使用权等。

（2）经济活动主体，这类主体主要有各类企业、事业单位、社会团体、农村承包经营户、个体工商户和公民个人。

各类企业是指拥有独立资产，以营利为目的，具备一定组织机构，从事生产、流通和服务性活动的经济实体。它包括各类法人企业及其他非法人企业。事业单位是指由国家财政或其他单位拨款，不以营利为目的的文化、教育、卫生等组织，它们往往以法人资格参与经济法律关系。社会团体是指由人民群众或组织依据自愿原则组织的进行社会活动的社会组织，包括群众团体、公益组织、文化团体、学术研究团体、协会等，它们也以法人资格参与经济法律关系。农村承包经营户是指农村集体经济组织的成员，在法律允许的范围内，按照承包合同规定从事商品经营的形式。个体工商户是指公民个人不雇用或少量雇用他人，以营利为目的，从事生产经营的个体经济，它们以“户”的名义参与经济法律关系，其一般承担无限连带责任。公民个人在承包、租赁企业，税收、工商管理、竞争等法律关系中可以成为经济法主体。

2. 经济法律关系的内容

经济法律关系的内容是指经济法律规范所确认的经济法律关系主体的经济职权和经济职责（经济管理主体所拥有）、经济权利和经济义务（经济活动主体所拥有）。

（1）经济职权是指国家机构依法行使领导和组织经济建设时所享有的一种具有命令和服从性质的权力，包括经济立法权、经济决策权、经济命令权等。经济职权是一种具有专属性的国家职权，是基于法律的直接规定产生的，具有命令和服从性质的权限。

（2）经济职责是指国家机关依照法律的规定，必须为或不能为一定行为的责任。经济职责可以分为作为的经济职责和不作为的经济职责。对于前者而言，国家机构必须主动予以施行，否则就没有尽到自己的职责。对于后者而言，国家机构必须正确行使国家法律赋予的经济职权，即不得滥用职权。

（3）经济权利是指经济法律关系主体依法可以为或不为，要求他人为或不为一定行为的资格，主要包括所有权、经营管理权、经济债权、工业产权、承包经营权等。我国法律赋予经济主体的经济权利是十分广泛的，随着我国经济的发展，国家对经济管理已由过去的直接控制为主，改变为现在的间接控制为主，经济主体的经济权利也呈现出继续扩大的趋势。

（4）经济义务是指经济主体为满足权利主体的要求必须为或不为一定行为的约束。经济义务可分为：其一，法定义务，即法律、法规规定的义务。其二，约定义务，即合同、协议约定的义务。

3. 经济法律关系的客体

经济法律关系的客体是指经济法主体权利和义务所指向的对象。一般而言，经济法律关系客体包括物、经济行为和智力成果三种基本形式。

（1）物，包括货币和有价证券等。但并非所有的物都可以充当法律关系的客体，只有与经济法主体权利和义务相联系的物才符合经济法律关系客体的要求。从具体实践上看，经济法律关系客体中的物，主要包括自然资源和产品资料。

（2）经济行为，是指经济法主体为达到一定经济目的，实现其权利和义务所进行的经济活动，包括经济管理行为、完成工作行为和提供劳务行为等。经济管理行为是指经济法主体行使经济管理权或经营管理权所指向的行为，如经济决策行为、经济命令行为、审查批准行为、监督检查行为等。完成工作行为是指经济法主体的一方利用自己的资金和技术设备为对方完成一定的工作任务，而对方根据完成工作的数量和质量支付一定报酬的行为。提供劳务行为是指为对方提供一定劳务或服务满足对方的需要而对方支付一定报酬的行为。作为经济法客体的经济行为，仅指具有法律意义的，即为实现权利和义务的行为。

（3）智力成果，是指经济法主体从事智力劳动所创造取得的成果，如科学发明、技术成果、艺术创作成果、学术论著等。智力成果法律表现形式主要为商标权、专利权、专有技术、著作权等。

二、经济法律事实

凡能够引发经济法律关系发生、变更和消灭的客观现象就叫经济法律事实。经济法律规范本身并不能在主体之间自动形成经济法律关系，也不能改变或消灭某一法律关系。经济法律关系的产生、变更和消灭需要具备三个基本的条件：经济法律规范、经济主体和经济法律事实。其中，经济法律规范和经济主体是经济法律关系产生的抽象条件，而法律事实则是经济法律关系产生的具体条件。只有在一定的法律事实发生后，经济法律关系才能产生，并因一定的法律事实的发生而变更或消灭。经济法律事实可分为两类。

（一）事 件

事件是指客观上发生和存在的，与经济法主体主观意志和自觉行为无关的，但能够引发经济法律关系产生、变更和消灭的客观现象，如不可抗力、偶发事故等。

（二）行 为

行为是指由一定的组织或个人在其主观意志支配下自觉实施的，能够引起经济法律关系产生、变更和消灭的活动。它包括公司、企业和其他经济组织的经济法律行为；国家机关的行政行为、执法行为、司法行为；仲裁机构的仲裁行为等。经济法律行为按其性质可分为合法行为与违法行为。经济合法行为，指符合法律规定的行为，通常是指行为者要有合法的主体资格，意思表示要真实，内容要求合法，有必要的形式和手续。经济违法行为，指经济法律关系主体违反法律、法规的行为，如国家机关的不当罚款行为、违法征税行为等。

【课后习题】

1. 什么是经济法律关系？
2. 经济法律关系包括哪些要素？
3. 什么是经济法法律事实？

【参考答案】

1. 法律关系是一种社会关系，它是社会关系被法律规范确认和调整之后所形成的权利和义务关系。经济法律关系是指国家调节或协调经济运行过程中，根据经济法的规定在经济法主体之间所形成的权利义务关系。

2. 经济法律关系的要素是指构成经济法律关系的必要条件，由主体、内容、客体三个要素构成。

3. 经济法律规范和经济主体是经济法律关系产生的抽象条件，而法律事实则是经济法律关系产生的具体条件。只有在一定的法律事实发生后，经济法律关系才能产生，并因一定的法律事实的发生而变更或消灭。经济法律事实可分为：（1）事件；（2）行为。

第二章　民商法基本原理

案例

1976年10月间，有一郭寿华者以笔名“干城”，在《潮州文献》第2卷第4期，发表《韩文公、苏东坡给与潮州后人的观感》一文。指称：“韩愈为人尚不脱古人风流才子的怪风气，妻妾之外，不免消磨于风花雪月，曾在潮州染风流病，以致体力过度消耗，及后误信方士硫黄下补剂，离潮州不久，果卒于硫黄中毒”等语，引起韩愈第39代直系亲韩思道不满，向“台北地方法院”自诉郭寿华“诽谤死人案”。经法院审理，认为“自诉人以其祖先韩愈之道德文章，素为世人尊敬，被告竟以涉于私德而与公益无关之事，无中生有，对韩愈自应成立诽谤罪，自诉人为韩氏子孙，因先人名誉受辱，而提出自诉，自属正当”，因而判郭寿华诽谤已死之人，处罚金300元。郭寿华不服，提起上诉，经“台湾高等法院”判决驳回，该案遂告确定。

台湾学者杨仁寿先生认为：此号判决仍在“概念法学”阴影笼罩之下，审判者一味专注于概念逻辑，只知“运用逻辑”为机械的操作，未运用智慧，来“利益衡量”，才会闹此笑话。

请问：如何评价“台湾高等法院”的判决以及台湾学者杨仁寿先生的观点？

第一节　民法概述

一、民法的概念和调整对象

（一）民法的概念

“民法”一词，来源于古罗马法。后来日本在制定民法典时，将罗马法中的“市民法”（jus civile）译为“民法”。这一用法于清朝末年传入我国，并沿用至今。

我国《民法通则》第二条规定：“民法是调整平等主体的公民之间、法人之间、公民与法人之间财产关系和人身关系的法律规范的总和。”结合《合同法》相关规定，更为准确的定义应当是：民法是调整平等主体的自然人、法人和其他组织之间的财产关系和人身关系的法律规范的总和。

民法既包括形式上的民法（即民法典），也包括单行的民事法律和其他法律、法规中的民事法律规范。在我国尚未制订民法典的情况下，《民法通则》是基本的民事法律。此外，《合同法》《担保法》《物权法》《侵权责任法》《继承法》等都是民事单行法律。

（二）民法的调整对象

民法的调整对象，包括平等主体之间的财产关系和人身关系。

1. 民法调整的财产关系

财产关系是指人们在社会生产、交换、分配以及消费等经济活动过程中因对物质财富的支配和利用而形成的社会关系，包括财产支配关系和财产流转关系。财产支配关系是人们对于财产的占有和利用而发生的社会关系，如物权关系。财产流转关系是人们就财产的交换而发生的社会关系，如债权关系。

2. 民法调整的人身关系

人身关系是指基于民事主体的人格或者特定的身份而引发的不直接包含财产内容的人与人之间的关系，包括人格关系和身份关系。人格关系是指主体基于生命、健康、肖像、名誉等人格利益而发生的社会关系。而身份关系是指基于婚姻、家庭、亲属等身份利益而发生的社会关系，如父母子女关系、配偶关系等。

二、民法的性质

（一）民法是私法

将法律区分为公法与私法是自罗马法以来西方法律史上源远流长的分类方法。

确认民法是私法具有重要意义：首先，有助于在私法领域提倡当事人意思自治，尽量减少国家干预，尊重当事人的意志自由。其次，有助于充分尊重和保障自然人的财产权和人身权。

（二）民法是权利法

民法强调对私权的保护，它的整个体系都是以“权利”为核心构建起来的。民法为权利法，在于它的规范多为授权性规范。如赋予民事主体人格权、身份权、物权、债权等，并对这些权利提供充分的法律保护。

三、我国民法的历史沿革

我国古代并无真正意义上的民法，直到清末变法时，才在我国首次出现了近现代意义上的民法。1949 年新中国成立后，多次尝试制定民法典，但都因客观条件的不成熟而最终放弃。

1986 年 4 月 12 日，党的第六届全国人民代表大会第四次会议讨论通过《民法通则》，并于 1987 年 1 月 1 日起施行。《民法通则》不是一部真正意义上的民法典，但它在我国确实起到了民事基本法的作用，对于后来的民事立法、民事司法都有着重要的指导意义。

四、民法的基本原则

民法基本原则，是指贯穿整个民事法律制度和民事规范始终的根本原则，是对民事立法、司法和进行民事活动具有普遍指导意义的基本行为准则。

（一）平等原则

《民法通则》第三条规定："当事人在民事活动中的地位平等。"平等原则是指在民事活动中一切当事人的法律地位平等，任何民事主体都不得通过自己单方面的意思为他人设定义务。平等原则是民法最基础、最根本的原则。

（二）意思自治原则

《民法通则》第四条规定："民事活动应当遵循自愿原则。"意思自治原则是指民事主体在进行民事活动时，在法律允许的范围内享有完全的自由，意志独立、行为自主，根据自己的真实意思来充分表达自己的意愿，根据自己的意愿来设立、变更、终止民事法律关系。

（三）公平原则

公平是最基本的法律价值理念，也是法治社会的终极追求。公平原则是指以公平观念作为判断标准来调整平等主体之间的人身关系和财产关系，确定民事主体的权利义务和民事责任的一项原则。公平既是一种道德情操，又是法律精神的集中体现

（四）诚实信用原则

《民法原则》第四条规定："民事活动应当遵循诚实信用原则。"诚实信用原则是指民事主体在从事民事活动、行使民事权利和履行民事义务时，应该按照诚实、善意的态度，讲究信用，恪守诺言，诚实不欺，在不损害他人和社会利益的前提下追求自己的利益。

（五）公序良俗原则

公序良俗原则是指民事主体的行为应当遵守社会公共秩序，符合善良风俗。

第二节 商法概述

一、商法的概念和调整对象

（一）商法的概念

商法是指调整商事关系的法律规范的总称。所谓商事关系是指商事交易主体在商行为中所形成的社会关系，包括商事组织关系和商事交易关系。

我国目前没有制定商法典，但实质意义上的商法已经大量存在，如《公司法》《证券法》《票据法》等。

（二）商法的特点

1. 营利性

营利性是指经济主体通过经营活动而获取经济利益的特性。营利性是商事活动的主要特性。

2. 技术性

商法作为市场经济运行的制度规范，其内容当然需要体现市场经济的规则及运行特点，因而与民法中包含很多伦理性规范不同，商法必然包含大量的技术性规范。例如，票据法中关于票据的出票行为、背书行为、承兑行为、票据抗辩、追索权之行使等规定，都具有很强的技术性。

3. 国际性

商事交易本身是一种跨国界的活动，特别是随着国际贸易的发展和经济全球化的趋势，各个国家的商事立法越来越显示出较大的统一性和协调性，进而导致国际商事公约的大量涌现，这些国际性或区域性的商事立法反过来又深刻地影响着国内商事立法的发展。

（三）商法的调整对象

商法的调整对象即商事关系，它是商主体因营业而形成的一种特殊的社会关系。

根据商事关系的内容不同，可以将商事关系分为商事组织关系与商事行为关系。商事组织关系是指围绕商主体的组织结构所形成的社会关系，包括商主体资格的取得、变更和消灭关系，商主体的破产关系等。商事行为关系是指由于商主体实施各种商行为而形成的社会关系，包括合同关系、结算关系、融资关系、保险关系等。

根据商事关系的性质不同，还可以将商事关系分为商事交易关系与商事监督关系。商事交易关系是指平等主体之间的商事关系，如股票转让、投保与理赔、海难救助等。商事监管关系是指行使公权力的管理机关在对商主体和商行为进行管理和监督过程中所形成的商事关系，它是行政关系在商事领域的具体体现，如金融监管，证券业、保险业监管等。

二、我国商法的历史沿革

中国古代是一个重农抑商的社会，商品经济极不发达，因而商法在我国古代社会缺少生存的土壤。

近现代意义上的商法始于清朝末期。光绪二十九年（1903 年）颁布了《大清商律》，这是我国近代商事立法之开端；光绪三十四年（1908 年）起草《大清商律草案》，完全效仿德、日民商分立体制。这些商事法律未及颁行，清王朝即覆灭。1927 年国民党政府采民商合一体制，民法之外另制定《票据法》《公司法》《海商法》等单行法，形成民法典与商事单行法相结合的商事立法格局。

新中国成立后，在很长一段时期内，由于实行计划经济，商法极不发达。1993 年之后，全国人大常委会陆续制定了《公司法》《票据法》《合伙企业法》等，表明我国商法体系已初具规模。

三、商法的基本原则

商法的基本原则是指商事主体在商事活动过程中应当遵循的基本准则。它是商法理念和商法精神的集中体现，同时也是商事活动的基本行为规则和商事纠纷的裁判准则。

（一）商事自由原则

商事自由原则是指商法尊重和保障商主体自由决定商事营业的意志和权利。它是私法自治的基本理念在商法领域的自然延伸和深化。

（二）商事效率原则

商事活动的直接目的就是营利，为了实现这一目的，必须尽量降低交易成本，提高交易效率。因而在商法中存在大量促进交易便捷、提高交易效率的法律规范。商事效率原则就是这些规则的原则性概括，也是商事自由原则的进一步扩展。商事效率原则主要体现在以下三个方面：定型化商事程序、格式化的商事文本、短期化的商事时效。

（三）商事安全原则

商法追求效率和迅捷，但是如果没有交易的安全，其效率和迅捷便失去意义。此外，随着社会经济的发展，商事交易活动的规模越来越大，交易过程越来越复杂，从而导致交易活动中的风险越来越多。因此，如何防范交易风险，保障商事安全，就成为制定商事规则时必须重点考虑的问题。

（四）商事信用原则

诚实信用原则是现代民商法中的 “帝王条款”。它对民事活动和商事活动具有普遍的指导作用。商事信用是指商事主体在商事营业中必须诚实营业，重承诺、守信用。各国商事法中关于限制欺诈，反对各种不正当行为的规范甚多。

四、商法与相关部门法的关系

（一）商法与民法的关系

1. 商法与民法的联系

民法和商法都是调整社会经济关系的法律规范，都属于私法范畴。民法与商法是普通法与特别法的关系。具体表现在：（1）商法的调整对象是民法调整对象的一部分；（2）商法的基本原则来源于民法的基本原则，如诚实信用原则、平等原则等；（3）民法的各种制度是商法制度的依据，如民法的所有权制度和债权制度；（4）民法的许多基本制度适用于商法，如法律行为制度、代理制度、民事责任制度等。

2. 商法与民法的区别

（1）两者的调整对象不同。民法调整的社会关系较商法广，商法只调整商品经济关系，而民法除了调整商品经济关系外，还调整人身关系等其他一些民事关系。

（2）两者产生的社会经济基础不同。民法是商品经济的产物，伴随商品经济的产生而产生，伴随商品经济的发展而发展。而商法是以市场经济为基础与依托的，商法的产生是随着资本主义商品经济的发展、生产社会化程度的提高而出现的。

（3）两者的价值取向不同。民法以追求其主体人格独立与被尊重为价值目标，具有鲜明的道德性即伦理色彩。而商法的价值追求目标，在于使社会生产的效率能够得到更大幅度的提高，具有极强的功利性质。与民法注重自由、公平等法律价值相比，商法更强调安全、效率。

（4）两者适用的主体不同。民法的适用主体是一切具有民事权利能力和民事行为能力的自然人和组织。而商法的适用主体是特定的商人。商事主体的地位不是自然就有的，它是需要根据法律的规定，符合一定的条件并经过一定的程序才能获得的，商人是因职业而形成的一种身份。

（二）商法与经济法的关系

1. 商法与经济法的联系

商法和经济法都是调整经济关系的法律，只不过两者调整的角度和方法不同。经济法和商法的互补互动、相互沟通、相互协力是建设完善的社会主义市场经济法律体制的重要内容。

2. 商法与经济法的区别

（1）两者的法律性质不同。商法属于私法，其理念是维护主体的私权，以个别经济主体的利益为基础，调整平等主体的利益关系。经济法原则上属于公法，并兼有一些私法的特点。经济法的公法性体现为它以社会为本位，着眼于超越个别经济主体利益的整体利益，调整国家经济管理关系和维护公平竞争关系。

（2）两者的调整对象不同。经济法调整的对象主要是以国家权力去干预、调控、组织和管理经济活动中所发生的经济关系。经济法之所以必要，主要在于它可使国民经济协调、稳定、快速和持续发展。商法的调整对象是商人在商事交易过程中所发生的商事法律关系，这种商事法律关系的重要特点是它的主体的商人性、目的的营利性、方式的营业性、组织的企业性。

第三节　民事法律关系

一、民事法律关系的概念和特征

民事法律关系是由民法规范调整的具有民事权利义务内容的社会关系。

民事法律关系具有以下特征：第一，民事法律关系是人与人之间的关系，而非人与物的关系。第二，民事法律关系以法律上的权利义务为内容。法律对社会关系的调整是通过权利义务的双向调节实现的，仅受道德或习惯规范调整的、不具有法律上的权利义务内容的关系不属于法律关系。如请客吃饭、相约打球等不属于法律关系。第三，民事法律关系的主体具有平等性。这就不同于刑事法律关系和行政法律关系。刑事法律关系和行政法律关系的主体具有从属关系或者管理与被管理关系。

二、民事法律关系的要素

民事法律关系的要素包括主体、内容和客体三个要素。民事法律关系的要素发生变化，民事法律关系将发生变更。

（一）民事法律关系的主体

民事法律关系的主体是指参加民事法律关系，享受权利或承担义务的人，即民事法律关系的当事人。它包括自然人、法人以及其他组织（非法人组织）。自然人，是指因出生而获得生命的人类个体。法人，是指具有民事权利能力和民事行为能力，能够独立享有民事权利和承担民事义务的组织。《民法通则》规定，法人资格的取得，必须具备以下条件：（1）依法成立；（2）有必要的财产或者经费；（3）有必要的名称、组织机构和场所；（4）能够独立承担民事责任。非法人组织，是指虽不具备法人资格但可以以自己的名义从事活动的组织。

民事法律关系的主体具有以下特点：（1）民事法律关系是一定的民事主体之间的权利义务关系。享有民事权利的一方称为权利主体，承担义务的一方则是义务主体。（2）民事法律关系的每一方主体既可以是一人，也可以是多人。（3）民事法律关系的权利主体都是特定的，但其义务主体可以是特定的，也可以是不特定的。（4）民事法律关系的主体资格是由法律规定的。

（二）民事法律关系的客体

民事法律关系的客体又称为标的，是指民事法律关系主体之间的民事权利和义务所共同指向的对象。民事法律关系的客体主要包括：

1. 物

民法上的物是指人身以外、能够满足人们的社会需要、能为人力所支配的物质。作为民事法律关系客体的物可以是天然物，也可以是劳动创造物。物主要是物权法律关系的客体。

2. 行为

作为民事法律关系客体的行为是指人在意志支配之下的活动，如交货、付款等行为。行为主要是债权法律关系的客体。

3. 智力成果

智力成果是人类通过智力活动所创造的成果，主要包括发明创造、作品、商标等。智力成果是一种无形财产，是知识产权法律关系的客体。

4. 人身利益

人身利益是指基于人格或者特定的身份而产生的利益，如生命健康、姓名、名誉、荣誉等。人身利益是人身权法律关系的客体。

5. 权利

在某些特殊情况下，某些权利也可能成为某种民事法律关系的客体，如权利质权法律关系的客体。

不同类型的民事法律关系各有不同的客体。例如，土地所有权法律关系中，客体是物（土地）；名誉权法律关系中，客体是人身利益（名誉）；买卖合同法律关系中，客体是双方的给付（货物或价款）行为；权利质权法律关系中，客体是权利（如股权）。

（三）民事法律关系的内容

民事法律关系的内容，指民事法律关系中，主体所享有的权利和承担的义务。

民事权利是指法律为保障民事主体实现某种利益而允许其自由行为的界限。它包括：（1）在法定范围内有权为或不为一定的行为；（2）根据民事法律关系的具体性质有权要求他人为或不为一定的行为，以实现自己的权利或不影响权利的实现；（3）当民事权利受到侵犯时，有权通过法律途径获得救济。

民事义务是指民事主体为了实现其他民事主体的权利而使自己的意志受到限制的状态，即行为上的不自由。它包括：（1）有义务按照法律规定或当事人之间的约定为或不为一定行为，以保证权利主体实现其权利或不影响其权利的实现；（2）义务人不履行其所承担的民事义务通常就会引起相应的民事责任。

1. 民事权利的类型

按照不同的标准，民事权利可分为不同的类型：

（1）根据民事权利是否以财产利益为内容，民事权利可分为财产权和人身权。

财产权，是指以财产利益为内容，直接体现财产利益的民事权利。财产权既包括物权、债权、继承权，也包括知识产权中的财产权利。

人身权，是指不直接具有财产内容，与主体人身不可分离的权利，包括人格权和身份权。

（2）根据权利的作用不同，民事权利可分为支配权、请求权、抗辩权和形成权。

支配权，是指权利人可以直接支配标的物并排除他人干涉的权利。如物权、知识产权。

请求权，是指权利人请求特定人为或不为一定行为的权利。债权请求权为其典型，另外还有物权请求权，人格或身份上的请求权。请求权由基础权利产生，又与基础权利相区别。实际上，请求权只是权利的一种作用，是权利实现的一种保障，一个枢纽。但是请求权会因时效经过而消灭，而其基础权利仍存在。因为债权本为有效受领给付的权利，请求权为债权的作用，请求权虽然因时效而消灭，而债权仍在。债务人若为给付，仍为有效受领，债务人不得以不知时效为理由请求返还。

抗辩权，是指对抗他人请求权或否认对方权利的权利。抗辩权为法律关系中欲行使权利的当事人的相对方提出的对抗或异议，可以暂时或永久地阻碍对方权利的行使。它又分为一时抗辩权与永久抗辩权。永久抗辩权如消灭时效抗辩权；一时抗辩权如同时履行抗辩权、先履行抗辩权、不安抗辩权、先诉抗辩权。

形成权，是指一方当事人依自己的行为使法律关系发生变动的权利。其特点是仅凭一方

的意思即可行使。

（3）根据民事权利的效力范围，民事权利可分为绝对权和相对权。绝对权又称对世权，是指其效力及于一切人的权利，即义务人为不特定的任何人的权利。物权、知识产权、人身权都为绝对权。相对权又称对人权，是指其效力及于特定人的权利，即义务人为特定人的权利。债权为典型的相对权。

（4）根据两项相互关联的权利之间的关系，民事权利可分为主权利与从权利。主权利，是指两项有关联的权利中不依赖另一权利可独立存在的权利。从权利，是指两项有关联的权利中其效力受另一权利制约的权利。

（5）根据相互间是否有派生关系，民事权利可分为原权利与救济权。原权利为基础权利，是权利性民事法律关系中的权利。救济权是由原权利派生的，是在原权利受到侵害或有受侵害的现实危险而发生的权利，是保护性法律关系中的权利。

（6）根据权利与主体联系的紧密程序，民事权利可分为专属权与非专属权。专属权，是指专属于某一民事主体的权利，通常不能转让或继承。人身权中的大多数权利就属于专属权。非专属权，是指并非专属于某一民事主体的权利。因而通常可以转让或继承。财产权多为非专属权。

（7）以权利的成立要件是否全部实现为标准，民事权利可分为既得权和期待权。成立要件全部实现为既得权，尚未全部实现为期待权。附有延缓条件（停止条件）的法律行为，在条件未成就前，债权人享有期待权。

2. 民事权利的行使

权利的行使就是实现主体的特定利益，是社会秩序的一部分，也是法律的基本目标。在行使方式上，权利人可以自己行使，也可以由他人代理行使，也可以将权利转移于他人行使，纯属权利人的自由。但是权利的行使不能损害社会利益和他人的合法权益，因而又需要对权利的行使有所限制，这也正是“权利不得滥用”这一基本原则的要求。

3. 权利的保护

权利是一种法律上之力量，是由法律提供强制保护的。从权利保护的历史看，权利保护从自我保护（私力救济）向国家保护（公力救济）过渡。在现代社会，公力救济成为权利救济的主要途径；私力救济被严格限制，只有在特定条件下才能适用。

公力救济是指通过国家权力机关对受到侵害的权利进行保护，包括仲裁、诉讼以及行政机关的保护。

私力救济是指权利人通过自己的力量来保护自己的权利不受侵犯。它是个人保护自己权益的原始方式。在人类社会发展之初，国家公共组织尚不健全，国家权力也不发达，对个人权利的保护，只有通过个人力量实现；但此手段弊端明显，弱者无从实行，强者往往仗势欺人，影响社会公正秩序，所以现代文明社会皆以公力救济为主，私力救济为辅。私力救济主要适用于情势紧急之时，来不及请求公力救济的情形。纵观各国立法，私力救济的方式主要包括自助行为和自卫行为（正当防卫和紧急避险），我国《民法通则》仅规定了自卫行为。

（1）正当防卫，是指对正在发生的不法侵害加以反击，以防卫自己或他人权利的行为。

其法律要件如下：

第一，须有不法侵害自己或他人权利的行为。即必须有侵害行为存在，而且该行为不具备违法性阻却事由。

第二，须该侵害行为正在进行之中。侵害行为尚未完成，因此通过防卫行为可能遏制或缩小损害后果。如侵害行为已经完成，则应寻求公力救济。

第三，须不能及时请求公力救济。

第四，须防卫不逾越必要限度。防卫行为以遏制侵害行为为目的，不得具有报复等目的。“必要限度”以侵害情形个案判断。

（2）紧急避险，是指为了避免自己或者他人的人身或财产上的急迫危险，而采取的加害他人的行为。紧急避险的正当性理由：在别无选择的情况下，为保护更大的利益，可以牺牲更小的利益。其法律要件为：

第一，必须存在现实的急迫危险，并且缺乏其他有效的回避危险的手段。

第二，避险行为必须是为避免自己或他人的人身以及财产可能受到的侵害。

第三，避险行为所带来的损害须不超过危险所能导致的损害。

第四节　民事法律事实

一、民事法律事实的概念和特征

民事法律事实，是指法律规定的能够引起民事法律关系产生、变更或终止的客观情况。

只有法律规定或承认的并能产生民事后果的那些事实，才能成为法律事实；只有一定的法律事实发生，才能在当事人之间发生一定的法律关系或者使原来的法律关系发生变更或终止。法律事实可分为事件和行为两大类。

民事法律事实的特征包括：

（1）客观性。民事法律事实是一种客观现象，而不是主观现象。

（2）法定性。何种客观现象能够引起民事法律后果，是由法律规定的，而不是由个人决定的。

二、民事法律事实的法律意义

民事法律事实的意义在于能引发一定的民事法律后果，包括三种情形：

第一，引起民事法律关系的发生。民事法律关系的发生包括绝对发生和相对发生。绝对发生是指当事人间的权利义务原始发生，而不是由其他主体转移而来的；相对发生是指当事人间因继受其他主体的权利义务而形成民事法律关系。

第二，引起民事法律关系的变更。即民事法律关系要素中的任何一个要素发生变化。民事法律关系的相对发生和相对消灭，也都可看作民事法律关系的变更。

第三，引起民事法律关系的消灭。民事法律关系的消灭包括绝对消灭和相对消灭。绝对消灭是指当事人间的权利义务已不复存在；相对消灭是指主体间的权利义务因转移给他人而消灭。

三、民事法律事实构成

民事法律事实构成，也称为民事法律事实组合，是指引起民事法律关系发生、变更或消灭的两个或两个以上的民事法律事实的总和。一般情况下，民事法律关系的产生、变更、终止只需一个法律事实就能引起，如订立、变更买卖合同、房屋借用合同等。在实际生活中，有时一定民事法律关系的产生、变更和终止，需要两个或两个以上的民事法律事实作为其依据。例如，城市房屋抵押合同关系成立须当事人订立抵押合同和办理登记过户手续两个法律事实组合；法定继承关系发生须有被继承人死亡和继承人接受继承的表示两个法律事实构成；遗嘱继承关系发生须有立遗嘱人死亡，所立遗嘱有效，遗嘱继承人接受继承表示三个法律事实构成。

四、民事法律事实的分类

法律事实的种类繁多，民法上根据事实是否与人的意志有关，将其分为事件和行为两大类。

（一）事　件

事件是与人的意志无关的法律事实。事件本是自然现象，只能引起民事法律关系的变动，才被列为法律事实，如人的死亡、地震等。前者可能导致继承关系的发生；而后者若将房屋震塌导致所有权的消灭，事前若投保，又使保险赔偿关系发生。能够成为民事法律事实的事件主要有：

1. 不可抗力

不可抗力是指不能预见、不能避免，也不能克服的客观情况，包括自然灾害（地震、台风、冰雹、洪水等）和意外事故（战争等）。

2. 时间的经过

一定时间的经过可以依法导致一定法律后果的发生。如根据时效制度的规定，时效期间的届满，可以使权利人的权利归于消灭；根据知识产权法的规定，法定保护时间的届满，可以使当事人享有的专利权、商标权及著作权归于消灭。

3. 人的出生和死亡

自然人的出生导致该自然人人身权利的产生。自然人的死亡导致继承关系的产生，也可导致婚姻法律关系的消灭。

除上述情形之外，在符合法律规定和合同约定的情况下，其他自然现象和客观事实，也可成为法律事实而引起民事法律后果。

（二）行　为

行为是与人的意志有关的法律事实。行为是法律要件中最常使用的法律事实。行为主要包括：

1. 事实行为

事实行为是指该种行为不以意思表示为要素，某种法律后果的产生仅仅是因为法律的规定，即该行为所引起的法律后果与行为人的主观意志无关。事实行为主要包括不当得利、无因管理（相关内容见第四章）。除不当得利、无因管理行为之外，民事主体所进行的生产、创作、发明创造等活动，也是引起民事法律关系产生的事实行为。

2. 民事行为

民事行为是指民事主体在民事活动中实施的、希望发生一定民事法律后果的行为。其主要包括：

（1）民事法律行为，是指民事主体依法实施的旨在引起预期的民事法律后果的行为。根据《民法通则》的规定，民事法律行为是合法的民事行为，具有法律效力。民事法律行为可以依行为人的意愿而形成民事权利义务产生、变更或消灭的后果。这种行为以行为人的意思表示为基本特征，即法律直接根据行为人的意思表示赋予其法律效果，属于合法的“表意行为”。如订立合同的行为、设立遗嘱的行为、委托授权行为等。

民事法律行为是产生、变更或消灭民事法律关系最主要的法律事实。

（2）效力未定的民事行为，是指行为成立后，其是否发生法律效力尚不确定，必须等待法律规定的事实出现才能具有效力的民事行为。如限制行为能力人超出法定范围独立实施的行为，必须等待其法定代理人承认才能有效。

（3）可变更、撤销的民事行为，是指不完全具备民事法律行为的条件，经当事人主张即可变更或撤销的民事行为。这种民事行为经当事人请求变更后，即成为有效的民事行为；经当事人请求撤销，则发生无效的后果。如果当事人不在法定时间内提出撤销请求，该行为即确定地具有法律效力。

（4）无效的民事行为，是指不具备民事法律行为的条件，依法不能产生行为人预期的民事法律后果的民事行为。如内容违法的民事行为，从行为开始起即不具备法律效力。无效的民事行为可以在当事人之间产生返还财产、损害赔偿的法律后果。

3. 违法行为

违法行为是指当事人实施的违背法律禁止性规定，损害他人合法利益的行为。主要包括：

（1）侵权行为。民法上的侵权行为是指非法侵害他人财产权利或人身权利的行为，如侵害他人所有权、知识产权或人格权的行为等。侵权行为依法产生损害赔偿及其他法律后果。

（2）违约行为。违约行为是违反合同义务的行为。合同订立以后，如果当事人不履行合同义务，又无法定免责原因，则违约行为人依法承担违反合同的民事责任。

除以上行为之外，某些能够引起民事法律后果的公法上的行为，例如行政行为、司法行为以及仲裁行为等，也属于民事法律事实。

第五节　民事行为

一、民事行为概述

（一）民事行为的概念与特征

民事行为是可以产生、变更或消灭民事法律关系的行为。民事行为包括民事法律行为、无效民事行为、可变更可撤销的民事行为、效力未定的民事行为。

1. 民事行为是以发生民事法律后果为目的的行为

民事行为的行为人之所以实施某种行为，就在于追求一定的民事法律效果。

2. 民事行为是以意思表示为要素的行为

意思表示是指民事主体将其希望发生某种民事法律后果的内心意思以一定方式表现于外部的行为。民事行为是一种“表意行为”，即必须由行为人表达自己意愿的行为。作为一种表意行为，民事行为所产生的法律后果与行为人的行为所体现的意志之间，具有直接的联系。

（二）民事行为的分类

1. 单方行为、双方行为与多方行为

以民事行为人数的多寡为标准，可以将民事行为分为单方行为、双方行为和多方行为。单方行为是指仅需行为人单方面的意思表示就能成立的民事行为，其特点是无需他人的同意就能发生法律效力，如订立遗嘱、抛弃所有权等。双方行为是指必须经行为人双方相对应的意思表示达成一致（合意）才能成立的民事行为，如买卖合同、赠与合同等。多方行为是由多个行为人的意思表示达成一致而成立的民事行为，如成立合伙的行为、公司股东会的决议等。

这种区分的意义在于确立民事行为是否成立的标准不同：单方行为只需要一方的意思表示即可成立；双方行为需要双方意思表示一致；多方行为需要全体一致同意或大多数同意才能成立。

2. 身份行为和财产行为

以民事行为发生的效果的不同，可以将民事行为分为身份行为和财产行为。身份行为是发生身份变动效果的民事行为，其中有单方行为，如辞去委托监护，也有双方行为，如收养、协议离婚等。财产行为是发生财产变动效果的民事行为，有物权行为，如抛弃、交付等，也有债权行为，如买卖、承揽合同等。

这种区分的意义在于：第一，适用法律不同，身份行为适用身份法的规范，如《婚姻法》《收养法》等；财产行为适用财产法规范，如《物权法》《合同法》等。第二，法律限制不同，身份行为的目的在于维持伦理秩序，应特别尊重当事人意志，通常不能代理；而财产行为自由度相对较高，只要有民事行为能力即可为之。

3. 有偿行为与无偿行为

以民事行为有无对价为标准，可以将民事行为划分为有偿行为和无偿行为。有偿行为是指行为人双方须为对价的行为，如买卖行为、租赁行为等。所谓对价，是指一方为换取对方提供利益而付出代价。无偿行为是指没有对价的行为，如赠与行为、借用行为、无息借贷行为、无偿保管行为等。

区分有偿行为与无偿行为具有以下意义：第一，在不同的法律行为中，法律对当事人的要求不同。第二，在不同的法律行为中，利益的出让方承担的义务和责任不同。第三，法律对无偿行为受益人的保护程度较低。

4. 双务行为与单务行为

根据当事人之间的民事权利义务构成，可以将民事行为划分为双务行为和单务行为。双务行为是指双方当事人均承担义务的行为。单务行为是指法律行为的当事人一方负有义务，而当事人另一方仅享有权利的行为。单务行为一般是对他人施以恩惠的一种行为，其适用范围有限。双务行为是实现民法调整横向经济关系的重要法律方式，适用范围极广，绝大多数民事行为都是双务行为。

这种区分的意义在于：第一，双务行为有义务的履行顺序，单务行为没有。约定先履行义务的人在履行前不得要求后履行义务人履行。第二，双务行为都是有偿行为，但是单务行为并非都是有偿行为，有些单务行为是无偿的，如赠与合同；有些则是有偿的，如借贷合同。

5. 诺成性行为与实践性行为

以民事行为在意思表示之外是否还必须交付实物为标准，可以将民事行为划分为诺成性行为和实践性行为。诺成性行为是指仅以意思表示为成立要件的行为，又称不要物行为。实践性行为是指除意思表示外，还需要以物的交付作为成立要件的行为，又称要物行为。如借用合同就是实践性行为。

这种区分的意义在于：第一，两者成立要件不同，诺成性行为一达成合意既成立，而实践性行为需要交付标的物才成立；第二，两者成立的时间不同。

6. 要式行为与不要式行为

以民事行为的成立是否必须依照某种特定的形式为标准，可以将民事行为分为要式行为和不要式行为。要式行为是指依法律规定或依约定，必须采取一定形式或履行一定程序才能成立的行为。对于一些重要的交易，法律常常要求当事人必须采取特定的方式实施法律行为。不要式行为是指法律不要求特定形式，行为人自由选择一种形式即能成立的行为。现代民法以方式自由为原则，除法律特别规定或当事人特别约定外，均为不要式行为。

这种区分的意义在于：生效条件不一样，要式行为必须采用法律规定的条件才生效。在现代社会，民事行为以不要式为原则，以要式为例外。

除了上述分类外，民事行为还可以分为：主行为与从行为、有因行为与无因行为、生前行为和死因行为。

（三）民事行为的形式

民事行为的形式，实际上就是意思表示的形式。民事行为的形式主要有下列几种：

1. 口头形式

口头形式是指用谈话的方式进行意思表示，包括当面交谈、电话交谈等。其优点是简便、迅速；其缺点是缺乏书面记载，一旦发生纠纷，不易确定行为人之间的权利和义务。口头形式大多适用于即时清结、标的数额小的民事行为。

2. 书面形式

书面形式是指以书面文字的方式进行意思表示。其优点是证明力强，可以使行为人的权利义务关系明确。书面形式又可以分为一般书面形式和特殊书面形式。

（1）一般书面形式。我国民法对民事行为的一般书面形式的要求不太严格，除具有正式文本的合同书之外，任何记载于书面文件的民事行为，包括信函、电报、电传、传真等，都属于书面形式。此外，利用数据电文实施的行为，也被认为是书面形式。

（2）特殊的书面形式。民事行为除具备一般书面形式之外，还需要履行某种特定程序的，为特殊书面形式，其主要包括：公证形式、鉴证形式、见证形式和审核登记形式。

3. 默示形式

默示形式是指行为人并不直接表示其内在意思，只是根据他的某种行为（作为或不作为）按照逻辑推理的方法，或者按照生活习惯推断出行为人内在意思的形式。默示形式可分为推定形式和沉默形式。推定形式是指行为人并不直接用口头形式或书面形式进行意思表示，而是通过实施某种行为来进行意思表示。沉默形式是指行为人既不用语言表示，又不用积极行为表示，而是以消极的不作为方式进行意思表示，即根据行为人的沉默来认定其具有某种意思。沉默通常不作为意思表示的方式，但法律另有规定时除外。

二、民事行为的成立

民事行为的成立是指表意行为符合法律规定的条件，在客观上现实存在，可以构成法律事实。民事行为的成立要件包括：

（一）一般要件

一般要件是指一切民事行为的成立都必须具备的不可缺少的共同要件，包括：①当事人，即进行特定民事行为的民事主体。②标的，即所进行的特定民事行为的内容。③意思表示，即表意人将其期望发生某种法律效果的内心意思以一定方式表现于外部的行为。意思表示是民事行为成立的核心要素。

（二）特别成立要件

民事行为成立的特别要件，是指成立某一具体的民事行为，除具备一般要件以外，还必须具备的其他的特殊事实要素。如要物行为必须交付实物，要式行为必须符合法定的形式。

（三）成立与生效

民事行为的成立是民事行为生效的逻辑前提。只有已经成立了的民事行为才可以进一步判断是否具备生效要件，能否依当事人的预期产生相应的法律效力。否则，民事行为不成立，自然谈不上是否生效。但两者之间的区别也是显著的，主要有：

1. 着眼点不同

民事行为的成立仅解决行为是否存在这一事实认定，属于事实判断问题。民事行为的生效，即一个法律行为能否被评价为一个具有合法性的民事行为，属于价值判断问题。如果民事行为的成立要件主要归属于当事人可以自由作为的范畴，那么民事行为的生效要件就已超出了当事人所能控制的范围，体现国家对法律行为的肯定或否定评价。

2. 判断标准或构成要件不同

民事行为的成立一般以意思表示为必要条件；而民事行为的生效要件，则主要包括民事能力规则、意思表示真实自愿原则、行为不违反法律和社会公共利益原则，即主要是关于意思表示品质的要求。

3. 发生的时间不同

在大多数情况下，民事行为的成立与民事行为的生效在时间上是一致的，即民事行为成立时即有效。在少数情况下，民事行为的成立和生效不具有时间上的一致性，如附条件或附期限的民事行为。

三、民事行为的生效

民事行为的生效是指已经成立的民事行为产生当事人预期的法律效力。民事行为的生效以成立为前提，属于价值范畴，暗含了现行法律对民事行为的效力规制以及一定的价值取向。大多数情况下，民事行为的成立与生效是一致的。但在某些特别情况下，一项民事行为成立了却并未生效。民事行为的生效要件，包括一般生效要件和特别生效要件。

（一）一般生效要件

1. 行为人具有相应的民事行为能力

民事行为以行为人的意思表示为要素，因此当事人必须具有与其所实施的民事行为相适应的民事行为能力。

2. 意思表示真实

意思表示真实是指当事人在具备自由意志，能认识到自己的意思表示的法律效果的前提下，内心意图与外部表示相一致的状态。将意思表示真实作为民事行为的生效要件是为了贯彻意思自治原则，维护民事流转的正常秩序。在通常情况下，行为人的意思表示与内心的真实意愿是一致的，行为人应当对自己所做的意思表示负责。但是如果行为人的意思表示是在外界力量的影响或强制下所作出的（如欺诈、胁迫等），就可能产生意思表示不真实。意思表示不真实导致民事行为无效，须区别意思表示不真实的原因并具体分析。

3. 不违反法律或社会公共利益

民事行为的内容必须合法，所谓合法，并非指必须要有法律依据，而是指不违法，即不违反法律的强制性规定。民事行为的行为人具备相应的行为能力、意思表示真实等有效要件，皆出于法律的直接的规定，但这种列举式的规定难以涵盖一切可能的不合法情形，因此《民法通则》特别作出民事行为不得违反法律的规定。这里所说的“法律”应理解为全国人大及其常委会颁布的立法文件以及国务院颁布的行政法规。另外，《民法通则》设立了不得违反社会公共利益的一般条款，因为法律不可能对社会经济关系和经济利益进行无一遗漏的保护，以社会公共利益作为法律规定的补充，期望达到对社会整体利益的全面保护。

（二）特别生效要件

通常情况下，民事行为具备一般有效要件，即产生法律效力，但在特殊情况下，民事行为除具备一般有效要件外，还须具备特别有效要件，才能产生法律效力。例如附延缓条件或延缓期限的民事行为，它们具备有效要件后，并不马上生效，只有在条件成就、期限届至的时候，上述法律行为才发生法律效力。这种使具备一般有效要件的法律行为的效力开始运行的因素，为民事行为的特别有效要件。

四、无效民事行为

（一）无效民事行为的概念和特征

无效民事行为，是指已经成立，但欠缺法律行为的有效要件，行为人设立、变更和终止民事法律关系的意思表示不能发生法律效力的法律行为。

（二）无效民事行为的种类

（1）无民事行为能力人实施的民事行为绝对无效。

（2）一方以欺诈、胁迫的手段损害国家利益的行为。《民法通则》第五十八条第三项规定，一方当事人以欺诈、胁迫的手段或乘人之危，使对方在违背真实意思的情况下所作出的民事行为是无效的民事行为。但依《合同法》第五十二条第一项规定，一方以欺诈、胁迫手段订立的合同，只有在损害国家利益的情况下才是无效的。从大多数国家的民事立法来看，因欺诈、胁迫的手段或乘人之危实施的民事行为应为可撤销的民事行为。《合同法》从保护国家和平衡当事人利益出发，规定受欺诈、胁迫手段而实施的合同行为并不当然无效，而只有在损害国家利益时，才是绝对无效的。

（3）恶意串通，损害国家、集体或者第三人利益的行为。恶意串通是指民事活动中的当事人，为牟取不法利益合谋实施的损害他人利益的违法行为。其构成要件包括：第一，当事人具有主观上的恶意；第二，有串通行为。串通是当事人之间的相互的意思联络和沟通；第三，对国家、集体或者第三人利益具有损害性。

（4）以合法形式掩盖非法目的的行为。这是一种形式上合法而内容上违法的民事行为，或者通过实施表面上合法的行为来达到或者掩盖非法的目的，属于隐匿行为的一种。在这种行为中，当事人在形式上所达成的协议并非其真正的意思，而非法目的才是其追求的真正目标，其合法的形式不过是掩盖其非法目的的一种手段。

（5）损害社会公共利益的行为。社会公共利益是相对于个人利益而言，它是关系到全社会的利益，表现为某一社会应有的道德准则。损害社会公共利益的行为涉及面比较广，例如暴利行为、危害家庭关系行为、赌博性质的行为、有损人格的行为、违反公平竞争的行为等，有些行为即使在法律上没有禁止性规定，也可能归属于损害社会公共利益的行为。

（6）违反法律、行政法规的强制性规定。此处的“法律”是指全国人大及其常委会所通过的规范性文件；“行政法规”是指国务院颁发的规范性文件。在这些法律文件中，既有强制性的规定，也有任意性的规定。任意性的规定，当事人可以约定排除，而强制性的规定必须遵守。强制性规定不容违反，一旦违反，民事行为即归无效。

（三）无效的含义

无效的民事行为因欠缺生效要件，当事人通过该行为所欲实现的法律效果无法达成。这里的无效是意思无效、自始无效、当然无效和绝对无效。

意思无效是指民事行为完全不发生法律效力。无效民事行为是指民事行为因具备成立要件已经成立，但因欠缺生效要件，因此只有民事行为的外形，而实际上不发生法律效力。但须注意的是，所谓不发生法律效力并非指民事行为不发生任何法律效果，相反，如果该行为构成侵权、行政违法甚至犯罪，则必须追究相应的法律责任。

自始无效是指自始不发生法律效力。无效的民事行为因不具备生效要件，自该行为成立之日起便不具有法律效力。这种行为与可撤销的行为不同，可撤销的民事行为在被撤销前是确定有效的，只是后来因撤销权的行使而溯及其成立之时无效。

当然无效是指民事行为当然不发生法律效力。无效的民事行为，其无效属于当然无效，既不需要当事人主张其无效，也不需要经过任何程序。这与民事行为的撤销或解除须依当事人的意思并经一定的程序均不同。

绝对无效是指民事行为确定的不发生法律效力。无效的民事行为，不仅于其成立时不发生法律效力，此后也绝无再发生法律效力的可能。其无效是确定的不可逆转的无效。这与效力待定的民事行为可以经过补正而不同。效力待定的民事行为，如代理人超越代理权所进行的民事行为，经被代理人追认，可以变成有效的民事行为。

五、可变更、可撤销的民事行为

（一）可变更、可撤销的民事行为的概念和特征

可变更、可撤销的民事行为是指行为人的意思与表示不一致及意思表示不自由，导致意思表示不真实，法律并不使之绝对无效，而是权衡当事人的利害关系，赋予表意人撤销权的民事行为。

可变更、可撤销的民事行为属于相对无效的民事行为。与绝对无效的民事行为不同，相对无效的民事行为虽然也欠缺民事行为的有效条件，但此类民事行为有可能损害的是当事人的个人利益而非社会公共利益。所以，法律将主张此类民事行为无效的决定权交给当事人。如果当事人认为自己的利益遭受损害，可以请求予以撤销，使该行为归于无效。如果当事人不

提出撤销请求，或者不在法定期间内提出请求，则该行为确定地有效。该行为具有如下特征：

1. 行为已经生效

可变更、可撤销的民事行为在被撤销前已发生针对无撤销权的当事人的效力。在当事人行使撤销权之后，这一效力继续保持。因为，既然可变更和可撤销的民事行为是可以变更或者撤销的行为，那么其前提是已经产生了法律效力，否则如绝对无效的民事行为，自始不发生效力，也就谈不上变更和撤销问题。

2. 依当事人意愿可以变更或撤销

可变更、可撤销的民事行为是否归于无效取决于当事人的意思。撤销权人以外的人不得主张撤销。撤销权人可以通过行使撤销权而使该行为归于无效，也可以通过承认的表示或者不行使撤销权而使该行为归入有效。

3. 溯及行为初始

撤销权一旦行使，其效力溯及行为成立之时，即自行为成立之时起该行为即丧失法律效力。如我国《民法通则》第五十九条第二款规定："被撤销的民事行为从行为开始起无效。"

（二）可变更、可撤销的民事行为的种类

1. 重大误解的民事行为

重大误解是指行为人因对行为的重要内容产生错误认识而使意思与表示不一致的民事行为。如对买卖标的物有重大误解，把复制品当成真品；对法律关系的性质有重大误解，把租赁关系误认为买卖关系；对合同相对人有重大误解，误把甲当成乙签订合同。

因重大误解而为的民事行为，是因行为人主观认识上的错误而造成的，它与因受欺诈等外界的影响而为的民事行为不同，但这类行为确与行为人的真实意思相违背。为了维护相对人的合法权益和正常的经济关系，允许行为人对此进行变更或撤销。

2. 显失公平的民事行为

显失公平是指一方当事人利用优势或者利用对方没有经验，致使双方的权利义务明显违反公平、等价有偿原则的行为。显失公平的民事行为往往是当事人双方的权利和义务极不对等，经济利益上不平衡，因而违反了公平合理原则。法律规定显失公平的民事行为应予撤销，不仅是公平原则的具体体现，而且切实保障了公平原则的实现。

显失公平的民事行为主要具有以下法律特征：（1）一方获得的利益超过了法律所允许的限度，双方当事人明显不公平，如标的物的价款显然大大超出了市场上同类物品的价格等。（2）这种不公平是出于"非自愿"的原因，如果当事人之间是自愿的不公平，则法律不予干涉。（3）显失公平通常是由于一方缺乏经验或轻率而发生的，非基于欺诈、胁迫、乘人之危等原因。

3. 一方以欺诈，胁迫或乘人之危给对方造成损失，但并未损害国家利益的行为

我国《民法通则》规定，因欺诈、胁迫、乘人之危而为的法律行为一律无效。《合同法》对此进行区分，因上述行为而为的法律行为，损害了国家利益的，绝对无效；损害了私人利益的，可以撤销。这更体现了意思自治原则。

（三）撤销权

撤销权是权利人以其单方的意思表示变更或撤销已经成立的民事行为的权利。撤销权在性质上属于形成权。享有撤销权的人是在民事法律关系中处于不利地位的人。即对重大误解的民事行为和显失公平的民事行为，当事人任何一方都享有撤销权；对欺诈、胁迫以及乘人之危的民事行为，只有受害方享有撤销权。

对于撤销权的行使方式，我国《民法通则》和《合同法》规定，必须通过请求人民法院或者仲裁机构的方式行使，允许当事人对变更还是撤销进行选择，法院或者仲裁机构没有必要强制当事人作出选择。

享有撤销权的当事人应当及时行使撤销权。有下列情形之一的，撤销权消灭：① 具有撤销权的当事人自知道或者应当知道撤销事由之日起 1 年内没有行使撤销权；② 具有撤销权的当事人知道撤销事由后明确表示或者以自己的行为放弃撤销权。撤销权消灭后，当事人不得请求变更或者撤销，该民事行为有效。

（四）可变更、可撤销的民事行为与无效民事行为的区别

（1）两者发生的原因不同。可变更、可撤销的民事行为发生的意思表示有瑕疵；无效民事行为发生的行为根本不具备民事行为的要件。

（2）两者的效力不同。可变更、可撤销的民事行为是有效的，仅在有撤销权人行使撤销权而撤销该行为时，该行为的效力才因被撤销而溯及地消灭。而无效民事行为自始就不能发生效力。

（3）确认两者无效的条件和程序不同。可变更、可撤销的民事行为是否撤销决定于当事人意思，只有撤销权人才有权请求法院或仲裁机构予以撤销，其他人无权主张该行为无效或撤销。而无效民事行为是绝对无效的，行为当事人及利害关系人都可主张无效，法院或仲裁机构也可依职权确认其无效。

六、效力待定的民事行为

（一）效力待定的民事行为的概念和特征

效力待定的民事行为，又称效力未定的民事行为，是指其成立时有效或无效处于不确定状态，尚待享有形成权的第三人同意（追认）或拒绝的意思表示来确定其效力的民事行为。

（1）效力待定民事行为是于成立时是否有效处于不确定状态的民事行为。效力待定民事行为因欠缺民事行为的某种非实质性要件，于成立时不能确定有效，但其又不是当然无效的，可以通过其他的行为使之有效。因此，效力待定民事行为既不同于无效民事行为，也不同于可撤销民事行为。无效民事行为因欠缺民事行为的根本性要件而当然无效，可撤销的民事行为在未被撤销时是有效的。

（2）效力待定民事行为既可成为有效的民事行为，也可成为无效的民事行为。效力待定民事行为可能有效，也可能无效，但它不同于可撤销民事行为。可撤销民事行为于成立时是有效的，只是因意思表示有瑕疵，有撤销权的当事人可行使撤销权而使之自始无效，而效力待定民

事行为于行为成立时并不能确定有效，也不能确定无效，其有效或无效决定于他人的行为。

（二）效力待定民事行为的种类

（1）限制民事行为能力人实施的依法不能独立实施的民事行为，属于效力待定的民事行为。若经法定代理人追认，该行为有效，但若法定代理人拒绝追认，则该行为无效。

（2）无权代理行为。代理人应在代理权限内为代理行为。无权代理人以本人名义所为的民事行为，未经被代理人追认，对被代理人不发生效力；而经被代理人追认，则对被代理人发生效力。因此，无权代理行为也属于效力待定民事行为。

（三）效力待定民事行为效力的确定

（1）特定当事人享有追认权和拒绝权。对于效力未定民事行为，享有权利的第三人有权予以补正，补正的方式即追认。追认权就是特定当事人所享有的通过单方意思表示使民事行为发生效力的权利。

（2）相对人享有催告权与撤销权。效力未定民事行为的相对人，在得知其与对方实施的民事行为有效力未定的事由后，可以将效力未定事由告知追认权人，并催告追认权人于法定期限或合理期限内予以确认。

撤销权是指效力未定民事行为的相对人撤销其意思表示的权利。相对人行使撤销权必须符合下列条件：① 应采用明示的方式；② 应于追认权人未予追认之前行使，追认权人追认后，相对人不得撤销；③ 相对人须为善意。恶意的相对人不享有撤销权。

七、民事行为无效、被撤销的法律效果

有效的民事行为能实现行为人所期望的法律效果，无效、被撤销的民事行为，不但不能实现行为人预期的法律效果，而且会产生以下后果：

（一）返还财产

返还财产是恢复原状的一种处理方式，即无效民事行为和被撤销的民事行为自始没有法律约束力，已经按照约定进行的履行因无法律效力而需要恢复到没有履行前的状况，已接受履行的一方将其所接受的履行返还给对方。这是恢复原状的最基本的方式。例如，已实际履行的买卖合同因欺诈被确认无效或者被撤销后，买方和卖方应当分别返还其物品和价款。

（二）赔偿损失

民事行为无效或者被撤销后，有过错的一方应当赔偿对方的损失。

（三）收归国有和返还集体、第三人

收归国有或者返还集体、第三人的措施是惩罚性措施，在一般的情况下民事行为无效、被撤销只是在当事人之间进行财产的返还，但鉴于有的民事行为给国家、集体或者第三人造成了损失，为保护国家、集体或者第三人的利益，才将这些利益收归国有或者返还集体、第三人。

【课后习题】

1. 关于民事法律关系，下列哪一选项是正确的？（　　）

A. 民事法律关系只能由当事人自主设立

B. 民事法律关系的主体即自然人和法人

C. 民事法律关系的客体包括不作为

D. 民事法律关系的内容均由法律规定

2. 甲十七岁，以个人积蓄 1 000 元在慈善拍卖会拍得明星乙表演用过的道具，市价约 100 元。事后，甲觉得道具价值与其价格很不相称，颇为后悔。关于这一买卖，下列哪一说法是正确的？（　　）

A. 买卖显失公平，甲有权要求撤销

B. 买卖存在重大误解，甲有权要求撤销

C. 买卖无效，甲为限制行为能力人

D. 买卖有效

3. 在行为人进行的下列行为中，哪些不属于行使形成权的行为？（　　）

A. 被代理人对越权代理进行追认

B. 监护人对限制民事行为能力人纯获利益的合同进行追认

C. 受遗赠人于知道受赠的期限内未作受赠的意思表示

D. 承租人擅自转租，出租人作出解除合同的意思表示

4. 兹有四个事例：① 张某驾车违章发生交通事故致搭车的李某残疾；② 唐某参加王某组织的自助登山活动因雪崩死亡；③ 吴某与人打赌举重物因用力过猛致残；④ 何某心情不好邀好友郑某喝酒，郑某畅饮后驾车撞树致死。根据公平正义的法治理念和民法有关规定，下列哪一观点可以成立？（　　）

A. ① 张某与李某未形成民事法律关系合意，如让张某承担赔偿责任，是惩善扬恶，显属不当

B. ② 唐某应自担风险，如让王某承担赔偿责任，有违公平

C. ③ 吴某有完整意思能力，其自担损失，是非清楚

D. ④ 何某虽有召集但未劝酒，无需承担责任，方能兼顾法理与情理

5. 下列哪一情形构成重大误解，属于可变更、可撤销的民事行为？（　　）

A. 甲立下遗嘱，误将乙的字画分配给继承人

B. 甲装修房屋，误以为乙的地砖为自家所有，并予以使用

C. 甲入住乙宾馆，误以为乙宾馆提供的茶叶是无偿的，并予以使用

D. 甲要购买电动车，误以为精神病人乙是完全民事行为能力人，并与之签订买卖合同

【参考答案】

1. C　　2. D　　3. B　　4. B　　5. C

第三章　物权法律制度

案例

甲将自己的房屋以50万元卖给了乙并和乙签订合同，约定次日一起去办理过户登记。不料第二天乙生病住院，住院一个月。在此期间，丙也看上了甲的房子，问甲是否可以将房屋卖给自己，并愿意出60万元的价格。甲想：自己虽然已经将房屋卖给了乙，但毕竟没有支付价金，并且将其卖给丙，还能获得更高的价款，于是就将房屋卖给了丙。不久，丙付完房款，甲与丙办理了过户登记。后来，乙病愈出院，要求甲交付房屋并办理登记。

请问：房屋的所有权归属于谁？

第一节　物权法律制度概述

一、物权法律制度概况

物权法是调整因物的归属和利用而产生的民事关系的法律。财产法主要包括物权法与债权法，其中，物权法属于财产的归属法，债权法则属于财产的流转法。作为财产归属法，物权法是财产制度的基础，亦是区分不同经济制度的标志。

新中国物权法律制度最早系统规定于1986年的《民法通则》，该法第五章第一节规定“财产所有权与财产所有权有关的财产权”，其中大部分属于物权，初步确立了包括所有权、用益物权、担保物权在内的基本物权法律体系框架。另外，包括国有土地使用权在内的用益物权制度体系主要由《土地管理法》《城市地产管理法》《农村土地承包法》等单行法律建立。担保物权制度体系集中规定于《担保法》以及《最高人民法院关于适用〈中华人民共和国担保法〉若干问题解释》。2007年3月16日，《物权法》通过，并于同年10月1日颁行，在上述各单行法及司法解释的基础上，完整系统地规定了各项基本物权法律制度。

二、物的概念与种类

物是物权的客体。《物权法》第二条第二款规定：“本法所称物，包括不动产与动产，法律是规定权利作为物权客体的，依照其规定。”

（一）物的概念和特点

物权法上的物指的是有体物，是指除了身体之外，凡能为人所支配、独立满足人类社会生活需要之物。物权法上的物具有以下特点：

1. 有体性

有体性是指具备物理实体之“物”。我国物权法上的物仅指有体物，权利、行为、智力成果（包括电脑程序）等均不是物权法上的物，因而不属物权客体。

2. 可支配性

能为人力所支配并满足人的需要。不能为人力所支配或不为人所需之物，因其不具有交易价值而不属于物权法上的物，如太阳、月亮、星星、汽车尾气等。

3. 在人的身体之外

人本身和人体器官都不能成为物权法上的物，除非后者脱离人的身体，则可成为物。

（二）物的种类

根据不同的标准，可以把物分为不同的种类。根据移动是否会减损其价值，物可以分为动产与不动产；根据物是否可以自由进入市场流通，可以分为流通物、限制流通物与禁止流通物；根据物是否可以被替代，可以分为替代物和不可替代物；根据物是否可以分割，可以分为可分物和不可分物；另外，还可以分为主物与从物，原物与孳息等。不同的分类有着不同的意义。

三、物权的概念与种类

（一）物权的概念和特点

《物权法》第二条第三款规定：“本法所称物权，是指权利人依法对特定的物享有直接支配和排他的权利。”与债权相比，物权具有以下特点：

1. 支配性

物权是对于标的物具有直接支配力的财产权，物权人有权仅以自己的意志实现权利，无需第三人的积极行为协助，属于支配权。债权则属于请求权，其实现有赖于债务人的履行行为。

2. 排他性

物权人对于标的物具有排他性的权利，故一物之上只能成立一项所有权。债权则具有兼容性，同一标的物上成立双重买卖，两项买卖合同均可有效，并不相互排斥。

3. 绝对性

物权是对抗所有人的财产权，权利人是物权享有者，义务人为除权利人之外的所有人，故也称为绝对权或对世权。债权则仅对特定的债务人存在，属于相对权或对人权。

（二）物权的种类

1. 自物权和他物权

根据物权的权利主体是否为物的所有人，可以把物权分为自物权和他物权。自物权是物的所有人对自己所有的物依法享有的物权。自物权人有对财物进行全面支配的权利。他物权是物的非所有人根据法律的规定或所有人的意思，对他人所有的物享有的有限支配的物权。

2. 用益物权与担保物权

对于他物权，根据其设立目的的不同，可进一步分为用益物权与担保物权。担保物权是指以保证债务的履行、债权的实现为目的而设立的物权，如抵押权、质押权、留置权等。用益物权是以物的使用收益为目的而设立的物权。根据我国物权法规定，用益物权主要有建设用地使用权、土地承包经营权、宅基地使用权和地役权。

用益物权针对的是物的使用价值，担保物权则针对物的交换价值。

3. 动产物权与不动产物权

动产物权是设定在动产之上的物权，如动产所有权、动产质权、留置权等；不动产物权则是设定于不动产之上的物权，如不动产所有权、土地使用权、不动产抵押权等。用益物权一般存在于不动产之上，担保物权中的抵押权原则上亦以不动产为客体，但法律另有规定的除外。质权与留置权则只能以动产为客体，不得设定于不动产之上。

4. 独立物权与从物权

能够独立存在的物权称独立物权，如所有权、土地使用权。自身并无独立价值，只能从属于其他权利存在的物权称从物权，例如担保物权从属于债权而存在，地役权从属于需役地的所有权或使用权而存在。

四、物权法的基本原则

物权法的基本原则体现了物权法与债权法的基本区别。

（一）物权法定原则

《物权法》第五条规定：“物权的种类和内容，由法律规定。”此称为物权法定原则。物权法定原则包括两方面的含义：一是种类法定，即不得创设民法或其他法律所不承认的物权；二是内容法定，即不得创设与物权法定内容相异的物权。

（二）物权客体特定原则

物权客体特定原则又称一物一权原则，其基本含义是：物权只存在于确定的一物之上，物尚未存在固然不可能存在物权，物尚未确定也谈不上物权；相应地，一项行为亦只能处分一物。债权的客体是当事人的给付行为，并不直接存在于物，故不奉行特定原则，一方面，一项债权合同可涉及数物；另一方面，即使物尚未确定甚至尚不存在，也不影响债权合同的有效性。

（三）物权公示原则

1. 公示的含义

物权以法定方式公之于外，称公示原则。公示方式依动产不动产而有不同，原则上前者以交付占有为公示手段，后者则以登记为公示手段。《物权法》第六条规定："不动产物权的设立、变更、转让和消灭，应当依照法律规定登记不动产物权的设立和转让，应当依照法律规定交付。"

2. 公示的效力

（1）物权移转效力。根据公示对于物权移转效力的影响程度不同，物权移转有公示生效主义与公示对抗主义两种立场。所谓公示生效主义，是指物权移转，非经公示不发生效力。不动产物权的设立、变更、转让和消灭，原则上须经依法登记，才能发生效力，未经登记，不发生效力。例如，建设用地使用权、不动产抵押权等权利的设立或转让，非经登记，不发生效力。动产物权的设立和转让，是自交付时发生效力，例如质权自出质人交付质押财产时设立。所谓公示对抗主义，即某些物权的享有与变动，只需当事人意思表示即可，不以公示为前提。公示的效力只在于对抗第三人。

（2）物权推定效力。为法定公示方式所彰显的权利人，被推定为合法权利人。我国仅在不动产登记中较为明确地规定了此项效力。《物权法》第十七条规定："不动产权属证书是权利人享有该不动产物权的证明。不动产权属证书记载的事项，应当与不动产登记簿一致；记载不一致的，除有证据证明不动产登记簿确有错误外，以不动产登记簿为准。"

（3）公信效力。如果采用公示生效主义立场，法定公示方式为权利变动与享有的法律表征，第三人有理由对其表示信赖，因而公示能够产生公信力。公信效力是善意取得的必要条件。

第二节　物权变动

一、物权变动与物权行为

（一）物权变动的形态

物权变动是指物权的发生（取得、设定）、变更或消灭。物权变动的形态包括物权取得、变更与消灭三种。

1. 物权的取得

物权的取得又分原始取得与继受取得。

物权的原始取得是指物权直接根据法律，不以他人的权利和意志而取得。通常途径有：生产，通过劳动生产取得；收取孳息，包括天然孳息和法定孳息；国家强制，国家采取没收、征收、国有化、税收等强制手段取得；先占，指不属于法律调整的无主财产的先占取得；收归，将无人认领的遗失物、漂流物、埋藏物、隐藏物、无人继承又无人受赠的财产收归国有等。

物权的继受取得又称传来取得，是指以他人的权利和意志而取得的物权。继受取得又分为移转取得和创设取得。移转取得，是指原物权人将物权完善地移转给新物权人，主要的原因有买卖、互易、赠与、遗赠、继承等。创设取得，是指所有权人为他人创设所有权以外的物权，又分为民事与行政两类。民事方面如设定用益物权和担保物权；行政方面主要指主管机关通过划拨或特许为法人、自然人创设土地使用权、采矿权、取水权等他物权。

2. 物权的变更

物权的变更包括主体、客体及内容三方面的变更。其中，物权主体变更实际上是物权转让。

3. 物权的消灭

物权的消灭可分绝对消灭与相对消灭两类。绝对消灭是指物权本身不复存在，例如，客体消灭将导致物权绝对消灭。相对消灭是物本身并未灭失，物权脱离原主体而与新主体相结合并使新主体取得物权。物权的相对消灭从受让人的角度看，为物权的继受取得，因此，物权的消灭一般是指绝对消灭。

（二）物权行为

财产法上的法律行为有债权行为与物权行为之别。债权行为的效力在当事人之间确立债权债务关系，债务人为此负有法律上的义务。例如，甲、乙双方就某套房屋订立买卖合同，买卖合同生效后，出卖人甲负有向买受人乙转让房屋所有权的义务（《合同法》第一百三十五条），乙则向甲负有支付相应价金的义务（《合同法》第一百五十九条）。买卖合同只是债权行为，并不足以导致房屋所有权转让。房屋所有权的转让依赖于出卖人向买受人为了履行买卖合同而转让所有权的行为，该行为在消灭合同之债权的意义上称合同的履行行为，在转让物权的意义上则称物权行为。

二、物权变动的公示方式

依物权公示原则，基于法律行为的物权变动需要公示。公示乃物权发生变动的法律标志。公示方式依动产或不动产物权变动而有不同。

（一）动产物权变动的公示方式——交付

《物权法》第二十三条规定：“动产物权的设立和转让，自交付时发生效力，但法律另有规定的除外。”交付有现实交付与交付替代两种形态。所谓现实交付，指的是将物直接交由对方占有。现实交付是最为典型的交付形态。当现实交付不可能或没必要时，可以其他方式替代交付。交付替代方式包括：

（1）简易交付。《物权法》第二十五条规定：“动产物权设立和转让的，权利人已经依法占有该动产的，物权自法律行为生效时发生效力。”

（2）指示交付。《物权法》第二十六条规定：“动产物权设立和转让前，第三人依法占有该动产的，负有交付义务的人可以通过转让请求第三人返还原物的权利代替交付。”

（3）占有改定。所谓改定，改定的是占有人身份。《物权法》第二十七条规定："动产物权转让时，双方又约定由出让人继续占有该动产的，物权自该约定时效发生效力。"

（二）不动产物权变动的公示方式——登记

《物权法》第九条第一款规定："不动产物权的设立、变更、转让和消灭，经依法登记，发生效力；未经登记，不发生效力，但法律另有规足的除外。"根据 2015 年 3 月 1 日起施行的《不动产登记暂行条例》之规定，我国实行不动产统一登记制度，国务院国土资源主管部门负责指导、监督全国不动产登记工作，县级以上地方人民政府应当确定一个部门为本行政区域的不动产登记机构，负责不动产登记工作，并接受上级人民政府不动产登记主管部门的指导、监督。需要登记的不动产物权包括：（1）集体土地所有权；（2）房屋等建筑物、构筑物所有权；（3）森林、林木所有权；（4）耕地、林地、草地等土地承包经营权；（5）建设用地使用权；（6）宅基地使用权；（7）海域使用权；（8）地役权；（9）抵押权；（10）法律规定需要登记的其他不动产权利。

第三节　所有权

所有权是最完整的支配权，其他一切类型的物权皆派生于此，所以所有权是物权体系的核心。

一、所有权的概念与特征

所有权是指在法律限制范围内，对物为全面支配的权利。《物权法》第三十九条规定："所有权人对自己的不动产或者动产，依法享有占有、使用、收益和处分的权利。"

所有权具有以下特征：

（1）完全性，是指所有人对于所有物具有完全的支配权，包括占有、使用、收益和处分。

（2）整体性，是指所有权不是占有、使用、收益和处分等各种权能在量上的总和，而是一个整体的权利，不能在内容或时间上加以分割。

（3）恒久性，是指所有权不因时效而消灭。

（4）弹力性，是指所有人在其所有物上为他人设定权利，即使所有权的已知表征权利被剥夺，也仍潜在保留其完整性，待剥夺终止后，所有权当然地重新恢复其圆满状态。

二、所有权的权能

根据《民法通则》的规定，所有权具有占有、使用、收益和处分四项权能，这四项权能构成所有权的内容。

（一）占　有

占有，是指对于所有权事实上的管领和控制。占有权能在一定条件下可以与所有权分离。

因此，占有可分为所有权人占有和非所有权人占有。非所有权人占有可分为合法占有和非法占有。合法占有，即依照法律规定或者所有权人的意志而占有他人之物。非法占有，即没有法律规定或者未经所有权人同意而占有他人之物。在非法占有中又可区分善意占有与恶意占有。不同类别的占有的法律后果不同。

（二）使　用

使用，是指对于物的事实上的支配和运用。使用权能的行使以占有为前提。所有权人可以根据法律或合同约定将使用权能转移给非所有权人行使，非所有权人必须根据法律规定或合同约定行使使用权能，且只能按规定或约定的用途使用。

（三）收　益

收益，是指基于对物的使用而获取利益的权能。所有权人占有、使用其所有物时，收益由所有权人享有。但当所有权人将对所有物的占有、使用权能转移给非所有权人时，就形成了所有权人与受让人在收益上的分配问题。

（四）处　分

处分，是指依法对标的物进行处置。处分权能是所有权最基本的权能，是所有权的核心内容。处分包括事实上的处分和法律上的处分。前者是对标的物进行物理上处置的事实行为。后者是指使标的物的所有权发生变动的法律行为。处分权能通常由所有权人自己行使，在法律有特别规定或当事人有约定的场合，非所有权人才能处分他人所有的财产。

三、所有权的类型

（一）所有权的法定分类

《物权法》第五章为“国家所有权和集体所有权、私人所有权”，由此根据所有制划分为三类所有权。

1. 国家所有权

国家以所有者身份对物享有的全面支配权力。《物权法》第四十五条第一款规定：“法律规定属于国家所有的财产，属于国家所有即全民所有。”同时《物权法》第四十五条第二款又规定：“国有财产由国务院代表国家行使所有权；法律另有规定的，依照其规定。”所谓法律另有规定，是指如《物权法》第五十三条规定：“国家机关对其直接支配的不动产和动产，享有占有、使用以及依照法律和国务院的有关规定处分的权利。”《物权法》第五十四条规定：“国家举办的事业单位对其直接支配的不动产和动产，享有占有、使用以及依照法律和国务院的有关规定收益、处分的权利。”

国家所有权的客体极为广泛，包括一切矿藏、水流和海域，城市土地、法律规定属于国家所有的农村和城市郊区的土地，未被规定为集体所有的森林、山岭、草原、荒地、滩涂等自然资源，法律规定属于国家所有的野生动植物资源，无线电频谱资源，法律规定属于国家所有的文物，国防资产，法律规定属于国家所有的铁路、公路、电力设施、电信设施和油气管道等基础设施，等等。

2. 集体所有权

《物权法》第五十九条第一款规定："农民集体所有的不动产和动产，属于本集体成员集体所有。"根据《土地管理法》，集体所有权包括三种形式：村集体所有、农村集体经济组织所有与乡（镇）集体所有。《物权法》第六十条规定："对于集体所有的土地和森林、山岭、草原、荒地、滩涂等，依照下列规定行使所有权：（1）属于村农民集体所有的，由村集体经济组织或者村民委员会代表集体行使所有权；（2）分别属于村内两个以上农民集体所有的，村内各该集体经济组织或者村民小组代表集体行使所有权；（3）属于乡镇农民集体所有的，由乡镇集体经济组织代表集体行使所有权。"

所谓集体所有的不动产和动产，主要包括：（1）法律规定属于集体所有的土地和森林、山岭、草原、荒地、滩涂；（2）集体所有的建筑物、生产设施、农田水利设施；（3）集体所有的教育、科学、文化、卫生、体育等设施；（4）集体所有的其他不动产和动产。

需要注意的是，依《土地管理法》第四十三条之规定，原则上，农村集体物权将集体所有的土地用作商业开发，若有开发需求，须由国家先将土地征归国有，然后再由国家以出让国有土地使用权的方式进入市场进行商业开发。但兴办乡镇企业和村民建设住宅经依法批准使用本集体经济组织农民集体所有的土地的，或者乡（镇）村公共设施和公益事业建设经依法批准使用农民集体所有的土地的除外。

3. 私人所有权

《物权法》第六十三条规定："私人对其合法的收入、房屋、生活用品、生产工具、原材料等不动产和动产享有所有权。"此处所称私人，并不局限于自然人，民法上的法人尤其是企业法人亦包括在内。对此，《物权法》第六十八条规定："企业法人对其不动产和动产依照法律、行政法规以及章程享有占有、使用、收益和处分的权利。企业法人以外的法人，对其不动产和动产的权利，适用有关法律、行政法规以及章程的规定。"

（二）共　有

1. 共有的形态

物可为单一主体独自享有所有权，也可在不作质的分割的情况下由数个主体共享，前者称单一所有，后者则称共有。共有包括按份共有和共同共有。按份共有与共同共有在处分权、相互之间的请求权以及处分原则（全体一致抑或多数决原则）等方面各有不同。

2. 共有形态的推定

共有人对共有的不动产或者动产没有约定为按份共有或者共同共有，或者约定不明确的，除共有人具有家庭关系等外，视为按份共有。共同共有是以共有关系为前提的，共有人之间的内部关系较之按份共有更为紧密，《物权法》作按份共有推定，实际上是推定共有人之间的关系较为松散。

3. 共有的一般效力

（1）共有人的权利义务。共有人按照约定管理共有的不动产或者动产；没有约定或者约定不明确的，各共有人都有管理的权利和义务。

（2）共有物的分割方式。共有人可以协商确定分割方式。达不成协议，共有的不动产或者动产可以分割并且不会因分割减损价值的，应当对实物予以分割；难以分割或者因分割会减损价值的，应当对折价或者拍卖、变卖取得的价款予以分割。共有人分割所得的不动产或者动产有瑕疵的，其他共有人应当分担损失。

（3）对外债权债务。因共有的不动产或者动产产生的债权债务，在对外关系上，共有人享有连带债权、承担连带债务，但法律另有规定或者第三人知道共有人不具有连带债权债务关系的除外。

4. 共同共有

（1）共同共有的含义。《物权法》第九十五条规定："共同共有人对共有的不动产或者动产共同享有所有权。"所谓共同享有所有权，指的是共同共有人对共有财产享有共同的权利，承担共同的义务。其特点在于，共有人对于同一物所享有的所有权不分份额，共享权利同担义务，所以亦无转让份额之问题。依《物权法》第一百零三条规定，家庭关系中的共有为共同共有，包括《婚姻法》规定的夫妻同财产、《继承法》中的遗产、《农村土地承包法》中的家庭承包财产等，另外，以家庭共有财产投资的个人独资企业中的财产，亦属家庭成员共同共有。

（2）共同共有的内部关系。共同共有的内部关系主要体现为共有物的管理、共有物的分割以及对外债权债务的内部效力三个方面：第一，关于共有物的管理。主要涉及对共有物的重大修缮及管理费用的分担。《物权法》第九十七条规定，对共有的不动产或者动产作重大修缮的，应当经全体共同共有人同意，但共有人之间另有约定的除外。《物权法》第九十八条规定，对共有物的管理费用以及其他负担，有约定的，按照约定，没有约定或者约定不明确的，共同共有人共同负担。第二，关于共有物的分割。共同共有关系存续期间，原则上禁止对共有物进行分割，原因在于，分割共有物即意味着共同共有关系的破裂。《物权法》第九十九条规定，共有人约定不得分割共有的不动产或者动产，以维持共有关系的，应当按照约定，但共有人有重大理由需要分割的，可以请求分割；没有约定或者约定不明确的，共同共有人在共有的基础丧失或者有重大理由需要分割时可以请求分割。因分割对其他共有人造成损害的，应当给予赔偿。共同共有财产分割后，一个或者数个原共有人出卖自己分得的财产时，如果出卖的财产与其他原共有人分得的财产属于一个整体或者配套使用，其他原共有人享有优先购买权。第三，关于对外债权债务的内部效力。共同共有人之一对外受领的全部债权所得为所有共有人共享，其他共有人不存在主张分享的问题；用以承担债务的财产属于全体共有人共同共有的财产，故对外承担债务后，共有人之间亦不存在分担的问题。为此，《物权法》第一百零二条规定，在共有人内部关系上，除共有人另有约定外，共同共有人共同享有债权、承担债务。

（3）共同共有的外部关系。共同共有的外部关系主要涉及处分共有物的问题。既然全体共有人对共有物不分份额地享有共有权，即意味着各共有人之间地位平等，因此，原则上，物之处分须征得全体一致同意，共有人之间若另有约定，则从其约定。

5. 按份共有

（1）按份共有的含义。按份共有是对同一个所有权作量上分割的共有形态，按份共有人对共有的不动产或者动产按照其份额享有所有权。关于份额的确定，《物权法》第一百零四条规定：“按份共有人对共有的不动产或者动产享有的份额，没有约定或者约定不明确的，按照出资额确定；不能确定出资额的，视为等额享有。”按份共有的特点在于分享权利分担义务，这是与共同共有的最大不同。

（2）按份共有的内部关系。如同共同共有，按份共有的内部关系亦主要体现于共有物的管理、分割以及对外债权债务的内部效力三个方面，唯其基本规则与共同共有不同。第一，关于共有物的管理。按份共有人对共有的不动产或者动产作重大修缮的，应当经占份额三分之二以上的按份共有人同意，但共有人之间另有约定的除外。同时，对共有物的管理费用以及其他负担，有约定的，按照约定，没有约定或者约定不明确的，按份共有人按照其份额负担。第二，关于共有物的分割。《物权法》第九十九条规定：“共有人约定不得分割共有的不动产或者动产，以维持共有关系的，应当按照约定，但共有人有重大理由需要分割的，可以请求分割；没有约定或者约定不明确的，按份共有人可以随时请求分割……因分割对其他共有人造成损害的，应当给予赔偿。”第三，关于对外债权债务的内部效力。对外关系上，任何一位按份共有人均有权主张全部债权或有义务承担全部债务，但内部关系上，各共有人对其各自财产按照份额分摊，此亦反映于债权的享有与债务的承担方面，故《物权法》第一百零二条规定，在共有人内部关系上，除共有人另有约定外，按份共有人按照份额享有债权、承担债务。相应地，当对外承担债务的共有人所承担的债务超出其应当承担的份额时，有权向其他共有人追偿。

（3）按份共有的外部关系。按份共有的外部关系除涉及共有物的处分外，还包括份额处分。第一，关于共有物的处分。《物权法》第九十七条规定，处分共有的不动产或者动产以及对共有的不动产或者动产作重大修缮的，应当经占份额三分之二以上的按份共有人或者全体共同共有人同意，但共有人之间另有约定的除外。第二，关于份额的处分。按份共有人对其享有的份额有处分自由，故可自由转让其享有的共有的不动产或者动产份额。当按份共有人转让其共有份额时，其他共有人在同等条件下享有优先购买的权利。

6. 准共有

共有制度以所有权为原型建构，对于其他物权，亦存在数人共同享有的问题，此称准共有。《物权法》第一百零五条规定，两个以上单位、个人共同享有用益物权、担保物权的，参照共有的规则处理。

三、善意取得制度

（一）制度价值

法律史上曾有过“任何人不得让与多于自身权利的权利”之法谚，据此，任何未得到权利人许可而处分他人权利的行为都不能发生效力，这有利于保护所有权人的利益，令其免遭他人无权处分。然而，在市场经济社会，交易往往在陌生人之间发生，当事人之间的互信只能借助外在表征，而物权法恰恰又通过公示制度提供了权利的法定表征，拥有公示方式之人被推定为合法的权利享有者。面对纷繁复杂的市场，交易相对人既无能力又无必要一一调查物之占有人，登记簿上所记载之人究竟是否为真权利人，理应有理由信赖法定公示方式所产生的效力。

当拥有权利表征之人其实并非真权利人时（如保管人将受托保管之物转让），若固守“任何人不得让与多于自身权利的权利”之规则，判令转让行为无效，善意第三人将无法获得所有权。若该物又进入下一流通环节，第一环节的无效势必引起连锁反应。结果，交易链的任何一人都可能因为与自己无关的交易环节出现瑕疵而被追夺权利，最终导致交易安全无法保障。由此产生的另一负面效应是，既然信赖法定公示提供的权利表征无法得到保护，法律制度本身亦将陷入信任危机。因此，当真权利人与第三人及其所代表的交易安全之间发生利益冲突时，法律制度不得不作出取舍。现代法律普遍选择保护交易安全，善意取得制度遂应运而生，这一选择，同时表示法律保护从人类社会早期偏重静的安全保护过渡到了动的安全保护。

（二）我国的善意取得制度

我国《物权法》第一百零六条第一款规定：“无处分权人将不动产或者动产转让给受让人的，所有权人有权追回；除法律另有规定外，符合下列情形的，受让人取得该不动产或者动产的所有权：（1）受让人受让该不动产或者动产时是善意的；（2）以合理的价格转让；（3）转让的不动产或者动产依照法律规定应当登记的已经登记不需要登记的已经交付给受让人。”根据前一分句，所有权人有权否认无权处分行为之效力，后一分句则通过善意取得制度排除了这一权利，换言之，若符合善意取得的要件，则所有权人不得否认无权处分行为之效力。

善意取得的构成如下：

（1）依法律行为转让。所有权善意取得只能在交易中发生，该交易所借助的手段即法律行为，其他非因法律行为而发生的物权变动，无论是基于事实行为、公法行为还是直接基于法律规定而变动，均不存在善意取得的问题。

（2）转让人无处分权。如果转让人对所转让的权利具有处分权，则适用正常的物权变动规则。善意取得制度旨在解决无权处分行为的有效性问题，因此必以转让人无处分权为前提。

（3）受让人为善意。唯有善意第三人才值得保护。所谓善意，指的是不知道转让人无处分权并且非属应当知道。善意判断时间则以受让该财产时为准，即受让之后若第三人事后得知转让人无处分权，不影响受让人之善意。

（4）以合理的价格转让。善意第三人之所以能够从无权处分人手中获得所有权，是因为该善意第三人代表了交易安全，所有权人利益的静态利益被让位于交易安全这一动态市场利益。这就意味着，无权处分人与善意第三人所实施的必须是市场交易行为并且所支付的对价在市场交易中必须属于合理的。无偿受让不能取得标的物所有权。

（5）已经履行物权公示行为。动产已经交付，不动产已经登记。

（6）转让人基于真权利人意思合法占有标的物。基于真权利人意思而合法占有之物，称委托物，如转让人基于与真权利人的保管合同为之保管标的物、转让人作为承租人承租真权利人之物等；相反，非基于真权利人意思而占有之物则称脱手物，如遗失物、盗窃物等。善意取得制度适用于委托物，不适用于脱手物。

《物权法》第一百零七条仅对脱手物中的遗失物作出规定，所有权人或者其他权利人有权追回遗失物。该遗失物通过转让被他人占用的，权利人有权向无处分权人请求损害赔偿，或者自知道或者应当知道受让人之日起两年内向受让人请求返还原物，但受让人通过拍卖或者向具有经营资格的经营者购得该遗失物的，权利人请求返还原物时应当支付受人所付费用。权利人向受让人支付所付费用后，有权向无处分权人追偿。

动产善意取得产生直接与间接两项法律效果。直接法律效果是所有权发生转移，相应地，真权利人的所有权随之失去。间接法律效果是真权利人取得赔偿请求权，有权向处分人请求损害赔偿。

（三）限制物权的善意取得

《物权法》第一百零六条第三款规定，限制物权的善意取得，参照所有权善意取得之规定适用。

四、动产所有权的特殊取得方式

动产所有权有若干特殊的取得方式，包括先占、拾得遗失物、发现埋藏物及添附等。

（一）先　占

所谓先占，就是以所有权人的意思占有无主动产。先占人基于先占行为取得无主动产的所有权。

（二）拾得遗失物

拾得遗失物，是指发现他人遗失之物而实施占有。拾得行为不足以令拾得人取得遗失物的所有权，而负有归还权利人的义务，因此，拾得遗失物后，拾得人应当及时通知权利人领取，或者送交公安等有关部门，有关部门收到遗失物后，知道权利人的，应当及时通知其领取，不知道的，应当及时发布招领公告。遗失物自发布招领公告之日起 6 个月内无人认领的，归国家所有。

拾得人虽不能取得遗失物的所有权，却可享有费用偿还请求权，在遗失人发出悬赏广告时，归还失物的拾得人还享有悬赏广告所允诺的报酬请求权。

（三）发现埋藏物

对于发现埋藏物并实施占有者，《物权法》第一百一十四条规定，参照拾得遗失物的有关规定适用。

（四）添　附

添附是附合、混合与加工的总称。原物经过添附而成新物，所有权仍为一个，因而需要确定添附之后物的所有权归属。

1. 附合

不同所有人的物密切结合，构成不可分割的一物，称附合。包括动产附合于不动产与动产附合于动产两种情形。（1）动产附合于不动产。动产附合于不动产而成为不动产不可分割的重要成分者，不动产所有人取得附合之物所有权。如钢筋附合于房屋，房屋所有权人取得钢筋所有权。（2）动产附合于动产。动产与他人之动产附合，非毁损不能分离，或分离须费用巨大，各动产所有人，按其动产附合时之价值，共有合成物；但附合之动产，有可视为主物的，该主物所有人，取得合成物之所有权，前者如各出木板成箱，箱的所有权由各木板所有权人共有；后者如油漆漆于他人之木板，木板是主物，故由原木板所有权人单独取得油漆之后的木板所有权。

2. 混合

所有权不属同一人的动产，相互混杂，难以识别或分离，称混合。关于混合，确定所有权时，准用动产附合之规则。

3. 加工

在他人之动产上进行改造或劳作，并生成新物的法律事实，称加工。例如，将他人木板加工为板凳，另外，诸如书写、素描、绘画、印刷、雕刻或其他于物之表面的类似劳作行为，亦属加工。通过对一项或数项材料加工或改造而形成新物之人，只要加工或改造的价值不明显低于材料价值，即取得新物所有权。新物所有权取得，材料之上的既存权利即消灭。

4. 失去权利之人的救济

因为添附而失去所有权之人，有权请求取得添附新物所有权之人赔偿损失。

第四节　用益物权

一、用益物权概述

以使用他人之物为目的的物权，称用益物权。用益物权人对他人所有的不动产或者动产，依法享有占有、使用和收益的权利。用益物权仅涉及物的使用价值，不包含处分权能。用益物权可使得需要使用某物之人能够以较低对价实现目的，而不必付出获得所有权的代价，亦可使得所有权人能够就其物获得收益，而不至于失去所有权。

用益物权具有以下特征：

（1）用益物权是限制物权。相对于所有权而言，用益物权仅能在一定范围内对他人之物进行占有、使用和收益，并不包括对于他人之物的处分权。

（2）用益物权是具有独立性的权利。用益物权虽然是从所有权权能中分离出来的他物权，由于其以实现物的使用价值为目的，必然强调对于物的独占权利，因而用益物权一般是一种不依赖于其他权利而独立存在的权利。与用益物权相反，担保物权是依赖于主债权的从权利。

（3）用益物权是以物的使用价值为目的的他物权。设置用益物权的目的在于对他人之物的使用价值，而担保物权则侧重于物的交换价值。

（4）用益物权的标的物主要是不动产。我国《物权法》第一百一十七条规定，用益物权可以在他人的动产上设立，但无论是物权法所具体规定的权利类型还是其他法律规定的采矿权、探矿权、海域使用权、取水权等特别物权，都是典型的不动产用益物权。

（5）用益物权以占有标的物为必要。用益物权作为以使用价值为目的的物权，以权利人对标的物实际占有为必要。

根据我国《物权法》规定，用益物权主要包括：建设用地使用权、土地承包经营权、宅基地使用权、地役权。

二、建设用地使用权

《物权法》上的建设用地使用权在《城市房地产管理法》中被称为土地使用权，两概念均指国有建设用地使用权。原则上，除兴办乡镇企业、村民建设住宅、乡（镇）村公共设施以及公益事业建设经依法批准使用本集体经济组织农民集体所有土地的外，其他对集体土地的建设利用，都必须先征归国有，然后取得国有建设用地使用权。

（一）建设用地使用权的取得

建设用地使用权有创设取得与移转取得两种方式，分别对应国有土地的一级市场与二级市场。其中，创设取得可采取有偿出让或无偿划拨等方式，移转取得则有转让、互换、出资、赠与或抵押等方式。

1. 创设取得

（1）无偿划拨。土地使用权划拨，是指县级以上人民政府依法批准，在土地使用者缴纳补偿、安置等费用后将该土地交付其使用，或者将土地使用权无偿交付给土地使用者使用的行为。根据物权法律制度的规定，下列建设用地的使用权，确属必需的，可以由县级以上人民政府依法批准划拨：国家机关用地和军事用地；城市基础设施用地和公益事业用地；国家重点扶持的能源、交通、水利等项目用地；法律、行政法规规定的其他用地。

（2）有偿出让。除上述可经划拨取得的情形处，建设单位使用国有土地，应当以出让等有偿使用方式取得。建设用地使用权出让，是指国家将国有土地使用权在一定年限内出让给土地使用者，由土地使用者向国家支付土地使用权出让金的行为。城市规划区内的集体所有的土地，经依法征用转为国有土地后，该国有土地的使用权方可有偿出让。

2. 移转取得

建设用地使用权转让、互换、出资、赠与或者抵押的，当事人应当采取书面形式订立相应的合同。使用期限由当事人约定但不得超过建设用地使用权的剩余期限。

（二）建设用地使用权的期限

以无偿划拨方式取得的建设用地使用权，除法律、行政法规另有规定外，没有使用期限的限制。

以有偿出让方式取得的建设用地使用权，出让最高年限按下列用途确定：（1）居住用地七十年；（2）工业用地五十年；（3）教育、科技、文化、卫生、体育用地五十年；（4）商业、旅游、娱乐用地四十年；（5）综合或者其他用地五十年。

土地使用者通过转让方式取得的土地使用权，其使用年限为土地使用权出让合同规定的使用年限减去原土地使用者已使用年限后的剩余年限。

三、土地承包经营权

（一）土地承包经营权的概念与范围

土地承包经营权是指土地承包经营权人依法对其承包经营的耕地、林地、草地等享有占有、使用和收益的权利，有权从事种植业、林业、畜牧业等农业生产。土地承包经营者主体原则上为农村集体经济组织成员。但对荒山、荒沟、荒丘、荒滩等荒地通过招标、拍卖等公开竞价方式直接取得承包经营权的主体不限于农村集体经济组织成员，还包括农村集体经济组织以外的自然人、法人和其他组织。

（二）土地承包经营权的期限

耕地的承包期为三十年，草地的承包期为三十年至五十年，林地的承包期为三十年至七十年，特殊林木的林地承包期，经国务院林业行政主管部门批准可以延长。土地承包经营权人依照农村土地承包法的规定，有权将土地承包经营权采取转包、互换、转让等方式流转。流转的期限不得超过承包期的剩余期限。未经依法批准，不得将承包地用于非农建设。

（三）土地承包经营权的转让

1. 变更登记

土地承包经营权人将土地承包经营权互换、转让，当事人要求登记的，应当向县级以上地方人民政府申请土地承包经营权变更登记；未经登记，不得对抗善意第三人。

2. 征收处理

承包地被征收的，土地承包经营权人有权依照《物权法》第四十二条第二款的规定获得相应补偿。

3. 流转方式

通过招标、拍卖、公开协商等方式承包荒地等农村土地，依照《农村土地承包法》等法律和国务院的有关规定，其土地承包经营权可以转让、入股、抵押或者以其他方式流转。

四、宅基地使用权

宅基地使用权是宅基地使用权人依法对集体所有的土地享有占有和使用的权利，有权依法利用该土地建造住宅及其附属设施。宅基地使用权是我国特有的一种用益物权，是农民基于集体成员而享有的一种带有社会福利性质的权利。我国《物权法》规定，宅基地使用权的取得、行使和转让，适用《土地管理法》等法律和国家有关规定。宅基地因自然灾害等原因灭失的，宅基地使用权消灭。对失去宅基地的村民，应当重新分配宅基地。

五、地役权

地役权是地役权人有权按照合同约定，利用他人的不动产，以提高自己的不动产的效益的用益物权。地役权产生于两个不动产之间，提供便利的不动产为供役地，利用便利的不动产为需役地。地役权因设定行为而产生，设立地役权，当事人应当采取书面形式订立地役权合同。供役地权利人应当按照合同约定，允许地役权人利用其土地，不得妨害地役权人行使权利。地役权人应当按照合同约定的利用目的和方法利用供役地，尽量减少对供役地权利人物权的限制。地役权的期限由当事人约定，但不得超过土地承包经营权、建设用地使用权等用益物权的剩余期限。地役权不得单独转让、单独抵押。

第五节　担保物权

一、担保物权概述

（一）担保物权的概念与种类

担保物权，是指为了保证债权的实现，担保债权人在债务人不履行到期债务或者发生当事人约定的实现担保物权的情形，依法享有的就担保物权优先受偿的权利。担保物权针对物的交换价值。《物权法》规定了抵押权、质权与留置权三种担保物权。抵押权与质权是意定担保物权，需要当事人双方通过合同设定；留置权是法定担保物权，无需要双方合意，只需符合法律规定的情形就可以直接享有。

（二）担保物权的特征

1. 从属性

担保物权自身不能独立存在，须从属于债权而存在。同时担保物权不能脱离所担保的债权单独转让，所担保的债权转让时，担保物权随之转让并且担保物权随债权的消灭而消灭。

2. 权利行使的附条件性

担保物权被有效设立后不能马上行使，只有当债务已届履行期但债务人未履行或未依约履行债务、或发生当事人约定的实现担保物权的情形，担保物权才可以行使。

3. 优先受偿性

担保物权对于债权的担保，系通过优先受偿权而实现。即当债务人不履行到期债务或发生当事人约定的实现担保物权情形时，担保物权人可就担保物变价之后的价金优先于普通债权人得到清偿。

4. 物上代位性

担保财产即使毁损、灭失，但替代该财产的交换价值还存在，担保物权的效力仍然存在，且及于该替代物。《物权法》第一百七十四条规定，担保期间，担保财产毁损、灭失或者被征收等，担保物权人可以就获得的保险金、赔偿金或者补偿金等优先受偿。被担保债权的履行期未届满的，也可以提存该保险金、赔偿金或者补偿金等。

（三）担保物权的消灭

有下列情形之一，担保物权消灭：（1）主债权消灭；（2）担保物权实现；（3）债权人放弃担保物权；（4）法律规定担保物权消灭的其他情形。

二、抵押权

（一）抵押权的概念与特性

1. 抵押权的概念

所谓抵押权，是指为担保债务的履行，债务人或者第三人不转移财产的占有，将该财产抵押给债权人，债务人不履行到期债务或者发生当事人约定的实现抵押权的情形，债权人有权就该财产优先受偿。其中，债务人或者第三人为抵押人，债权人为抵押权人，提供担保的财产为抵押财产或抵押物。

抵押权不移转抵押物的占有，不影响使用，债权人不必为保管抵押物付出成本，债权不能实现时能通过抵押权的行使确保债的安全。因此，抵押权堪称最理想的担保物权。

2. 抵押权的特性

除拥有担保物权的一般特性外，抵押权还具有不可分性，一旦抵押物被用来提供担保，抵押物的分割、被担保之债的分割，不导致抵押权分割；抵押物部分灭失，剩余部分仍担保债之全部；债权部分清偿，不产生抵押权部分消灭之效力。对此，担保法解释第七十一条与第七十二条有详细规定：（1）主债权未受全部清偿的，抵押权人可以就抵押物的全部行使其抵押权。（2）抵押物被分割或者部分转让的，抵押权人可以就分割或者转让后的抵押物行使抵押权。（3）主债权被分割或者部分转让的，各债权人可以就其享有的债权份额行使全部抵押权。（4）主债务被分割或者部分转让的，抵押人仍以其抵押物担保数个债务人履行债务。但是，第三人提供抵押的，债权人许可债务人转让债务未经抵押人书面同意时，抵押人对未经其同意转让的债务，不再承担担保责任。

（二）抵押财产的范围

1. 抵押物的范围

债务人或者第三人有权处分的下列财产可以抵押：（1）建筑物和其他土地附着物；（2）建设用地使用权；（3）以招标、拍卖、公开协商等方式取得的荒地等土地承包经营权；（4）生产设备、原材料、半成品、产品；（5）正在建造的建筑物、船舶、航空器；（6）交通运输工具；（7）法律、行政法规未禁止抵押的其他财产。

同时《物权法》还规定，经当事人书面协议，企业、个体工商户、农业生产经营者可以将现有的以及将有的生产设备、原材料、半成品、产品进行抵押。

2. 禁止抵押的财产

下列财产不得抵押：（1）土地所有权；（2）耕地、宅基地、自留地、自留山等集体所有的土地使用权，但法律规定可以抵押的除外；（3）学校、幼儿园、医院等以公益为目的的事业单位、社会团体的教育设施，医疗卫生设施和其他社会公益设施；（4）所有权、使用权不明或者有争议的财产；（5）依法被查封、扣押、监管的财产；（6）法律、行政法规规定不得抵押的其他财产。

3. 房地一体原则

土地与建筑物虽然各自独立为权利客体，但毕竟相互紧密结合，不可分离，故在确定抵押财产时，实行房地一体原则，即以建筑物抵押的，该建筑物占用范围内的建设用地使用权一并抵押；以建设用地使用权抵押的，该土地上的建筑物一并抵押，但土地上的新增建筑物不作为抵押财产。另外，乡镇、村企业的建设用地使用权不得单独抵押，以乡镇、村企业的厂房等建筑物抵押的，其占用范围内的建设用地使用权一并抵押。

（三）抵押权的设定

1. 抵押权设定行为

设立抵押权，当事人应当采取书面形式订立抵押合同。《物权法》第十五条规定："当事人之间订立有关设立、变更、转让和消灭不动产物权的合同，除法律另有规定或者合同另有约定外，自合同成立时生效；未办理物权登记的，不影响合同效力。"据此，抵押合同即便未经登记，效力亦不受影响。

2. 登记

抵押合同不以登记为生效要件，但抵押权本身却须登记。不同的抵押财产，登记产生的效力有所不同，具体有登记生效与登记对抗两种情形：（1）登记生效。以建筑物和其他土地附着物、建设用地使用权，以招标、拍卖、公开协商等方式取得的荒地等土地承包经营权以及正在建造的建筑物抵押的，抵押权自登记时设立。（2）登记对抗。以生产设备、原材料、半成品、产品、交通运输工具以及正在建造的船舶、航空器抵押的，抵押权自抵押合同生效时设立，未经登记，不得对抗善意第三人。

（四）抵押担保的范围

1. 担保的债权范围

抵押权的担保范围包括主债权及其利息、违约金、损害赔偿金、保管担保财产和实现担保物权的费用。当事人另有约定的，按照约定。

2. 抵押物范围

原则上，抵押物的范围以双方当事人约定为准。唯以下特殊情况需要特别处理：（1）抵押物登记记载的内容与抵押合同约定的内容不一致的，以登记记载的内容为准。（2）抵押物所有人为附合物、混合物或者加工物的所有人的，抵押权的效力及于附合物、混合物或者加工物；第三人与抵押物所有人为附合物、混合物或者加工物的共有人的，抵押权的效力及于抵押人对共有物享有的份额。（3）抵押权设定前为抵押物的从物的，抵押权的效力及于抵押物的从物。但是，抵押物与其从物为两个以上的人分别所有时，抵押权的效力不及于抵押物的从物。（4）城市房地产抵押合同签订后，该地上新增的房屋不属于抵押物。需要拍卖该抵押的房地产时，可以依法将该土地上新增的房屋与抵押物一同拍卖，但对拍卖新增房屋所，抵押权人无权优先受偿。（5）建设用地使用权抵押后，该土地上新增的建筑不属于抵押财产。该建设用地使用权实现抵押时，应当将该土地上新增的建筑物与建设用地使用权一并处分，但新增建筑物所得的价款，抵押权人无权优先受偿。

（五）抵押人的优先受偿权债

债务人不履行债务时，债权人有权依法以该财产折价或者拍卖、变卖该财产的价款优先受偿。

1. 优先受偿的方式

债务人不履行到期债务或者发生当事人约定的实现抵押权的情形，抵押权人可以与抵押人协议以抵押财产折价或者以拍卖、变卖该抵押财产所得价款优先受偿。协议损害其他债权人利益的，其他债权人可以在知道或者应当知道撤销事由之日起一年内请求人民法院撤销该协议，抵押权人与抵押人就抵押权实现方式达成协议的，抵押权人可以请求人民法院拍卖、变卖抵押财产。抵押财产折价或者变卖的，应当参照市场价格。

2. 流押合同之禁止

《物权法》第一百八十六条规定："抵押权人在债务履行期届满前，不得与抵押人约定债务人不履行债务时抵押财产归债权人所有。"当事人在抵押合同中约定，债务履行期届满抵押权人未受清偿时，抵押物的所有权转移为债权人所有的内容无效。该内容的无效不影响抵押合同其他部分内容的效力。

禁止流押合同的目的在于防范道德风险。如果抵押人是债务人，流押合同可能导致的道德风险是：抵押人（债务人）可能故意拒不清偿债务，从而变相将其抵押物卖给债权人；如果抵押人是第三人，流押合同可能导致的道德风险是：为取得抵押物，债权人与债务人可能作出共同虚伪表示，从而损害第三人利益。

3. 土地出让金优先于抵押权

拍卖划拨的国有土地使用权所得的价款，应先依法缴纳相当于应缴纳的土地使用权出让金的款额，抵押权人可主张剩余价款的优先受偿权。

（六）抵押物转让限制

抵押物的所有权人仍是抵押人，故抵押人有权转让抵押物所有权，但转让可能影响抵押权人利益，故须受一定限制。具体规则是：第一，抵押期间，抵押人经抵押权人同意转让抵押财产的，应当将转让所得的价款向抵押权人提前清偿债务或者提存，转让的价款超过债权数额的部分归抵押权人所有，不足部分由债务人清偿；第二，抵押期间，抵押人未经债权人同意，不得转让抵押财产，但受让人代为清偿债务消灭抵押权的除外。

（七）涤除权

原则上，抵押人若未经抵押权人同意而转让抵押财产，转让行为无效，但受让人若通过代为清偿债务的方式消灭抵押权，则转让行为有效。受让人以清偿债务的方式涤除抵押权、以获得抵押物所有权的权利，称为涤除权，抵押权的存在价值就是为了保障债权的实现，若债权已得到清偿，抵押权便随之消灭，此时，抵押物的转让，自然无需债权人表示同意。

（八）抵押权的实现

一般情况下，抵押财产折价或者拍卖、变卖后，直接以所得价款清偿债务，价款若超过债权数额，剩余部分归抵押人所有，若不足债权数额，债务人负有继续清偿义务，只不过剩余债权不再享有优先受偿权。

以抵押物所得价款清偿债务时，须首先支付实现抵押权的费用，其次支付主债权的利息，最后支付主债权。

（九）抵押权的消灭

抵押权主要有以下消灭事由包括：债权消灭、抵押权实现、抵押物灭失、混同等。

三、质　权

（一）质权的概念

质权，是指为担保债务的履行，债务人或者第三人将其动产或权利出质给债权人占有，当债务人不履行到期债务或者发生当事人约定的实现质权的情形时，债权人有权就该动产或权利优先受偿。在此法律关系中，债务人或者第三人为出质人，债权人为质权人，交付的动产为质押财产或质物。

与抵押权不同，质权以交付质押物的占有为前提，因而，出质人交付质押物后，即失去使用该质押物的机会，而负有保管义务的质权人又不得使用，由此可见，质权较之抵押权更为僵硬。

（二）质权的客体

质权不能存在于不动产之上。能够成为质权客体的，只能是动产或者权利。

1. 动产质权

除法律、行政法规禁止转让的动产外，原则上，所有动产均可出质。

2. 权利质权

债务人或者第三人有权处分的下列权利可以出质：（1）汇票、支票、本票；（2）债券；存款单；（3）仓单、提单；（4）可以转让的基金份额、股权；（5）可以转让的注册商标专用权、专利权、著作权等知识产权中的财产权；（6）应收账款；（7）法律、行政法规规定可以出质的其他财产权利。

（三）质权的设定

1. 质权设定行为

设立质权，当事人应当采取书面形式订立质权合同。

2. 交付或登记生效

（1）动产。质权自出质人交付质押财产时设立。金钱是作为支付手段的特殊动产，一般不能出质，但债务人或者第三人将其金钱以特户、封金、保证金等形式特定化后，移交债权人占有作为债权的担保，债务人不履行债务时，债权人亦可以该金钱优先受偿。若当事人约定出质人代质权人占有质物，则质权不生效。（2）证券权利。以汇票、支票、本票、债券、存款单、仓单、提单出质的，质权自权利凭证交付质权人时设立；没有权利凭证的，质权自有关部门办理出质登记时设立。另外，票据是文义证券，票据之上的权利必须记载于票据，因此，担保法解释第九十八条规定："以汇票、支票、本票出质，出质人与质权人没有背书记载质押字样，以票据出质对抗善意第三人的，人民法院不予支持。"（3）基金份额与股权。以基金份额、证券登记结算机构登记的股权出质的，质权自证券登记结算机构办理出质登记时设立；以其他股权出质的，质权自工商行政管理部门办理出质登记时设立。（4）知识产权。以注册商标专用权、专利权、著作权等知识产权中的财产权出质的，质权自有关主管部门办理出质登记时设立。（5）应收账款。以应收账款出质的，质权自信贷征信机构办理出质登记时设立。中国人民银行征信中心是应收账款质押的登记机构。

（四）质权的效力

1. 质押担保的范围

（1）所担保的债权范围。质权的担保范围包括主债权及其利息、违约金、损害赔偿金、保管担保财产和实现质权的费用。当事人另有约定的，按照约定。（2）出质物的范围。动产质权的效力及于质物的从物。但是，从物未随同质物移交质权人占有的，质权的效力不及于从物。另外，以依法可以转让的股份、股票出质的，质权的效力及于股份、股票的法定孳息。（3）出质物的物上代位。担保期间，质押财产毁损、灭失或者被征收等，质权人可以就获得的保险金、赔偿金或者补偿金等优先受偿。被担保债权的履行期未届满的，也可以提存该保险金、赔偿金或者补偿金等。

2. 质权人的优先受偿权

债务人不履行到期债务或者发生当事人约定的实现质权的情形，质权人可以与出质人协议以质押财产折价，也可以就拍卖、变卖质押财产所得的价款优先受偿。如同流押合同被禁止，流质合同亦被禁止，即质权人在债务履行期届满前，不得与出质人约定债务人不履行到期债务时质押财产归债权人所有。

3. 质权人的孳息收取权

质权人有权收取质押财产的孳息，但合同另有约定的除外。所收取的孳息应当先充抵收取孳息的费用。

4. 质权人的义务

（1）保管义务。质权人负有妥善保管质押财产的义务，因保管不善致使质押财产毁损、灭失的，应当承担赔偿责任。质权人的行为可能使质押财产毁损、灭失的，出质人可以要求质权人将质押财产提存，或者要求提前清偿债务并返还质押财产。（2）返还义务。债务人履行债务或者出质人提前清偿所担保的债权的，质权人应当返还质押财产。

5. 质权之保全

因不能归责于质权人的事由可能使质押财产毁损或者价值明显减少，足以危害质权人权利的，质权人有权要求出质人提供相应的担保；出质人不提供的，质权人可以拍卖、变卖质押财产，并与出质人通过协议将拍卖、变卖所得的价款提前清偿债务或者提存。

6. 质物处分限制

（1）对质权人的限制。质权人在质权存续期间，未经出质人同意，擅自使用、处分质押财产，给出质人造成损害的，应当承担赔偿责任。质权人在质权存续期间，未经出质人同意转质，造成质押财产毁损、灭失的，应当向出质人承担赔偿责任。（2）对出质人的限制。基金份额、股权出质后，不得转让，但经出质人与质权人协商同意的除外。出质人转让基金份额、股权所得的价款，应当向质权人提前清偿债务或者提存。

知识产权中的财产权出质后，出质人不得转让或者许可他人使用，但经出质人与质权人协商同意的除外。出质人转让或者许可他人使用出质的知识产权中的财产权所得的价款，应当向质权人提前清偿债务或者提存。

应收账款出质后，不得转让，但经出质人与质权人协商同意的除外。出质人转让应收账款所得的价款，应当向质权人提前清偿债务或者提存。

（五）质权的实现

质押财产折价或者拍卖、变卖后，其价款超过债权数额的部分归出质人所有，不足部分由债务人清偿。

出质人可以请求质权人在债务履行期届满后及时行使质权；质权人不行使的，出质人可以请求人民法院拍卖、变卖质押财产。出质人请求质权人及时行使质权，因质权人怠于行使权利造成损害的，由质权人承担赔偿责任。

（六）质权的消灭

诸如债权消灭、质物消灭、质权实现等均与抵押权大致相同，特别之处在于质权人丧失质押物的占有。一般情况下，因不可归责于质权人的事由而丧失对质物的占有，质权人可以向不当占有人请求停止侵害、恢复原状、返还质物，但若质权人丧失质物占有后不能主张返还，或者质权人将质物返还于出质人，则质权消灭。

四、留置权

（一）留置权的概念与性质

1. 留置权的概念

留置权，是指债务人不履行到期债务，债权人可以留置已经合法占有的债务人的动产，并有权就该动产优先受偿的权利。债权人为留置权人，占有的动产为留置财产。

2. 留置权的性质

留置权属于法定担保物权，不必有当事人之间的担保合同，只要具备法定要件，即可成立。不过，当事人可以特约排除留置权。

（二）留置权的成立

依物权法律制度之规定，留置权之成立需具备以下要件：
（1）债权人占有债务人之动产；
（2）债权已届清偿期；
（3）动产之占有与债权属同一法律关系。

（三）留置权的效力

1. 留置担保的范围

（1）所担保债权的范围。留置担保的范围包括主债权及利息、违约金、损害赔偿金、留置物保管费用和实现留置权的费用。（2）留置物的范围。留置财产为可分物的，留置财产的价值相当于债务的金额。例如，甲为乙保管一批钢材，乙前来提取时拒付保管费，甲所留置的钢材价值应相当于保管费，而不得就所有钢材行使留置权。留置物为不可分物的，留置权人可以就其留置物的全部行使留置权。

2. 留置权人的优先受偿权

债务人逾期未履行债务的，留置权人可以与债务人协议以留置财产折价，也可以就拍卖、变卖留置财产所得的价款优先受偿。

3. 留置权人的孳息收取权

留置权人有权收取留置财产的孳息。所收取的孳息应当先充抵收取孳息的费用。

4. 留置权人的保管义务

留置权人负有妥善保管留置财产的义务；因保管不善致使留置财产毁损、灭失的，应当承担赔偿责任。

5. 留置权人的通知义务

债权人与债务人应当在合同中约定，债权人留置财产后，债务人应当在不少于两个月的期限内履行债务。债权人与债务人在合同中未约定的，债权人留置债务人财产后，应当确定两个月以上的期限，通知债务人在该期限内履行债务。

债权人未按上述期限通知债务人履行义务，而直接变价处分留置物的，应当对此造成的损失承担赔偿责任，但若债权人与债务人已在合同中约定宽限期的，债权人可以不经通知，直接行使留置权。

6. 抵押权、质权与留置权的效力等级

同一动产上已设立抵押权或者质权，该动产又被留置的，留置权人优先受偿；同一财产法定登记的抵押权与质权并存时，抵押权人优先于质权人受偿；质权与未登记抵押权并存时，质权人优先于抵押权人受偿。

（四）留置权的实现

债权人留置财产后，应与债务人约定留置财产后的债务履行期间；没有约定或者约定不明确的，留置权人应当给债务人两个月以上履行债务的期间，但鲜活易腐等不易保管的动产除外。债务人逾期未履行的，留置权人可以与债务人协议以留置财产折价，也可以就拍卖、变卖留置财产所得的价款优先受偿。留置财产折价或者变卖的，应当参照市场价格。

留置财产折价或者拍卖、变卖后，其价款超过债权数额的部分归债务人所有，不足部分由债务人清偿。

（五）留置权的消灭

留置权因下列原因消灭：（1）债权消灭；（2）债务人另行提供担保并被债权人接受；（3）留置权人对留置财产丧失占有。

【课后习题】

1. 甲将自己的汽车借予乙，乙使用后很喜欢，对甲表示欲购买该车，甲遂将汽车的所有权转移给乙。因汽车已由受让人乙占有，因此在甲、乙达成所有权转让协议时，即发生所有权变动，那么该交付行为属于（　　）。

A. 简易交付　　B. 指示交付　　C. 现实交付　　D. 占有改定

2. 甲向乙借款 100 万元，甲以自己价值 110 万元的房屋设定了抵押，债务到期后，甲不清偿债务，乙对房屋行使抵押权，已知这段时间产生了 10 万元的利息，为实现抵押权的拍卖费用 5 万元，在甲、乙没有约定的情形下，关于抵押物拍卖后的清偿顺序，下列说法正确的是（　　）。

A. 应当首先清偿 100 万元的借款

B. 应当首先清偿 10 万元的利息

C. 应当首先清偿实现抵押权的拍卖费用 5 万元

D. 所产生的 10 万元利息不属于优先受偿范围

3. 张某向郭某借款，将自己的电脑出质于郭某，订立书面的质押合同，郭某不会用电脑，让张某保留电脑自用。后张某又向岳某借款，将该电脑出质给了岳某，岳某对该电脑实际占有。现因张某无力还款引起纠纷。郭某和岳某均欲行使对该电脑的质权。下列表述中正确的是（ ）。

A. 张某与郭某之间的质权已经设立
B. 张某与岳某之间的质权没有设立
C. 郭某对抗岳某的质权不受法律保护
D. 郭某对抗岳某的质权受法律保护

4. 某房屋登记的所有人为甲，乙认为自己是共有人，于是向登记机构申请更正登记。甲不同意，乙又于 3 月 15 日进行了异议登记。3 月 20 日，丙打算买甲的房屋，但是到登记机构查询发现甲的房屋存有异议登记，遂放弃购买。乙申请异议登记后，发现自己的证据不足，遂对此事置之不理，关于该情形，下列说法错误的有（ ）。

A. 异议登记后，未经乙同意，处分该房屋的，不发生物权效力
B. 异议登记于 3 月 31 日失效
C. 甲有权向乙请求赔偿损失
D. 甲有权向登记机构请求赔偿损失

5. 王某向赵某借款 5 万元，并以一辆汽车作抵押，并办理了抵押登记。随后，王某又将该汽车质押给刘某。刘某在占有该汽车期间，将其交给张某修理，因拖欠修理费而被张某留置。根据法律规定，下列说法正确的有（ ）。

A. 赵某优先于刘某受偿
B. 刘某优先于张某受偿
C. 张某优先于赵某受偿
D. 刘某优先于赵某受偿

【参考答案】

1.A　　2.C　　3.C　　4.AD　　5.AC

第四章　债权法基本原理

案例

2008 年 4 月，甲在路边捡到一头牛，到处打听了几天，都没有发现附近有谁丢了牛，于是甲就照料和饲养起这头牛。过了一阵子，邻村乙找到甲，说明是自己丢了牛，经确认该牛确实为乙所有。

请问：1. 甲就照料和饲养牛的行为在法律上属于什么性质？请说明理由。

2. 假如在甲照料牛时，牛突然发狂，踢伤甲，甲为此支付医疗费 200 元，医疗费应由谁承担？

3. 假如在甲照料牛时，牛突然遭雷击死亡，损失该由谁承担？

第一节　债的一般原理

一、债的概念和特征

（一）债的概念

债是特定当事人之间的，请求为特定行为的民事法律关系。我国《民法通则》第八十四条规定：“债是按照合同的约定或者依照法律的规定，在当事人之间产生的特定的权利和义务关系。享有权利的人是债权人，负有义务的人是债务人。”从法律规定可以看出，在这种民事法律关系中，一方享有请求他方为一定行为或不为一定行为的权利。而他方则负有为或不为一定行为以满足该项请求的义务；享有权利的一方称债权人，负有义务的一方称债务人。

民法上债的概念源自罗马法，《法学阶梯》（*The Institutes of Justinian*）称“债是依国法使他人为一定给付的法锁”。法锁是指特定的双方当事人之间用法律联结和约束。“债”的双方当事人的关系又依国家的法律得到保护，从而形成约束双方当事人的“法锁”，债就像一条锁链，将特定的当事人拴在一起，互相承认义务、享受权利。给付是债务人履行义务的行为，债务人通过给付打开“法锁”。大陆法系国家沿用了罗马法上债的概念，而英美法系则没有与债相当的概念。

我国民间的债的含义有多种多样，例如“欠债”“人情债”“血债”等。这些债的含义都不是法律意义上的债。

（二）债的法律特征

1. 债反映财产流转关系

财产关系依其形态分为财产归属利用关系和财产流转关系。前者为静态的财产关系，后者为动态的财产关系。物权关系、知识产权关系反映财产的归属和利用关系，其目的是保护财产的静态的安全；而债的关系反映的是财产利益从一个主体转移到另一主体的财产流转关系，这是流通领域的财产关系，其目的是保护财产的动态的安全。

2. 债的主体双方只能是特定的

债权的实现必须以存在明确的债务人为前提，这就要求债务人必须特定，只有与债权人有特定关系人，才能成为向债权人履行义务的债务人。因此，债的主体不论是权利主体还是义务主体都只能是特定的，债权人只能向特定的债务人主张权利。正因如此，债权又被称为相对权或对人权。

3. 债以债务人应为的特定行为为客体

债的客体是债权债务指向的对象。由于债权是请求债务人为特定行为的权利，所以债权指向的是该特定行为；由于债务是应债权人的请求而为特定行为的义务，所以债务指向的也是该特定行为，这个特定行为就是给付，因此，债的客体就是给付。债权的实现通常与一定的财物、智力成果或者劳务相联系。但债的客体并非财物、智力成果或劳务，而是债务人应当履行的交付财物、转让智力成果、提供劳务等行为。换言之，债的客体是给付，而财物、智力成果、劳务等则是给付的对象。

4. 债须通过债务人的特定行为才能实现其目的

债的目的是一方从另一方取得某种财产利益，而这一目的的实现，只能通过债务人为特定行为才能达到。权利主体须通过行使请求权，由义务主体协助，其权利才能实现。因而债权又被称为请求权。而在所有权关系中，权利人可以直接对其所有物行使权利，包括占有、使用、收益和处分等，无须借助于义务人的行为就能实现自己的目的。所有权人以外的一切人作为义务主体，不得干涉、妨碍或侵犯所有权人行使其权利。

5. 债的产生具有任意性、多样性

债既可因合同发生，也可因法律规定而发生；既可因合法行为发生，也可因非法行为而发生，即债的发生具有多样性。依据意思自治的原则，对于合法行为设定的债权，法律并没有特别规定。当事人可依法自行任意设定债，即债的发生具有任意性。而物权关系、知识产权关系都只能依合法行为而发生，并且这些法律关系的类型具有法定性，当事人不能任意创设法律上没有规定的物权、知识产权。

6. 债具有平等性和相容性

物权具有优先性和不相容性，在同一物上不能成立内容不相容的数个物权关系，同一物上有数个物权关系时，其效力有先后之分。债权关系则不同，在同一标的物上可以同时并存数个债权，而且数个债权人对同一债务人先后发生数个普通债权时，其效力一律平等，不因其成立先后而有效力上的优劣。因而各债权相互间是平等的、相容的，不存在优先性和排他

性。若债务人不能实际履行，债权人可以行使赔偿的请求权。

二、债的分类

（一）单一之债与多数人之债

债的主体为债权人和债务人，按债的主体数量多少的不同，可把债分为单一之债和多数人之债。单一之债，是指债权主体一方和债务主体一方都仅为一人的债。多数人之债，是指债权主体和债务主体至少有一方为二人以上的债。所以，在单一之债中，只有两个当事人；而在多数人之债中，至少有三个当事人。其中，有债权人为多数人的，也有债务人为多数人的，还有双方均为多数人的。

这种划分的法律意义在于：单一之债和多数人之债的复杂程度不同。单一之债的债权人、债务人都是单一的，其债的关系单纯而明确。多数人之债，其债的关系比较复杂，不仅有债权人和债务之间的权利义务关系，而且在多数一方当事人之间还有相互间的权利义务关系，当事人之间的关系比较复杂。因而确定各主体的权利义务，其重要任务是理清他们之间的法律关系和多数一方的内部之间的法律关系。

（二）按份之债与连带之债

在当事人一方为多数时，根据多数人一方相互之间的权利义务关系，可分为按份之债和连带之债。

1. 按份之债

按份之债是指债的一方当事人为多数，且多数人一方的当事人各自按照确定的份额分享权利或者分担义务的债。

按份之债包括按份债权和按份债务。《民法通则》第八十六条规定："债权人为二人以上的，按照确定的份额分享权利。债务人为二人以上的，按照确定的份额分担义务。"二人以上的债权人按照确定份额分享权利的，即为按份债权；债务人为二人以上，各自按照确定份额分担义务的，则为按份债务。在按份之债中，每个债权人或债务人接受债权或履行债务后，其债权或债务即告消灭，对其他权利和义务，该债权人或债务人无权接受或无义务清偿。

2. 连带之债

连带之债是指债的当事人一方为多数，且多数人一方的各当事人都有权请求对方履行全部债务或者都负有向对方履行全部债务的义务，全部债权债务关系因债务的一次性的全部履行而消灭。《民法通则》第八十七条规定："债权人或者债务人一方人数为二人以上的，依照法律的规定或者当事人的约定，享有连带权利的每个债权人，都有权要求债务人履行义务；负有连带义务的每个债务人，都负有清偿全部债务的义务，履行了义务的人，有权要求其他负有连带义务的人偿付他应当承担的份额。"

3. 区分按份之债与连带之债的意义

区分按份之债与连带之债的意义，主要在于两者的效力不同。

在按份之债中，各债权人的债权或各债务人的债务各自独立，对某一债权人或某一债务人发生效力的事项，对于其他债权人或债务人原则上不发生影响。

在连带之债中，就多数债权人或者多数债务人中一人发生效力的事项，对于其他债权人或者债务人也发生同样的效力。连带之债的多数人一方相互间有连带关系。若债权人一方为多数且有连带关系，则为连带债权，多数债权人中任何一个债权人都有权请求债务人清偿整个债务；若债务人一方为多数且有连带关系，则为连带债务，多数债务人中任何一个债权人都有义务向债权人清偿整个债务。

连带之债中存在着两种法律关系，其中债权人与债务人之间为外部关系，是一种连带关系。债权人之间或债务人之间为内部关系。当连带债权中的一个债权人接受了全部的债务，或者连带债务中的一个债务人清偿了全部债务后，债权人与债务人之间的债权债务关系归于消灭。而在债权人间或债务人间产生了一个新的债，接受了全部债务的债权人有权按他们之间先前的约定或法律的规定，将不属于自己的份额偿付给其他债权人。清偿了全部债务的债务人有权按他们之间先前的约定或法律的规定，就多清偿的部分向其他债务人追偿。

（三）特定之债与种类之债

根据债的标的物的性质，债可分为特定之债与种类之债。以特定物为标的物的债称特定物之债，以种类物为标的物的债称种类物之债。特定物之债发生时，其标的物不仅存在并已特定化，具有不可替代性。种类物之债发生时，其标的物尚未特定化，甚至尚不存在。

这种划分的法律意义在于：首先，在债的履行中，特定物之债的债务人只能以给付特定的标的物履行义务，债权人也只能要求债务人交付特定的标的物。原则上，当事人不能以其他标的物代替约定的标的物给付。若特定物不存在，则发生债的履行不能。而种类物之债的履行则不存在履行不能的问题，如果种类物在交付前灭失的，债务由同等的种类物履行即可。其次，对标的物所有权的转移，种类物之债的标的物通常自交付时转移，标的物意外风险也随之转移。而对于特定物之债，在法律无特别规定的情况下，可以约定自债的成立时起所有权即转移，标的物意外灭失的风险也随之转移。

三、债的履行

（一）债的履行的概念

债的履行是指债务人按照合同的约定或者依照法律的规定履行自己所承担的义务。《民法通则》第八十四条规定：“债权人有权要求债务人按照合同的约定或者法律的规定履行义务。”债的履行是债的最主要的效力。

在债的履行过程中，债权人基于债的关系可以向债务人请求给付以实现债权，从而满足自己的利益。请求给付是债权的固有权能，作为请求权，债权人的利益要求只有通过债务人的行为才能得到满足，债权人的债权才能实现，除此之外不能通过其他方式行使债权。从这个意义上讲，债务人的给付行为是债的履行的主要方面。因此，债的履行的关注点也在债务人的行为。首先，债的履行要求债务人全面正确地履行义务，从而全部实现债权，同时，债也就消灭了，债的履行是最常见的债的消灭原因。其次，债的履行要求债权人予以协助，债权与债务是相互对应的，债的履行是实现债权的手段，这就要求债务人的履行行为与债权人的受领行为相结合。如果只有债务人履行债务，而没有债权人的接受履行，则债的履行就无法进行。

（二）债的履行原则

债的履行原则是指债的主体在履行债时必须遵守的准则。债的履行应该遵循以下主要原则：

1. 适当履行原则

适当履行原则又称正确履行原则或者全面履行原则，是指当事人按照债规定的标的及其质量、数量，由适当的主体在适当的履行期限、履行地点，以适当的履行方式，全面完成债务履行的原则。适当履行原则的基本要求是履行主体适当、履行标的适当、履行期限适当、履行地点适当、履行方式适当。

适当履行原则有如下含义：按照债约定的主体、标的、质量、价款或者报酬、履行地点和期限、履行方式全面适当地履行，即完整准确地履行，不允许单方变更债的内容和条件。适当履行原则是债的履行的一个重要原则，是债的本质要求的集中体现。因为只有按照法律规定或者当事人约定，完整准确地履行债务，才能满足债权人的利益需要和实现债的目的。

2. 协作履行原则

协作履行原则是指不仅要求当事人适当履行自己的债务，而且基于诚实信用原则要求对方当事人协助其履行债务的履行原则。也就是说，债的双方当事人除积极履行债务外，还要为对方的履行创造必要的条件并积极接受对方的履行；在对方违反债的规定时，应及时采取措施防止损失的扩大，否则无权就扩大的损失要求赔偿。《合同法》第六十条规定：“当事人应当遵循诚实信用原则，根据合同的性质、目的和交易习惯履行通知、协助、保密等义务。”

协作履行原则的主要内容有：（1）债务人履行债务，债权人应适当受领给付；（2）债务人履行债务，时常要求债权人创造必要的条件，提供方便；（3）因故不能履行或不能完全履行时，应积极采取措施，避免或减少损失，否则还要就扩大的损失自负其责；（4）发生合同纠纷时，应主动承担责任。

3. 诚实信用原则

诚实信用原则是指当事人在市场活动中应讲信用，恪守诺言，诚实不欺，在追求自己利益的同时不损害他人和社会利益，要求民事主体在民事活动中维持双方利益以及当事人利益与社会利益的平衡。《合同法》第六条规定：“当事人行使权利、履行义务应当遵循诚实信用原则。”诚实信用原则作为民法的基本原则，被喻为“帝王条款”。同样，它也是债法中的最高指导原则，债的履行也必须遵循诚实信用原则。它要求当事人以诚实、善意的态度行使债权，履行债务；在追求自己利益的同时，兼顾对方利益和社会公共利益。

（三）债的适当履行

债的适当履行，包括履行主体、履行标的、履行期限、履行地点、履行方式都应是适当的。

1. 履行主体适当

债的履行主体包括履行债务的主体和接受债务的主体。一般情况下，由债务人向债权人履行其义务，债权人向债务人请求并接受其履行义务。但在有些情况下，只要法律没有直接规定必须由债务人亲自履行，或者双方当事人没有约定必须由债务人亲自履行，债可以由第三人代为履行或接受履行。《合同法》第六十四条规定："当事人约定由债务人向第三人履行债务的，债务人未向第三人履行债务或者履行债务不符合约定，应当向债权人承担违约责任。"由此看出，第三人只是履行主体，而不是债的当事人，履行主体不一定是债的主体。

在实践中，履行债务的人一般是债务人本人或法定代理人、委托代理人等。同样，接受债务的主体原则上应为债权人，但债权人的法定代理人、委托代理人等有受领权的人，也可受领履行。

2. 履行标的适当

履行标的即给付标的，是债务人应给付债权人的对象，包括物、劳务等，履行标的适当是指标的的种类、质量、数量等事项的正确履行。按照《合同法》的规定，如果合同对标的的质量没有约定或者约定不明确的，当事人可以补充协议，协议不成的，按照合同的条款和交易习惯来确定。如果仍然无法确定的，按照国家标准、行业标准履行；没有国家标准、行业标准的，按照通常标准或者符合合同目的的特定标准履行。在标的数量上，履行标的适当要求全部履行，而不应当部分履行，但是在不损害债权人利益的前提下，也允许部分履行。

债的履行标的是在合同中约定或者由法律规定的，债务人转移给债权人的对象要符合合同的约定和法律的规定，不得随意以其他的标的物来进行代替。

3. 履行期限

履行期限是指债务人向债权人履行义务和债权人接受债务人履行的时间。债的主体应依照法律规定或者合同约定的期限履行义务和接受履行。任何一方都不应无故迟延履行或迟延接受。对于履行期限不明确的债，根据《合同法》第六十一条的规定，双方当事人可以另行协议补充，如果协议补充不成的，应当根据合同的有关条款和交易习惯来确定。如果还无法确定的，债务人可以随时向债权人履行，债权人也可以随时要求债务人履行，但都应给对方留有必要的准备时间。债的当事人未按照法律规定和合同约定的期限履行的，即为履行期限的不适当。

4. 履行地点

履行地点是指债务人履行债务和债权人接受履行的地方。债的履行地点按照法律规定、合同约定以及债的性质来确定。凡履行地点明确的，应在确定的地点履行，不得随意变更履行地点。债务人应当在该地点向债权人履行债务，债权人应当在该履行地点接受债务人的履行行为。如果合同约定不明确的，双方当事人可以协议补充，如果不能达成补充协议的，则按照合同有关条款或者交易习惯确定。如果履行地点仍然无法确定的，则根据标的的不同情况确定不同的履行地点。履行地点不明确的，给付货币的，在接受履行一方所在地履行；交付不动产的，在不动产所在地履行；其他标的，在履行义务一方所在地履行。

5. 履行方式

履行方式是指债务人履行债务的方法，如标的物的交付方法、运输方法、付款方式等。

它是按照法律规定、合同约定以及债的性质来确定。其中对于合同约定的情况而言，当事人对履行方式有约定的，依当事人的约定；当事人双方约定不明确的，可以协议补充，不能达成补充协议的，可以按照合同有关条款或者交易习惯来确定，不能按照合同有关条款或者交易习惯确定的，按照有利于合同目的的方式履行。

（四）债的不适当履行和债的不履行

债的不适当履行指当事人虽有履行行为，但其履行不符合合同约定或者法律规定的情形。债的不履行是指当事人根本就没有履行债务的情形。债的不适当履行和债的不履行都是不符合债的适当履行原则的情形。

1. 不适当履行

适当履行原则的基本要求是履行主体适当、履行标的适当、履行期限适当、履行地点适当、履行方式适当等。如其履行在某一方面是不合要求的，即为不适当履行。其中较为常见的为迟延履行、受领迟延、瑕疵履行等三种不适当履行债的形态。

（1）迟延履行，是指债务人对已届履行期的债务，能履行而未履行的情形。迟延履行是迟于规定或约定期限的履行，是一种在期限上履行不适当的情形。迟延履行有如下要件：第一，当事人之间存在有效债务；第二，债务人能够履行债务，给付有可能；第三，债务已届履行期；第四，债务人不履行债务；第五，债务人无法律上的抗辩理由。迟延履行发生以下法律后果：第一，债权人有权要求债务人继续履行；第二，债权人须请求赔偿因履行迟延而受到的损失；第三，当事人一方迟延履行其主要债务，经催告后在合理期限内仍未履行，或当事人一方迟延履行债务致使不能实现合同目的的，当事人可以解除合同并请求赔偿损失，债务人的履行对债权人无利益的，债权人须解除合同而请求损害赔偿；第四，在给付迟延后，如遇有不可抗力致使合同标的物毁损，债务人须承担履行不能的责任，不得以不可抗力为由主张免责。

（2）受领迟延，是指债权人对债务人的履行应当受领而不受领的情形。受领迟延有如下要件：第一，须有债权存在；第二，须债务人的履行需要债权人的协助才能完成；第三，须债务已届履行期且债务人已履行或提出履行；第四，须债权人未受领给付，且迟延受领无正当理由。在迟延受领的情况下，债权人应依法支付违约金，如因此给债务人造成损害，则应负损害赔偿责任。因受领迟延导致债务人不能履行的，应免除债务人的民事责任。债务人可依法自行消灭其债务，如以提存的方式消灭债务。

（3）瑕疵履行，是指债务人的履行有瑕疵的情形。在这种情形下，债务人虽然履行，但其履行存在瑕疵，即履行不符合规定或约定的条件，致使减少或丧失履行的价值或效用。瑕疵履行在我国立法中主要指质量不符合约定。瑕疵履行发生以下法律后果：第一，债务人履行不适当的，应当采取补救措施，以使其履行符合法律规定或约定的条件。瑕疵能补正的，债权人有权拒绝受领，要求补正，并不负受领迟延责任。因标的物的补正而构成债务人迟延的，债务人应当承担迟延给付的责任。标的物虽能补正但对债权人已无利益的，债权人得解除合同。第二，瑕疵不能补正的，债权人须拒绝受领，请求全部不履行的损害赔偿，并可解除合同。债权人如仍愿受领，则可请求部分不履行的损害赔偿。

在一般情况下，债务人的瑕疵履行给债权人仅造成履行利益的损害，债权人有权请求赔偿因此而受到的损害。但当债务人的瑕疵履行使债权人的其他人身利益或财产利益受到损害时，便构成加害给付。因加害给付而致债权人的其他利益遭受损害的，无论是人身伤害还是财产损失，无论是既得利益的损失还是可得利益的丧失，债务人均应赔偿。根据《合同法》第一百二十二条规定，因当事人一方的违约行为，侵害对方人身、财产权益的，受损害方有权选择依照合同法要求其承担违约责任或者依照其他法律要求其承担侵权责任。在受害人的损失不能依违约责任获得有效弥补的，有权请求加害给付的行为人负侵权赔偿责任。

2. 债的不履行

债的不履行是指债务人对自己所负的义务根本没有履行的情形。它主要包括履行不能和拒绝履行。

（1）履行不能，是指债务人由于某种原因，事实上已不可能履行债务。履行不能的原因多种多样，有时是因为标的物已灭失；有时标的物虽然存在，但因为法律上的原因而不能交付，如标的物被依法规定为限制流通物；有时是因为债务人自身的原因不能提供原定的劳务，如在以提供劳务为标的的合同中，债务人丧失劳动能力等。如特定标的物灭失、债务人失去劳动能力等。履行不能可以分为原始不能与嗣后不能、永久不能与一时不能等。如果债的标的自始就不可能履行，则为标的的自始不能。民事行为的标的自始不能的，属于无效民事行为。因此，履行不能仅指嗣后不能。永久不能是指债务人不仅在履行期限内而且在逾期后也不能履行；一时不能则是指债务人因暂时障碍一时不能履行，但其后可以履行。这里所说的履行不能仅指永久不能。

履行不能在法律上的后果，因其是否可归责于债务而有所不同：第一，在可归责于债务人的事由而致履行不能时，债务人免作履行原债务的义务；债务人应承担违反债务的违约金或损害赔偿责任；债权因为合同而产生，债权人可解除合同并请求损害赔偿。第二，在不可归责于债务人的事由而致履行不能时，债务人免除履行原债务的义务，且不承担债务违反的责任；在双务合同中，债权人免除对待给付的义务，对待给付已经履行的，可依不当得利请求返还；履行不能由第三人造成或标的物已加入保险的，债务人虽可免除履行原债务的义务，但债权人须请求其让与对第三人或保险人的损害赔偿请求权或交付其取得的赔偿金。

（2）拒绝履行，是指债务人能够履行债务而故意不履行。拒绝履行有如下要件：第一，须有合法的债务存在；第二，债务人向债权人作出拒绝履行的意思表示，这种拒绝可以是明示的，也可以是默示的；第三，债务人拒绝履行债务可能发生在债务履行期限到来之前，也可能发生在债务履行期限到来之时；第四，拒绝履行无正当理由。

债务人于债务履行期届至而表示不履行的，债权人有权追究债务人的违约责任，要求债务人赔偿损失。

债务人于债务履行期未届之前而表示拒绝履行的，债权人有权解除合同，并请求债务人承担不履行的赔偿责任。依《合同法》第一百零八条规定，当事人一方明确表示或者以自己的行为表明不履行合同义务的，对方可以在履行期限届满之前要求其承担违约责任。在双务合同中，债务人丧失同时履行抗辩权，债权人有先履行义务的，须拒绝自己的履行。

四、债的消灭

债的消灭，是指债权人与债务人之间的债权债务关系因一定的法律事实而不再存在的情况。债的消灭必须基于一定的法律事实，这就是债的消灭的原因，债的消灭原因主要包括以下几种。

（一）履　行

履行为债的消灭的最正常、最常见的原因。当债务人按法律规定或者合同约定全面正确地履行了自己的义务，使债权人的权利得到了完全的实现，债的目的已经达到，债权债务关系即行终止。

（二）抵　消

抵消是指当事人双方相互负有同种类的给付，将两项债务相互冲抵，使其相互在对等额内消灭。抵消为债的履行方式之一。债可因单方的请求，也可因双方的协商而抵消。抵消使双方债务同时消灭，用抵消方式消灭债，可简化当事人之间的清偿手续，节省交易成本。但抵消必须符合以下条件：（1）当事人双方互负债务，互享债权，即双方互为债务人，对对方负有债务。（2）双方债务的标的物种类与品质相同的，任何一方都可以将自己的债务与对方的债务相抵消，但法律规定或者合同明确不得抵消的除外。当事人互负债务，标的物种类、品质不相同的，经双方协商一致，也可抵消。（3）双方债务都已到履行期。（4）债务的性质是能抵消的债务。按照法律规定或合同性质不能抵消的债务不能行使抵消权，这些债务主要有因侵权行为发生的债、法律禁止扣押的债务如劳动报酬、抚恤金等。

（三）提　存

提存是指债务人在债务履行期届满时，将无法履行的标的物交提存机关，以消灭债务的行为。债的履行主要是债务人的行为，但当债务人履行债务需要债权人协助的，债权人应当依据协作履行原则予以协助，如无正当理由拒绝受领或下落不明，债务人就不能清偿债务。由于债权人的原因而无法向其交付标的物时，债务人可以将该标的物提交提存机关而使债权债务关系消灭。提存必须具备下列条件：（1）有可以提存的合法原因，债务人只有在无法向债权人履行时才可用提存的方法消灭债务。如债权人无正当理由拒绝受领、下落不明、债权人死亡未确定继承人或者债权人丧失民事行为能力未确定监护人等。（2）必须经过法定程序，即由提存人提出申请，经公证机关证明或法院裁定，然后将标的物提交有关主管机关保存。（3）提存的标的物必须符合要求。如果给付的标的不适于提存，或者易于毁损灭失的，则可以变卖后提存其价款。

提存成立的，视为债务人在其提存范围内已经履行债务。提存人即丧失对提存物的支配权，即使债权人放弃或丧失请求权，提存人也无权取回提存物。债权人可以在规定的期限内随时请求提取提存的标的物，但是必须承担提存的费用，并应承担被提存标的物意外灭失的风险。如果债权人逾期不领取提存物，其受领请求权即丧失，提存物归国家所有。标的物提存后，除债权人下落不明以外，债务人应当及时通知债权人或者债权人的监护人、继承人。标的物提存后，毁损、灭失的风险由债权人承担。提存期间，标的物的孳息归债权人所有，提存费用由债权人负担。

（四）免　除

免除是债权人抛弃其全部或部分债权，从而全部或部分消灭债务人的债务的单方法律行为。免除必须有意思表示，并且必须向债务人作出，其内容为抛弃债权而消灭债权债务关系。免除可以附条件，也可以附期限。债权人可以免除债务人部分债务，也可以免除其全部债务。

（五）混　同

债的混同，指债权人与债务人合二而一，致使债的关系归于消灭的事实，例如两个企业的合并。如发生这种情况，债务的履行已无意义，债即自行消灭。混同属于事件，其本身并非行为，与当事人的意志无关，只要有债权债务同属于一人的情形，即发生债权债务消灭的后果。

债的消灭除以上原因外，还可因合同解除、双方协议、法律的直接规定等原因而终止。合同解除和双方协议的详细内容见第七章。

第二节　债的发生原因

一、债的发生原因概述

债的发生是指债权债务关系的产生。债作为一种民事法律关系，必然有产生、变更和消灭的过程，其产生、变更和消灭都必须依据一定的法律事实，凡能够引起债产生的法律事实，都是债的发生原因。债的发生原因也称债的发生根据。

按《民法通则》第八十四条的规定，合同的约定和法律的规定均可产生债。因此，在法理上可将债的发生原因分为意定之债和法定之债。通过法律行为而产生的债即意定之债，它的发生及其内容完全由当事人依其自由意思决定。因法律规定所生之债即法定之债，它的发生及其内容均由法律加以明确规定。

债的发生原因在罗马法上称作“债因”。债的发生原因是相当广泛的，在罗马法上主要有：（1）契约，包括要物契约、口头契约、文书契约、合意契约等；（2）准契约，是指当事人虽未签订契约却发生与契约同样后果的行为，如无因管理、不当得利、监护和保佐、共有、遗赠等；（3）私犯，包括盗窃、强盗、对物私犯和对人私犯等；（4）准私犯，是指法定私犯之外的那些侵权行为，如法官渎职行为造成的损害等。德国民法上，债的发生原因包括契约、侵权行为、无因管理和不当得利。

在我国，根据《民法通则》《合同法》《继承法》以及有关法律的规定，能够引起债发生的法律事实即债的发生原因，通常主要有合同、无因管理、不当得利、侵权行为、缔约上的过失等原因。

二、合　同

合同是平等主体的自然人、法人、其他组织之间关于设立、变更或终止民事权利义务关系的协议。合同依法成立后，即在当事人之间产生债权债务关系。合同中约定的权利和义务，即当事人之间特定的权利和义务，就是合同之债。合同之债是建立在当事人意思表示一致的基础之上的，因此合同之债属于意定之债。合同之债维系着正常的经济联系，维护着正常的经济秩序。所以，合同之债在社会经济生活中占有重要的地位，合同是最常见的、最主要的债的发生原因。有关合同之债的部分将在第七章详细阐述。

三、侵权行为

侵权行为是指不法侵害他人合法权益应负民事责任的行为。《侵权责任法》第三条规定："被侵权人有权请求侵权人承担侵权责任。"侵权人不法侵犯他人合法权益的，在侵权人与被侵权人之间产生债权债务关系，实施侵权行为的不法行为人有义务赔偿给被侵权人造成的损害，被侵权人有权利请求侵害人赔偿，所以侵权行为是债发生的根据。法律确认侵权行为之债的目的在于通过债的手段使侵权行为人承担其不法行为造成的不利后果，给受害人以救济，从而保护民事主体的合法民事权益。侵权行为之债不是双方当事人的合意，是法律为制止侵权行为的现象而直接赋予当事人的权利义务，是法定之债。有关侵权行为的部分将在第八章侵权责任法中详细阐述。

四、不当得利

（一）不当得利的概念与性质

不当得利是指没有合法根据取得不当利益并因而造成他人利益受到损失的事实。《民法通则》第九十二条规定："没有合法根据，取得不当利益，造成他人损失的，应当将取得的不当得利返还受损失的人。"法律规定，不当得利之债的目的，并不在于要制裁受益人的不当得利行为，而在于调整无法律原因的财产利益变动所造成的不公平。不当得利之债正是法律为纠正当事人之间利益不当流转而直接赋予当事人的权利义务。受损失的一方当事人有权请求不当得利人返还其不当取得的利益，不当得利人有义务将其获得的利益返还给受损人。由此在受损人和受益人之间形成债的关系，即不当得利之债。双方当事人之间的权利义务的产生是基于法律为纠正不当得利的现象而直接赋予当事人的，因此不当得利之债也是法定之债。

不当得利从其性质上说属于事件，不当得利之债的发生不以当事人的意志为转移，而是基于法定的事实。不当得利可因各种原因而产生，但作为债的发生原因，则不论其因何原因造成，只要发生不当得利的后果，就在当事人之间产生不当得利之债。

（二）不当得利的构成要件

1. 一方取得财产上的利益

该要件是指当事人一方获得了财产的增加或利益上的积累。受益人获得的利益限于财产利益，即可以金钱价值衡量的利益，精神利益不属于这里的利益范畴。不当得利可能表现为得利人的财产增加，致使他人不应减少的财产减少；也可能表现为得利人应支付的费用没有

支付，致使他人应当增加的财产没有增加。

获得利益的方法，可以是民事行为，如售货时多收货款；也可以是事实行为，如拾得遗失物等。这些行为可以是受益人的行为，如受益人擅自出卖他人要求其保管的物品；也可以是受害人的行为，如债务人履行根本就不存在的债务；也可以是第三人的行为，甲以乙的材料修理丙的房屋；还可以是自然事实，如甲的池塘中的鱼被水冲到乙的池塘里。

2. 他方受到损失

该要件是指当事人一方因取得利益而使他人受到财产损失。仅仅有一方受有财产上的利益，而未给他人带来损失，不发生利益返还，则不成立不当得利。他方受到损失的表现形式，既包括积极损失，也包括消极损失。积极损失又称直接损失，是指现有财产利益的减少；消极损失又称为间接损失，是指财产应增加而未增加，亦即应得利益的损失。这里应得利益是指在正常情形下可以得到的利益，并非指必然得到的利益。

3. 获得利益和受到损失之间有因果关系

该要件是指他方的损失是因一方受益造成的，即一方受益是他方受损的原因。

因果关系有多种含义，获得利益与受到损失间的因果关系，不以产生于同一原因事实为限，即使获得利益与受损是由两方面原因事实造成的，如果社会观念认为两者有牵连关系，也应认为两者间具有因果关系。此外，如果损益之间有第三人行为的介入，若依社会观念则认为，属不当得利且利益的取得没有法律根据，也应适用不当得利的规定，要求返还。

因此，在一般情况下，取得利益与受到损失是基于同一事实发生的。但即使引起两方面结果的不是同一个事实，只要受益与受损之间有一定的联系，也不妨碍不当得利的构成。

4. 没有法律上的根据

该要件是构成不当得利的实质条件。如果有法律上的根据，即使获得利益，使他方受到损失，也不发生不当得利之债。当事人于取得利益时没有合法根据，其利益的取得当然为没有合法根据的；其取得利益时虽有合法根据，但其后该根据丧失的，该利益的取得也为没有合法根据的。

（三）不当得利的效力

不当得利使受益人与受损人之间发生不当得利债权债务关系，受害人有权请求受益人返还不当得利，受益人负有返还不当得利的义务。在受益人死亡的情况下，可依继承法的规定，由其继承人负返还不当得利的义务。返还的不当利益，应当包括原物和原物所生的孳息。利用不当得利所取得的其他利益，扣除劳务管理费用后，应当予以收缴。

（1）受益人为善意，是指在受益人取得利益时不知道没有合法根据。在此情形下，即使受损人的损失大于受益人取得的利益，受益人返还的利益也仅以现存利益为限。如利益已不存在，则不负返还义务。现存利益不限于原物的固有形态，如果形态改变，其财产价值仍然存在或者可以代偿，仍然属于现存利益。

（2）受益人为恶意，是指在取得利益时明知没有合法根据。在此情形下，受益人应当返还其所取得的全部利益，即使该利益在返还之时已经减少甚至不复存在，不免除返还义务。当原物尚存时，应返还原物。如果原物已不存在，则应作价偿还。

（3）受益人在取得利益时为善意，事后为恶意的，其返还范围应以恶意开始之时存在的利益为准。

（4）如果善意受益人将所受利益无偿让与第三人，从而使得利益不存在而减免返还义务时，获得利益的第三人负返还义务。

当受益人所受利益为劳务时，其价额为劳务的通常报酬；当原物因附合而丧失所有权时，应以因附合对于受益人所生的利益即物的升值为标准；当原物因他人侵权而灭失时，应以受益人所得赔偿额为限；当原物被消耗时，应以消耗时的市场价格为准。

五、无因管理

（一）无因管理的概念与性质

无因管理是指没有法定的或者约定的义务，为避免他人利益受损失，而管理他人事务或者为他人提供服务的行为。管理他人事务或者为他人提供服务的当事人称为管理人，受事务管理或者接受服务的人称为本人。本人一般从管理人的管理或者服务中受益，所以又称为受益人。

无因管理是债的发生根据之一，这种债称为无因管理之债。《民法通则》第九十三条规定："没有法定的或者约定的义务，为避免他人利益受损失进行管理或者服务的，有权要求受益人偿付由此而支付的必要费用。"管理人为管理或服务所支付的必要的费用，依法有权要求本人（受益人）偿还。本人（受益人）依法负有支付该费用的义务。

无因管理之债并不是基于当事人的意愿而设立的，而是基于法律规定所产生的，因此是法定之债。就本人的债务而言，其产生是基于他人的管理行为，缺少本人的意思表示，故引起债务产生的法律事实为事件。就管理人的债权而言，其产生是基于管理人的管理行为，但由于该管理行为不需要管理人表示出来，故引起债权产生的法律事实为事实行为。

无因管理制度，其目的在于用法律手段鼓励人们主动为他人服务，保障助人为乐的义举。同时通过法律保护管理人的积极性，从而维护本人利益。

（二）无因管理的构成要件

无因管理的成立须具备以下三个条件：

1. 管理他人事务

没有对他人事务的管理，当然不会成立无因管理。管理他人事务是无因管理成立的前提条件。

管理事务包含的范围是很广泛的，包括处理、保存、改良及提供各种服务和帮助等，凡是有利于避免他人损失或有利于他人的行为，都属于管理他人事务的行为。它可以是法律行为，也可以是事实行为；可以是继续的行为，也可以是一时的行为；可以是有关财产的事项，也可以是非财产性的事项。无因管理的事务必须是他人的事务，而非管理人的事务。管理人在管理事务中必须明确认识到：他所管理的事务是他人的事务，而非自己的事务，否则不成立无因管理。

管理下列事务不发生无因管理：（1）违法的或者违背社会公德的行为，如为盗窃分子看管赃物；（2）纯粹道义上的、宗教上和习俗上的事务，如接待他人的朋友；（3）单纯的不作为行为；（4）依照法律规定须由本人实施或者须经本人授权才能实施的行为，如结婚登记事务。

2. 有为他人利益而管理的意思

有为他人利益而管理的意思是指管理人意识到他是在为他人利益进行管理或服务，从管理或服务中最终所产生的利益，将属于他人，而非属于自己。这个要件有时又被称为管理意思。管理意思是管理人的主观心理状态，这是无因管理成立的主观要件，也是无因管理阻却违法性的根本原因，是区分无因管理与侵权行为的主要依据。

此处所说的利益，既包括通过管理人的行为使本人取得一定利益，也包括无因管理人的行为使本人避免一定损失。当然，管理人主观上既有为他人的目的又有为自己的动机，客观上自己也同时受益的，仍可成立无因管理。例如，为避免邻居的房屋倒塌而为之修缮，管理人同时有为避免自己房屋和人身遭受危险的意思，而且也使自己享有免受危险的利益，仍不影响无因管理的成立，可以就他人受益部分成立无因管理。

3. 没有法定或约定的义务

无因管理的“无因”是指无法律上的原因，也就是无法律上的义务而为他人管理事务。法律上的义务包括法定的义务和约定的义务。管理人无法律上的义务构成无因管理的一个重要客观要件。但是管理人虽负有法定的义务和约定的义务，如超过其义务范围而处理事务时，就其超过部分，仍属于无义务，可构成无因管理。

（三）无因管理的效力

无因管理成立后，在管理人与本人之间产生债权债务关系，即无因管理之债。管理人和本人之间产生如下权利、义务。

1. 管理人的义务

（1）适当管理义务。适当管理义务不违反本人的意思，以有利于本人的方法为适当管理，这是管理人的基本义务。这一义务表现在两个方面：第一，管理人不应违背本人的管理意思。不违背本人的意思，是指管理人的管理与本人的意思或本人的真实利益不相悖。本人的意思包括明示的或可推知的意思。例如，本人明确表示过要修理自己的危房，则为有明示的意思。第二，管理人应依有利于本人的方法进行管理。有利于本人的方法，是指管理人对事务管理的方式、管理的结果有利于本人，而不损害本人的利益。管理方法是否有利于本人，应以管理人管理事务当时的具体情况确定，而不能以管理人的主观意识为标准。

管理人未尽适当管理义务的，应当依法承担相应的民事责任。如果管理人对所管理的事务尽到了如同管理自己事务一样的注意，则其管理虽为不适当的，也不为有过错，管理人不应当承担债务不履行的责任；如果管理人在管理事务中未尽到如同管理自己事务一样的注意，则其管理为有过错，应当承担相应的民事责任。

（2）适当的通知义务。管理人在开始管理后，应将开始管理的事实通知本人，但管理人的此项义务以能够通知和有必要通知为限。通知后，除有紧迫情况外，应听候本人的指示。

（3）报告与结算义务。管理人在开始管理后，应及时地将管理的有关情况报告给本人，于管理关系终止时，管理人应向本人报告事务管理的始末，并将管理事务所取得的各种利益转归本人。管理人为了自己的利益而使用了应交付本人的金钱，或者应为本人利益使用自己的钱物的，应自使用之日起计付利息。

2. 管理人的权利

《民法通则》第九十三条规定："没有法定的或者约定的义务，为避免他人利益受损失进行管理或者服务的，有权要求受益人偿付由此而支付的必要费用。"在无因管理成立后，管理人不得向本人要求支付报酬，但有权请求本人偿付由管理事务所支出的必要费用。这里的必要费用包括在管理或者服务活动中直接支出的费用，以及在该活动中受到的实际损失。管理人的这一权利也称为求偿请求权。

上述的必要费用主要包括：（1）管理人管理事务所支出的必要费用及其利息，主要表现为直接的支出费用。（2）管理人为本人负担必要的债务时，本人应清偿该债务。如甲以自己的名义雇请丙修缮乙的危险房屋，甲有权请求乙直接向丙支付修缮费用。（3）管理人因管理事务而遭受损失时，本人负责赔偿。此项损害的发生应当与管理事务的行为有因果关系，且应以实际损失为限。

六、其　他

合同、侵权行为、无因管理、不当得利是债的发生的主要原因，除此以外，其他的法律事实也会引起债的发生。例如，因防止、制止他人合法权益受侵害而实施救助行为，会在因实施行为受损害的受损人与受益人之间产生债权债务关系；因遗赠会在受赠人与遗嘱执行人之间产生债权债务关系；因抢救公物会在国家和抢救人之间产生债权债务关系；因缔约过失会在缔约当事人间产生债权债务关系。针对缔约过失这里不详细阐述。

【课后习题】

1. 甲将其对乙享有的10万元货款债权转让给丙，丙再转让给丁，乙均不知情。乙将债务转让给戊，得到了甲的同意。丁要求乙履行债务，乙以其不知情为由抗辩。下列哪一表述是正确的？（　　）

A. 甲将债权转让给丙的行为无效

B. 丙将债权转让给丁的行为无效

C. 乙将债务转让给戊的行为无效

D. 如乙清偿10万元债务，则享有对戊的求偿权

2. 乙在甲提存机构办好提存手续并通知债权人丙后，将 2 台专业相机、2 台天文望远镜交甲提存。后乙另行向丙履行了提存之债，要求取回提存物。但甲机构工作人员在检修自来水管道时因操作不当引起大水，致乙交存的物品严重毁损。下列哪一选项是错误的？（　　）

A. 甲机构构成违约行为

B. 甲机构应承担赔偿责任

C. 乙有权主张赔偿财产损失

D. 丙有权主张赔偿财产损失

3. 选择之债中的选择权，如当事人无另外的约定或法律无特别的规定，则原则上属于（　　）。

A. 债权人

B. 债务人

C. 债权人与债务人

D. 第三人

4. 甲欠乙 5 000 元，因无现金偿还，双方协商同意甲给付乙 2 吨钢材以顶账。甲向乙给付了 2 吨钢材，双方的债务关系消灭。此种情形属于（　　）。

A. 抵消

B. 提存

C. 代物清偿

D. 债务更新

【参考答案】

1.D　　2.D　　3.B　　4.C

第五章 合同法律制度

案例

某购物网站“双十一”举办“名表折上最高立减 500”的促销活动，夏某当天领取 500 元的现金优惠券后，购买了活动商品中的一款依波运动男表，标价 1 058 元，付款 558 元。一周以后，夏某发现自己的订单被删除，货款被退回。向某网站询问后得到的答复是“该表无法采购，故删除订单。”夏某为此诉至法院，要求该网站履行合同。该网站在答辩中称：在活动页面右下角的“使用说明”中已经写明“如果您通过本网站订购商品，您的订单将成为购买商品的申请或要约，只有当我们向您发出发货确认通知的邮件时，我们对您的合同申请的批准与接受才成立。”夏某指出，该使用说明在购买商品时并未看见，位置偏僻，颜色灰暗，字体很小。

请问：该网站与夏某之间的买卖合同是否成立?

第一节 合同法概述

一、合同的概念、法律特征与分类

（一）合同的概念

合同（contract），又称为契约、协议，是平等的当事人之间设立、变更、终止民事权利义务关系的协议。合同作为一种民事法律行为，是当事人协商一致的产物，是两个以上的意思表示相一致的协议。依法成立的合同从成立之日起生效，具有法律约束力。在现实生活中，人们可以就各种各样的事项达成协议，但并非任何协议都适用合同法。1999 年 10 月 1 日起实施的《合同法》第二条规定：“合同是平等主体的自然人、法人、其他组织之间设立、变更、终止民事权利义务关系的协议。婚姻、收养、监护等有关身份关系的协议，适用其他法律的规定。”

（二）合同的基本法律特征

1. 合同是一种民事法律行为

合同是以意思表示为成立要素，并且按意思表示的内容赋予法律效果，因此合同在性质上是一种民事法律行为，而非事实行为。

2. 合同以设立、变更或终止民事权利义务关系为目的

合同是民事主体的一种有意识、有目的性的行为，其目的体现为设立、变更、终止当事人之间的民事权利义务关系。设立民事权利义务关系，是指当事人依法成立合同后，在他们之间便产生了民事权利义务关系。变更民事权利义务关系，是指当事人之间的民事权利义务关系发生变化，形成新的民事权利义务关系。终止民事权利义务关系，是指当事人之间的民事权利义务关系归于消灭。

3. 合同是两个以上法律地位平等的当事人意思表示一致的协议

在订立合同时，当事人的法律地位是平等的，任何一方都不得将自己的意志强加给另一方。合同经过当事人的自愿协商达成，是当事人真实意思的表示。

（三）合同的分类

根据不同的标准，合同有不同的分类。主要的分类有以下几种：

1. 有名合同与无名合同

这是根据法律是否设有规范并赋予特定名称而进行的分类。有名合同又称典型合同，是指法律设有规范，并赋予了特定名称的合同。我国合同法所列的买卖合同、借款合同、租赁合同、承揽合同、运输合同等 15 种合同就是有名合同。无名合同又称非典型合同，是指法律没有特别规定，也没有赋予特定名称的合同。

区分有名合同与无名合同的法律意义在于：合同适用的法律不同。有名合同既适用我国合同法的总则规定，又直接适用分则中有关该合同的具体规定；无名合同适用合同法总则规定和与该合同相近似的有名合同的法律规定，并同时参照当事人的意思和目的处理。

2. 双务合同与单务合同

这是根据合同当事人是否互负义务而进行的分类。双务合同，是指双方当事人都有对待给付的义务。如买卖合同，买方有权获得货物，但也有义务支付货款；卖方有权获得货款，但也有义务交付货物。可见，在双务合同中，一方当事人的权利就是另一方当事人的义务，一方当事人的义务就是另一方当事人的权利。现实生活中的合同大多数为双务合同。单务合同，是指仅有一方当事人负有给付义务，或虽然双方均负有给付义务，但双方的给付义务不能形成对价关系的合同，如赠与合同、民间借款合同、无偿保管合同等。

值得注意的是，单务合同不是单方行为，仍然是双方行为，比如赠与合同中如果只有赠与人愿意赠与并不能产生合同关系，还必须有受赠与人愿意接受赠与才能使合同具有法律效力。

3. 诺成合同与实践合同

这是根据合同的成立是否以交付标的物为要件而进行的分类。诺成合同又称不要物合同，是指只要当事人意思表示一致就可以成立的合同。这种合同不以标的物的交付为要件，即所谓的“一诺而成”。在经济生活中，绝大多数合同都是诺成合同，如买卖合同、租赁合同、承揽合同等。实践合同又称要物合同，是指除当事人意思表示一致以外，还必须实际交付标的物才能成立的合同。这种合同数量相对较少，如民间借贷合同、借用合同、保管合同、定金合同。在判断一个合同到底是诺成合同还是实践合同时，还需要具体分析。比如对于赠与

合同，一般的赠与合同自赠与人向受赠人提供赠与物时成立，属于实践合同。但是，一些特殊的赠与合同，如具有救灾、扶贫等社会公益、道德义务性质的赠与合同或者经过公证的赠与合同，则属诺成合同。

区分诺成合同与实践合同的意义主要在于：两者产生的法律后果不同。在诺成合同中，如不交付标的物则会构成违约责任。而在实践合同中，如果不交付标的物合同则无法成立，也就不存在违约，如果要追究责任属于缔约过失责任。

4. 有偿合同与无偿合同

这是根据当事人之间的权利义务是否存在着对价关系而进行的分类。有偿合同，是指当事人一方根据合同从对方取得利益必须支付相应代价的合同，如买卖合同、租赁合同、承揽合同等。无偿合同，是指当事人一方根据合同从对方取得利益不须支付相应代价的合同，如赠与合同、借用合同等。还有些合同既可以是有偿合同，也可以是无偿合同，如保管合同、委托合同。

值得注意的是，一般地，有偿合同都是双务合同，但无偿合同并非都是单务合同。这里的“偿”是指相应的代价和报酬，与获得的利益在价值数量上应该相当；“务”则是指负有的义务，该义务不一定与其享有的权利在价值数量上相当。例如，有的赠与合同要求受赠人按赠与人的要求做一些事情，这时的受赠人实际上在获得赠品的同时有义务去做指定的事情，即为双务合同，但受赠人并不需要为所获得的赠品支付相应的报酬，即为无偿合同。通常来说，即使赠与合同是附条件的，所附的条件与赠品的价值相比也是微不足道的。

5. 要式合同与不要式合同

这是根据合同的成立是否必须采取特定的形式而进行的分类。要式合同，是指法律要求必须具备特定形式的合同。特定形式包括书面、公证、登记等。不要式合同又称略式合同，是指法律不要求必须具备特定形式的合同，合同的形式可以由当事人任意选择。在经济生活中，大多数合同属于不要式合同。

6. 主合同与从合同

这是根据相互有联系的合同之间的主从关系而进行的分类。主合同，是指能够独立存在、不以其他合同的存在为条件的合同；从合同又称附属合同，是指不能独立存在而以其他合同的存在为前提才能成立的合同，如保证合同、抵押合同等担保合同。

7. 格式合同与非格式合同

根据合同条款是否能为当事人协商确定而进行的分类。格式合同又称附从合同、定型化合同，是指在订立合同时，一方当事人为了反复使用而预先制订，相对方不能就合同条款进行协商，只能概括地接受或不接受的合同。非格式合同又称商议合同，是指合同条款是经当事人协商确定的合同。这种合同充分考虑了各方当事人的合意自治权，是合同的主要形式。

二、合同法律制度

（一）我国的合同立法

我国合同法律制度经历了一个曲折的发展过程。20 世纪 80 年代以来，为了适应改革开放的需要，我国先后颁布实施了《经济合同法》《涉外经济合同法》《技术合同法》等法律，同时，国务院还制定了一系列与《经济合同法》《技术合同法》相配套的各类实施细则或者合同条例。自此，我国合同法形成了三足鼎立的立法格局，对保护合同当事人的合法权益、维护社会经济秩序发挥了重要的作用。

但随着我国市场经济体制改革的深化，三部单行法分别调整合同关系的模式已经不能适应市场经济对市场交易规则统一化的要求。因此，1999 年 3 月 15 日，我国第九届全国人民代表大会第二次会议通过了《合同法》，分为总则与分则两部分，共二十三章四百二十八条，并于 1999 年 10 月 1 日起施行，《经济合同法》《涉外经济合同法》《技术合同法》同时废止。这是新中国第一部统一的合同法，是我国合同法制建设史上又一个重要的里程碑。为了更好地贯彻合同法的施行，最高人民法院相继出台了有关合同法的多个司法解释。同年 12 月 29 号，《最高人民法院关于适用<中华人民共和国合同法>若干问题的解释（一）》开始施行；2003 年 6 月 1 日，《最高人民法院关于审理商品房买卖合同纠纷案件适用法律若干问题的解释》开始施行；2005 年 1 月 1 日，《最高人民法院关于审理建设工程施工合同纠纷案件适用法律问题的解释》《最高人民法院关于审理技术合同纠纷案件适用法律若干问题的解释》开始施行；2005 年 8 月 1 日，《最高人民法院关于审理涉及国有土地使用权合同纠纷案件适用法律问题的解释》开始施行；2009 年 5 月 13 日，《最高人民法院关于适用<中华人民共和国合同法>若干问题的解释（二）》颁布施行；2009 年 9 月 1 日，《最高人民法院关于审理城镇房屋租赁合同纠纷案件具体应用法律若干问题的解释》开始施行；2012 年 7 月 1 日，《最高人民法院关于审理买卖合同纠纷案件适用法律问题的解释》开始施行；2014 年 3 月 1 日，《最高人民法院关于审理融资租赁合同纠纷案件适用法律问题的解释》开始施行。

除了《合同法》以外，《民法通则》《外商投资企业法》《海商法》等其他与合同有关的法律、行政法规、法律解释，以及我国参加的与合同有关的国际条约等，也都是我国合同法律制度的重要组成部分。

（二）合同法的基本原则

合同法的基本原则，是贯穿到整个合同法律制度和规范中的价值准则，是合同法的主旨和基本精神的集中体现，也是制定、解释、执行和研究合同法的依据和出发点。

1. 平等原则

平等原则是指合同当事人的法律地位是平等的，一方当事人不能将自己的意志强加给另一方。这一原则是民事权利义务关系的本质和基础，是自愿原则的前提，贯穿于合同的整个过程。

2. 自由原则

自由原则是指当事人依法享有自由签订合同的权利，任何单位和个人不得非法干预，即当事人意思自治。这一原则的确立是市场经济不断发展和完善的必然结果，通常包括以下内容：缔结合同的自由、选择合同相对人的自由、决定合同内容的自由、选择合同形式的自由、变更和解除合同的自由、选择合同方式的自由等。

应当注意的是，我国合同法所确定的合同自由是一种有限制的、相对的自由。首先，合同自由是在法律规定范围内的自由，不得违反法律、行政法规的强制性规定；其次，如果是为了保护社会公共利益和社会正义，在立法上有必要限制当事人一方的合同自由。

3. 公平原则

公平原则是指合同当事人本着公平合理的理念确定各方的权利义务，即当事人之间要互利，不得损害对方的利益。判断公平的标准，是从社会正义的角度，体现社会的价值观、是非观，包括人们公认的经济利益上的合理标准。

4. 诚信原则

诚信原则是指当事人行使权利、履行义务时应诚实不欺、讲究信用，在不损害他人利益及社会利益的前提下追求自身利益。此原则贯穿于合同订立、履行、变更和终止的整个过程，是合同法的一个重要原则。诚信原则本来是存在于商品交易中的一种道德规范，当其上升为法律原则以后，就兼具了道德调整和法律调整的双重功能，正如杨仁寿先生所言，诚实信用原则虽以社会伦理观念为基础，惟其并非道德，而是将道德法律技术化：一方面，它要求和鼓励当事人在进行民事活动时应讲求诚信和善意；另一方面，它又给予当事人的民事活动以强制性的约束，直接对当事人所作行为的后果产生影响。

通常来说，诚信原则包括三层含义：一是诚实，要表里如一，因欺诈订立的合同无效或者可以撤销。二是守信，要言行一致，不能反复无常，也不能口惠而实不至。三是从当事人协商合同条款时起，就处于特殊的合作关系中，当事人应当恪守商业道德，履行相互协助、通知、保密等义务。

5. 遵守法律与社会公共利益原则

遵守法律与社会公共利益原则，要求当事人订立和履行合同应当遵守法律、行政法规，尊重社会公德，不得扰乱社会公共秩序，损害社会公共利益。遵守公序良俗与诚信原则的区别在于两者的适用范围不同，诚信原则主要适用于市场交易中，而公序良俗规则的适用范围还包括社会道德、社会经济秩序和社会公共利益的民事关系。

6. 鼓励交易原则

鼓励交易原则是指在不违背法律及社会公共利益的前提下，法律赋予交易的当事人快速达成交易并尽可能促使更多交易获得成功，从而实现经济效益的提高。鼓励交易原则符合社会主义市场经济体制对经济交易的根本要求，交易越活跃，越有利于市场经济的发展。合同法作为维护市场交易秩序的基本法律，应当起到鼓励交易快速达成并尽可能促使更多交易获得成功的作用。

需要注意的是，鼓励交易原则是有限制的：一是应当鼓励合法、正当的交易。合同的合法性是合同能够生效的前提，如果当事人之间已经成立的合同，违背了法律或社会公共道德，则此种交易不仅不应当受到鼓励，而且应当追究交易当事人的责任。二是应当鼓励自愿的交易，即在当事人意思表示真实的基础上产生的交易。基于欺诈、胁迫或其他意思表示有瑕疵的行为而产生的交易，往往并不符合双方当事人、特别是意思表示不真实一方的意志和利益，因此也会产生不公平、不公正的交易，对此种交易活动不应当予以鼓励，而应当通过可变更、可撤销等法律规则予以限制和调整。

第二节 合同的订立

一、合同订立概述

（一）合同订立的概念

合同的订立，是指当事人之间为了设立、变更和终止相互之间的民事权利义务关系而互为意思表示，并就合同条款达成合意的过程。这个过程分为要约和承诺两个阶段。在这个过程中，缔约当事人负有先合同义务，过失违反先合同义务，给缔约相对方造成损失的，产生缔约过失责任。

合同订立与合同成立的含义有所不同。合同的订立着眼于缔约当事人达成协议的过程，而合同的成立是一个事实判断问题，着眼于合同是否存在，即缔约当事人达成协议的结果。可以说，合同成立是合同订立所追求的结果。

（二）合同订立的主体

合同订立的主体，是指实际订立合同的人。根据《合同法》第二条规定，订立合同的主体是自然人、法人、其他经济组织。同时《合同法》第九条还规定，当事人订立合同，应当具有相应的民事权利能力和民事行为能力。当事人依法可以委托代理人订立合同。

合同订立的主体与合同的主体之间既有联系又有区别。订立合同是一种民事行为，合同当事人既可以自己实施该民事行为，也可以委托代理人订立合同。如果当事人为自己订立合同，此时合同订立的主体与合同的主体是统一的；如果当事人委托代理人为自己订立合同，此时订立合同的主体是其委托的代理人，而合同的主体，即承担合同法律后果的则是被代理人，也就是当事人自己。

（三）合同订立的形式

合同订立的形式，是指表示合同内容的具体方式，是合同内容的外在表现形式。我国《合同法》第十条规定："当事人订立合同，有书面形式、口头形式和其他形式。法律、行政法规规定采用书面形式的，应当采用书面形式。当事人约定采用书面形式的，应当采用书面形式。"

1. 书面形式

根据《合同法》第十条的规定，应当采用书面形式的合同包括两类：一是法律、行政法规规定采用书面形式的，应当采用书面形式。比如：融资租赁合同、建设工程合同、技术开发合同等。二是当事人约定采用书面形式的，应当采用书面形式。尤其是那些价款或者酬金数额较大的合同以及法律关系复杂的合同，当事人应当采用书面形式。

合同的书面形式有多种，根据《合同法》第十一条规定，书面形式是指合同书、信件和数据电文（包括电报、传真、电子数据交换和电子邮件）等可以有形地表现所载内容的形式，其中通常采用的是合同书这种形式。合同书文本多种多样，有行业协会制定的示范性合同文本，也有营业者提供的由营业者制订的格式合同文本，而大量的则是双方当事人自己签订的合同文本。一般来说，作为合同书应当符合以下条件：（1）必须以某种文字、符号书写。（2）必须有双方当事人（或者代理人）的签字（或者同时盖章）。（3）必须规定当事人的权利义务。

采用书面形式订立合同的优点是明确肯定，有据可查，举证方便，有利于防止争议和解决纠纷。因此，书面形式成为当事人最普遍采用的一种合同形式。

2. 口头形式

口头形式是指当事人面对面或者通过电讯设备等以口头交谈的方式达成的合同的形式。以交谈方式达成的口头合同，其内容应当符合下列要求：不违反法律、行政法规的强制性规定；一方没有以欺诈、胁迫的手段订立合同，损害国家利益；双方不是恶意串通，损害国家、集体或者第三人利益；双方不是以合法的形式掩盖非法目的；没有损害社会公共利益；订立合同的主体具有民事行为能力和民事权利能力；意思表示真实。符合以上要求的口头合同成立，并具有法律效力，受法律保护。

采用口头形式订立合同的优点是简便、快捷、缔约成本低。其缺点是发生纠纷时难以举证，不易分清责任。因此对于非即时结清的，或者比较重要、内容复杂的合同不提倡采取口头形式。

3. 其他形式

合同的其他形式，是指当事人以书面、口头以外的其他方式进行意思表示，表现合同内容的形式。这个“其他形式”，主要指行为形式，即当事人通过某种作为或者不作为的行为方式进行意思表示。前者是明示意思表示的一种，比如顾客到超市购买商品，直接到货架上拿取商品，支付价款后合同即成立，无须以口头或书面形式确立双方的合同关系。后者是默示意思表示方式，比如存在长期供货业务关系的企业之间，一方当事人在收到与其素有业务往来的相对方发出的订货单或提供的货物时，如不及时向对方表示拒绝接受，则推定为同意接受。但需要注意的是，不作为的意思表示只有在有法定或约定、存在交易习惯的情况下可视为同意的意思表示。

我国合同法承认合同的“其他形式”，这与我国经济的发展、交易形态的多样化是相符的。如果仅仅拘泥于书面形式和口头形式，将可能使一些交易变得过于繁琐，从而违背鼓励交易的原则。

二、合同订立的程序

合同订立的过程，也就是当事人相互协商、达成合意的过程。《合同法》第十三条规定：“当事人订立合同，采取要约、承诺方式。”

（一）要　约

1. 要约的概念与构成要件

要约，又称发盘、出盘、发价、出价或报价，是指希望和他人订立合同的意思表示。也就是说，要约是将自己希望和他人订立合同的内心想法通过一定的形式（书面、口头或其他形式）表现出来。发出要约的一方称为“要约人”（offeror），接受要约的一方称为“受要约人”（offeree）。要约人可以是买方、也可以是卖方，法律并没有限定要约人必须是特定的哪一方当事人。

根据《合同法》第十四条的规定，一项有效的要约，通常应具备下列两个构成要件：

（1）内容具体确定。由于要约一旦得到受要约人的承诺，合同就成立，因此要约内容应当具体明确，以便受要约人确切知道要约的内容，从而作出承诺。要约至少应当具有合同成立所必需的条款，而哪些是必需条款，可根据合同的性质和当事人的合同目的来确定，不可一概而论。一般来说，标的条款是不可或缺的，但只有标的条款还不能构成合意，还需要设定其他条款，如标的数量、价款或者对数量、价款的计量方式，合同也可以成立。

（2）表明经受要约人承诺，要约人即受该意思表示的约束。要约人发出要约是以订立合同为目的，因此要约中应当表明，该要约一旦经受要约人承诺，要约人就要接受该意思表示的约束。这一点也是合同法诚信原则的具体要求。

2. 要约与要约邀请的区别

要约邀请，又称要约引诱，是指希望他人向自己发出要约的意思表示。要约邀请是当事人订立合同的预备行为，如寄送的价目表、拍卖公告、招标公告、招股说明书、商业广告等一般视为要约邀请。但是如果商业广告的内容符合要约规定的，可视为要约。

要约与要约邀请的区别主要表现在：

（1）要约是一方向另一方发出的以订立合同为目的的意思表示，并且要约内容具体确定。要约邀请则是一方向另一方发出的邀请其向自己发出要约的意思表示，不具有合同成立所应当具备的主要条款。

（2）要约中包含当事人愿意接受要约拘束的意思表示，承诺生效，合同就成立。要约邀请不含当事人愿意接受要约拘束的意思表示，只产生对方向其发出要约的可能，还须要约邀请人承诺，合同才能成立。

（3）发出要约和接受要约的当事人应为特定，而要约邀请的对方往往是不特定的。但也有例外的情形，如公交车驶入站台载客、标价出售的商品、自动售货机售卖商品的要约的接受人可以不特定。

3. 要约的法律效力

要约的法律效力，又称要约的拘束力，包括要约生效、对要约人的拘束力以及对受要约人的拘束力三个方面。

（1）要约生效的时间。各国对于要约的生效存在三种立法形式，即发信主义（也称投邮生效）、到达主义和了解主义。我国《合同法》采用到达主义，即要约到达受要约人时生效。如果采用数据电文订立合同，收件人指定特定系统接收数据电文的，该数据电文进入该特定系统的时间，视为到达时间；未指定特定系统的，该数据电文进入收件人的任何系统的首次时间，视为到达时间。

（2）对要约人的效力，即要约的形式拘束力，指要约一经生效，要约人即受到要约的拘束，不得随意撤销要约或对要约加以限制、变更和扩张。其目的在于维护交易安全，保护受要约人的合法权益。

（3）对受要约人的效力，即要约的实质拘束力。要约生效，意味着受要约人取得了承诺的权利，在要约的有效期间内，受要约人可以承诺，也可以不承诺。但在强制缔约的情况下，承诺也是一种义务。

（4）要约的存续期限，是指要约发生法律效力的期间，即承诺期限。具体分为两种情形：定有存续期限和未定有存续期限。定有承诺期限的要约，相对人须在此期限作出承诺，才能对要约人有拘束力。未定承诺期限的要约，要约的存续期限应依法律的规定：要约以对话方式作出的，除当事人另有约定的以外，应当即时承诺；要约以非对话方式作出的，承诺应当在合理期限内到达。如何确定合理期限，通常应考虑要约与承诺到达对方所需的在途时间、受要约人考虑是否作出承诺的权衡时间以及行业习惯等因素。在合理期间受要约人未承诺，要约失效。

4. 要约的撤回与撤销

（1）要约的撤回，是指在要约生效之前，要约人阻止要约发生法律效力的行为。要约的撤回，既尊重了要约人的意志，又未损及受要约人的利益，因此《合同法》第十七条规定："要约可以撤回。撤回要约的通知应当在要约到达受要约人之前或者与要约同时到达受要约人。"

值得注意的是，如果要约人在要约生效前对已发送的要约进行修改，其效果等同于原要约的撤回，新要约的产生。

（2）要约的撤销，是指在要约生效以后，受要约人作出承诺之前，要约人将要约的法律效力归于消灭的行为。《合同法》第十八条规定："要约可以撤销。撤销要约的通知应当在受要约人发出承诺通知之前到达受要约人。"

因为要约的撤销是在该要约生效后进行的，因而有可能此撤销行为对受要约人不利，对此，有必要在法律上对要约的撤销予以严格的限制。根据《合同法》第十九条规定，要约在以下两种情形下不得撤销：一是要约人确定了承诺期限或者以其他形式明示要约不可撤销；二是受要约人有理由认为要约是不可撤销的，并已经为履行合同作了准备工作。

5. 要约的失效

要约的失效是指要约丧失其法律效力，不再对要约人和受要约人产生拘束力。

根据《合同法》第二十条的规定，要约失效的原因主要有：（1）拒绝要约的通知到达要约人；（2）要约人依法撤销要约；（3）承诺期限届满，受要约人未作出承诺；（4）受要约人对要约的内容作出实质性变更。所谓实质性变更，是指对要约中有关合同标的、数量、质量、价款、履行期限、地点、方式、违约责任、争议的解决方式等作出变更。这实际上是受要约人向要约人发出了新的要约。

（二）承　诺

1. 承诺的概念与构成要件

承诺，是指受要约人同意要约的内容，并向要约人明确表示愿意与要约人签订合同的意思表示。承诺的法律效力在于，承诺一经作出并送达要约人，合同即告成立。

一项有效的承诺应当具备以下构成要件：

（1）承诺必须由受要约人向要约人作出。不论是非受要约人向要约人作出的表示接受的意思表示，还是受要约人向非要约人作出的表示接受的意思表示，均不是承诺。

（2）承诺必须在承诺期限内到达要约人。受要约人必须在承诺期限内作出承诺，并使承诺达到要约人。《合同法》第二十三条规定："承诺应当在要约确定的期限内到达要约人。"同时还规定，要约人没有确定承诺期限的，承诺应当依照下列规定到达：要约以对话方式作出的，应当即时作出承诺，但当事人另有约定的除外；要约以非对话方式作出的，承诺应当在合理期限内到达。

（3）承诺的内容必须与要约的内容一致。这是承诺有效的核心要件。合同是当事人双方权利义务意思表示一致的产物，因此，从严格意义上说，承诺必须与要约的内容完全一致，不得限制、扩张或者变更要约的内容。这一观点得到了两大法系国家的一致承认，尤其是英美法系国家采取了"镜像原则"（mirror rule），要求承诺如同照镜子一般照出要约的内容。正如英国学者阿蒂亚提到的："承诺应当是绝对和无条件的，而且必须表示愿意按照要约人所提出的各项条件签订合同。一个意图增加或改变要约人所提出的条款的承诺，实际上根本就不是承诺。"[①]但是，随着交易的发展，人们发现绝对地坚持这一原则可能会阻碍很多合同的成立，不利于鼓励交易。因此两大法系和有关国际公约都对这一原则作了变通，允许承诺对要约进行非实质性更改。

我国《合同法》第三十条和第三十一条借鉴了这一立法经验，认为承诺的内容应当与要约的内容一致。如果要约人对要约的内容作出实质性变更的，为新要约；如果承诺对要约的内容作出非实质性变更的，除要约人及时表示反对或者要约表明承诺不得对要约的内容作出任何变更的以外，则该承诺有效。

2. 承诺的方式

承诺的方式，是指受要约人通过何种形式将其承诺的意思送达要约人。《合同法》第二十二条规定："承诺应当以通知的方式作出，但根据交易习惯或者要约表明可以通过行为作出承诺的除外。"

据此，承诺的作出可以采用通知与非通知的行为两种方式：

（1）通知方式。在一般情况下，受要约人接受要约应当向要约人发出承诺通知，承诺通知应为明示通知，通知方式书面、口头均可。

（2）非通知的行为方式。这是指明示行为以外的行为方式。依据民法理论，该行为方式称之为默示，包括作为的默示和不作为的默示。应当注意的是，以此种方式承诺的，要么必须依据交易习惯，要么是要约中表明的行为方式。《最高人民法院关于适用〈中华人民共和国合同法〉若干问题的解释（二）》中对交易习惯进行了说明。不违反法律、行政法规强制性规定的，人民法院可以认定为合同法所称的"交易习惯"，它包括以下两种：一是在交易行为当地或者某一领域、某一行业通常采用并为交易对方订立合同时所知道或者应当知道的做法；二是当事人双方经常使用的习惯做法。对于交易习惯，由提出主张的一方当事人承担举证责任。

作为的默示是非通知的行为方式的主要形式。这样的行为，通常是履行行为，比如预付价款、装运货物等，即承诺人以实际履行要约内容的行为表示接受要约。

不作为的默示即缄默本身原则上不构成承诺，但对此也不能绝对化。在以下几种特殊情

① 阿蒂亚：《合同法概论》，程正康等译，法律出版社 1982 年版，第 51 页。

况下，应承认其效力：一是受要约人在向要约人发出要约邀请时曾明确声明，在对方发出要约后的一定期限内，如果没有收到答复，即视为已经承诺。在这种情况下，实际上双方已经就承诺的方式达成了协议，即约定承诺的方式为缄默。二是双方已经有过多次磋商，并达成了初步的协议，一方更改了初步协议中的部分条款，并要求另一方当事人就这部分条款作出答复，同时提出：如果不在规定时间内作出答复，则视为接受。这是因为双方已经过协商，产生了一种合理的信赖，即信任对方在没有明确表示对更改条款有异议的情况下，视为同意接受该条款。三是依据双方以前的交易习惯或者当地的某种交易惯例，承诺可以以缄默的方式成立[①]。

3. 承诺的生效

承诺的生效，是指承诺发生法律效力即法律约束力。承诺生效，则合同成立，因此，承诺生效的时间在合同法上具有极其重要的意义。《合同法》第二十六条规定："承诺通知到达要约人时生效。承诺不需要通知的，根据交易习惯或者要约的要求作出承诺的行为时生效。"如果采用数据电文订立合同，收件人指定特定系统接收数据电文的，该数据电文进入该特定系统的时间，视为到达时间；未指定特定系统的，该数据电文进入收件人的任何系统的首次时间，视为到达时间。注意的是，承诺的生效只需要到达，而不需要要约人了解。即承诺的通知到达要约人支配的范围内，如信箱、营业场所等，而要约人是否实际阅读或了解承诺内容，并不影响承诺的效力。

4. 承诺的撤回

承诺的撤回，是指受要约人在发出承诺通知以后，承诺发生法律效力之前阻止其生效的行为。《合同法》第二十七条规定："承诺可以撤回。撤回承诺的通知应当在承诺通知到达要约人之前或者与承诺通知同时到达要约人。"如果承诺已经生效，则合同成立，此时受要约人则不能再撤回承诺。

5. 承诺的迟延

承诺的迟延，是指受要约人未在承诺期限内发出承诺。承诺的迟延可以分为两种：一是迟发的承诺。《合同法》第二十八条规定："受要约人超过承诺期限发出承诺的，除要约人及时通知受要约人承诺有效的以外，为新要约。"二是迟到的承诺。《合同法》第二十九条规定："受要约人在承诺期限内发出承诺，按照通常情形能够及时到达要约人，但因其他原因承诺到达要约人时超过承诺期限的，除要约人及时通知因承诺超过期限不接受承诺，否则该承诺有效。"

三、合同的条款

（一）合同条款的概念与种类

合同的条款，从实质上说，即合同的内容，是确定合同当事人权利与义务的根据。合同条款应当明确、肯定、完整，并且条款之间彼此不矛盾。如果合同条款含混不清或者存在漏洞，则应通过合同的解释予以完善[②]。

---

① 屈茂辉：《中国合同法学》，湖南大学出版社2003年版，第50页。
② 王利明，房绍坤，王轶：《合同法》，中国人民大学出版社2002年版，第93页。

根据合同条款在合同中的地位和作用，可以将合同条款进行不同的分类，这里着重介绍必备条款与非必备条款。必备条款，是指依据合同的性质和当事人的特别约定所必须具备的条款，缺少这些条款将影响合同的成立。必备条款主要包括两个方面：一是依据合同性质所必须具备的条款，如所有合同都应具备标的条款，买卖合同应具备价金条款。二是根据当事人的特别约定所必须具备的条款，例如当事人在合同中约定“本合同必须经过公证才能生效”，则公证成为该合同的必备条款。非必备条款，是指依据合同的性质在合同中不是必须具备的条款，即使缺少这些条款也不会影响合同的成立，如履行期限、数量、质量等条款。在缺少这些条款的情况下，也可以根据合同法第六十一条与第六十二条的规定填补漏洞。

（二）合同的一般条款

根据《合同法》第十二条规定，合同一般包括以下条款：（1）当事人的名称或者姓名和住所；（2）标的；（3）数量；（4）质量；（5）价款或者报酬；（6）履行期限、地点和方式；（7）违约责任；（8）解决争议的方法。这其中既有必备条款，也有非必备条款；既有实体条款，也有程序条款。

（三）合同的格式条款

格式条款，又称标准条款、格式合同，是指当事人为了反复使用而预先制订，并在订立合同时未与对方协商的条款。格式条款的产生和发展是20世纪合同法发展的重要标志之一，其形成是由于某些行业发展到一定程度时出现了大量重复性的交易，为了简化合同订立的程序而预先制订的，刚开始这样的合同确实大大提高了工作效率，但这些企业发展较快、规模较大，带有一定程度的垄断性。格式合同也带来了弊端，即提供商品或服务的一方往往利用其优势地位，制订有利于自己而不利于相对方的条款，而相对方不能与之协商，只能被动接受。这样一来，格式合同就违背了合同自由原则与公平原则。

我国《合同法》对格式合同予以了一定的限制，具体如下：

（1）制订格式条款应当遵循公平原则。如果内容显失公平，相对方有权请求人民法院或者仲裁机构变更或撤销。

（2）格式合同的制订方应当采取合理方式对免责条款进行提示和说明。这里的“合理方式”，《最高人民法院关于适用〈中华人民共和国合同法〉若干问题的解释（二）》第六条做出了明确的说明：“提供格式条款的一方对格式条款中免除或者限制其责任的内容，在合同订立时采用足以引起对方注意的文字、符号、字体等特别标识，并按照对方的要求对该格式条款予以说明。”

（3）规定了格式合同无效的情形。比如，造成对方人身伤害或者因故意、重大过失造成对方财产损失的免责条款无效；格式合同制订方免除其责任、加重对方责任、排除对方主要权利的，该条款无效。

（4）确立格式合同的解释规则。对格式条款的理解发生争议的，应按照通常理解予以解释。如果对格式条款有两种以上解释的，应当作出不利于提供格式条款一方的解释。格式条款与非格式条款不一致的，应当采用非格式条款。

第三节　合同的效力

一、合同效力的概述

（一）合同效力的概念

合同的效力，又称合同的法律效力，是指法律赋予依法成立的合同在当事人之间产生的法律拘束力。一般情况下，由于合同具有相对性，合同的效力原则上局限在当事人之间，但有时合同对第三人也有拘束力，主要表现在赋予合同当事人具有排斥第三人的妨害及在第三人侵害合同债权时享有要求赔偿损失的权利。此外，合同对第三人的拘束力还表现在为保全合同利益，法律允许债权人可在特定的情况下主张代位权和撤销权。例如，债务人基于恶意将财产低价出售给第三人，明显不利于债权人债权的，则债权人可依法主张撤销该转让行为。

（二）合同成立与合同生效的关系

合同的成立与合同的生效在合同效力制度中是一个很重要的问题，两者既有联系又有区别。联系体现在：合同的成立是合同生效的前提，如果合同没有成立当然就不可能生效；反之，合同生效是合同成立的结果和当事人订约的目的，如果合同不能生效，那订立合同也就没有意义了。

两者属于不同的法律范畴，区别主要表现在：合同的成立是指当事人就合同的主要条款达成合意，只是表明当事人之间存在合意这一事实。因此，合同成立与否属于事实判断问题，着眼点在于判断合同是否存在，其判读结果只能是成立或不成立的事实。合同的生效则反映的是法律对已经成立的合同的评价。也就是说，合同的有效与否是一个法律价值判断问题，着眼点在于判断合同是否符合法律的精神和规定，能否发生法律上的效力。其判断结果有生效、无效、效力待定、可变更、可撤销等多种状态。

二、有效合同

（一）有效合同的概念

有效合同，又称生效的合同，是指符合合同的生效要件，在当事人之间产生法律拘束力，并受法律保护的合同。

（二）合同的生效要件

合同的生效要件是判断合同是否具有法律效力的标准。根据《民法通则》第五十五条的规定，一般合同的生效要件如下：

1. 合同当事人的主体资格合法

这是指合同当事人在订立合同时必须具有相应的缔约能力。所谓相应的缔约能力包括三方面的内容：一是缔约人缔约时要有相应的民事行为能力；二是缔约人缔约时要有相应的缔约资格，比如由代理人代理订立合同，代理人要取得代理权；三是缔约人缔约时对其所处分的财产权利要有相应的处分能力，比如买卖合同的出卖人对其出卖的财产要有处分权。

2. 意思表示真实

意思表示真实是指表意人的表示行为真实地反映其内心的效果意思，这是契约自由与契约正义的基本要求。如果意思表示不真实或意思表示有瑕疵，都将直接影响合同的生效，即产生合同无效或者合同可撤销、合同可变更的法律后果。

3. 不违反法律与社会公共利益

这要求合同的内容、形式与目的要具有合法性。只有当事人缔结的合同内容与形式符合法律的规定，不损害社会公共利益，并且不具有规避法律的合同目的，法律才对其作出肯定性的评价，赋予其法律效力，此时合同才能产生当事人预期的法律后果。

三、无效合同

（一）无效合同的概念与特征

无效合同，是指虽然已经成立，但因损害国家利益、社会利益与他人利益，违反法律、行政法规，因此没有发生法律拘束力的合同。

无效合同通常具有以下几个特征：

（1）无效合同的违法性。虽然无效合同种类很多，但都具有违法性。所谓违法性，是指违反法律、行政法规的强制性规定以及社会公共利益。

（2）对无效合同的国家干预。这里的国家干预主要体现在两方面：一是法院和仲裁机构不待当事人请求合同无效，便可依职权主动审查合同是否无效。从这个意义上来说，无效合同是当然无效。二是有关国家行政机关可以对一些无效合同予以查处，并追究有关无效合同当事人的行政责任。

（3）无效合同具有不得履行性。所谓不得履行性，是指当事人在订立无效合同以后，不得依据合同实际履行，也不承担不履行合同的违约责任。但需要注意的是，如果当事人可以依法对无效合同予以更正，并使其符合了法律的规定，则该合同转化为有效合同。

（4）无效合同自始无效。合同一旦被确认无效，就将产生溯及力，即合同自订立之时起就不具有法律拘束力，以后也不能转化为有效合同。已经履行的，应当通过返还财产、赔偿损失等方法使当事人的财产恢复到合同订立之前的状态。

（二）无效合同的种类

根据《合同法》第五十二条的规定，无效合同的种类主要包括以下五种：一是一方以欺诈、胁迫的手段订立合同，损害国家利益；二是恶意串通，损害国家、集体或者第三人的利益；三是以合法形式掩盖非法目的；四是损害社会公共利益；五是违反法律、行政法规的强制性规定。

(三)合同的部分无效

合同可以全部无效，也可以部分无效。《合同法》第五十六条规定："合同部分无效，不影响其他部分的效力，其他部分仍然有效。"由此可见，如果合同在内容上是由若干相互独立的有效部分和无效部分共同组成的，那么当无效部分被确认无效后，有效部分仍继续有效。但是，如果无效部分与有效部分是相互牵连的，确认部分内容无效将影响有效部分的效力，或者从行为的目的、交易的习惯以及根据诚信原则和公平原则，决定剩余的有效部分对于当事人已无意义或已不公平合理，则该合同应被确认为全部无效。

四、可撤销合同

(一)可撤销合同的概念与特征

可撤销合同，又称相对无效合同，或者可撤销、可变更合同，是指虽欠缺合同生效要件，但存在法定撤销事由，当事人有权提请人民法院或仲裁机构撤销或变更的合同。

可撤销合同一般具有下列法律特征：

(1)可撤销合同主要是意思表示不真实的合同。这是关于撤销对象的确定问题。通常，能够撤销的合同是没有故意违反法律、行政法规的强制性规定与社会公共利益的合同。在这一点上，可撤销合同与无效合同是有区别的。

(2)可撤销合同须由撤销权人主动行使撤销权。这是关于行使撤销权的主体问题。法律将此权利赋予给撤销权人，由其决定是否撤销合同。而法院和仲裁机构则采取不告不理的态度，不能主动宣告合同的撤销。

(3)可撤销合同在未被撤销前是有效的。如果撤销权人未在规定的期限内行使撤销权，或者撤销权人仅要求变更合同的条款，并不要求撤销合同，则该合同仍然有效。

(4)撤销权人可以选择撤销或者变更合同。当事人请求变更的，法院或者仲裁机构不得撤销。

(二)可撤销合同的种类

根据《合同法》第五十四条规定，可撤销合同的种类如下：

(1)因重大误解订立的合同。所谓重大误解，是指一方或者双方当事人对合同的性质、主要内容(如标的物的种类、质量、数量)等存在错误认识，违背其真实意思表示订立合同，并因此受到较大损失的情形。

(2)显失公平的合同。所谓显失公平，是指一方当事人利用自己的优势或者对方的经验欠缺，在订立合同时致使双方的权利与义务明显不对等或者利益明显不平衡的情形。这违背了合同的公平原则，应予以撤销或变更。

(3)因欺诈、胁迫而订立的没有损害国家利益的合同。因欺诈、胁迫而订立的合同可以分为两类：一是损害了国家利益，这类合同是无效合同；二是损害了非国家利益，这类合同应作为可撤销合同来对待。

（4）乘人之危的合同。所谓乘人之危，是指行为人利用他人的危难处境或紧迫需要，强迫对方接受某种明显不公平的条件并作出违背其真实意思的意思表示。例如，出租车司机借抢救病人急需租车之机，提高十倍车价，即属于乘人之危的行为。这里有两点需要注意：一是这里的危难，除了指经济上的窘迫外，也包括生命、健康、名誉等危难；二是不法行为人所取得的利益明显违背了公平原则，超出了法律允许的限度。

（三）撤销权的行使

通常撤销权由意思表示不真实而受损害的一方当事人行使。撤销权的行使，并不一定通过诉讼的方式。如果撤销权人向对方主动作出撤销的意思表示，而对方未表示异议，可直接发生撤销合同的法律后果；如果双方对撤销问题有争议，则必须通过诉讼或者仲裁方式解决问题。

撤销权人必须在规定的期限内行使撤销权。根据《合同法》第五十五条规定，具有撤销权的当事人自知道或者应当知道撤销事由之日起 1 年内没有行使撤销权，或者知道撤销事由后明确表示或者以自己的行为表示放弃撤销权的，撤销权消灭。此时当事人请求撤销的，人民法院或者仲裁机构不得撤销。

合同被撤销后，因该合同取得的财产，应当予以返还；不能返还或者没有必要返还的，应当折价补偿。有过错的一方当事人应当赔偿对方因此所受到的损失，双方都有过错的，应当各自承担相应的责任。

五、效力待定合同

（一）效力待定合同的概念

效力待定合同，是指合同虽然已经成立，但因其不完全具备生效要件，因此不能确定是否发生效力，一般须经有权人承认才能生效。这里的不完全具备生效要件，主要是指合同主体资格有缺陷，比如无权代理人以被代理人的名义订立的合同。与无效合同不同的是，这些合同中的瑕疵是可以补救的，即经过有权人追认，合同自始生效。追认的意思表示应以明示的方式作出，且应为相对人所了解。这类合同不直接确定为无效合同而规定为效力待定合同的意义在于有利于维护交易的安全，保护权利人和相对人的合法权益。

（二）效力待定合同的种类

（1）限制民事行为能力人订立的合同。限制民事行为能力人可以订立与其年龄、智力、精神健康状况相适应的合同或者纯获利益的合同，不需要得到其法定代理人的追认。但除了这些合同，限制民事行为能力人订立的其他合同，则须经法定代理人的追认，合同才能有效，在合同被追认之前，合同处于效力待定状态。

（2）无权代理人订立的合同。无权代理包括三种情形：行为人没有代理权、行为人超越代理权、行为人代理权终止后仍以被代理人的名义订立合同。行为人无代理权而以被代理人名义与第三人订立合同，对被代理人不发生效力，其法律后果由行为人自己承担。这类合同只有经过追认，被代理人才承担民事责任。

（3）无处分权人订立的合同。无处分权的人处分他人财产，经权利人追认或者无处分权的人订立合同后取得处分权的，该合同有效。

（三）追认权、催告权与撤销权

为了平衡合同当事人的权利，保护善意相对人的利益。合同法赋予效力待定合同权利人以追认权，合同相对人以催告权和撤销权。

根据《合同法》第四十七条、第四十八条的规定，相对人可以催告法定代理人或被代理人在 1 个月内对效力待定合同予以追认。法定代理人或被代理人未作出表示的，视为拒绝追认。合同被追认之前，善意相对人有撤销的权利。撤销应当以通知的方式作出。

（四）表见代理

表见代理，是指在无权代理的情形下，如果善意相对人客观上有正当理由相信代理人具有代理权而与之签订合同，由此产生的法律后果由被代理人承担。可见，表见代理无须权力人追认，即对其产生法律效力。因此，严格地说，表见代理不属于效力待定的行为。需要注意的是，表见代理强调相对人主观上是善意的、无过失的，并且有合理理由相信无权代理人取得了授权。

第四节　合同的履行

一、合同履行概述

（一）合同履行的概念

合同的履行，是指合同成立并生效后，合同当事人按照合同约定或者法律规定全面、适当地履行自己所承担的义务。我国《合同法》第六十条规定："当事人应当按照约定全面履行自己的义务。"从合同消灭原因上来看，合同的履行又称为债的清偿，当合同债务人全面、适当地履行了义务，合同债权即达到目的而得到满足，合同关系即归于消灭。

（二）合同履行的原则

合同履行的原则，是指双方当事人在履行合同的过程中应遵循的基本准则。合同履行的基本原则不是仅适用于某一类合同履行的准则，而应是对各类合同履行普遍适用的准则，是各类合同履行都具有的共性要求或反映。合同履行的基本原则包括：

1. 全面履行原则

《合同法》第六十条第一款规定："当事人应当按照约定全面履行自己的义务。"这一规定确立了全面履行原则。全面履行原则，又称适当履行原则或正确履行原则，它要求当事人按合同约定的标的及其质量、数量，合同约定的履行期限、履行地点、适当的履行方式、全面完成合同义务的履行原则。依法成立的合同，在订立合同的当事人间具有相当于法律的效力，因此，合同当事人受合同的约束，履行合同约定的义务应是自明之理。法律谚语中有“契约必须遵守”的说法，而我国早先颁布的《民法通则》第八十八条第一款也规定，合同的当事人应当按照合同的约定，全部履行自己的义务。尽管《民法通则》和《合同法》中相对应的规定在用词上有“全部”和“全面”的差别，但实际上表达了相同的意思。

2. 诚实信用原则

《合同法》第六十条第二款规定：“当事人应当遵循诚实信用原则，根据合同的性质、目的和交易习惯履行通知、协助、保密等义务。”此规定可以理解为在合同履行问题上将诚实信用作为基本原则的确认。从字面上看，诚实信用原则就是要求人们在市场活动中讲究信用，恪守诺言，诚实不欺，在不损害他人利益和社会利益的前提下追求自己的利益，以“诚实商人”的形象参加经济活动。从内容上看，诚实信用原则并没有确定的内涵，因而有无限的适用范围。它实际上是一个抽象的法律概念，内容极富于弹性和不确定性，有待于将特定案件予以具体化，并随着社会的变迁而不断修正自己的价值观和道德标准。

3. 协作履行原则

协作履行原则，是指当事人不仅适当履行自己的合同债务，而且应基于诚实信用原则的要求协助对方当事人履行其债务的履行原则。合同的履行，只有债务人的给付行为，没有债权人的受领给付，合同的内容仍难实现。不仅如此，在建筑工程合同、技术开发合同、技术转让合同、提供服务合同等场合，债务人实施给付行为也需要债权人的积极配合，否则合同的内容也难以实现。因此，履行合同，不仅是债务人的事，也是债权人的事，协助履行往往是债权人的义务。

4. 经济合理原则

经济合理原则就是要求履行合同时，追求经济效益，以最小的成本取得最大的合同利益。履行合同中的经济效益原则要求：（1）债务人要选择最经济合理的方式运输；（2）选择最体现经济合理原则的履行期；（3）履行合同债务体现经济合理；（4）选用设备体现经济合理；（5）变更合同体现经济合理；（6）对违约选择经济合同的补救方式。

5. 情势变更原则

情势变更，是指在合同有效成立后，履行前，因不可归责于双方当事人的原因而使合同成立的基础发生变化，如继续履行合同将会造成显失公平的后果。在这种情况下，法律允许当事人变更合同的内容或者解除合同，以消除不公平的后果。情势变更的实质，乃是诚实信用原则之具体运用。情势变更原则适用的条件如下：（1）须有情事变更的事实。所谓情势，泛指合同成立的基础或环境的客观情况；（2）情势变更须发生在合同成立之后，合同履行完毕之前；（3）须情势变更的发生不可归责于当事人，即由不可抗力、意外事故或其他原因引起，如果事由可归责于当事人，则应由当事人承担风险或违约责任，而不适用情势变更原则；（4）情势变更是当事人不可预见的；（5）须情势变更使履行合同显失公平。

二、合同履行的规则

（一）合同约定不明时的履行规则

当事人订立合同应当尽量具体、明确而详尽，但在实践中，由于种种原因，合同总有各种未尽事宜，这给合同的履行带来了麻烦和困扰。

对此，《合同法》第六十一条与第六十二条作了相应的规定。合同生效后，当事人就质量、价款或者报酬、履行地点等内容没有约定或者约定不明确的，当事人双方可以协议补充；不能达成补充协议的，按照合同的有关条款或者交易习惯确定，如果按上述办法仍不能确定的，则适用下列规定：

（1）质量要求不明确的，按照国家标准、行业标准履行；没有国家标准、行业标准的，按照通常标准或者符合合同目的的特定标准履行。

（2）价款或者报酬不明确的，按照订立合同时履行地的市场价格履行；依法应当执行政府定价或者政府指导价的，按照规定履行。

（3）履行地点不明确，给付货币的，在接受货币一方所在地履行；交付不动产的，在不动产所在地履行；其他标的，在履行义务一方所在地履行。

（4）履行期限不明确的，债务人可以随时履行，债权人也可以随时要求履行，但应当给对方必要的准备时间。

（5）履行方式不明确的，按照有利于实现合同目的的方式履行。

（6）履行费用的负担不明确的，由履行义务一方负担。

（二）代为履行与代为接受履行的规则

在一般情况下，合同是由当事人亲自履行或亲自接受履行，但在不涉及人身性质的合同中，当事人也可以约定由第三人代为履行或者代为接受履行。需要注意的是，此时的第三人只是履行主体，并非合同的当事人。因此，第三人代为履行或代为接受履行的，应遵循《合同法》第六十四条与第六十五条规则：

（1）当事人约定由债务人向第三人履行债务的，债务人未向第三人履行债务或者履行债务不符合约定，应当向债权人承担违约责任。

（2）当事人约定由第三人向债权人履行债务的，第三人不履行债务或者履行债务不符合约定，债务人应当向债权人承担违约责任。

（三）提前履行与部分履行的规则

提前履行，是指债务人在合同履行期限到来之前就开始履行合同的行为。部分履行，是指债务人没有按照合同约定全部履行合同义务而只是履行一部分合同义务的行为。这两种履行应遵循《合同法》第七十一条与第七十二条规则：

（1）债务人提前履行的，债权人可以拒绝接受，但提前履行不损害债权人利益的除外。因债务人提前履行债务给债权人增加的费用，由债务人负担。

（2）债务人部分履行的，债权人可以拒绝接受，但部分履行不损害债权人利益的除外，因债务人部分履行债务给债权人增加的费用，由债务人负担。

三、双务合同履行中的抗辩权

（一）抗辩权的概念

抗辩权，又称异议权，是指对抗对方请求权或否认对方的权利主张的权利，即合同一方当事人对抗对方当事人的履行请求权，暂时拒绝履行自己义务的权利。值得注意的是，这里的抗辩权是一种延期抗辩权，不具有消灭对方请求权的效力，而仅产生使对方请求权延期的效力。当产生抗辩权的原因消灭后，债务人仍应当履行其债务。

（二）合同履行抗辩权的种类

我国《合同法》在双务合同的履行中设立了以下三种抗辩权制度。

1. 同时履行抗辩权

同时履行抗辩权，是指在互负债务、没有先后履行顺序的双务合同中，一方当事人在对方未履行债务或履行债务不符合约定时，有拒绝履行自己的债务的权利。同时履行抗辩权是诚实信用原则所要求的，具有担保实现自己的债权和迫使对方履行合同义务的双重功效，有利于实现当事人之间的利益平衡。

同时履行抗辩权应具备以下四个要件：一是当事人因同一双务合同而互负债务；二是当事人所互负之债务没有先后履行顺序并均已届清偿期；三是对方当事人没有履行其所负债务或履行不符合约定；四是对方当事人的对待履行是可能履行的。如果当事人所负的债务成为不能履行的债务，则不发生同时履行抗辩权的问题，当事人只能通过其他途径请求补救，因而只有在债务可以履行的情况下，同时履行抗辩权才有意义。

2. 先履行抗辩权

先履行抗辩权，是指在约定了履行先后顺序的双务合同中，应当先履行义务的一方当事人未履行时，后履行的一方当事人有权拒绝其履行要求的权利。

先履行抗辩权应具备以下三个要件：一是双方当事人因同一双务合同而互负债务；二是双方所负债务有履行的先后顺序，是其区别于同时履行抗辩权的关键；三是先履行一方到期未履行或履行不符合约定。这是先履行抗辩权的实质条件。

3. 不安抗辩权

不安抗辩权，是指在双务合同中，应当先履行债务的当事人有确切证据证明对方有丧失和或可能丧失履行能力的情形时，有中止履行自己债务的权利。不安抗辩权是大陆法的概念，一般为大陆法系国家民法所规定。法律设置该抗辩权，意在保护当事人的合法权益，贯彻公平原则，防范合同欺诈。

不安抗辩权应具备以下四个要件：一是双方当事人因同一双务合同而互负债务。二是当事人一方有先履行的义务并已届履行期。三是后履行一方有丧失或可能丧失履约能力的情形。根据《合同法》第六十八条规定，应当先履行债务的当事人，有确切证据证明对方有下列情形之一的，可以中止履行：（1）经营状况严重恶化；（2）转移财产、抽逃资金，以逃避债务；（3）丧失商业信誉；（4）有丧失或可能丧失履行债务能力的其他情形。如果当事人没有确切证据中止履行的，应当承担违约责任。四是后履行义务一方没有对待给付或未提供担保。

不安抗辩权的效力主要在于中止合同，并且在中止合同时，先履行方负有及时通知对方的义务。对方提供适当担保时，应当恢复履行。中止履行后，对方在合理期限内未恢复履行能力并且未提供适当担保的，中止履行的一方可以解除合同。

第五节　合同权利义务的终止

一、合同权利义务终止概述

（一）合同权利义务终止的概念

合同权利义务终止，简称合同终止，也称合同的消灭，是指合同当事人双方在合同关系建立以后，因一定的法律事实的出现，使合同确立的权利义务关系消灭，即合同当事人不再具有法律约束力。

合同终止不同于合同效力的停止或减弱，也不同于合同的解除。合同效力的停止是指因债务人行使抗辩权而拒绝债权人的履行请求，从而使债权的效力受到阻止。合同效力的减弱是指债权人不能行使给付请求权而仅能受领债务人的给付。合同的解除与合同的终止一直是一个有争议的问题，各国立法也持有不同的态度。从我国《合同法》的规定来看，合同解除只是合同终止的一种原因。总的来说，合同的终止，意味着原合同权利义务关系不复存在。

（二）合同终止的效力

合同终止的效力具体表现为：一是当事人之间的合同关系消灭。债权人不再享有债权，债务人也不再承担债务。二是债权的担保及其他从属的权利、义务消灭，如利息债权、担保物权、利息保证物权、违约金债权等于合同消灭时消灭。三是负债字据的返还。四是后合同义务。即合同终止后，当事人还是应当遵循诚实信用原则，根据交易习惯履行通知、协助、保密的义务。五是合同终止不影响合同中结算和清理条款的效力。

二、合同终止的原因

合同终止须基于一定的法律事实，这就是合同终止的原因。根据《合同法》第九十一条规定，引起合同终止的原因有：（1）债务已经按照约定履行；（2）合同解除；（3）债务相互抵消；（4）债务人依法将标的物提存；（5）免除债务；（6）债权债务同归于一人；（7）法律规定或者当事人约定终止的其他情形。其中，合同因得到全面履行而终止是最为正常的终止情形，合同依法律规定或者当事人约定而终止是法律的兜底条款。这里着重介绍合同解除。此外合同的终止还有抵消、提存、免除、混同等情形，相关内容见第四章债权法基本原理。

1. 合同解除的概念与特点

合同的解除有广义与狭义之分。狭义的合同解除是指在合同成立后履行完毕之前，一方当事人基于法律规定或者当事人约定行使解除权，从而使合同关系归于消灭的一种法律行为；广义的合同解除不仅包括狭义的合同解除，还包括协议解除。通常，大陆法系民法采取狭义的合同解除。根据我国《合同法》的规定可知，我国对合同解除采取了广义的概念，包括协议解除、约定解除、法定解除。因此可以这样理解，合同的解除，是指在合同依法成立后而尚未全部履行前，当事人基于法律规定、协商或当事人约定而使合同关系归于消灭的一种法律行为。

合同解除具有以下特点：（1）合同的解除以当事人之间存在有效合同为前提。无效合同、可撤销合同以及效力待定合同不发生合同的解除。（2）合同的解除应具备一定的条件。合同依法成立后，任何一方不得擅自解除，除非具备了合同解除的条件。这个条件可以是当事人约定或协商的，也可以法律规定的。（3）合同解除使合同效力归于消灭。合同解除不仅要具备解除的条件，还需要有当事人的解除行为，即合同不能自动解除。这种解除行为是一种法律行为，可以是单方法律行为，也可以是双方法律行为。

2. 合同解除的种类

（1）协议解除。协议解除是指在合同成立后履行完毕之前，当事人通过协商而解除合同，从而使合同效力归于消灭的行为。《合同法》第九十三条第一款规定：“当事人协商一致，可以解除合同。”协议解除的实质在于，它是当事人通过协商一致而达成一个解除原合同的新合同，这个新的合同又被称为反对合同。这种解除方式在实践中经常用到。

（2）约定解除。约定解除是指在合同成立后履行完毕之前，当事人基于双方事先约定的事由行使解除权，从而使合同效力归于消灭的行为。我国《合同法》第九十三条第二款规定：“当事人可以约定一方解除合同的条件。解除合同的条件成就时，解除权人可以解除合同。”约定解除的实质在于，一旦事先约定的条件成就，当事人就可行使解除权。因此，约定解除为单方解除，此时不需要双方再进行意思表示。

约定解除与协议解除的区别主要体现在两者适用的条件不同：约定解除的条件必须是当事人事先确定的；而协议解除则不需事先约定，往往在出现了当事人不欲使合同继续存在的情形时，基于当事人的合意而解除合同。

（3）法定解除。法定解除是指在合同成立后履行完毕之前，一方当事人基于法律规定的事由行使解除权，从而使合同效力归于消灭的行为。法定解除也是一种单方行为，根据《合同法》第九十四条规定，法律规定的事由有：因不可抗力致使不能实现合同目的；在履行期限届满之前，当事人一方明确表示或者以自己的行为表明不履行主要债务；当事人一方迟延履行主要债务，经催告后在合理期限内仍未履行；当事人一方迟延履行债务或者有其他违约行为致使不能实现合同目的；法律规定的其他情形。

3. 合同解除的程序

根据《合同法》第九十五条与第九十六条规定，行使合同解除权应注意下列事项：

（1）解除权行使期限。法律规定或者当事人约定解除权行使期限，期限届满当事人不行使的，该权利消灭。法律没有规定或者当事人没有约定解除权行使期限，经对方催告后在合理期限内不行使的，该解除权消灭。

（2）行使解除权解除合同，应当通知对方。合同自通知到达对方时解除。法律、行政法规规定解除合同应当办理批准、登记等手续的，应依其规定。

（3）异议期间。当事人对合同解除有异议的，可以请求人民法院或者仲裁机构确认解除合同的效力。如果当事人是在约定的异议期限届满后才提出异议并向人民法院起诉的，人民法院不予支持；如果当事人没有约定异议期间，在解除合同通知到达之日起三个月以后才向人民法院起诉的，人民法院不予支持。

4. 合同解除的效力

合同解除使原合同关系归于消灭。其具体效力体现在：

（1）尚未履行的，合同当事人的债权债务关系消灭。合同解除后，尚未履行的，终止履行。

（2）已经履行的，根据履行情况和合同性质，当事人可以要求恢复原状、采取其他补救措施，并有权要求赔偿损失。这里涉及合同解除是否具有溯及力的问题。学术界对此有不同看法，但通常认为，确定合同有无溯及力，不能一概而论，应从合同的性质、合同的种类、当事人协商的情况、解除是否因违约引起等因素来考虑。一般来说，对于合同的协议解除和约定解除，其有无溯及力是当事人之间的意思自治的问题，若当事人无约定时，应由人民法院或仲裁机构根据具体情况处理；在法定解除的情形，因不可抗力而不能实现合同目的解除合同，原则上无溯及力，除非如此会造成不公正后果；因违约而解除合同，是否有溯及力应具体分析，非继续性合同的解除原则上有溯及力，继续性合同的解除原则上无溯及力①。所谓继续性合同，是指债的内容，非一次给付可完结，而是继续地实现，比如雇佣合同即典型的继续性合同。在该类合同中，时间因素在合同的履行中居于重要的地位，总给付的内容取决于应为给付时间的长短。所谓非继续性合同，是指履行为一次性行为的合同，即一次给付便使合同内容实现的，如买卖、赠与、承揽等合同。

第六节　合同的责任

一、缔约过失责任

（一）缔约过失责任的概念与特征

缔约过失责任，是指在缔约过程中，当事人因自己的过失违反基于诚信原则负有的先合同义务，导致合同不成立，或者合同虽然成立，但不符合法定的生效条件而被确认为无效、可变更或可撤销，并给对方造成损失时所应承担的民事责任。

缔约过失责任的法律特征如下：

（1）法定性。缔约过失责任是基于法律的规定而产生的一种民事责任。依据《合同法》第四十二条、第四十三条规定，只有在符合下列情形下，并给对方造成经济损失的，才应承

① 崔建远：《合同法》，法律出版社2002年版，第207页。

担该责任：假借订立合同，恶意进行磋商；故意隐瞒与订立合同有关的重要事实或者提供虚假情况；泄露或者不正当地适用在订立合同过程中知悉的商业秘密；有其他违背诚信原则的行为。

（2）相对性。缔约过失责任只能发生在缔约阶段，也只能在缔约当事人之间产生。这是该责任与违约责任的一个主要不同之处。

（3）补偿性。缔约过失责任旨在弥补或者补偿因缔约过失行为所造成的财产损害，这是民法意义上的平等、等价原则的具体体现，也是市场交易关系在法律上的内在要求。

（二）缔约过失责任的构成要件

缔约过失责任采取的是过错责任原则，其构成要件主要有：

（1）缔约一方违反先合同义务。所谓“先合同义务”，又称先契约义务或缔约过程中的附随义务，是指自缔约当事人因签订合同而相互磋商，至合同有效成立前，双方当事人基于诚信原则负有的协助、通知、告知、保护、照管、保密、忠实等义务。

（2）违反先合同义务的行为给对方造成了信赖利益的损失。所谓“信赖利益损失”，是指相对方因合理地信赖合同会有效成立却由于合同最终不成立或无效而受到的利益损失。需要注意的是，如果从客观的事实中不能对合同的成立或生效产生信赖的，即使已经支付了大量费用，也不能视为信赖利益的损失，因为这是由于缔约人自己判断失误造成的。

（3）违反先合同义务者主观上存在过错。这里的过错既包括故意也包括过失，但必须是在缔约过程中，违反先合同义务者主观上应具备的条件。

（4）违反先合同义务与对方的损失之间存在因果关系。相对方的信赖利益损失是由行为人的缔约过失行为造成的，而不是其他行为造成的。

（三）缔约过失责任的赔偿范围

我国现行法律对缔约过失责任的赔偿范围未作明确规定，但通常认为，其赔偿范围限于信赖利益的损失，主要体现直接损失与间接损失两部分。一是直接损失，指因为信赖合同成立和生效而支出的各种费用，比如缔约费用、准备履约和实际履行所支付的费用及利息等。二是间接损失，指如果缔约一方能够获得各种机会，而在因另一方的过错导致合同不成立时，这些机会丧失所带来的损失，比如因信赖合同有效成立而放弃获利机会的损失，亦即丧失与第三人另订合同机会所蒙受的损失；因身体受到伤害而减少的误工收入；其他可得利益损失等。

二、违约责任

（一）违约责任的概念和特征

违约责任，又称违反合同的民事责任，是指合同当事人不履行合同义务或者履行合同义务不符合约定时所应承担的民事法律责任。

违约责任的特征如下：

（1）违约责任是一种民事责任。民事责任是指民事主体在民事活动中，因实施民事违法行为或基于法律的特别规定，依据民法所应承担的民事法律后果。违约责任作为一种民事责任，在目的、构成要件、责任形式等方面均有别于其他法律责任。

（2）违约责任是违约方对相对方承担的责任。合同关系的相对性决定了违约责任的相对性，即违约责任是合同当事人之间的民事责任，合同当事人以外的第三人对当事人之间的合同不承担违约责任。

（3）违约责任是履行合同不完全或不履行合同义务而承担的责任。首先，违约责任是违反有效合同的责任。其次，违约责任以当事人不履行或不完全履行合同为条件。

（4）违约责任具有补偿性和一定的任意性。其一，违约责任以补偿守约方因违约行为所受损失为主要目的，以损害赔偿为主要责任形式，故具有补偿性质。其二，违约责任可以由当事人在法律规定的范围内约定，具有一定的任意性。

（5）违约责任是财产责任，不是人身责任。违约责任可以约定（如约定违约金、约定定金），也可以直接适用法律的规定（如支付赔偿金、强制实际履行等）。

（6）违约责任有一定的选择性。违约相对人可以选择违约人承担违约责任的方式，比如违约人违反约定没有完成合同义务，相对人可以在损害赔偿和违约金中选择一项要求违约人承担责任。

（二）违约责任的构成要件

根据《合同法》第一百零七条、第一百一十一条的规定，违约责任的构成要件主要有：

1. 违约行为

违约行为是指合同当事人违反合同义务的行为，即合同当事人不履行合同或履行合同不符合约定，这是承担违约责任的前提条件。

2. 不存在免责事由

如果有法定或约定的免责事由，即使有违约行为也不承担违约责任。确立免责事由，主要基于建立风险合理分配机制及有效防止风险的激励制度[①]。免责事由可以分为法定的免责事由与约定的免责事由。根据《合同法》的相关规定，法定的免责事由有以下几种类型：一是不可抗力，这里的不可抗力，是指不能预见、不能避免、不能克服的客观情况，包括地震、洪水等自然灾害和战争等社会现象；二是债权人有过错。约定的免责事由是由双方当事人事预先在合同中约定的，只要其约定不违反法律、社会公序良俗和《合同法》对免责条款的两项限制，那就可以据此约定免除违约方应承担的违约责任。《合同法》中的两项限制为：提供格式条款一方免除其责任，加重对方责任，排除对方权利的，该条款无效；免除造成对方人身伤害或免除因故意重大过失造成对方财产损失的责任的免责条款无效。

（三）违约行为的形态

违约行为形态，是指违约行为的具体表现形式。根据不同的标准，违约行为可以分为不同的形态。

---

① 李永军：《合同法》，法律出版社2005年版，第758页。

1. 预期违约与实际违约

根据违约发生在合同履行期限届满前还是届满后，违约可以分为预期违约与实际违约。

（1）预期违约，又称先期违约，是指在履行期限到来之前，当事人一方无正当理由以明示或暗示的行为表示在履行期限到来后将不履行合同。《合同法》第一百零八条规定："当事人一方明确表示或者以自己的行为表明不履行合同义务的，对方可以在履行期限届满之前要求其承担违约责任。"对应，预期违约又分为明示预期违约与默示预期违约。需要注意的是，在默示预期违约的构成要件中需要非违约方有确凿的证据证明对方确有违约行为。预期违约制度有利于保护当事人的权益，防止损失进一步扩大。

（2）实际违约，是指在履行期限届满之后，当事人不履行或者不完全履行合同义务。实际违约行为的具体类型有：一是拒绝履行，即不履行。这是指在合同期限到来以后，一方当事人无正当理由拒绝履行合同的全部义务。二是迟延履行。这是指合同当事人的履行违反了履行期限的规定。广义的迟延履行包括债务人的给付迟延和债权人的受领迟延，狭义的迟延履行只是债务人的给付迟延。我国《合同法》采用的是广义的概念。三是不适当履行，即质量有瑕疵的履行。这是指当事人交付的标的物不符合合同规定的质量要求。四是部分履行。这是指合同虽然履行但履行不符合数量的规定，或者履行在数量上存在着不足。五是其他不完全履行的行为，比如在履行地点、履行方法等方面的不适当履行。

2. 根本违约与非根本违约

根据违约行为是否影响到合同目的的实现，违约可以分为根本违约与非根本违约。

（1）根本违约，是指合同当事人不履行合同义务，致使合同目的不能实现。此时非违约方可以解除合同。

（2）非根本违约，是指合同当事人不履行合同义务的行为没有达到合同目的无法实现的程度。此时非违约方不能解除合同。

（四）违约责任的形式

根据《合同法》的相关规定，违约责任的主要形式有：继续履行、违约补救、损害赔偿、违约金。

1. 继续履行

继续履行，又称强制实际履行、依约履行，是指当事人一方不履行合同义务或者履行不符合约定条件时，另一方有权请求法院强制违约方按合同的约定继续履行义务。继续履行是承担违约责任的一种基本方式。

（1）继续履行的适用条件。继续履行作为一种违约责任形式，其适用条件包括：一是应有违约行为的存在；二是非违约方应在合理期限内提出继续履行的请求；三是应依据法律和合同的性质能够履行的，比如提供个人服务的合同、一些基于人身依赖关系而产生的合同（委托合同、信托合同、合伙合同等）就不能适用继续履行的形式；四是实际履行在事实上是可能的和在经济上是合理的[①]。

① 王利明，房绍坤，王轶：《合同法》，中国人民大学出版社 2002 年版，第 280-282 页。

（2）继续履行与损害赔偿的关系。继续履行与损害赔偿这两种违约责任形式可以同时适用，即继续履行仍然不能弥补其他损失的，或者还有其他损失的，对于其他损失仍然需要赔偿。我国《合同法》第一百一十二条规定：“当事人一方履行合同义务或者履行合同义务不符合约定的，在履行义务或者采取补救措施后，对方还有其他损失的，应当赔偿损失。”

2. 违约补救

违约补救有广义与狭义之分，广义的违约补救包括继续履行、损害赔偿、违约金等。这里采用的是狭义的概念，是指履行合同不符合约定，当事人应采取措施予以补救使其尽可能符合约定。

（1）违约补救的具体种类。违约补救常常适用于质量不符合约定的合同。《合同法》第一百一十一条规定：“质量不符合约定的，应当按照当事人的约定承担违约责任。对违约责任没有约定或者约定不明确，依本法第六十一条的规定仍然不能确定的，受损害方根据标的性质以及损失的大小，可以合理选择要求对方承担修理、更换、重作、退货、减少价款或者报酬等违约责任。”

（2）违约补救与损害赔偿的关系。根据《合同法》第一百一十二条的规定，违约补救与损害赔偿这两种违约责任形式可以同时适用，即违约补救仍然不能弥补其他损失的，或者还有其他损失的，对于其他损失仍然需要赔偿。

3. 损害赔偿

损害赔偿，又称违约损害赔偿，是指一方当事人因违约行为而给对方造成损失，应依法和依约赔偿对方当事人所受的损失。

（1）损害赔偿的特点。损害赔偿具有以下特点：一是损害赔偿是因债务人不履行合同义务所产生的责任。二是损害赔偿原则上仅具有补偿性而不具有惩罚性。三是损害赔偿具有一定的任意性。基于合同自由原则，当事人在订立合同时，可以预先约定一方当事人在违约时应向另一方当事人支付的一定的金钱。四是损害赔偿以赔偿当事人实际遭受的全部损失为原则。

（2）损害赔偿的范围与限制。损害赔偿的范围包括实际损失与可得利益损失两部分。实际损失，是指因违约已给对方给造成的现有财产的毁损、灭失、减少和债权人为减少或者消除损害所支出的必要的合理的费用。可得利益，是指合同在履行以后可以实现和取得的利益。可得利益必须是一种通过合同的实际履行才能实现的未来的利益，是当事人订立合同时能够合理预见到的利益。《合同法》第一百一十三条第一款规定：“当事人一方履行合同义务或者履行合同义务不符合约定，给对方造成损失的，损失赔偿额应当相当于因违约所造成的损失，包括合同履行后可以获得的利益，但不得超过违反合同一方订立合同时预见到或者可以预见到的因违反合同可能造成的损失。”

需要注意的是，损害赔偿受到两方面的限制：一是可预见规则的限制。如果损害不可预见，则违约方不应赔偿。采用此限制规则的根本原因在于，只有在交易发生时，订约当事人对其未来的风险和责任可以预见，才能计算其费用和利润，从而正常地进行交易活动。二是减轻损失规则的限制。减轻损失规则，是指在一方违约并造成损失后，另一方应及时采取合理的措施防止损失扩大，否则，无权要求就扩大部分的损失要求违约方赔偿。这一点在《合同法》第一百一十九条中予以了规定。受害人为防止损失扩大需要支付一定费用的，该费用由违约方承担。

4. 违约金

违约金，是指当事人通过协商预先确定的，在违约发生后作出的独立于履行行为以外的给付。《合同法》第一百一十四条第一款规定："当事人可以约定一方违约时应当根据违约情况向对方支付一定数额的违约金。"

（1）违约金的种类。违约金根据其性质的不同可以分为惩罚性违约金与补偿性违约金两种。惩罚性违约金，是指违约金具有惩罚性质，当一方的违约行为未给对方造成损失时，或者约定违约金的数额大于损失额时，此时的违约金即具有一定的惩罚性质。补偿性违约金，又称赔偿性违约金，具有赔偿损失的性质，当一方的违约行为给对方造成了损失，并且损失大于或者等于违约金时，此时的违约金即具有补偿性质。我国《合同法》更注重强调后者，虽然违约金的约定属于合同自由的范围，但这种自由要受到国家干预的限制。

《合同法》第一百一十四条第二款规定："约定的违约金低于造成的损失，当事人可以请求人民法院或者仲裁机构予以增加；如果约定的违约金过分高于造成的损失的，当事人可以请求人民法院或者仲裁机构予以适当减少。"值得注意的是，当事人请求人民法院增加违约金的，增加后的违约金数额以不超过实际损失额为限。增加违约金以后，当事人又请求对方赔偿损失的，人民法院不予支持。当事人主张约定的违约金过高请求予以适当减少的，人民法院应当以实际损失为基础，兼顾合同的履行情况、当事人的过错程度以及预期利益等综合因素，根据公平原则和诚实信用原则予以衡量，并作出裁决。

（2）违约金与其他责任形式的关系。一是违约金与继续履行可以同时适用。在实践中，违约金的支付是独立于履行之外的，如果没有特别约定当事人不得在支付违约金后免除履行主债务的义务，则债务人不得以支付违约金完全代替继续履行。《合同法》第一百一十四条第三款规定："当事人就迟延履行约定的违约金的，违约方支付违约金后，还应当履行债务。"二是违约金与损害赔偿不能同时适用。通常，违约金为约定，赔偿金为法定，根据民法意思自治原则，约定优先，因此当事人之间只要约定了违约金，就应当优先适用，但同时也要满足前述《合同法》第一百一十四条第二款的限制。三是违约金与定金只能选择适用其一。即当事人既约定违约金又约定定金的，一方违约时，对方可以选择适用违约金或者定金条款。

（五）违约责任与侵权责任竞合

1. 责任竞合的概念

责任竞合，是指由于某种法律事实的出现而导致两种以上的责任产生，这些责任彼此之间是相互冲突的。在民法中，责任竞合主要表现在违约责任与侵权责任的竞合。比如一方当事人不履行合同义务构成了违约，同时该违约行为侵害了对方当事人债权之外的人身、财产权益，此时就构成了违约责任与侵权责任的竞合。

2. 违约责任与侵权责任竞合的处理原则

根据《合同法》第一百二十二条规定，在发生违约责任与侵权责任竞合的情况下，受损害方可以选择其中一种责任要求对方承担。比如某人在商场购买了电冰箱，在使用时发生漏电引起人身伤害，受害人既可以依据合同法的规定追究其违约责任，也可以依据产品质量法或消费者权益保护法追究其侵权责任。也就是说，受害人可以从最有效地保护自己合法权益的角度出发来选择对自己最有利的责任方式，但两种责任只能择一适用，不能同时并存。

【课后习题】

1. 下列情形中属于效力待定合同的有（　　）。

A. 10 周岁的少年出售劳力士金表给 40 岁的李某

B. 5 周岁的儿童因发明创造而接受奖金

C. 成年人甲误将本为复制品的油画当成真品购买

D. 出租车司机借抢救重病人急需租车之机将车价提高 10 倍

2. 某商店橱窗内展示的衣服上标明“正在出售”，并且标示了价格，则“正在出售”的标示视为（　　）。

A. 要约　　B. 承诺　　C. 要约邀请　　D. 既是要约又是承诺

3. 甲公司与乙公司签订买卖合同。合同约定甲公司先交货。交货前夕，甲公司派人调查乙公司的偿债能力，有确切材料证明乙公司负债累累，根本不能按时支付货款。甲公司遂暂时不向乙公司交货。甲公司的行为是（　　）。

A. 违约行为　　B. 行使同时履行抗辩权

C. 行使先诉抗辩权　　D. 行使不安抗辩权

4. 甲与乙订立了合同，约定由丙向甲履行债务，现丙履行的行为不符合合同的约定，甲有权请（　　）。

A. 丙承担违约责任　　B. 乙承担违约责任

C. 乙和丙承担违约责任　　D. 乙或者丙承担违约责任

5. 甲收藏唐伯虎名画一幅，价值约 10 万元，甲的其他财产价值为 10 万元。甲因生意失败欠下外债 60 万元。一日，甲将唐伯虎的画作价 1 万元卖给从香港回来的表弟乙，则下列表述正确的是（　　）。

A. 若乙不知甲欠巨额外债，则甲的债权人只能行使代位权

B. 只有在乙明知此买卖有害于债权人的债权的情况下，债权人才可行使代位权

C. 不管乙是否知道此买卖有害于债权人的债权，债权人均可行使撤销权

D. 若乙明知此买卖有害于债权人的债权，则债权人可行使撤销权

【参考答案】

1.A　　2.A　　3.D　　4.B　　5.D

第六章　企业与公司法律制度

案例

甲、乙、丙、丁、戊五人计划共同组建一个从事商品批发业务的有限公司，五人共同拟订一发起人出资协议，协议约定：（1）甲、乙各以 6 万元现金出资；丙以一辆汽车三年的使用权出资，约定汽车的价值为 6 万元；丁以劳务出资，约定劳务价值 12 万元；戊以对五间门面三年的承租权出资，约定承租权价值 6 万元。（2）领取营业执照之日起一年后，甲、乙二人抽回出资；（3）公司成立之日起三年后公司应当靠积累资金租门面，买汽车，届时丙将抽走作为出资的汽车，戊将抽走门面；（4）丁担任公司执行董事兼总经理、监事，全面负责经营活动。

请问：这份发起人协议有无不合法之处？为什么？

第一节　企业法概述

一、企业的含义和类型

在我国，民事主体可以分为自然人主体、经济个人主体和社会组织主体。自然人主体即自然人，经济个人主体包括个体工商户和个人合伙，而社会组织主体有国家、国家机关、事业单位、社会团体、企业、民办非企业组织、农村经济组织、业主委员会等。企业是社会组织主体的一种，它是社会化生产规模达到一定程度时的必然产物，在当前，企业是世界各国物质资料生产和商业服务的基本组织形式。

（一）企业的含义和特点

企业是指依法成立的，自主经营、自负盈亏、独立核算，从事商品经营或者商业服务活动的营利性经济组织。与其他民事主体主体相比，企业有如下特点：

（1）企业是依法成立的经济组织。设立企业需要具备法定条件，并依照法定程序，经工商行政管理部门注册登记，核发营业执照。在我国，发起人不得自由设立企业。

（2）企业是营利性经济组织。一方面，企业仅在商品的生产、交换、分配、消费领域和商业服务领域从事经营活动，非经济领域从事活动的社会组织不得注册为企业。另一方面，在市场经济条件下，企业是按照资本追逐利润的本性设立的，以营利为经营目标的社会组织。

（3）企业是具有法律主体资格的经济组织。在我国，企业自取得营业执照之日起到注销营业执照之日止，既是民事主体和经济主体，同时又是行政主体和刑事主体。

（4）企业是自主经营、自负盈亏、独立核算的经济组织。在我国法律体系中，企业不是某个组织的内部机构，而应当是拥有法律规定的经营自主权，自行承担营利和亏损后果，对资本的运营自行核算的社会组织。实际上，按照“谁投资，谁决策，谁受益”的原则，企业自然要受到包括母公司在内的投资人控制，投资人作为企业内部决策者，控制企业的经营活动，帮助企业应对亏损，或者接管企业财务，也属于企业自主经营、自负盈亏、独立核算。

（二）企业的类型

按照不同的分类标准，可以对企业作不同的分类。按照所属经济行业不同，可以将企业分为工业企业、农业企业、商业企业、金融企业、运输企业等；按照资本的所有人不同，可以将企业分为国有企业、城镇集体企业、乡村集体企业、私营企业、外商投资企业、股份制企业等；按照投资人对企业债务承担责任的形式不同，可以将企业分为独资企业、合伙企业、公司等；按照企业规模不同，可以将企业分为特大型企业、大型企业、中型企业、小型企业等；按企业生产力要素的配制比例不同，可以将企业分为技术密集性企业、劳动力密集性企业、知识密集性企业等；按照企业的经营机制不同，可以将企业分为集权制企业、他权制企业、股份制企业、民主制企业、合伙制企业；在 20 世纪 80 年代，国家曾经按产品质量指标和物质消耗指标不同，将国有企业分为国家特级企业、国家一级企业、国家二级企业、省级先进企业。

在我国企业法体系中，一般按照企业形式立法，对一种形式的企业，制定一部法律或者行政法规，而企业形式的划分标准有企业的所有制形式、企业的资本构成、投资人对企业债务承担责任的形式、企业的经营机制等。目前我国法律确认的企业形式有如下十类：

1. 国有企业

国有企业是国家授权的投资机构、国有企业、事业单位、社会团体使用国有资产投资设立或者收购的企业，原来是事业单位或者社会团体，改为企业化经营，且国家不再核拨经费或者核拨部分经费的单位以及从事生产经营活动的组织。国有企业的资产归国家所有，国务院行使所有人的权利，相关的投资部门、投资机构、国家机关、国有企业、事业单位、社会团体行使投资人的权利。国家和投资人均对国有企业债务承担有限责任。在中央明确股份制是公有制的实现形式后，原有国有企业大多进行了股份制改制，在企业形式上改为公司，本书所称国有企业仅指未改制为公司的国有企业。

2. 城镇集体所有制企业

城镇集体企业是一定范围内的城镇人员通过各种方式投资设立的，资产归一定范围内的劳动群众集体所有，投资人对企业债务承担有限责任的企业。集体所有制企业属于公有制经济实体，不同于共有制。目前大多数城镇集体所有制企业也进行了改制，改为公司形式。

3. 乡村集体所有制企业

乡村集体所有制企业是由农村经济组织出资举办，资产归农村集体经济组织的全部农民集体所有，投资人对法人企业债务承担有限责任，对非法人企业债务承担无限责任的企业。

4. 个人独资企业

个人独资企业是一个中国自然人投资设立，投资人对企业债务承担无限责任的企业。

5. 合伙企业

合伙企业是两个以上中国自然人或者社会组织共同投资举办，合伙经营，至少有一个投资人对企业债务承担无限连带责任的企业。按照我国《合伙企业法》的规定，合伙企业分为普通合伙企业、特殊的普通合伙企业、有限合伙企业三类，普通合伙企业的全部投资人对企业债务均承担无限连带责任；以专业知识和专门技能为客户提供有偿服务的机构可以注册为特殊的普通合伙企业，一个或者数个合伙人在执业活动中因故意或者重大过失造成合伙企业债务的，应当承担无限责任或者无限连带责任，其他合伙人以其在合伙企业中的财产份额为限承担责任，合伙人在执业活动中非因故意或者重大过失造成的合伙企业债务以及合伙企业的其他债务，由全体合伙人承担无限连带责任；有限合伙企业是由两个以上五十个以下合伙人设立的，至少有一个普通合伙人，普通合伙人对企业债务承担无限连带责任，普通合伙人以外的合伙人对企业债务承担有限责任的企业。

6. 公司

公司是股东投资设立，实行股份制的企业。按照我国《公司法》规定，股东可以投资举办有限责任公司和股份有限公司。有限责任公司是两名以上五十名以下的股东投资设立，实行股份制，但不能发行股票融资，股东对公司债务承担有限责任的公司。一人有限责任公司和国有独资有限责任公司的股东仅有一人，是有限责任公司的特殊形式。股份有限公司是两名以上两百名以下的发起人发起设立，全部资产都划分为等额股份，股东以其认购的股份为限对公司债务承担责任的公司。股份有限公司可以发行股票募集资本，股份有限公司发行的股票依法在证券交易所集中竞价交易的，该公司即上市公司。

7. 农民专业合作社

农民专业合作社是在农村家庭承包经营的基础上，同类农产品的生产经营者或者同类农业生产经营服务的提供者、利用者，自愿联合、民主管理，投资人对企业债务承担有限责任的互助性企业。

8. 中外合资经营企业

中外合资经营企业是指外国企业、其他经济组织或者个人依照我国法律规定在我国境内同中国企业或者其他经济组织共同出资设立的有限责任公司。

9. 中外合作经营企业

中外合作经营企业是中国的企业或者其他经济组织与外国的企业、其他经济组织或者个人在中国境内共同举办的合伙企业。

10. 外资企业

外资企业是指外国企业、其他经济组织或者个人依照我国法律规定在中国境内设立的，资本由外国投资者所有的企业。外国投资者可以在我国投资设立外资独资企业、外资合伙企业和外资有限责任公司。

二、企业法在我国法律体系中的地位

在大陆法系民商分立的国家中，私有制经济居主导地位，企业投资人之间的关系和企业内部的管理关系被认为是私人之间关系，故对这些社会关系用民商法进行调整，企业法在法律体系中一般被列入商法，作为商事主体法的重要组成部分。

在20世纪20年代末期，中华民国立法院拟制定民法典时，时任立法院院长的胡汉民建议民商合一，民法典之外不再制定商法典，对商事关系通过制定民事特别法的方式立法。自此以后，在中国法律体系中一直坚持民商合一，第二层次部门法中没有商法。目前，公有制经济居主导地位的社会主义市场经济制度已经确立。一方面，公有制企业和有公有资产的企业中，投资人之间的关系、用人单位和劳动者之间的关系不属于私人关系，另一方面，在垄断化程度不断提高的情况下，国民经济发展的核心问题是通过政府干预解决资源配置、社会公平的问题，企业投资人之间的关系、企业内部的管理关系等社会关系不适合用具有私法性质的商法来调整。我们认为，针对中国的特殊情况，调整企业投资人之间的关系和企业内部的管理关系的企业法在法律体系中列入具有国家干预性质，又不同于公法的经济法部门比较合理，可以在经济法部门中单列经济主体法，将企业法作为经济主体法的主要组成部分。

三、企业法的含义和调整对象

企业法是调整企业管理关系以及与企业管理关系密切联系的经济协作关系的法律规范的总称。企业管理关系具体包括政府的企业主管部门与企业发起人、企业之间的管理关系，企业投资人与企业之间的管理关系，企业内部的管理关系等。

我国企业法调整下列社会关系：

（1）企业取得、变更、终止其法律主体资格的过程中发生的国家与企业发起人、企业之间的管理关系。

设立企业的，发起人在具备法定条件的情况下，一般需要依法向政府主管部门申请审批，并在获得批准后，向工商行政主管部门申请注册登记，领取营业执照。企业变更注册登记事项的，在具备法定条件的情况下，需要向工商行政主管部门申请变更登记。企业作组织变更的，如合并和分离，一般也需要依法向政府主管部门申请审批，获得批准后，向工商行政主管部门申请办理注销登记、变更登记或者注册登记。企业终止的，需要依据终止文件向工商行政主管部门申请办理注销登记。企业取得、变更、终止其法律主体资格的过程中发生的国家与企业发起人、企业之间的管理关系均由企业法调整。

（2）企业存续、变更、终止过程中发生的企业和投资人之间的管理关系。

按照“谁投资，谁决策，谁受益”的原则，在企业存续、变更、终止过程中，投资人对企业的运行及经营活动具有决策权，在投资人对企业行使决策权过程中发生的管理关系均由企业法调整。在一个资本体系中，母公司因行使投资人的决策权而与子公司发生的管理关系，应由企业法调整。

（3）企业就生产经营问题和内部运作问题在管理内部组织和员工过程中发生的管理关系。

企业内部的运作和生产经营活动是靠命令和服从来维持的，企业内部的管理关系，只要与内部运作和生产经营活动有关，则由企业法调整，与内部运作和生产经营活动无关的关系，如劳动者的社会保险问题、劳动者加班加点的报酬支付问题、工会问题等，分别由社会保障法、劳动法、工会法等部门法调整。

（4）与企业管理关系密切联系的经济协作关系。

除了企业管理关系外，还有一些与企业管理关系密切联系的、类似民事关系的社会关系，如股东之间关系、合伙人之间的关系、企业承包关系、企业租赁关系、企业内部组织之间的协作合同关系等均涉及企业运行和管理，也由企业法调整。

四、我国的企业法体系

我国主要按照企业形式的不同来立法，对每一种企业形式，制定一部法律或者行政法规予以确认和规范，而没有一部叫“中华人民共和国企业法”的法律文件。改革开放以后，全国人大及其常委会先后制定了《全民所有制工业企业法》《中外合资经营企业法》《中外合作经营企业法》《外资企业法》《个人独资企业法》《合伙企业法》《公司法》《农民专业合作社法》等法律文件。国务院制定了《乡村集体所有制企业条例》《城镇集体所有制企业条例》等行政法规。这些法律文件都是确认和规范一类形式企业的基本法律文件。

另外，为促进某一区域或者某一特点的企业发展，我国立法机关也制定了一些特定区域企业特别法或者特定特点企业特别法。针对特定区域制定的企业法律文件，如全国人大常委会制定的《乡镇企业法》，针对特定特点企业制定的法律文件如《私营企业暂行条例》《中小企业促进法》，这些法律文件也是企业法的组成部分。需要说明的是，乡镇企业、私营企业、中小企业等不是单独的企业形式，而是具有特定特点的众多类型企业的总称。

有时国家也为规范企业运行的某个环节单独立法。如《企业破产法》是规范企业破产还债程序的基本法律文件，也是企业法的组成部分。

对特定经济行业制定基本法时，也有规范该行业企业的法律规范包含在行业基本法中，我国《银行法》《保险法》《证券法》《广告法》等行业基本法律中有关企业管理的法律规范也是企业法的组成部分。

我国的企业法体系除了包括上述法律法规外，还有其他调整企业管理关系以及与企业管理关系密切联系的协作关系的行政法规、部门规章、地方性法规、地方政府规章。

我国针对企业的改革方向，主要是：国家按照投资人对企业债务承担责任的形式来划分企业，投资人则按照企业需要的规模和融资方式来选择企业形式。实际上，个人独资企业、合伙企业和公司三种企业形式可以作为私有制企业的实现形式，合伙企业和公司可以作为公有制的实现形式，现在，众多的企业投资者选择个人独资企业、合伙企业或者公司作为企业形式，故目前国家立法的重点是进一步完善独资企业法、合伙企业法和公司法。

第二节 个人独资企业法

一、个人独资企业概述

个人独资企业，是一个中国自然人依据《个人独资企业法》在中国境内投资设立，财产为投资人个人所有，投资人以其个人财产对企业债务承担无限责任的企业。

个人独资企业有如下特点：（1）个人独资企业的投资主体只能是一个中国自然人。我国《个人独资企业法》对个人独资企业的投资人限定在一个中国自然人的范围内。非自然人的单位不能投资举办个人独资企业，投资人只能是一个人。外国公民和无国籍人在我国投资举办外商独资企业的，应适用《外资企业法》。（2）个人独资企业资产归投资人个人所有。（3）个人独资企业由投资者个人控制。（4）个人独资企业利润归投资者个人所有。（5）对个人独资企业债务，由投资者承担无限责任。个人独资企业可以是个人经营，也可以是家庭经营，对企业债务，个人经营的以个人财产承担无限责任，家庭经营的以家庭共有财产承担无限责任。另外，为了督促公民、法人按照无限责任规则行使债权，我国《个人独资企业法》第二十八条规定：“个人独资企业解散后，原投资人对个人独资企业存续期间的债务仍应承担偿还责任，但债权人在五年内未向债务人提出偿债请求的，该责任消灭。”

二、个人独资企业的设立

设立个人独资企业的，应当具备下列条件：（1）投资人为一个中国自然人。（2）有合法的企业名称。个人独资企业的名称应由所在地区及主管部门级别、字号、主营业务、组织形式等四个要素依次排列组成，在正式注册登记前，投资人应向工商行政管理部门申请企业名称预先核准。（3）有投资人申报的出资。对个人独资企业，法律中未规定最低注册资本限额，也未要求对投资人评估作价出资。（4）有固定的生产经营场所和必要的生产经营条件。（5）有必要的从业人员。

对于行业经济法未规定审批的个人独资企业，依准则主义原则设立，对行业经济法规定应审批的企业，按照“先照后证”规定，可以在注册登记成立后向行业主管部门申请审批。

设立个人独资企业的，可以按照下列程序办理：

首先，由投资人向住所地工商行政管理部门提交企业名称预先核准申请书、投资人身份证明，申请企业名称预先核准，取得企业名称预先核准通知书。

其次，向住所地工商行政管理部门提交个人独资企业设立申请书、企业名称预先核准通知书、投资人的身份证明、企业住所证明材料以及工商行政管理部门要求提交的其他文件，申请注册登记。工商行政管理部门应当在收到设立申请文件之日起十五日内做出是否登记的决定，准予登记的，发给营业执照，营业执照的签发日期，为个人独资企业成立日期。

三、个人独资企业的运行

个人独资企业由投资人行使决策权，经营利润全部归投资人所有，对于企业债务，由投资人承担无限连带责任。

投资人可以直接管理个人独资企业，也可以委托他人经营，或者聘用管理人员经营。委托他人经营的，应订立书面委托合同，聘用人员管理的，应订立书面聘用合同，并在合同中明确授权。投资人对受托人或受聘管理人员职权的限制，不得对抗善意的第三人。

第三节　合伙企业法

一、合伙企业概述

合伙企业是合伙人依照法定条件和程序，在中国境内设立的，合伙人共同出资、合伙经营、共享营利、共担风险，并对企业债务承担无限连带责任或者有限责任的企业。

第八届全国人大常委会于 1997 年通过了《合伙企业法》，按照这部法律规定，合伙企业的合伙人只能是自然人，且合伙人对企业债务一律承担无限连带责任。2006 年，第十届全国人大常委会按照国际上通行的做法对《合伙企业法》作了全面修订，按照新修订的《合伙企业法》规定，合伙企业的合伙人不限于自然人，合伙人可以注册普通合伙企业、特殊的普通合伙企业或者有限合伙企业，合伙人对企业债务承担责任的形式除无限连带责任外，又出现了特殊的无限连带责任和有限责任。因此，现在的合伙企业有普通合伙企业、特殊的普通合伙企业、有限合伙企业等三种具体的企业形式。

二、普通合伙企业概述

（一）普通合伙企业的概念和特点

普通合伙企业是指合伙人依照法定条件和程序，在中国境内设立的，合伙人共同出资、合伙经营、共享营利、共担风险，并对企业债务承担无限连带责任的企业。普通合伙企业有如下特点：

（1）有两个或者两个以上的合伙人共同投资。合伙人为自然人的，应当具有完全民事行为能力，党政机关公务人员不得成为合伙人。国有独资公司、国有企业、上市公司以及公益性的事业单位、社会团体不得成为普通合伙人。

（2）普通合伙企业由合伙人合伙经营。合伙人应当订立书面的合伙协议，并按照合伙协议约定行使决策权、分享利润、分担亏损、处理合伙企业的其他事务。

（3）普通合伙企业财产归合伙人共有。合伙人投资形成的财产、营业利润、企业投资收益、企业经营中形成的财产都是合伙人的共有财产，对共有财产的处置应遵守我国《民法通则》规定的共有法律规则。

（4）合伙人对企业债务承担无限连带责任。

（二）普通合伙企业的设立

设立合伙企业的，应当具备下列条件：

（1）有两个以上合伙人。

（2）合伙人订立了书面的合伙协议。合伙协议一般应约定合伙企业的名称、主要经营场所的地点、合伙目的与经营范围、合伙人姓名或者名称及住所、合伙人出资方式、数额和缴付出资的期限、利润分配和亏损承担方法、合伙企业事务的执行、入伙与退伙、合伙企业的解散与清算、违约责任以及合伙人认为应当约定的其他事项。合伙协议一旦生效，合伙人一律按照合伙协议约定行使权利、承担责任。

（3）有合伙人实际交付的出资。合伙人的出资方式包括货币、实物、土地使用权、知识产权、其他财产权利、劳务、信用等。合伙人可以对出资评估作价，也可以不评估作价，约定评估的，经合伙人协商一致确定，可以委托法定验资机构评估作价，也可以由合伙人自己评估，自己评估的，评估办法由合伙人协商确定。设立合伙企业的，没有最低注册资本要求。

（4）有合法的企业名称。普通合伙企业名称应由所在地区及主管部门级别、字号、主营业务、合伙人对企业债务承担责任的形式、组织形式等五个要素依次排列组成，其中合伙人对企业债务承担责任的形式一律表述为“普通合伙”。在正式注册登记前，合伙人应向工商行政管理部门申请企业名称预先核准。

（5）有经营场所与从事合伙经营的必要条件。对于行业经济法未规定审批的合伙企业，依准则主义原则设立，对行业经济法规定应审批的企业，按照“先照后证”规定，可以在注册登记成立后向行业主管部门申请审批。

设立合伙企业的，可以按照下列程序办理：

首先，由合伙人向住所地工商行政管理部门提交企业名称预先核准申请书、合伙人身份证明和合伙协议，申请企业名称预先核准，取得企业名称预先核准通知书。

其次，合伙人交付出资，并取得或者制作出资权属证明。

再次，向住所地工商行政管理部门提交普通合伙企业设立申请书、企业名称预先核准通知书、合伙人的身份证明、企业住所证明材料、合伙协议、出资权属证明以及工商行政管理部门要求提交的其他材料，申请注册登记。工商行政管理部门应当在收到设立申请文件之日起二十日内作出是否登记的决定，准予登记的，发给营业执照，营业执照的签发日期为普通合伙企业成立日期。

（三）普通合伙企业事务的执行

对合伙企业的一般事务，合伙人可以在合伙协议中约定执行模式，可以约定由合伙人共同决定，可以约定合伙人民主表决决定，可以约定由合伙人委托一名或数名合伙执行人决定，还可以约定由合伙人分别决定不同的事务。合伙协议未约定或者约定不明确的，实行合伙人一人一票并经全体合伙人过半数通过的表决办法决定合伙企业的一般事务。合伙企业对合伙人执行企业事务以及对外代表企业权利的限制，不得对抗不知情的善意第三人。

法律规定或者合伙人约定的应通过一致同意、一票否决的方式决定的事务属于合伙企业

的重大事务，重大事务应通过合伙人一致同意、一票否决的方式决定。按照我国《合伙企业法》规定，改变合伙企业的名称、改变合伙企业的经营范围或者主要经营场所的地点、处分合伙企业的不动产、处分合伙企业的知识产权和其他财产权利、以合伙企业名义为他人提供担保、聘任合伙人以外的人担任合伙企业的经营管理人员属于法定的重大事务，应通过合伙人一致同意、一票否决的方式决定。

（四）普通合伙企业对外债务的处理

对合伙企业的对外债务，首先应以合伙企业的全部财产来清偿，对企业财产不足以清偿的部分，才由合伙人以个人财产承担无限连带清偿责任。少数合伙人偿还了债务后，承担了无限连带责任的合伙人可以向没有承担清偿义务的合伙人追偿。在合伙人内部，对企业债务应按合伙协议约定的比例分担，没有约定的，可以由合伙人再协商确定；协商达不成协议的，合伙人平均分担企业债务中企业财产不足以清偿的部分。

在没有人民法院强制执行的情况下，不能用合伙企业的财产偿还合伙人个人的债务。合伙人的个人的债权人不得以其债权抵消合伙企业的权利。合伙人个人负债时，其债权人不得行使该合伙人在合伙企业中的权利。合伙人个人财产不足以清偿个人债务时，其债权人未经法院强制执行，不得分走合伙人在合伙企业中的财产份额，但是，人民法院可以强制执行合伙人在合伙企业中的财产份额，用于偿还合伙人个人的债务。

（五）入伙与退伙

新合伙人入伙，除合伙协议另有约定外，应当经全体合伙人一致同意，并依法订立书面入伙协议。原合伙人应对新合伙人如实告知企业的经营状况和财务状况。原合伙人与新合伙人享有同等的权利、承担同等的责任。新合伙人对入伙前形成的合伙企业债务应承担无限连带清偿责任。

合伙协议约定了经营期限的，出现合伙协议的约定的退伙事由，或者全体合伙人同意某个合伙人退伙，或者出现合伙人难以继续参加合伙企业的事由，或者其他合伙人严重违反合伙协议约定的义务的，合伙人可以退伙。合伙协议没有约定经营期限的，只要退伙不对合伙事务的执行造成不利影响，合伙人可以自愿退伙。

合伙人死亡，或者被依法宣告为无民事行为能力人，或者个人丧失偿债能力，或者被人民法院强制执行在合伙企业中的全部财产份额的，合伙人自然退伙。合伙人被依法认定为无民事行为能力人或者限制民事行为能力人的，经其他合伙人一致同意，可以依法转为有限合伙人，普通合伙企业依法转为有限合伙企业。其他合伙人未能一致同意的，该无民事行为能力或者限制民事行为能力的合伙人退伙。

合伙人未履行出资义务，或因故意或重大过失给合伙企业造成经济损失，或在执行合伙事务时有不正当的行为，或出现合伙协议约定除名的其他相关事由的，经其他合伙人一致同意后，可以对犯了错误的合伙人除名，被除名的合伙人人对除名决议有异议的，可以自接到除名通知之日起三十日内，向人民法院起诉。

合伙人对退伙之前发生的合伙企业的债务和基于其退伙前的原因发生的合伙企业债务，承担无限连带责任。对退伙后企业的债务，不承担责任。

合伙人退伙时，有足够的净资产的，合伙人有权分走自己的财产份额。合伙人退伙时，合伙企业财产少于合伙企业债务的，退伙人应当依照合伙协议约定比例分担亏损。

三、特殊的普通合伙企业概述

特殊的普通合伙企业是指以合伙人的专业知识和专门技能为客户提供有偿服务的，以合伙人在执业活动中的过错程度来确定合伙人责任的专业服务机构。一个合伙人或者数个合伙人在执业活动中因故意或者重大过失造成合伙企业债务的，应当承担无限责任或者无限连带责任，其他合伙人以其在合伙企业中的财产份额为限承担责任。合伙人在执业活动中非因故意或者重大过失造成的合伙企业债务以及合伙企业的其他债务，由全体合伙人承担无限连带责任。特殊的普通合伙企业名称中应当标明“特殊普通合伙”字样。

合伙人执业活动中因故意或者重大过失造成的合伙企业债务，以合伙企业财产对外承担责任后，该合伙人应当按照合伙协议的约定对给合伙企业造成的损失承担赔偿责任。

特殊的普通合伙企业应当建立执业风险基金、办理职业保险。执业风险基金应当单独立户管理，用于偿付合伙人执业活动造成的债务。

四、有限合伙企业概述

有限合伙企业是由两个以上五十个以下合伙人设立的，至少有一个普通合伙人，普通合伙人以外的合伙人对企业债务承担有限责任的企业。有限合伙企业名称中应当标明“有限合伙”字样。

有限合伙企业的合伙协议应当约定：普通合伙人和有限合伙人的姓名或者名称与住所、执行事务合伙人应具备的条件和选择程序，执行事务合伙人权限与违约处理办法，执行事务合伙人的除名条件和更换程序，有限合伙人入伙、退伙的条件、程序以及相关责任，有限合伙人和普通合伙人相互转变程序。

企业由普通合伙人执行合伙事务，有限合伙人不执行合伙事务，不得对外代表有限合伙企业，因此有限合伙人不得以劳务出资。有限合伙人可以参与决定普通合伙人入伙与退伙，可以对企业的经营管理提出建议，可以参与选择承办有限合伙企业审计业务的会计师事务所，可以获取经审计的有限合伙企业财务会计报告，对涉及自身利益的情况，有限合伙人可以查阅有限合伙企业财务会计账簿等财务资料，在有限合伙企业中的利益受到侵害时，有限合伙人可以向有责任的合伙人主张权利或者提起诉讼，执行事务合伙人怠于行使权利时，有限合伙人可以督促其行使权利或者为了本企业的利益以自己的名义提起诉讼，有限合伙人也可以依法为本企业提供担保。

有限合伙企业不得将全部利润分配给部分合伙人，有限合伙人可以同本有限合伙企业进行交易，可以自营或者同他人合作经营与本有限合伙企业相竞争的业务，可以将其在有限合伙企业中的财产份额出质，可以向合伙人以外的人转让其在有限合伙企业中的财产份额，但是合伙协议另有约定的除外。

有限合伙企业的合伙人之间可以相互转让出资，合伙人也可以退伙，如果有限合伙企业仅剩有限合伙人，则应当解散；如果有限合伙企业仅剩普通合伙人的，则应转为普通合伙企业。

作为有限合伙人的自然人在有限合伙企业存续期间丧失民事行为能力的，其他合伙人不得因此要求其退伙。作为有限合伙人的自然人死亡、被依法宣告死亡或者作为有限合伙人的法人及其他组织终止时，其继承人或者权利承受人可以依法取得该有限合伙人在有限合伙企业中的资格。

有限合伙人退伙后，对基于其退伙前的原因发生的有限合伙企业债务，以其退伙时从有限合伙企业中取回的财产承担责任。

除合伙协议另有约定外，普通合伙人转变为有限合伙人，或者有限合伙人转变为普通合伙人，应当经全体合伙人一致同意。有限合伙人转变为普通合伙人的，对其作为有限合伙人期间有限合伙企业发生的债务承担无限连带责任。普通合伙人转变为有限合伙人的，对其作为普通合伙人期间合伙企业发生的债务承担无限连带责任。

第四节　公司法

一、公司概述

（一）公司的含义

公司是股东以营利为目的、按照法定的条件和程序投资设立的股份制企业法人。公司与其他企业相比，有如下特点：

1. 公司实行股份制

公司股东会是公司的最高权力机构，股东会对公司重大问题行使决策权，股东在股东会上按出资比例行使表决权，股东会以表决权过半数的方式决定公司重大问题。公司的可分配利润一般按照出资比例在股东中分配。在我国，公司股东对公司债务均承担有限责任，实际上，公司股东对公司债务也是按照出资比例来承担责任。这种出资人完全按照出资比例行使决策权、分享利润、承担责任的企业运行机制，即股份制。实行股份制是公司不同于其他企业的最突出的特点。原国有企业、集体企业改制为公司之后，公司的所有重大问题均由股东会决定，有利于摆脱公有制企业政企职责不分的旧框架，另外，公有股份居主体地位，公司领导人和职工也有部分股份，加上公司有独立于董事会的专门监督机构监督，既有利于将国家利益、集体利益、公司领导人和职工利益捆绑在一起，调动各方积极性，也有利于中小股东和监事会监督经营活动，防止公司领导人腐败。

2. 公司具有集合性

公司一般是两个以上股东共同投资设立的企业，而凡是有投资权的一切单位和个人均可以向公司投资，成为公司股东，故公司既是财产的集合体，也是人的集合体，在吸引投资方面，公司与其他企业形式相比，有明显的优势。但是，一人有限公司和国有独资有限公司不具有集合性。

3. 公司有突出的营利性

所有企业都是依靠资本的营利性带动经济发展的经济组织形式，故所有企业均具有营利性。但与其他企业不同的是，公司若盈利少或者无盈利容易引起股东会股权结构的变动，从而引起董事会构成的变化，对本身具有开放性的上市公司来说，盈利少或者无盈利的状况容易引起股票价格大幅下跌，从而形成被他人收购的危险，甚至会形成"兵败如山倒"的局面。故与其他企业相比，公司的营利性更加突出。

4. 公司具有较强的独立性

个人独资企业的投资人可以抽回部分或者全部出资，合伙企业的合伙人可以依约定退伙，但公司股东一旦入股就不能退股，其出资在符合法定条件时可以转让，不过中小公司的出资转让并非易事，故公司资产与股东个人财产有明确的区分，公司法人财产权实际上具有所有权的全部权能，而股东的股权已经与所有权完全不同。对出资人而言，公司是具有突出的独立性的企业形式。

5. 公司是一种标准的企业形式

在公司的组织机构、公司运行、公司融资、股权转让等方面，世界各国法律有大量相同的规定，而且相同的方面都是事关公司重大问题的规定。故与其他企业相比，公司是一种标准的企业。

6. 大公司具有较强的市场适应性

股份有限公司公开发行股票时，影响公司发展的市场需求等要素集中反映在股票发行的行情上，股票上市交易时，影响公司发展的各种要素又集中反映在股票交易的行情上，故与面向市场封闭式经营的其他企业相比，大公司有条件获得影响公司生存和发展的各种市场信息，有条件按照市场变化及时调整生产经营的规模和方向，因此大公司有条件适应市场的变化。

（二）公司的分类

按照不同的标准，可以对公司作不同的分类。

1. 股东对公司债务承担责任的形式不同

按照股东对公司债务承担责任的形式不同，可以将公司分为无限责任公司、有限责任公司、股份有限公司、两合公司、股份两合公司。

无限责任公司，是由两个以上的股东投资设立的，股东对公司债务承担无限连带责任的公司。无限公司的股东人数具有复合性，股东对公司债务承担无限连带责任，一般公司组织比较稳定，且公司规模一般较小。

有限责任公司，是股东对公司债务仅以认缴的出资额为限承担责任的公司。一方面，股东对公司债务仅以实际缴付的出资和答应交付的出资为限承担责任，另一方面，各国对有限公司的股东人数有限制，我国有限公司的股东人数不得超过五十人。在这种公司中，股份制很容易实现，故不必将资产划分为等额股份，不必发行股票，不必向社会公开经营状况和财务状况。有限责任公司是最典型的股份制公司，由于股东人数有限，一般是中小型企业。

股份有限公司，是注册资本划分为等额股份，股东以其认购的股份为限对公司债务承担

责任的公司。股份公司最主要的特点是股东人数有下限而无上限，这种公司因为可以容纳许许多多投资人的资本，有可能使企业规模变得极为庞大，可以充分满足社会化生产程度不断提高而对企业形式的要求，但是，股东人数没有上限的情况下，股份制的实现是一个难题，假设一个公司有数百万个股东，组织数百万人的股东大会，使数百万人按照出资比例行使表决权，按照出资比例分红是无法想象的。因此，为了保证股份制得以实现，在名义上将公司资产划分为等额股份，对一定数量的股份印制一张股票作为股权凭证发放给股东，股东将股票交证券公司保管，股票作为有价证券可以自由交易。公司召开股东大会时，股东可以从证券公司领取股票参加股东大会，公司可以根据股东临时交公司查验保管的股票数量占公司发行股票的总量的比例确定该股东的表决权大小，公司也可以通过将分红用于提高股票价格的方法简便地实现按照出资比例分红的目的。所以，向股份公司投资的过程就变成了公司或者公司发起人发行股票，投资人认购股份的过程，所谓“股东以其认购的股份为限对公司债务承担责任”实际上就是要股东对公司债务承担有限责任。由于股份公司股票可以自由转让，股票大多不记名，公司不可能，也没有必要清楚地知道谁是自己的股东，自己有多少股东，或者自己的股东住在何处等，但股东作为公司资产的所有权人，有权了解公司的财务状况、经营状况、重大诉讼等情况，故法律要求股份公司定期向全社会公开财务状况、经营状况、重大诉讼等情况，股份公司就变成面向社会开放式经营的企业。

两合公司，是无限责任股东和有限责任股东共同投资设立的公司。无限责任股东对公司债务承担无限连带责任，有限责任股东对公司债务承担有限责任。这种公司兼有维护债权人利益和方便融资的特点，一般责任无限股东主持经营，企业规模一般较小。

股份两合公司，也是无限责任股东和有限责任股东共同投资设立的，有限责任股东通过认购股份的形式出资的公司。股份两合公司是允许无限公司、两合公司发行股票的结果。世界各国对股票发行一般控制比较严格，只有少数国家确认股份两合公司是企业形式。

按照我国公司法规定，在中国，法律仅允许举办有限责任公司和股份有限公司。

2. 按照公司对外信用的基础不同分类

按照公司对外信用的基础不同，可以将公司分为资合公司、人合公司、兼合公司。

资合公司，是以公司资本额作为公司对外信用的基础的公司。有限责任公司和股份有限公司的股东对公司债务仅以出资额为限承担责任，与这种公司交易时，判断其信用状况，重点在公司的资产数量，股东个人的信用状况在法律层面与公司债务并无直接联系。

人合公司，是以股东个人的信用状况作为公司对外信用基础的公司。无限公司、两合公司、股份两合公司的无限责任股东对公司债务承担无限连带责任，与这种公司交易时，判断其信用状况，重点在公司无限责任股东的资产，股东个人的信用状况在法律层面与公司债务有直接的因果关系，这三类公司均是人合公司。

兼合公司，是以公司资本额和股东个人信用状况共同作为公司对外信用基础的公司。两合公司、股份两合公司均有兼合的性质。另外，规模较小的有限公司一般由股东主持经营活动，股东个人的信用状况要影响公司的信用，故有限责任公司也有一定程度的兼合性质。

3. 按照公司募集资本和出资转让的方式不同分类

按照公司募集资本和出资转让的方式不同，可以将公司分为封闭式公司和开放式公司。

封闭式公司是指公司全部资本由设立该公司的股东所有，不对外发行股份，股份的所有权凭证不能在证券市场上自由交易的公司。有限公司、无限公司、两合公司均为封闭式公司。

开放式公司是全部资本被划分为等额股份，通过公开发行股票的方式募集资本，股票可自由转让的公司。股份公司和股份两合公司属于开放式公司。

4. 按照公司在控股关系中所处的地位不同分类

按照公司在控股关系中所处的地位不同，可以将公司分为母公司和子公司。

母公司是指拥有其他公司多数股份，从而以大股东身份对其他公司的经营活动有足够的控制权的公司。子公司是多数股份被母公司掌握，从而受母公司控制的公司。

公司通过购买其他公司的股份，与其他公司建立控股关系，从而实现企业间的联合和垄断。在我国，当一个公司与三个以上公司形成控股关系时，该四个以上的公司统称为一个企业集团或者集团公司，母公司是这个集团的核心企业或者控股企业。在理论上，该四个以上企业联合形成的资本控制系统又叫资本系。

企业之间控股，形成母公司和子公司关系，一方面使企业集团实力急剧扩张，另一方面会对传统的、尊重企业经营自主权的企业法律体系造成冲击，国外有公司法人人格否认制度、直索制度等，限制母公司的有限责任。按照我国《公司法》规定，母公司滥用子公司法人独立地位和母公司的有限责任，逃避子公司债务，严重损害子公司债权人利益的，应当对子公司债务承担连带责任。

5. 按照公司的国籍不同分类

按照公司的国籍不同，可以将公司分为中国公司、外国公司和跨国公司。

各国确定公司国籍的依据主要有设立公司所依据的法律、股东国籍、设立行为地、公司住所地等。我国以设立公司所依据的法律和公司设立行为地共同作为确定公司国籍的依据。中国公司是指按我国公司法在我国注册登记设立的公司。外国公司是指在我国领域外按外国法注册登记设立的公司。跨国公司是指在一个国家注册登记成立后，在国外大量设立分公司或子公司的公司。

二、有限责任公司

（一）有限责任公司的含义

有限责任公司（简称有限公司），是指公司股东对公司债务仅以认缴的出资额为限承担责任的公司。与其他公司相比，有限公司有如下特点：

（1）公司的股东人数有上限。我国有限公司的股东人数不得超过五十人。

（2）股东对公司债务承担有限责任。有限责任即有限清偿责任，指的是投资人仅以自己已经投入企业的资本或者答应投入企业的资本对企业债务承担清偿责任的制度。企业资不抵债的，可以申请破产，破产程序一旦终结，企业资产不足以清偿的债务自然免除，投资人在完全履行了出资义务后，不必再拿个人财产为企业还债。社会化生产的程度不断提高要求企业规模不断扩大，但只有消除了投资人对倾家荡产的顾虑才能使企业规模不断扩大，消除投资人对倾家荡产的顾虑的法律方法就是适当牺牲公平，规定有限责任。因此，有限责任是社

会化生产程度不断提高催生的法律文化产物。

（3）股东出资具有非股份性。有限公司股东人数有限，股份制很容易实现，故有限公司不必设股份和股票，按照我国《公司法》规定，有限公司成立后，公司应给股东出具出资证明书，出资证明书不是有价证券，不能用于交易，在有限公司中没有股份和作为股份权利凭证的股票。

（4）有限公司的经营活动具有封闭性。有限公司股东人数有限，不发行股票，股东的姓名（或名称）和住所均记载在公司章程中，公司可以采取各种有效方法使股东了解公司的经营状况和财务状况，不需要向社会公开公司财务状况和经营状况就可以实现股东的权利，因此与股份公司不同的是，有限公司面向社会封闭式经营，不具有开放性。

（5）公司的设立程序和组织机构比较简单。有限公司是适合中小投资者选择的企业形式，对一般的有限公司，我国公司法通过采用准则设立方式简化设立程序。在有限公司的组织机构设置方面，规模较小的有限公司可以不设股东会，仅设董事会，也可以不设董事会，只设一名执行董事，执行董事还可以兼任经理，公司也可以不设经理，监事会也可以由一到两名监事代替，组织机构可以简化。

（6）有限公司属于资合公司，同时具有人合的性质。有限公司因股东对公司债务承担有限责任而属于资合公司，同时，有限公司一般规模较小，公司的董事、经理一般由股东担任，从人的本性来看，处分自己投入公司的资产在心理上比处分他人财产更不容易承受，因此与有限公司交易需要评估其信用时，除了要看公司资产规模外，还要看出面经营公司的股东个人的信用情况，所以有限公司属于资合公司，同时具有人合的性质。

（二）有限公司的设立

设立有限公司，应具备法定条件，按照法定程序办理。

1. 设立有限公司的条件

设立有限公司应当具备如下条件：

（1）有符合法律规定的股东人数。设立普通有限公司的，应有两个以上五十个以下的股东；设立一人有限公司和国有独资有限公司的，只需要一个股东。自然人股东应具有完全的民事行为能力，且不属于法律禁止经商的党政机关公务人员。社会组织股东应不属于法律禁止经商的国家机关。

（2）有符合公司章程规定的全体股东认缴的出资额。设立普通有限公司和国有独资有限公司的，没有注册资本的最低限额要求，但是，行业经济法对有限责任公司注册资本的最低限额有规定的，应按照特别法优先于普通法的原则，适用特别法的规定。股东按照章程规定可以一次性缴足全部出资，也可以分期缴付出资。股东可以用货币出资，也可以用实物、知识产权、土地使用权等可以用货币估价并可以依法转让的非货币财产作价出资，但是，法律、行政法规规定不得作为出资的财产除外。

（3）有名称、组织机构、生产经营场所和必要的生产经营条件。有限公司的名称由所在地区和主管部门的级别、字号、主营业务经营范围、股东对公司债务承担责任的形式、企业组织形式等五个要素依次排列组成。组织机构方面应有股东会、董事会、监事会。有限公司应当有生产经营场所，股东可以通过租赁、购买、出资、修建等方式取得生产经营场所。行业经济法对从事该行业的企业在必要的生产经营条件方面有特殊规定的，在注册公司之前，应具备该行业经济法规定的生产经营条件。

（4）股东共同制定公司章程。注册有限公司之前，股东应拟定公司章程草案，并经股东会占三分之二以上表决权的股东同意，全体股东在章程上签名盖章。

2. 设立有限公司的程序

有限公司发起人可以按照下列程序设立有限公司：

（1）发起人拟定公司章程草案，同时股东通过租赁、购买、出资修建等方式取得生产经营场所，准备好住所证明材料。

（2）向住所地的工商行政管理部门提交公司名称预先核准申请书、公司章程草案、股东的身份证明，申请公司名称预先核准，取得公司名称预先核准通知书。

（3）股东按照章程规定作价出资。

（4）召开股东会，表决通过公司章程，并按照章程规定选举产生公司董事会、监事会、董事长、监事会主席，同时聘任公司经理，在此过程中制定正式公司章程，制作公司董事、监事、经理、董事长、监事会主席等的任职书，制作股东会会议纪要、董事会会议纪要、监事会会议纪要。

（5）向住所地的工商行政管理部门提交设立登记申请书、公司章程、股东资格证明、董事和监事及经理的住所登记表和身份证复印件及任职文件、公司的住所证明、法定代表人（董事长或者执行董事）的任职文件和身份证明复印件、公司名称预先核准通知书等材料，申请注册登记，取得企业法人营业执照。

取得营业执照，即表明有限公司已经成立。公司取得营业执照后，应凭营业执照到公安机关指定的地点刻制公章、财务专用章；凭营业执照和公章到技术监督部门申领机构代码证；在取得营业执照之后的一个月内应凭营业执照到税务机关（包括国税局、地税局、海关）办理税务登记，并领取税务登记证，凭税务登记证办理发票准购证，凭发票准购证可以从税务机关领购发票使用；另外，公司应凭营业执照、机构代码证、税务登记证、公章，通过商业银行向中国人民银行申请开设企业基本存款账户，获得批准后领取开户许可证，正式开户后可以股东投资时缴存临时账户的资金转存到企业基本存款账户，并从开户银行领购支票，从基本存款账户内转账或者支取现金，用于生产经营活动。

（三）有限公司的组织机构

有限公司的主要内部机构包括股东会、董事会、监事会、经理。

1. 股东会

股东会是有限公司全体股东组成的公司的权力机构，它是公司意志的形成机构。

股东会的职权主要包括三个方面：一是公司重大问题的决策权，如公司的经营方针、投资计划、年度财务预算方案、年度财务决算方案、增加或者减少公司注册资本、发行公司债券、公司的利润分配方案、公司的弥补亏损方案、合并、分立、解散、清算或者变更公司形式、修改公司章程等重大问题均应由股东会决定；二是选择并监督公司领导人的职权，股东会选举和更换非由职工代表担任的董事、监事，决定有关董事、监事的报酬事项，董事会和监事会应定期向股东会报告工作，由股东会审议批准；三是修改公司章程的职权。

股东会会议分为定期会议和临时会议。定期会议应当依照公司章程的规定按时召开。代表十分之一以上表决权的股东，三分之一以上的董事，监事会或者不设监事会的公司的监事提议召开临时会议的，应当召开临时会议。首次股东会会议由出资最多的股东召集和主持。第二次及以后的股东会会议由董事会或者执行董事召集，董事长或者执行董事主持；董事长不能履行职务或者不履行职务的，由副董事长主持；副董事长不能履行职务或者不履行职务的，由半数以上董事共同推举一名董事主持。董事会或者执行董事不能履行或者不履行召集股东会会议职责的，由监事会或者不设监事会的公司的监事召集和主持；监事会或者监事不召集和主持的，代表十分之一以上表决权的股东可以自行召集和主持。

股东会的议事规则为财产民主制，即由股东按照出资比例行使表决权，但是，公司章程另有规定的除外。股东会会议作出修改公司章程、增加或者减少注册资本的决议，以及公司合并、分立、解散或者变更公司形式的决议，必须经代表三分之二以上表决权的股东通过，一般事项须经代表二分之一以上表决权的股东通过。

2. 董事会

董事会是股东会选举产生的，由全体董事组成的股东会的执行机构。有限责任公司董事会由三人至十三人组成。两个以上的国有企业或者两个以上的其他国有投资主体投资设立的有限责任公司，其董事会成员中应当有公司职工代表；其他有限责任公司董事会成员中可以有公司职工代表。董事会中的职工代表由公司职工通过职工代表大会、职工大会或者其他形式民主选举产生。董事会设董事长一人，可以设副董事长。董事任期由公司章程规定，但每届任期不得超过三年。董事任期届满，连选可以连任。

董事会的主要职权包括对股东会的提案权，股东会决议的执行权，经营管理决策权，代表公司的权利和公司经理、副经理、财务负责人的任免权。董事会决议的表决，实行一人一票制。

3. 监事会

监事会是股东会和职工选举产生的公司业务的监督检查机构。有限责任公司监事会由不少于三人的监事组成。股东人数较少或者规模较小的有限责任公司，可以设一至二名监事，不设监事会。监事会应当包括股东代表和适当比例的公司职工代表，其中职工代表的比例不得低于三分之一，具体比例由公司章程规定。监事会中的职工代表由公司职工通过职工代表大会、职工大会或者其他形式民主选举产生。董事、高级管理人员不得兼任监事。监事的任期每届为三年。监事任期届满，连选可以连任。

监事会设主席一人，由全体监事过半数选举产生。监事会主席召集和主持监事会会议；监事会主席不能履行职务或者不履行职务的，由半数以上监事共同推举一名监事召集和主持监事会会议。

监事会、不设监事会的公司的监事的职权主要包括检查公司财务的职权，对董事和其他高级管理人员执行公司职务的行为进行监督的职权，对违反法律、行政法规、公司章程或者股东会决议的董事和高级管理人员提出罢免的建议权，在董事和高级管理人员的行为损害公司的利益时要求董事和高级管理人员予以纠正的权利，提议召开临时股东会会议的权利，在董事会不履行召集和主持股东会会议职责时召集和主持股东会会议的权利，向股东会会议提出提案的权利，对损害公司利益的董事和高级管理人员提起诉讼的权利，列席董事会会议并对董事会决议事项提出质询或者建议的权利。

监事会的议事方式和表决程序，由公司章程规定，监事会决议应当经半数以上监事通过。

4. 公司经理

有限责任公司可以设经理，经理是由董事会聘任的主持公司日常经营工作的公司职员，在性质上，经理是辅助性业务执行机关，协助董事会执行股东会或者董事会的决议。

经理对董事会负责，行使的职权包括：主持公司的生产经营管理工作，组织实施董事会决议；组织实施公司年度经营计划和投资方案；拟订公司内部管理机构设置方案；拟订公司的基本管理制度；制定公司的具体规章；提请聘任或者解聘公司副经理、财务负责人；决定聘任或者解聘除应由董事会决定聘任或者解聘以外的负责管理人员；经理列席董事会会议。

（四）有限公司的股权转让

有限公司的股东之间可以相互转让其全部或者部分股权，只要股东之间达成转让协议，公司就应当变更章程。

股东向股东以外的人转让股权的，应当经其他股东过半数同意。股东应就其股权转让事项书面通知其他股东征求同意，其他股东自接到书面通知之日起满 30 日未答复的，视为同意转让。其他股东半数以上不同意转让的，不同意的股东应当购买该转让的股权；不购买的，视为同意转让。经股东同意转让的股权，在同等条件下，其他股东有优先购买权。两个以上股东主张行使优先购买权的，协商确定各自的购买比例；协商不成的，按照转让时各自的出资比例行使优先购买权。人民法院依照法律规定的强制执行程序转让股东的股权时，应当通知公司及全体股东，其他股东在同等条件下有优先购买权。其他股东自人民法院通知之日起满 20 日不行使优先购买权的，视为放弃优先购买权。

公司股东转让股权后，公司应当注销原股东的出资证明书，向新股东签发出资证明书，并相应修改公司章程和股东名册中有关股东及其出资额的记载。对公司章程的该项修改不需再由股东会表决。

公司五年连续盈利，并且符合分配利润的条件，但连续五年不向股东分配利润，或者公司合并、分立或转让主要财产，或者公司章程规定的营业期限届满或者章程规定的其他解散事由出现，股东会会议通过决议修改章程使公司存续的，对股东会该项决议投反对票的股东可以请求公司按照合理的价格收购其股权，自股东会会议决议通过之日起 60 日内，股东与公司不能达成股权收购协议的，股东可以自股东会会议决议通过之日起 90 日内向人民法院提起诉讼。

（五）国有独资有限责任公司

国有独资有限责任公司，是指国家单独出资、由国务院或者地方人民政府授权本级人民政府国有资产监督管理机构履行出资人职责的有限责任公司。与普通有限公司相比，国有独资公司有如下特点：

（1）股东只有一人，不具有集合性，不设股东会。由于国有独资有限责任公司股东仅有一人，故不设股东会，由国有资产监督管理机构行使股东会职权，国有资产监督管理机构可以授权公司董事会行使股东会的部分职权，但公司的合并、分立、解散、增加或者减少注册资本和发行公司债券，必须由国有资产监督管理机构决定，其中，重要的国有独资公司合并、分立、解散、申请破产的，应当由国有资产监督管理机构审核后，报本级人民政府批准。公司章程由国有资产监督管理机构制定，或者由董事会制订报国有资产监督管理机构批准。公司董事会由国有资产监督管理机构委派的董事和公司职工代表大会选举的董事组成。公司设经理，由董事会聘任或者解聘。监事会成员不得少于五人，由国有资产监督管理机构委派的监事和公司职工代表大会选举的监事组成，监事会主席由国有资产监督管理机构从监事会成员中指定。

（2）公司董事和高级管理人员有国家工作人员性质，一般不得在其他企业兼职。国有独资公司的董事长、副董事长、董事、高级管理人员，未经国有资产监督管理机构同意，不得在其他有限责任公司、股份有限公司或者其他经济组织兼职。

（六）一人有限责任公司的特殊规定

一人有限责任公司是指只有一个自然人股东或者一个法人股东的有限责任公司。与普通有限公司相比，有如下特点：

（1）公司不设股东会。“一人不成会”，故一人有限责任公司没有股东会，股东会的职权由股东行使，如公司章程由股东制定，应由股东会决定的事项，由股东制作书面决定，签名后置备于公司即可。

（2）法律对公司资本有更为严格的要求。一人有限公司股东只有一人，缺乏股东之间的监督机制，股东更容易滥用公司的独立法人地位和股东的有限责任损害公司债权人利益，故各国法律对一人有限公司的运行有更严格的要求，按照我国《公司法》规定，一个自然人只能投资设立一个一人有限责任公司，且该一人有限责任公司不能投资设立新的一人有限责任公司。公司应当在每一会计年度终了时编制财务会计报告，并经会计师事务所审计。股东不能证明公司财产独立于股东自己的财产的，应当对公司债务承担连带责任。

三、股份有限公司

（一）股份有限公司的含义

股份有限公司（简称股份公司），是指公司资本划分为等额股份，股东以其认缴或者认购的股份为限对公司债务承担责任的公司。与其他公司相比，股份公司有如下特点：

（1）公司注册资本被划分为等额股份，股权凭证为股票。为了便于股份制在股东人数众多的大公司中得以实现，股份公司的注册资本被划分为等额股份，投资人只能按照股份的倍数向公司投资，公司成立以后，公司向股东发放股票，一张股票是票面上记载的股份数的股权凭证，公司总股份数就是股东大会的表决权总数，这样可以大大简化股东大会决定重大问题时表决权的统计程序，在公司分红时，可以将可分配利润除以总股份数，得出每份股份的可分配利润，通过保管股票的证券公司或者证券交易所的结算系统分红，这样可以简化公司利润的分配程序。

（2）股东对公司债务承担有限责任。股份公司由于注册资本划分为等额股份，故投资人向股份公司投资的过程表现为公司发起人或者公司委托证券公司发行股票，投资人认购股份的过程，所谓股东以其认购的股份为限对公司债务承担责任，即股东以其出资额为限对公司债务承担责任，所以股东对公司债务承担有限责任。

（3）股份可以自由转让。股份公司可以发行记名股票，也可以发行不记名股票，记名股票可以背书转让，不记名股票可以交付转让，证券公司保管股票和股票交易结算机构服务交易极大简化了股票交易的程序，股东可以通过转让股票，对内对外自由转让股份。

（4）股份公司的经营活动有公开性。发行不记名股票的公司因股份转让过于频繁而不置备股东名册，公司难以了解股东的确切信息。股东作为公司的投资人，有权了解公司的经营状况和财务状况，所以，法律要求股份公司定期公开其经营状况和财务状况。

（5）公司融资能力强。股份公司因其股东人数无上限，可以容纳众多投资人的出资，股份可以自由转让，使股东的风险更容易转嫁他人，投资人一般认为，投资股份公司的风险小于投资其他企业的风险，故相比较而言，人们更愿意向股份公司投资，股份公司有较强的融资能力，一般的股份公司规模庞大，多为大中型企业。

（6）公司所有权和经营权分离比较明显。股份公司规模庞大，股价波动和股票自由交易对公司股权结构、声誉等影响重大，因此股份公司的经营过程比较复杂，一般聘请本身没有多少资产，但学识和经验丰富，有很强管理能力的职业人士担任董事或者经理管理企业。股份公司所有权和经营权分离比较明显，是典型的资合公司。

（二）股份有限公司的设立

1. 股份有限公司的设立条件

设立有限公司应当具备如下条件：

（1）发起人的数量及其住所符合法律规定。设立股份有限公司，应当有二人以上二百人以下为发起人，其中须有半数以上的发起人在中国境内有住所。

（2）发起人认购和募集的股本达到法定资本最低限额。股份有限公司可以通过发起人认购公司应发行的全部股份的发起设立方式设立，也可以通过发起人认购不少于公司应发行股份的百分之三十五，其余股份向社会公开募集或者向特定对象募集的募集设立方式设立。采取发起设立方式设立的，注册资本为在公司登记机关登记的全体发起人认缴的股本总额，对发起设立的股份公司，法律没规定最低注册资本限额，但是，在章程规定的股款缴足前，公司不得向他人募集股份。采取募集方式设立股份公司的情况下，注册资本为在公司登记机关登记的实收股本总额，按照我国《证券法》规定，发起人认购的部分不得少于公司应发行股份的百分之三十五，不得少于人民三千万元。

（3）股份发行、筹办程序符合法律规定。股份公司规模庞大，加上公开发行股份的社会影响面广泛，故股份公司是各国法律重点监控的对象，我国《公司法》将“股份发行、筹办事项符合法律规定”列为公司设立的条件，要求股份公司的发起人从筹办公司开始就要严格依法办事，否则发起人要承担股份公司不能设立、发起人遭受巨大经济损失的严重后果。

（4）发起人制订公司章程草案，并经设立的创立大会通过。发起设立股份公司的，全体发起人会议即股东大会，股东大会有权制定公司章程。募集设立股份公司的，全体发起人会议不等于股东大会，发起人会议可以拟定公司章程草案，凭章程草案办理公司设立事项，等募股程序结束，全体发起人和认购股份的股东共同召开的创立大会才属于公司股东大会，创立大会可以制定公司的正式章程。

（5）有公司名称、公司住所、组织机构和必要的经营条件。股份公司的名称由所在地区和主管部门的级别、字号、经营范围、股东对公司债务承担责任的形式、企业组织形式等五个要素依次排列。股份公司应当有生产经营场所，股东可以通过租赁、购买、出资、修建等方式取得生产经营场所。组织机构方面应有股东大会、董事会、监事会、经理。行业经济法对从事该行业的企业在必要的生产经营条件方面有特殊规定的，在注册公司之前，应具备行业经济法规定的生产经营条件。

2. 股份有限公司的募集设立程序

募集设立股份有限公司的，可以按照下列程序办理：

（1）订立发起人出资协议，拟定公司章程草案，取得公司住所和住所证明材料。

（2）向省级以上工商行政管理部门申请名称预先核准，取得企业名称预先核准通知书。在申请名称预先核准时应提交名称预先核准申请书、发起人出资协议、发起人的资格证明、公司章程草案。

（3）发起人缴付出资，并委托验资机构验资，取得发起人出资部分的验资报告书。

（4）申请审批，取得批准文件。设立股份公司需要由国务院授权的行业主管部门或省级人民政府批准，申请审批时应向审批机关提交设立股份有限公司的申请书、营业计划、可行性论证报告、发起人出资部分的验资报告书、章程草案、经营估算书、企业名称预先核准通知书、发起人的资格证明、经办人资格证明等材料。

（5）选择证券公司作为股票承销机构，订立承销协议，取得承销机构的营业执照复印件；选择商业银行作为代收股款的银行，订立代收股款的协议，取得代收股款银行的营业执照复印件；另外发起人应拟定招股说明书。

（6）公开募集股份并验资。首先，应向国务院证券监督管理机构申请审批，取得批准募股的文件。申请审批时应向国务院证券监督管理机构提交募股申请书，公司章程草案，批准设立的文件，经营估算书，表明发起人的姓名或名称和所认购的股份数及出资方式的材料，发起人出资部分的验资报告书，招股说明书，代收股款的银行的名称、地址、账号，承销机构的营业执照复印件和承销协议等材料。其次，正式募集股份并验资。发起人应在指定报纸等媒介上公告招股说明书，拟向公司投资的人可以到招股说明书指定的证券公司领取、填写并签署认股书，并按照认股书约定将投资款缴存到代收股款银行的股款账户。股款募足后，发起人委托验资机构验资，取得所收股款的验资报告书。

（7）召开公司创立大会。公司创立大会是公司第一次股东大会，应有代表股份总数过半数的发起人、认股人出席。创立大会应审议通过发起人关于公司筹办情况的报告、制定公司章程、选举产生董事会和监事会、审核发起人的非现金出资的作价，同时制作创立大会会议记录和董事、监事的任职书。创立大会选举产生的董事会可以选举董事长、副董事长，并聘任经理，同时制作董事会会议纪要和董事长、副董事长和经理的任职书，还应委托会计师事务所审计筹办公司的财务收支情况，取得筹办公司的财务审计报告。创立大会选举产生的监事会可以选举监事会主席，制作监事会会议纪要和监事会主席的任职文件。

（8）申请设立登记，取得企业法人营业执照。创立大会选举产生的董事会应在创立大会结束后三十日内向省级以上工商行政管理部门申请设立登记。申请设立登记时应向工商行政管理部门提交设立登记申请书、发起人的资格证明、公司名称预先核准通知书、企业住所证明、批准设立的文件、创立大会会议记录、公司章程、筹办公司的财务审计报告、验资报告书、表明董事监事的姓名和住所的材料及他们的任职文件、法定代表人的姓名和住所及其任职文件、经营估算书、国务院证券管理委员会批准募股的文件等材料。取得营业执照，即表明股份有限公司已经成立。公司取得营业执照后，刻制印章、领取机构代码证、办理税务登记、申请开设企业基本存款账户等程序与有限公司的相关程序相同。公司成立后，应印制并向股东发放股票，股东持有的股票应交证券公司保管。

行业经济法规定应取得行业主管部门许可或者批准的，股份公司应向行业主管部门申请许可或者批准，取得相应的许可证或者批准文件。申请许可或者批准时，应向行业主管部门提交申请书、可行性研究报告、营业计划、公司章程、公司名称预先核准通知书、验资报告书、发起人身份证明、经办人资格证明、营业执照等材料。

3. 股份有限公司的发起设立程序

通过发起设立方式设立股份有限公司的，可以按照下列程序办理：

（1）订立发起人出资协议，制定公司章程，并选举产生公司董事会和监事会，董事会应聘任经理。

（2）申请企业名称预先核准，取得名称预先核准通知书。应提交的材料与募集设立公司的材料相同。

（3）发起人认缴股份，对首期出资应委托验资机构验资并取得验资报告书。

（4）向国务院授权的行业主管部门或省级人民政府申请审批，取得批准文件。申请审批时应提交募集设立的审批程序中除经营估算书以外的全部材料。

（5）召开创立大会。创立大会应审议通过发起人关于公司筹办情况的报告，审核发起人的非现金出资的作价，同时制作创立大会会议记录。董事会应委托会计师事务所审计筹办公司的财务收支情况，取得筹办公司的财务审计报告。

（6）向省级以上工商行政管理部门申请注册登记，取得企业法人营业执照。申请注册登记时应提交募集设立注册登记程序中除经营估算书和批准募股的材料以外的全部材料。取得营业执照，即表明股份有限公司已经成立。公司取得营业执照后，刻制印章、领取机构代码证、办理税务登记、申请开设企业基本存款账户等程序与有限公司的相关程序相同。公司成立后，应向股东发放股票，股东持有的股票应交证券公司保管。

行业经济法规定应取得行业主管部门许可或者批准的，股份公司应向行业主管部门申请许可或者批准，取得相应的许可证或者批准文件。申请许可或者批准时，应向行业主管部门提交的材料与募集设立程序中提交的材料相同。

（三）股份有限公司的组织机构

股份有限公司的主要组织机构包括股东大会、董事会、监事会和经理。

1. 股东大会

股东大会是由公司全体股东组成的公司权力机构，其职权与有限公司股东会职权相同。股东大会分年会和临时股东大会，年会应当每年召开一次，在董事人数不足法律规定人数或者公司章程所定人数的三分之二、或者公司未弥补的亏损达实收股本总额三分之一、或单独或者合计持有公司百分之十以上股份的股东请求开会、或者董事会认为有必要开会、或者监事会提议召开股东大会、或者公司章程规定应召开股东大会时，应当在两个月内召开临时股东大会。

只要有占公司二分之一以上股份的股东参会时，就可以召开股东大会。无记名股票持有人出席股东大会会议的，应当于会议召开五日前至股东大会闭会时将股票交存于公司。股东出席股东大会会议，所持每一股份有一个表决权。股东大会作出决议，必须经出席会议的股东所持表决权过半数通过。但是，股东大会作出修改公司章程、增加或者减少注册资本的决议，以及公司合并、分立、解散或者变更公司形式的决议，必须经出席会议的股东所持表决权的三分之二以上通过。

2. 董事会

股份公司董事会是由公司全体董事组成的公司股东大会的执行机构和公司经营管理机构。股份公司董事会由五人至十九人的单数董事组成，董事会中的股东代表由股东大会选举产生，董事会成员中可以有公司职工代表，董事会中的职工代表由公司职工通过职工代表大会、职工大会或者其他形式民主选举产生。股份公司董事会应有非股东担任的独立董事。

股份公司董事会的任期、职权、议事规则与有限责任公司相同。

3. 监事会

股份有限公司监事会是股东大会和职工民主选举产生的公司业务的监督检查机构。

所有股份有限公司均应设不少于三名的监事组成的监事会。监事会应当包括股东代表和适当比例的公司职工代表，其中职工代表的比例不得低于三分之一，具体比例由公司章程规定。监事会中的股东代表由股东大会选举产生，职工代表由公司职工通过职工代表大会、职工大会或者其他形式民主选举产生。董事、高级管理人员不得兼任监事。

监事会设主席一人，可以设副主席。监事会主席和副主席由全体监事过半数选举产生。监事会主席召集和主持监事会会议；监事会主席不能履行职务或者不履行职务的，由监事会副主席召集和主持监事会会议；监事会副主席不能履行职务或者不履行职务的，由半数以上监事共同推举一名监事召集和主持监事会会议。

股份公司监事会监事的任期、监事会的职权等与有限公司监事会相同。

监事会会议分定期会议和临时会议两种，监事会每六个月至少召开一次定期会议，监事可以提议召开临时监事会会议。监事会决议应当经半数以上监事通过。

4. 经理

股份有限公司经理是由董事会聘任的主持公司日常经营工作的公司职员，经理在性质上和有限公司经理相同，是辅助性业务执行机关，协助董事会执行股东大会或者董事会的决议。对股份有限公司，我国《公司法》鼓励所有权和经营权适当分离，故股份有限公司应当设经理，经理由董事会决定聘任或者解聘，董事会也可以决定由董事会成员兼任经理。

四、公司利润的分配

公司在有可分配利润的前提下，可以每年分配一次利润。公司利润的分配方案由公司董事会拟定后，经股东会或者股东大会过半数表决权通过后由董事会执行分配方案。公司分配利润时应坚持无盈不分，无利不分，多盈多分，少盈少分的原则。

在每一个会计年度终了时，对公司的税后利润按如下顺序处理：

（1）应弥补亏损。公司经营若有亏损，可以动用公司法定盈余公积金和法定资本公积金来弥补亏损，如果公司法定盈余公积金和法定资本公积金不足以弥补亏损，则在用完法定盈余公积金和法定资本公积金后直接用利润弥补公积金无法弥补的亏损。

（2）应提取法定盈余公积金。公积金又叫储备金或者准备金，是指为巩固公司财务基础，依照法律、公司章程、或者股东（大）会决议规定，从公司利润或者其他收入中提取的，不作为股利分配，而用于特定用途的资金。依照法律规定提取的公积金叫法定公积金，依照公司章程和股东会决议提取的公积金叫任意公积金。我国法律规定应当提取的公积金由法定盈余公积金和法定资本公积金两种，法定盈余公积金是指在公司弥补亏损后，分配利润前按照法定比例从利润中提取的公积金，法定资本公积金是指从公司资本运营过程中形成的额外资金中突起的公积金，两种法定公积金既可以用于弥补亏损，也可以用于转增资本，法定公积金转为资本时，所留存的该项公积金不得少于转增前公司注册资本的百分之二十五。按照我国《公司法》规定，公司分配当年税后利润时，应当提取利润的百分之十列入公司法定公积金。公司法定公积金累计额为公司注册资本的百分之五十以上的，可以不再提取。股东会、股东大会或者董事会违反前款规定，在公司弥补亏损和提取法定公积金之前向股东分配利润的，股东应将违反规定分配的利润退还公司。

（3）提取任意公积金。即按照公司章程和股东（大）会决议规定提取公积金。

（4）支付优先股股利。持有这种股份的股东先于普通股股东享受分配，通常为固定股利。

（5）支付普通股红利。公司弥补亏损和提取公积金后所余税后利润，股东按照实缴的出资比例分取红利；公司新增资本时，股东有权优先按照实缴的出资比例认缴出资。但是，全体股东约定不按照出资比例分取红利或者不按照出资比例优先认缴出资的除外。但是公司持有的本公司股份不得分配利润。

五、公司董事、监事、高级管理人员的资格和义务

（一）公司董事、监事、高级管理人员的资格

按照我国《公司法》规定，下列人员不得担任公司的董事、监事、高级管理人员：（1）无民事行为能力人或者限制民事行为能力人。（2）因贪污、贿赂、侵占财产、挪用财产或者破坏社会主义市场经济秩序，被判处刑罚，执行期满未逾五年的人。（3）因犯罪被剥夺政治权利，执行期满未逾五年的人。（4）担任破产清算的公司、企业的董事或者厂长、经理，对该公司、企业的破产负有个人责任的，自该公司、企业破产清算完结之日起未逾三年的人。（5）担任因违法被吊销营业执照、责令关闭的公司、企业的法定代表人，并负有个人责任的，自该公司、企业被吊销营业执照之日起未逾三年的人。（6）个人所负数额较大的债务到期未清偿的人。

公司违反规定选举、委派董事、监事或者聘任高级管理人员的，该选举、委派或者聘任无效。董事、监事、高级管理人员在任职期间出现上述情况的，公司应当解除其职务。

（二）公司董事、监事、高级管理人员的义务

公司董事、监事、高级管理人员应履行如下义务：（1）遵守法律、行政法规和公司章程，对公司负忠实义务和勤勉义务。（2）董事、监事、高级管理人员不得利用职权收受贿赂或者其他非法收入，不得侵占公司的财产。（3）不得挪用公司资金。（4）不得将公司资金以其个人名义或者以其他个人名义开立账户存储。（5）不得违反公司章程的规定，未经股东会、股东大会或者董事会同意，将公司资金借贷给他人或者以公司财产为他人提供担保。（6）不得违反公司章程的规定或者未经股东会、股东大会同意，与本公司订立合同或者进行交易。（7）未经股东会或者股东大会同意，不得利用职务便利为自己或者他人谋取属于公司的商业机会，自营或者为他人经营与所任职公司同类或者冲突的业务。（8）不得将接受他人与公司交易的佣金归为己有。（9）不得擅自披露公司秘密。

董事、高级管理人员违反上述规定所得的收入应当归公司所有，执行公司职务时违反法律、行政法规或者公司章程的规定，给公司造成损失的，应当承担赔偿责任。

六、公司的变更和终止概述

（一）公司的变更

公司的变更包括公司注册登记事项的变更、公司组织的变更和公司形式的变更。

（1）变更公司名称、法定代表人、注册资本、生产经营范围、住所、分支机构、经营期限、有限公司的股权结构等注册登记事项时，应由有权做出变更决定的机构做出变更决定，需要由有关政府主管部门审批的事项应申请政府主管部门批准，获得批准后应向工商行政管理部门申请办理变更登记，需要公告的在办理变更登记后予以公告。

（2）公司组织的变更指的是公司的合并和分立。

公司合并是指两个或两个以上的公司依照法定程序归并入其中一个公司或创设一个新公司的法律行为。公司合并包括吸收合并和新设合并两种。吸收合并是指两个或两个以上的公司依照法定程序并入其中一个公司的合并行为。新设合并是指两个或者两个以上的公司合并，参与合并的公司全部注销后，重新成立一个新公司的合并行为。

公司合并可以按照下列程序办理：第一，合并各方订立合并协议，并报各自的股东（大）会表决通过。第二，各参与合并公司编制资产负债表和财产清单。第三，通知债权人。公司应当自作出合并决议之日起 10 日内通知债权人，并于 30 日内在报纸上公告。债权人自接到通知书之日起 30 日内，未接到通知书的自公告之日起 45 日内，可以要求公司清偿债务或者提供相应的担保。第四，对各债权人清偿债务或者为债权提供的担保。第五，如果合并后的公司是股份有限公司，则召开创立大会。第六，办理注销登记、注册登记或者变更登记手续，并公告。

公司合并后，在吸收合并中，存续公司发生变更，被吸收公司法人资格消灭；新设公司中，参与合并的各公司法人资格消灭，新设立的公司成立。原有股东的股份按合并协议转换为合并后公司的股份。参与合并的公司的权利义务由合并后存续或新设的公司全部承受。

公司的分立是指一个公司依法定程序分为两个或两个以上公司的法律行为。公司分立可以分为派生分立和新设分立。派生分立是指一个公司在其法人资格存续的情况下，分出一部分财产成立一个或数个公司的行为。新设分立是指将一个公司的财产进行分割，原公司注销，设立两个或两个以上的新公司的行为。

公司分立可以按照下列程序办理：第一，由股东（大）会作出公司分立的决议，编制资产负债表及财产清单。第二，需要审批的，由公司董事会将分立方案报有关部门申请审批。第三，获得批准后通知债权人。公司应当自作出分立决议之日起十日内通知债权人，并于30日内在报纸上公告。第四，对债权人清偿债务或者为债权提供担保。第五，由分立的各方代表订立分立协议，并按照协议分割资产。第六，办理相应的注销登记、变更登记或者设立的注册登记并公告。

公司分立前的债务由分立后的公司承担连带责任。但是，公司在分立前与债权人就债务清偿问题达成的书面协议另有约定的除外。

（3）公司形式变更，即有限公司变更为股份公司，股份公司变更为有限公司。此种变更应完全按照注销公司和重新注册登记成立新公司的条件和程序办理。

（二）公司的终止

公司的终止，又叫公司解散，是指公司因法律或章程规定的终止事由出现而停止营业活动并终止其法人资格的法律行为。公司解散分为自愿解散和强制解散两种。公司章程规定的营业期间届满或者公司章程规定的其他解散事由出现、股东会或股东大会做出解散公司的决议、因公司合并或者分立需要解散的属于自愿解散，由公司自行组织解散和清算。公司依法被吊销营业执照、责令关闭或者被撤销，或者被人民法院裁定破产的属于强制解散，应按照法律规定程序，由政府主管部门、人民法院或者公司自行组织解散和清算。

除因合并和分立公司解散的情形外，公司终止的，应当组织清算。清算是指公司解散后，清理其财产及债权债务、分配公司剩余财产、了结公司法律关系、最终消灭公司法人资格的法律程序。公司清算分为破产清算和非破产清算，分别适用破产法和公司法。清算一般应按照下列程序进行：

首先，应成立清算组织。原有的公司代表机关丧失其职能。清算组织作为清算中公司的代表机关代表清算中的公司执行清算事务。

其次，清算组织对内组织清算，对外代表公司，依法行使其职权。清算组织在清理公司财产、编制资产负债表和财产清单后，应当制订清算方案，并报股东会、股东大会或者人民法院确认。

再次，清算组织按照法定顺序处理公司财产。清算组织首先应使用公司财产支付清算费用、职工工资、社会保险费用和法定补偿金，缴纳所欠税款，清偿公司债务，对剩余财产，有限公司按照股东的出资比例分配，股份有限公司按照股东持有的股份比例分配。

最后，清算组织制作清算报告，报股东会、股东大会或者人民法院确认，并报送公司登记机关，申请注销公司登记，公告公司终止。

【课后习题】

1. 不转让股份只转让表决权，而且只在一次股东会上转让，请问可以转让吗？（我们股份有限公司董事会准备开股东大会，其中有个议案涉及一位比较大的股东的重大利益，他在

收购这次股东会的表决权，这个议案和我没什么关系，他愿意给我 2 万元，买这次股东会的表决权）（　　）

A. 可以　　B. 不能　　C. 依据现有条件无法判断

2. 个人独资企业投资人甲聘用乙管理企业事务，同时对乙的职权予以限制，凡是乙对外签订标的额超过一万元的合同，必须经甲同意。某日，乙未经甲同意与善意第三人丙签订了一份标的额为五万元的买卖合同。根据我国《个人独资企业法》的规定，下列关于该合同效力的表述中，正确的是（　　）。

A. 该合同对个人独资企业有效，对乙本人无效

B. 该合同对乙本人有效，对个人独资企业无效

C. 该合同为可撤销合同，该个人独资企业可请求人民法院予以撤销

D. 该合同为效力待定合同，经甲追认后对该个人独资企业有效，甲不追认则无效

3. 张某、孙某和姚某三人合伙开了一家饭店，注册的企业形式为普通合伙企业。张某现金出资 3 万元；孙某劳务出资，约定价值 1 万元；姚某以店面的使用权出资，约定价值 2 万元。三人订立了书面的合伙协议，约定利润和亏损的分配比例为 1∶1∶1。在经营过程中，赵某拖欠该饭店餐费 2 000 元，而合伙人张某又欠赵某借款 5 000 元，则下列说法不正确的是（　　）。

A. 孙某不能以劳务出资

B. 合伙协议中关于利润和亏损的约定比例不合法，应按出资比例进行分配

C. 赵某不得以对张某的债权抵消其对合伙企业的债务

D. 张某只能以其在合伙企业中的出资用于清偿其对赵某的债务

E. 赵某可以行使张某在合伙企业中权利的六分之一

4. 赵某与刚刚大学毕业的江某达成一合伙协议，约定：赵某出资 17 万元，江某以劳务出资，共同组建一从事酒类批发业务的合伙企业；江某任经理独立经营，每月领取 500 元生活费；前三年所得利润归赵某，三年后所得利润赵某得 80%，江某得 20%。企业成立后，由于江某的出色经营，第一年获可分配利润 11 万元，双方对利润分配问题，经多次协商，未能达成协议。江某将其中一半交给了赵某，但认为自己该得一半利润，故拒绝支付另一半利润。江某的能否得到一半利润？（　　）

A. 能　　B. 不能　　C. 依据现有条件无法判断

5. 我是公司法定代表人（董事长），我们公司的公章和我的私章被股东私自拿去（趁我不在，撬开我的办公室抽屉拿走的）与别人以公司的名义签署了一份出资证明书，这一部分资金根本没有到公司账户而是到他的个人账户，他是副董事长，请问，这份出资证明书是否具有法律效力？（　　）

A. 有法律效力　　B. 没有法律效力　　C. 依据现有条件无法判断

【参考答案】

1. A　　2. A　　3. ABE　　4. A　　5. B

第七章 现代竞争法

案例

A公司是一家农药生产企业，2009年5月至2010年5月期间开展了“积分中大奖”促销活动，该公司在销售某杀虫剂时，在产品包装箱内附积分卡，每购买一箱杀虫剂10分，并规定积分达30分者奖励100元，每递增10分增加50元；积分达1000分者除奖励现金外，还可免费参加公司组织的海南七日游。杀虫剂每箱计100袋，每亩麦田只需施药一小袋。由于农户购买量小，无法购买一整箱，因而每箱中附带的积分卡，均被农药零售商占有，并由其邮寄给A司获取奖励。因有利可图，农药零售商在经营活动中纷纷向购药农户推荐A公司产品。

请问：A公司与农药零售商的行为是否违法？该如何处理？

第一节 现代竞争法概述

一、竞争的概念

竞争是人类社会生活中普遍存在的一种社会现象，当今社会竞争无处不在。马克思在《资本论》中曾指出，由于人类社会社会分工的不同，社会主体各自有着不同的经济利益，所以竞争是不可避免的。“社会分工则使独立的商品生产者互相对立，他们不承认任何别的权威，只承认竞争的权威，只承认他们互相利益的压力加在他们身上的强制。”[①]从经济学视角，可以将竞争解释为：以生产资料私有制为基础的商品经济中，商品生产者为取得有利的产销条件而进行的相互斗争。

竞争法中所指的竞争是市场经济活动中的竞争，即市场竞争，指的是市场经济活动的主体，为获得交易机会，占用市场优势，追求利益最大化，以其他竞争者为对手而进行的较量和角逐。

市场竞争具有三个方面的含义：（1）市场竞争的主体是行业相同或相近的，在经济利益上具有对抗性的两个或两个以上的经营者。（2）竞争主体之间为了维护各自的经济利益和争夺市场地位，使用各种商业策略包括技术策略、价格策略、服务策略等，促进市场竞争的良性发展，同时，市场竞争的对抗性使得竞争主体为追逐高额利润出现了超越法律、道德的不

① 马克思：《资本论》，人民出版社1975年版，第394页。

正当竞争行为、限制竞争行为和垄断行为。(3)竞争的结果会导致优胜劣汰，竞争的优胜者通过竞争获得更多的市场份额和经济利益，竞争失败者则失去原有市场份额，甚至被淘汰出局。因此，竞争对促进社会的经济发展和社会进步起到了重要作用。

二、现代竞争法的概念

现代竞争法是调整市场竞争关系的法律规范。具体地，现代竞争法是以市场竞争关系和市场竞争管理关系为调整对象，以保护公平、自由竞争为主旨，以反不正当竞争法和反垄断法为核心内容的竞争实体性法律规范与竞争管理程序性法律规范的总和。

市场竞争关系，是指两个或两个以上的经营者，在竞争过程中所形成的互相争夺资金、技术、市场份额的经济关系。这种竞争关系也称为横向的竞争关系，它存在于两个或两个以上的具有利害关系的平等经营者之间，并且必须以为夺取竞争主体在市场中的优势地位，获取经济利益为目的。也就是说，如果经营者的行为本身不是以获取经济利益为目的，那么他们之间的关系也就不是我们所说的市场竞争关系。市场竞争关系是竞争法调整的最基本的关系，没有市场竞争关系的存在，也就不可能有竞争管理关系的存在。

竞争管理关系，是指国家行政管理部门依照法律赋予的职权在监督、管理市场竞争的过程中形成的经济关系。这种竞争关系也称为纵向的竞争关系，它存在于具有竞争管理职权的国家授权的主管竞争关系的国家机关和参与市场竞争关系的经营者之间，双方的地位是不平等的，是一种管理与被管理的关系。

三、现代竞争法的产生和发展

竞争法是调整竞争关系的法，是商品经济发展到一定时期的产物。现代竞争法是资本主义商品经济高度发展、竞争不断激化的产物。美国以反托拉斯为核心内容的竞争法，对世界各国竞争法的形成与发展产生了深远的影响。1890 年由美国参议员谢尔曼提出并由国会通过的《保护贸易和商业不受非法限制和垄断的侵害法》(简称《谢尔曼法》)，一般认为是竞争法产生的标志。虽然这部法律总共只有八条，而且所规定之内容也十分简略，但它对美国意义重大，而且对推进世界上其他国家的反垄断法立法也产生了深远的影响。

《谢尔曼法》明文规定：任何以托拉斯和其他形式作出契约、联合或共谋，如被用以限制州际或与外国间的贸易或商业，均属严重犯罪；任何垄断或者企图垄断，或与他人联合或共谋垄断州际或与外国间的贸易或商业之任何一部分，均被视为严重犯罪。这部法律最大的亮点就是旗帜鲜明地宣称垄断和限制竞争是法律所禁止的。除此之外，这部法律还规定了地方检察官和司法部长有义务禁止和限制违反《谢尔曼法》的行为，并且赋予受害方提起损害赔偿诉讼的权利。在《谢尔曼法》颁布实施以后，美国国会在总结《谢尔曼法》实施的经验基础上，结合美国当时经济生活的需要，1914 年制定了作为其补充与完善的《克莱顿法》和《联邦贸易委员会法》。在《克莱顿法》中增加了禁止价格歧视、搭售和排他性交易、公司合并等反托拉斯的实体性规定。在《联邦贸易委员会法》中，增加了禁止不正当竞争的方法之一般条款，确立了反托拉斯的专门行政执法机关即“联邦贸易委员会”。1896 年，德国制定了不同于美国体例的《反不正当竞争法》，这是世界上第一部专门的反不正当竞争法。1909 年，德国在此基础上制定了新的《反不正当竞争法》并废止了前法，这部法律虽在后来又经历了几次局部修改，但基本制度并没有重大改变，并一直沿用至今。

1900 年，《保护工业产权巴黎公约》（简称《巴黎公约》）的修订本作为国际公约和国际立法第一次对反不正当竞争作出了明确的规定。《巴黎公约》第十条第二项规定，不正当竞争行为是指在工商业活动中违反诚实经营的竞争行为。同时还明确列举了公认的较为典型的不正当行为：非法标注商标、厂商名称行为，假标记行为和需要特别禁止的行为。《巴黎公约》对制止不正当竞争行为的一般救济程序也作出了规定。奥地利于 1923 年颁布了《联邦反不正当竞争法》，波兰于 1926 年颁布了《制止不正当竞争法》，瑞典于 1931 年颁布了《正当竞争法》，日本于 1934 年颁布了《不正当竞争防止法》。第二次世界大战后，英国于 1948 年开始了竞争法的成文法运动，先后制定的法律有《垄断与限制竞争法》《垄断与合并法》，加拿大于 1974 年制定了《联合企业调查法》，1985 年制定了《竞争法》，法国于 1986 年颁布了《关于价格与竞争自由的法律》，意大利于 1990 年颁布了《反垄断法》。

四、现代竞争法的立法模式和体系

（一）现代竞争法的立法模式

现代竞争法的立法模式是指一个国家或地区在制定竞争法时，是将竞争法律规范规定在统一的竞争法典中，还是规定在若干单行法中；是将反垄断法和反不正当竞争法合并立法还是分别立法。从世界各国的竞争立法来看，由于受立法时间、社会制度以及制定法律的国际环境等诸多因素的影响，各国在竞争法的立法体例、立法内容上存在较多差异。归纳起来，主要有以下三种立法模式。

1. 分立式

分立法把不正当行为、垄断或限制竞争行为加以区分，分别制定反不正当竞争法与反垄断法。该种模式又可分为两种：一是以美国为代表的只制定专门的反垄断法，没有专门的反不正当竞争法，对于各种不公平交易行为则以若干专项法规和判例调整。二是以德国、法国为代表的分别制定反不正当竞争法与反垄断法，反不正当竞争法和反垄断法两部并行的立法模式。分立式立法模式有明显的优点。因为垄断与不正当竞争性质不同，分别立法便于有针对性地予以调整。首先立法目的明确，反垄断法与反不正当竞争法各自有自己具体的目的，分别立法有利于明确目的。其次，操作上相对容易，因为两者在调整对象，适用的程序上有不同，分别立法在操作上比较便利。

2. 合立式

合立式把禁止垄断、反限制竞争和反不正当竞争合并在一起，制定一部统一的反不正当竞争法。我国台湾地区 1991 年制定的“公平交易法”，就是将反垄断与限制竞争和反不正当竞争法合并在一起的统一竞争法典。匈牙利竞争法也采取该种模式。

3. 综合式

综合式没有把不正当竞争与垄断截然分开，也不像合立式那样把所有的不正当竞争行为、限制竞争行为及垄断行为纳入到一部法律中加以调整，但法律的实质内容既调整竞争关系又调整竞争管理关系。这种体例就是美国以《谢尔曼法》《克莱顿法》和《联邦贸易委员会法》为核心调整竞争关系的独特的竞争法体例。

（二）现代竞争法的体系

现代竞争法的体系是指竞争法系统中不同法律规范之间的联系与结构方式。从竞争法所调整的竞争关系看，竞争法的体系由竞争实体法和竞争程序法组成，各组成部分既相互独立又相互配合，形成一个有机统一的整体。竞争法的体系由以下四个部分构成：

1. 反不正当竞争实体法

反不正当竞争实体法是通过控制不正当竞争行为来调整竞争关系的各种实体法律规范，包括形式意义上的反不正当竞争实体法和实质意义上的反不正当竞争实体法。其主要内容有：确认正当竞争与不正当竞争的标准和规定不正当竞争的法律责任等。

2. 反垄断实体法

反垄断实体法是通过规范垄断和限制竞争行为来调整企业和企业联合组织相互间竞争关系的实体法律规范的总称。其主要内容有：确认垄断与非垄断的标准、规定非法垄断的法律责任和关于反垄断法适用除外的规定等。

3. 竞争管理实体法

竞争管理实体法是规定国家管理机关与市场竞争主体在竞争管理中的权力、义务及法律责任的实体规范的总称。其主要内容有：确认竞争监督管理体制、明确竞争管理的具体法律依据以及确认市场主体违反竞争管理法的法律责任等。

4. 竞争程序法

竞争程序法是指为保证竞争实体法所规定的权利、义务的实现而制定的各种程序性规范的总和。其主要内容有：监督管理竞争活动、处理竞争争议和查处竞争违法行为的行政执法程序规范。

五、现代竞争法的性质

对于竞争法应当归属于何种法律部门，学界存在两种观点：一种认为竞争法是一个独立的法律部门；另一种则认为竞争法属于经济法。

我们认为竞争法属于经济法，而且是经济法的重要组成部分。

（1）市场经济实质上是竞争经济。市场的运行以市场主体的经济人特性为前提，通过价格机制，以各市场主体的竞争行为去实现资源配置的效率，在这个效率实现的过程中，竞争起着至关重要的作用，竞争的缺失或不正当竞争行为的泛滥，都将影响市场机制的良性运行，甚至导致市场机制的运行无法进行，资源配置的效率也无法产生。

（2）竞争法是通过调整竞争关系，鼓励和引导公平、有序的市场竞争行为，制裁自由竞争的消极影响即不正当竞争行为、垄断行为，达到维护社会利益目的的法律。竞争法通过引

导市场主体进行有序、理性的竞争，一是能够使竞争主体的竞争行为有法可依，并在一定程度上及时矫正其为追逐商业利益而恶意抢夺市场份额的行为；二是对公平、有序、合理竞争秩序的最终形成起到了积极的促进作用，从而实现其立法目的。此外，在经济法的各部门法中，也能够配合竞争法，对市场竞争中出现的不正当竞争行为、限制竞争行为予以规制，共同维护社会主义市场经济的良好秩序，保护合法经营者和消费者的利益。

六、竞争法的基本原则

竞争法的基本原则是指能够反映竞争法的本质、贯穿于竞争法始终、对整个竞争活动及与竞争活动有密切关系的其他活动具有普遍指导意义的根本准则。它是国家竞争政策在法律上的集中反映，是竞争法内容的抽象和概括，是竞争法理论的重要组成部分。竞争法的基本原则既是人们从事各项竞争活动的行动指南，又是弥补竞争法具体规范中漏洞和缺陷的工具。

（一）自由竞争原则

自由竞争是市场经济发展的客观要求。缺少了自由竞争，市场经济就不能够发展。自由竞争原则是指个人、法人或者其他组织可以自由地进入或退出市场竞争领域，可以自由地选择竞争的范围，竞争的手段，交易的对象、条件、方式和场所，并有权拒绝和抵制他人对竞争的限制。

匈牙利《禁止不正当竞争法》的序言规定：“为维护自由而公平的竞争，国会颁布以下法令”；日本《禁止垄断法》第一条规定：“本法的目的是，促进公正而自由的竞争”。当然，这里的自由，并不是绝对的、无条件的自由。确切地说，自由竞争原则中的自由，是在法律所允许的范围内的自由。自由竞争必须符合客观经济规律的要求，必须符合社会公共利益。

（二）公平竞争原则

立法者十分重视公平原则，一方面，许多国家都在竞争法中明确了公平竞争这一基本原则，甚至有的国家或地区在竞争法的名称中直接冠以“公平”二字；另一方面，该原则中的公平既包括形式意义上的公平，也包括保障经济实力不同的竞争对手之间以及个体与社会之间利益分配的平衡，即实质公平，这是竞争法的一个重大特点。所谓“形式意义上的公平”，在竞争法上主要表现为赋予各个市场主体以同样的法律地位，同样的权利，履行同样的义务，使竞争者适用同样的法律。由于各个市场竞争主体的实力的差异，形式意义上的公平有时并不意味着实质意义上的公平。因此，竞争法必须将公平原则提升到实质公平，充分发挥竞争的积极功能，开展有效竞争。

（三）社会公共利益原则

社会公共利益原则不仅要求参与竞争活动的个人、法人和其他组织不得违反社会公共利

益，而且要求国家对市场竞争秩序的管理应当符合公共利益的需要。在竞争法中坚持社会公共利益原则显得尤为重要。

竞争法中的社会公共利益原则的内容，主要体现在以下两个方面：

（1）在立法目的上，公共利益原则意味着竞争法不仅应处理竞争者之间的关系，维护竞争者的正当权益，还应该考虑广泛的利益关系，特别是保护消费者的利益。我国1993年《反不正当竞争法》第一条明确指出其立法目的之一是“保护经营者和消费者的合法权益”，这在一定程度上体现了公共利益原则，但还不够充分。2007年颁布的《反垄断法》则在立法中明确规定了社会公共利益原则。《反垄断法》第一条规定：“为了预防和制止垄断行为，保护市场公平竞争，提高经济运行效率，维护消费者利益和社会公共利益，促进社会主义市场经济健康发展，制定本法。”

（2）在适用范围上，公共利益原则意味着竞争法所指的自由竞争在实际运用中也存在例外的情况。多数国家在公共产品、关系国家安全的产品以及那些对道德有特殊要求的职业等方面，基于社会公共利益的考虑，可以排除使用自由竞争这个基本原则。例如，我国《反垄断法》第二十八条规定：“经营者集中具有或者可能具有排除、限制竞争效果的，国务院反垄断执法机构应当作出禁止经营者集中的决定。但是，经营者能够证明该集中对竞争产生的有利影响明显大于不利影响，或者符合社会公共利益的，国务院反垄断执法机构可以作出对经营者集中不予禁止的决定。”《反垄断法》第三十一条规定：“对外资并购境内企业或者以其他方式参与经营者集中，涉及国家安全的，除依照本法规定进行经营者集中审查外，还应当按照国家有关规定进行国家安全审查。”这些规定是社会公共利益这一基本原则在竞争法中的具体体现。

第二节　反不正当竞争法

一、不正当竞争行为的界定和特征

（一）不正当竞争行为的界定

不正当竞争行为是针对市场竞争中的正当竞争行为而言的，它泛指经营者为了争夺市场竞争优势，违反法律规定，违反公认的商业习俗和道德，采用欺诈、混淆等经营手段排挤或破坏竞争，扰乱市场经济秩序，并损害其他经营者和消费者合法权益的竞争行为。“不正当竞争”这个术语最早出自1983年的《保护工业产权巴黎公约》。该公约规定，凡在工商活动中违反诚实经营的竞争行为即构成不正当竞争行为。此后，许多西方国家从不同角度概括了不正当竞争的内涵，都把违反诚实信用原则和公平竞争原则的行为作为不正当竞争概念的核心内容。我国在立法上较早采用“不正当竞争”概念的是1982年颁布的《广告管理暂行条例》。1993年《反不正当竞争法》规定：不正当竞争是指经营者违反规定，损害其他经营者的合法权益，扰乱社会经济秩序的行为。

《反不正当竞争法》是调整国家在制止不正当竞争行为过程中所发生的社会关系的法律规

范的总称。该法律通过对不正当竞争行为的调整和规范，确立竞争规则，从而保护和促进正当竞争，维护市场经济秩序。

（二）不正当竞争行为的特征

从上述定义可以看出，不正当竞争行为有以下特征：

（1）经营者是实施不正当竞争行为的主要主体。从主体来看，不正当竞争行为的实施主体主要是处于同一交易方向的市场竞争者。特殊情况下，国家机关、社会组织和自然人可能会与经营者恶意串通或者勾结在一起，这种行为也属于不正当竞争行为。

（2）不正当竞争行为不仅包括违反《反不正当竞争法》的行为，还包括违反以诚实信用原则为代表的公认的商业习俗和道德的行为。

（3）不正当竞争行为是损害其他经营者和消费者合法权益的行为。从不正当竞争行为后果来看，损害了其他经营者和消费者的合法权益，使其他经营者的公平竞争权和消费者的公平交易权受到了损害，这是反不正当竞争法对其进行打击的一个主要原因。

（4）不正当竞争行为是扰乱社会经济秩序的行为。不正当竞争行为在侵犯经营者、消费者合法权益的同时，也扰乱了社会经济秩序，因而必须对其进行严厉的打击和坚决的制止。

二、不正当竞争行为的表现形式

我国《反不正当竞争法》列举了不正当竞争行为的十一种表现形式。

（一）采用欺骗性标志从事交易行为

采用欺骗性标志从事交易行为，指经营者采用假冒、仿冒的标志或采用其他虚假的标志从事市场交易，引起公众的误解，诱使消费者误购，牟取非法利益的行为。采用欺骗性标志从事交易行为在我国现阶段市场活动中，是一类普遍存在、危害性极大的不正当竞争行为。《反不正当竞争法》第五条规定，经营者不得采取下列不正当竞争手段从事市场交易，损害竞争对手的欺骗性标志包括：（1）假冒他人的注册商标；（2）擅自使用知名商品特有的名称、包装、装潢，或者使用与知名商品近似的名称、包装、装潢，造成和他人的知名商品相混淆，使购买者误以为是该知名商品；（3）擅自使用他人的企业名称或者姓名，引人误认为是他人的商品；（4）在商品上伪造或者冒用认证标志、名优标志等质量标志，伪造产地，对商品质量作引人误解的虚假表示。其中，前三种行为是经营者采用欺骗手段从事市场交易，使自己的商品或服务与特定竞争对手的商品或服务混淆，造成或足以造成购买者误认误买，属于商业混同行为；后一种行为经营者在商品或其包装的标识上，对商品的质量、产地或其他反映商品质量状况的各种因素作不真实的标注，欺骗购买者，属于欺骗性质量标志行为。

（二）引人误解的虚假宣传行为

引人误解的虚假宣传行为，是指在市场交易中，经营者利用广告或其他方法对商品或服务作出与实际情况不相符合的公开宣传，导致或足以导致购买者对商品或服务产生错误认识的不正当竞争行为。《反不正当竞争法》第九条规定："经营者不得利用广告或者其他方法，对商品的质量、制作成分、性能、用途、生产者、有效期限、产地等作引人误解的虚假宣传。广告的经营者不得在明知或者应知的情况下，代理、设计、制作、发布虚假广告。"

（三）不正当有奖销售行为

有奖销售行为，是指经营者销售商品或者提供服务时，附带性地向购买者提供物品、金钱或者其他经济利益的行为。有奖销售是一种有效的促销手段，有奖销售的方式大致可分为两种：一是奖励所有购买者的附赠式有奖销售，即经营者对购买指定商品或达到一定购买金额的所有购买者予以奖励；二是奖励部分购买者的抽奖式有奖销售，即以抽奖、对号码、摇奖等带有偶然性的方法决定购买者是否中奖以及奖励的等级的有奖销售。法律并不禁止一切有奖销售行为，法律禁止的是可能造成不良后果的、破坏竞争规则的有奖销售行为。

国家工商行政管理局《关于禁止有奖销售活动中的不正当竞争行为的若干规定》对《反不正当竞争法》第十三条作了细化，禁止以下列方式进行有奖销售：（1）谎称有奖销售或对所设奖的种类，中奖概率，最高奖金额，总金额，奖品种类、数量、质量、提供方法等作虚假不实的表示；（2）采取不正当手段故意让内定人员中奖；（3）故意将设有中奖标志的商品、奖券不投放市场或不与商品、奖券同时投放，或者故意将带有不同奖金金额或奖品标志的商品、奖券按不同时间投放市场；（4）抽奖式的有奖销售，最高奖的金额超过 5 000 元（以非现金的物品或者其他经济利益作为奖励的，按照同期市场同类商品或者服务的正常价格折算其金额）；（5）利用有奖销售的手段推销质次价高的商品；（6）其他欺骗性有奖销售行为。

（四）低价倾销行为

低价倾销行为是指经营者以排挤竞争对手为目的，以低于成本的价格销售商品的行为。低价倾销行为违背价值规律，在市场竞争中容易引发价格大战，导致中小企业倒闭，造成恶性竞争的严重后果。《反不正当竞争法》第十一条规定："经营者不得以排挤竞争对手为目的，以低于成本的价格销售商品。"需要注意的是，《反不正当竞争法》禁止的低价倾销行为是经营者以排挤竞争对手为目的的不正当竞争行为，经营者如果没有排挤竞争对手的目的，仅仅是为解决经营者自身经营上的一些困难如清偿债务、转产、歇业以低于成本的价格降价销售商品的行为不属不正当竞争行为。

（五）商业贿赂行为

商业贿赂行为，是指经营者为获得交易机会在经营活动中采取秘密手段向交易相对人的负责人、代理人、采购人员以及对交易业务具有决定权的人提供个人收入或其他利益的不正当竞争行为。

商业贿赂行为具有以下特征：（1）商业贿赂的主体是从事市场交易的经营者，既可以是交易中的卖方，也可以是交易中的买方。（2）商业贿赂是经营者出于故意或自愿进行的行为，其目的是为了排挤竞争对手。（3）商业贿赂在客观方面表现为违反国家有关财务、会计及廉政等方面的法律、法规的规定，秘密给付财物或其他报偿，具有很大的隐蔽性。（4）商业贿赂的形式除了金钱回扣之外，还有提供免费度假、旅游、高档宴席、赠送昂贵物品、房屋装修以及解决子女、亲属入学、就业等多种方式。（5）商业贿赂在后果上侵犯了同业竞争者的公平竞争权，扰乱了社会经济秩序。

（六）侵犯商业秘密的行为

商业秘密，是指不为公众所知悉，能为权利人带来经济利益，具有实用性并经权利人采取保密措施的技术信息和经营信息。商业秘密是一种无形财产，并且可以为多个权利主体同时拥有和使用，只要获得及使用手段合法即可。侵犯商业秘密的行为，是指以不正当手段获取、披露及使用他人商业秘密的行为。侵犯商业秘密的行为，不仅会给商业秘密权利人造成直接或间接的经济损失，而且还会给整个市场竞争环境和社会经济秩序造成极大的破坏。

《反不正当竞争法》第十条规定，经营者不得采取下列手段侵犯商业秘密：（1）以盗窃、利诱、胁迫或者其他不正当手段获取权利人的商业秘密；（2）披露、使用或者允许他人使用以前项手段获取的权利人的商业秘密；（3）违反约定或者违反权利人有关保守秘密的要求，披露、使用或者允许他人使用其所掌握的商业秘密。第三人明知或者应知前款所列违法行为，获取、使用或者披露他人的商业秘密，视为侵犯他人的商业秘密。

（七）诋毁商誉行为

商誉是社会公众对市场经营主体名誉的综合性积极评价，是经营者长期努力追求的，并投入一定的金钱、时间和精力才取得的。诋毁商誉行为是指经营者为了竞争的目的捏造、散布虚假事实，损害竞争对手商业信誉、商品声誉的行为。诋毁商誉行为的目的在于使其竞争对手无法正常参与市场交易活动，削弱其市场竞争能力。诋毁商誉行为的实施主体是市场经营活动中的经营者，其他经营者如果受其指示从事诋毁商誉行为的，可以构成共同侵权人。新闻单位被利用和被教唆的，仅构成一般的侵害他人名誉权的行为，不构成不正当竞争行为。诋毁商誉行为的主观方面表现为故意，即以明知为必要条件，而不是过失。

诋毁商誉行为是针对一个或者多个特定的竞争对手的。如果捏造、散布虚假事实不能与特定的竞争对手相联系，商誉主体的权利便不会受到侵害。对比性广告通常以同行业所有其他经营者为竞争对手而进行贬低宣传，此时也应认定为诋毁商誉行为。诋毁商誉行为是一种典型的常见的不正当竞争行为，损害了竞争对手的合法权益，也破坏了市场公平竞争的正常秩序。

（八）搭售或附加其他不合理交易条件行为

搭售是附加不合理交易条件行为的一种，是指经营者出售商品时，违背对方的意愿，强行搭配其他商品的行为。其他不合理交易条件，指搭售以外的附加不合理交易条件的行为，如限制转售区域、限制技术受让方在合同技术的基础上进行新技术的研制开发等。

搭售或附加不合理交易条件行为是经营者依靠经济优势来实现的，如果经营者以贿赂、强制等手段来实施搭售或附加不合理条件，则可能会构成商业贿赂或强制性交易等不正当竞争行为。

（九）串通招标投标行为

串通招标投标行为，是指在招标投标过程中，当事人恶意串通，损害他人利益，破坏公平竞争的行为。串通招标投标行为包括两种类型：（1）投标者串通投标，抬高标价或者压低标价。这类行为的行为主体是所有参加投标的投标者，其目的是为了避免投标者相互间的竞争，共同损害招标人的利益。（2）投标者和招标者相互勾结，以排挤竞争对手的竞争。这类行为的行为主体是招标者和特定的投标者，其目的是为了排挤该投标者的竞争对手，使招标投标流于形式，损害其他投标者的利益。

（十）公用企业及其他依法具有独占地位的经营者所实施的限制竞争行为

公用企业或其他依法具有独占地位的经营者，限定他人购买其指定的经营者的商品，排挤其他经营者的公平竞争行为即限制竞争行为。这种限制竞争行为具有以下基本法律特征：

（1）行为主体。这一类不正当竞争行为的实施主体主要有两类：一是公用企业，二是其他依法具有独占地位的经营者。公用企业是指涉及公用事业的经营者，包括供水、供电、供气、邮政、电讯、交通运输等行业的经营者；其他依法具有独占地位的经营者是指在特定的市场上，一个竞争者处于无竞争的状态，或取得了压倒性排除竞争的能力，也指两个以上经营者不进行价格竞争，在它们对外的关系上具有了上述地位和能力。

（2）行为表现。即实施了“限定他人购买其指定的经营者的商品”的行为。其指定的经营者和享有独占地位的经营者之间有着某种利益关系，如其下属企业等。同时，享有独占地位的经营者在实施这一行为时往往采用软硬兼施的手段，如以这些商品质量好、符合使用要求等理由为借口，或者以削减、停止供应商品或服务相威胁，迫使他人接受其条件。

由于这类行为限制了用户、消费者的自主选择权，将生产同种商品的其他经营者完全排斥在特定的市场之外，妨碍了市场的公平竞争机制，因此为我国《反不正当竞争法》所禁止。

（十一）政府部门限制竞争行为

政府部门限制竞争行为是指政府及其所属部门滥用行政权力，限定他人购买其指定的经营者的商品，限制其他经营者正当的经营活动，限制外地商品进入本地市场，或者本地商品流向外地市场的行为。

《反不正当竞争法》第七条规定：“政府及其所属部门不得滥用行政权力，限定他人购买其指定的经营者的商品，限定其他经营者的经营活动。政府及其所属部门不得滥用行政权力，限制外地商品进入本地市场，或者本地商品流向外地市场。”在法治国家，政府的权力应受法律限制，政府必须依法行政。政府及其所属部门的职能和权力是维护社会的经济秩序，在市场经济条件下，就是要维护市场的公平竞争，而非凭借行政权力来限制竞争。这一规定，既有利于防止官商结合、权钱交易，又有利于反对地区封锁，打破市场壁垒。

三、对不正当竞争行为的监督检查

（一）监督检查部门

《反不正当竞争法》第三条规定：“县级以上人民政府工商行政管理部门对不正当竞争行为进行监督检查；法律、行政法规规定由其他部门监督检查的依照其规定。”所谓其他部门，主要指与市场管理有关的其他行政职能部门，如物价部门、质量技术监督部门、食品卫生行政管理部门等。

（二）监督检查部门的职权

根据我国《反不正当竞争法》第十七条的规定，监督检查部门的职权有以下三项：（1）按照规定程序询问被检查的经营者、利害关系人、证明人，并要求提供证明材料或者与不正当竞争行为有关的其他资料；（2）查询、复制与不正当竞争行为有关的协议、账册、单据、文件、记录、业务函电和其他资料；（3）检查与本法第五条规定的不正当竞争行为有关的财物，必要时可以责令被检查的经营者说明该商品的来源和数量，暂停销售，听候检查，不得转移、隐匿、销毁该财物。

四、《反不正当竞争法》的立法动态

自 1993 年颁布至今，《反不正当竞争法》从未进行过修改。随着社会经济的飞速发展，该法的立法理念和某些规定已陈旧，无法应对现实中出现的新问题。2014 年，国家工商行政管理总局汇集了来自学术界与执法一线的精英骨干，经过近一年的理论论证与实务调研，形成了 8 份课题报告。2015 年 5 月，国家工商行政管理总局已完成《反不正当竞争法》（修订稿）（以下简称“修订稿”），并待时机成熟时上报国务院法制办公室。该修订稿拟从以下四方面来完善《反不正当竞争法》。

（一）扩大不正当竞争行为界定范围

对不正当竞争的界定增加“违反商业道德的行为”这一兜底条款。现行法律通过列举的方式将十一种行为界定为不正当竞争行为。随着时间的推移，人们参与经济活动的途径和方式也多种多样，生产经营者之间想方设法争夺市场，不正当竞争的方式发生了巨大变化，打“擦边球”的现象越来越多。近年来，随着网络等非传统经营平台的出现，新的不正当竞争行为不断出现，如“3Q 大战”“电商价格战”等。类似的不正当竞争行为缺乏对应的法律，只能参考“诚实”“信用”等原则。为了克服立法的滞后性，新增“违反商业道德的行为”这一兜底条款，可以防止挂一漏万。

（二）增加新的不正当竞争行为类型

随着网络等新兴经营平台的发展，不正当竞争表现出很多新形式，很难在反不正当竞争法中找到具体规定，如“3Q 大战”中利用竞争对手产品名字进行关键词推广、差异化、歧视性对待就是典型的新型不正当竞争行为。

（三）加大行政处罚力度

对于实施不正当竞争的经营者，《反不正当竞争法》规定处以“一万元以上二十万元以下”或者“违法所得一倍以上三倍以下”的罚款。但随着经济发展，最高限额二十万元的罚款对那些违法获利丰厚的不正当竞争行为如隔靴搔痒，难以形成有效的威慑，在执法中对于“违法所得”的认定也是一个难题。与此形成对比的是，2009 年，欧盟以不正当竞争为由向英特尔公司开出了一张 10.6 亿欧元的“天价罚单”，罚款数额相当于 2008 年英特尔公司净利润的近三分之一。

为了解决此问题，应对实施不正当竞争的经营者的罚款大幅度提高，同时根据不同不正当竞争行为，进行额度不等的处罚。

（四）明确执法主体，统一执法标准

现行《反不正当竞争法》第三条第二款规定：“县级以上人民政府工商行政管理部门对不正当竞争行为进行监督检查；法律、行政法规规定由其他部门监督检查的，依照其规定。”此规定为以后出台的其他法律、行政法规预留了立法空间。此后，《保险法》《招标投标法》《商业银行法》以及《电信条例》等法律、行政法规中规定了对相关行业的不正当竞争行为进行监管的不同部门。除工商行政部门外，其他部门如质检、物价、卫生、建设、文化等也可对不正当竞争行为进行监督，造成了《反不正当竞争法》与其他法律、行政法规在执法主体上的冲突。因此，“修订稿”明确规定不正当竞争行为的监督检查执法部门为：国务院工商行政管理部门和地方各级工商行政管理部门。除此之外，还授权国务院工商行政管理部门认定其他不正当竞争行为的权力，不但统一了执法主体，也使得执法标准统一。

【课后习题】

1. 根据反不正当竞争法的规定，下列行为中，属于不正当竞争行为的是（　　）。

A. 甲因其所居住小区内的超市过于吵闹，影响其休息，遂捏造该超市出售伪劣商品的事实并进行散布，导致该超市营业额严重下降

B. 乙家具制造企业将产自中国的家具产品的原产地标注为意大利

C. 丙歌厅见与其相邻的另外一家歌厅价格低、服务好、客源多，遂雇用打手上门寻衅滋事，进行威胁

D. 入夏前，丁商场为了筹集资金购进夏装，以低于进货价的价格甩卖了一批库存的羽绒服

2. 下列广告中不为法律所禁止的商业宣传是（　　）。

A. “××酒，启瓶醉八方，香溢飘千里”

B. “××酒，行销全国，中国最优”

C. “××酒，消除紧张和焦虑，健康佳酿”

D. “××药酒，治愈风湿病，疗效 100%”

3. 下列行为中属于商业贿赂行为的是（　　）。

A. 在公开招标中为取得中标机会，向发标单位给予财物

B. 被勒索不得已向交易对方赠送财物

C. 被胁迫情况下给予交易对方财物

D. 为晋升而收买有关人员

【参考答案】

1.B　　2.A　　3.A

第八章　产品质量法

案例

2008 年，一户赵姓人家在为家中老人祝寿时，高压锅突然爆炸，儿媳妇被锅盖击中头部，抢救无效死亡。据负责高压锅质量检测的专家鉴定，高压锅爆炸的直接原因是高压锅的设计有问题，导致锅盖上的排气孔堵塞。由于高压锅的生产厂家距离遥远，赵家要求出售此高压锅的商场承担损害民事赔偿责任。但商场声称缺陷不是由自己造成的，而且商场在出售这种高压锅（尚处于试销期）的时候已与买方签订有一份合同，约定如果产品存在质量问题，商场负责退货，并双倍返还货款，因而商场只承担双倍返还货款的违约责任。

请问：1. 请问赵家可否向该商场请求承担责任？为什么？

2. 赵家可以请求违约责任还是侵权赔偿责任？

第一节　产品质量法概述

一、产品质量法的基本概念

（一）产　品

产品是指经过加工、制作，用于销售的产品。这里所称的产品有两个特点：一是经过加工制作，也就是将原材料、半成品经过加工、制作，改变形状、性质、状态，成为产成品，而未经加工的农产品、狩猎品等初级产品不在其列；二是用于出售，具有经济型和流通性，也就是进入市场成为用于交换的商品，不用于销售仅是自己为自己加工制作所用的物品不在其列。

建设工程不适用《产品质量法》的规定；但是，建设工程使用的建筑材料、建筑构配件和设备，属于《产品质量法》规定的产品范围的，适用《产品质量法》规定。此外，军工产品质量监督管理办法，由国务院、中央军事委员会另行制定。因核设施、核产品造成损害的赔偿责任，法律、行政法规另有规定的，依照其规定。

（二）产品质量

产品质量是指产品在正常使用条件下，满足合理使用用途要求所必须具备的物质、技术、

心理和社会特性的总和。国际标准化组织颁布的 ISO 8402-1986 国际标准中，将产品质量定义为："反映产品或服务满足明确或隐含需要能力的特征和特性的总和。"特征和特性是指产品所具有的特别的征象或者标志，常常指外观的造型、颜色、款式等，以及产品特有的性质。特征和特性的总和包括适用性、安全性、可获得性、可靠性、维修性、经济性和环境等方面。

（三）产品责任、产品质量责任

产品责任，又称产品缺陷责任、产品侵权损害赔偿责任，是指产品存在可能危及人身、财产安全的不合理危险，造成消费者人身或者除缺陷产品以外的其他财产损失后，缺陷产品的生产者、销售者应当承担的特殊的侵权法律责任。产品缺陷责任是基于侵权而产生的责任，因此，属于特殊侵权领域的范畴。《产品质量法》第四十六条规定："本法所称缺陷，是指产品存在危及人身、他人财产安全的不合理的危险；产品有保障人体健康和人身、财产安全的国家标准、行业标准的，是指不符合该标准。"

产品质量责任，又称产品瑕疵担保责任、产品合同责任，是指生产者、销售者以及其他对产品质量负有责任的人违反我国质量法规定的产品义务所应当承担的法律责任。产品质量义务就是根据法律或者合同的规定或者约定，当事人在产品质量方面应当为一定行为或者不一定行为的行为。产品质量责任是一个合同关系，产品质量责任是基于合同关系而产生的，属于民事合同中的违约责任范畴。《产品质量法》明确规定了认定产品质量责任的依据，主要为三个方面：一是国家法律、行政法规明确规定的对于产品质量必须满足的条件。二是明示采用的产品标准，作为认定产品质量是否合格以及确定产品质量责任的依据。无论何种标准，一经生产者采用，并明确标注在产品标识上，即成为生产者对消费者的明示承担有关责任的担保承诺。三是产品缺陷，产品缺陷是指存在于产品的设计、原材料和零部件、制造装配或说明指示等方面的，未能满足消费或使用产品所必须合理安全要求的情形。缺陷，是指产品存在危及人身、他人财产安全的不合理的危险。不合理的危险是指产品存在明显或者潜在的，以及被社会普遍公认不应当具有的危险。

产品质量责任与产品责任有着明显的区别：首先，两者的性质不同。产品责任是特殊的民事侵权。产品质量责任是生产者、销售者以及对产品质量有直接责任的人违反了法律行政法规规定的质量要求，对其作为或者不作为所应当承担的法律后果。它包括相应的责任、产品瑕疵担保（合同责任）、产品侵权赔偿责任（产品质量）以及刑事责任，是一种综合责任。其次，责任主体不同。产品责任的主体只限于生产者和销售者，通常与生产者和销售者的职员无关；但产品质量责任的责任主体除了生产者和销售者外，还包括对产品质量负有直接责任的个人。再次，两者的责任范围不同。产品责任是一种民事责任，生产者和销售者只承担侵权损害赔偿责任；而产品质量责任除侵权损害赔偿责任以外，其责任形式还有合同责任行政责任和刑事责任。最后，责任产生的时间不同。产品责任只能产生于损害结果发生之后，没有损害的事实就不可能产生产品责任，而产品质量责任则产生于产品的生产、销售、管理、使用、消费等任何一个环节，只要上述任何一个环节出现违反产品质量法规定的产品质量义务的行为或者存在损害的事实，就有可能产生产品质量责任，并不一定在产品使用中有损害事实作为承担责任的要件。

二、产品责任、产品质量责任的归责原则及责任性质

（一）产品责任、产品质量责任的归责原则

我国《产品质量法》第四十一条规定：“因产品存在缺陷造成人身、缺陷产品以外的其他财产损害的，生产者应当承担赔偿责任”，该条款是对生产者侵权损害赔偿责任的规定，也是对产品缺陷责任的规定。第四十二条规定：“由于销售者的过错使产品存在缺陷，造成人身、他人财产损害的，销售者应当承担赔偿责任。”显然，《产品质量法》规定生产者对产品缺陷造成人身、他人财产损害时承担的是严格责任或者无过错责任，而销售者承担的则是过错责任。各国法律对于产品责任的归责原则基本上都是无过错的归责原则，即不以产品提供者的主观过错作为其承担产品损害赔偿责任的原则，只以产品本身对他人造成人身或者财产的损害事实作为承担赔偿的法律依据。我国《产品质量法》关于产品责任的归责原则采用的是过错责任和无过错责任相结合的具有中国特色的归责原则，即生产者承担的是无过错责任，销售者承担的是过错责任原则，这种立法体制是符合我国国情的。

《产品质量法》第四十条对产品质量责任作了明确界定，即“售出的产品有下列情形之一的，销售者应当负责修理、更换、退货；给购买产品的消费者造成损失的，销售者应当赔偿损失”。由此可见，产品质量责任的归责原则采用的严格责任原则。

（二）产品责任、产品质量责任的责任性质

《产品质量法》第四十四条规定：“因产品存在缺陷造成受害人人身伤害的，侵害人应当赔偿医疗费、治疗期间的护理费、因误工减少的收入等费用；造成残疾的，还应当支付残疾者生活自助具费、生活补助费、残疾赔偿金以及由其扶养的人所必需的生活费等费用；造成受害人死亡的，并应当支付丧葬费、死亡赔偿金以及由死者生前扶养的人所必需的生活费等费用。因产品存在缺陷造成受害人财产损失的，侵害人应当恢复原状或者折价赔偿。受害人因此遭受其他重大损失的，侵害人应当赔偿损失。”由此可见，产品责任着重强调赔偿责任，也就是因产品存在缺陷造成人身、他人财产损害，生产者、销售者应当承担的损害赔偿责任，仅涉及民事责任领域。

产品质量责任着重于质量责任，即产品的生产者、经营者违反《产品质量法》第三章规定的产品质量责任和义务而应承担的法律后果，包括民事赔偿责任、行政处罚、刑事责任，民事赔偿责任优先于行政处罚和刑事责任。

1. 民事责任

（1）修理、更换、退货，责任人为销售者。承担责任的条件有：第一，不具备产品使用性能而事先未作说明的；第二，不符合在产品或者其包装上注明采用的产品标准的；第三，不符合以产品说明、实物样品等方式表明的产品质量状况的。承担了责任的销售者，如果因产生责任的缺陷系由生产者或其他供货者引起，可以行使追偿权。

（2）赔偿损失。产品存在缺陷造成人身、缺陷产品以外其他财产损害的，生产者应当承担赔偿责任。以下情况生产者可以免责：未将产品投入流通的；产品投入流通时，引起损害

的缺陷尚不存在的；将产品投入流通时的科学技术水平尚不能发现缺陷的存在的。但是须由生产者举证。

2. 行政责任

常见违法行为有：生产的产品不符合国家标准、行业标准或其产品标识上采用的标准；掺杂、掺假、以假充真、以次充好、以不合格产品冒充合格产品；伪造产地、伪造或者冒用他人厂名、厂址等。行政法上的责任形式主要是责令停止生产销售、警告、罚款、没收财物、没收违法所得、罚款、吊销营业执照、取消检验认证资格等。

3. 刑事责任

质量监督部门或工商行政管理部门在查处违法行为过程中，如发现行为人的行为涉嫌构成犯罪，应当移交司法机关追究刑事责任。但如果行政法上的违法行为已经处以罚款的，司法程序中，罚金可以抵减。

三、关于产品质量的立法模式及法律制度

（一）关于产品质量的立法模式

我国严格区分产品责任和产品质量责任，在法律的制定上，两者责任的确定、调整方式、法律的执行都有所不同。关于产品责任，作为特殊侵权责任条款，《民法通则》第一百二十二条规定："因产品质量不合格造成他人财产、人身损害的，产品制造者、销售者应当依法承担民事责任。"另外，《产品质量法》第四十一条规定："因产品存在缺陷造成人身、缺陷产品以外的其他财产损害的，生产者应当承担赔偿责任。"第四十二条规定："由于销售者的过错使产品存在缺陷，造成人身、他人财产损害的，销售者应当承担赔偿责任。"不过，《民法通则》第一百二十二条规定的生产者、销售者都承担严格的责任，而《产品质量法》规定生产者对产品缺陷造成人身、他人财产损害时承担的是严格责任或者无过错责任，而销售者承担的则是过错责任，这两者归责原则上不一致。关于产品质量责任，《产品质量法》第四十一条至第四十六条作出了明确的规定。

（二）关于产品质量的法律制度

我国是成文法国家，除了《产品质量法》对产品质量建立了完备的法律规范外，在确保产品质量方面还有特别法规。从 20 世纪 80 年代初开始，全国人大常委会先后对药品、食品、烟草等产品的监管进行专门立法，国务院先后对食盐、农药、兽药、化妆品、饲料等产品的监管制定行政法规。这些法律、行政法规无一不涉及质量监督权和假冒伪劣产品的查处权问题。

从根本上看，房屋建筑、工程、药品、食品、化妆品、种子、烟草等等出现质量问题同汽车出现质量问题一样，都应当受到《产品质量法》的调整，但鉴于其不同于普通产品之特点，故国家分别出台了一些特别的法律、法规，如《建筑法》《食品安全法》《药品管理法》《种子法》《化妆品卫生监督条例》等，作为质量法体系里的特别法规，其同《产品质量法》的共同适用将构成解决该类纠纷的法律依据。

第二节 《产品质量法》具体制度

一、《产品质量法》的适用范围

任何法律都是调整一定社会关系的。《产品质量法》第一条规定："为了加强对产品质量的监督管理，提高产品质量水平，明确产品质量责任，保护消费者的合法权益，维护社会经济秩序，制定本法。"可见《产品质量法》调整两种社会关系，既调整国家行政管理机关与产品的生产者、销售者之间的监督管理关系，又调整生产者、销售者与消费者之间的民事关系，其中以调整生产者、销售者与消费者之间的民事关系为主，属于民法的特别法。

国家行政管理机关与产品生产者、销售者之间的监督管理关系，是纵向的经济关系，是非平等主体的关系。企业内部的质量管理关系，如企业质量管理科室对生产车间和生产工人的质量监督，属企业内部行为规章范畴，应当由企业规章制度来调整。

生产者、销售者与消费者之间的民事关系，是平等民事主体之间的关系，包括人身关系和财产关系。本法所调整的民事关系，必须是发生在生产者、销售者与消费者之间的民事关系，而生产者之间、销售者之间及消费者之间发生的民事关系，应当由其他法律调整。

二、产品质量管理与监督

（一）产品质量管理

1. 产品质量要求

产品质量应当检验合格，不得以不合格产品冒充合格产品。产品质量应当符合《产品质量法》第二十六条的规定，买卖合同对产品质量有特定要求的，产品还应符合合同的要求。

产品质量监督部门根据监督抽查的需要，可以抽样检验，数量不得超过合理需要，监督抽查不向被检查人收费。

2. 产品质量认证

国家推行企业质量体系认证和产品质量认证。认证采用自愿原则。企业申请认证可以向国务院产品质量监督部门认可的或者其授权的部门认可的认证机构提出申请。经认证合格，由认证机构颁发认证证书，获得产品质量认证证书的企业可以在其产品或者其包装上使用产品质量认证标志。

（二）产品质量监督

1. 专门机关监督

国务院和省、自治区、直辖市人民政府产品质量监督部门应当定期公布其监督抽查的产品的质量报告。

国务院产品质量监督部门、县级以上地方人民政府产品质量监督部门负责监督检查。法律另有规定的，从其规定。产品质量监督部门主要采取抽查的监督方式，监督可能危及人体健康和人身、财产安全的产品，影响国计民生的重要工业产品以及消费者、有关组织反映有质量问题的产品。国家监督抽查的产品，地方不得另行重复抽查；上级监督抽查的产品，下级不得另行重复抽查。

监督抽查工作由国务院产品质量监督部门规划和组织。县级以上地方产品质量监督部门在本行政区域内也可以组织监督抽查。法律对产品质量的监督检查另有规定的，依照有关法律的规定执行。

2. 社会监督

消费者有权就产品质量问题，向产品的生产者、销售者查询，向产品质量监督部门、工商行政管理部门及有关部门申诉，接受申诉的部门应当负责处理。

保护消费者权益的社会组织可以就消费者反映的产品质量问题建议有关部门负责处理，支持消费者对因产品质量造成的损害向人民法院起诉。

三、生产者、销售者的产品质量责任和义务

（一）生产者的产品质量责任和义务

生产者应当对其生产的产品质量负责。产品质量应当符合下列要求：（1）不存在危及人身、财产安全的不合理的危险，有保障人体健康，人身、财产安全的国家标准、行业标准的，应当符合该标准；（2）具备产品应当具备的使用性能，但是，对产品存在使用性能的瑕疵作出说明的除外；（3）符合在产品或者其包装上注明采用的产品标准，符合以产品说明、实物样品等方式表明的质量状况。上述前两种情况是法律对产品质量规定的默示担保条件。第三种情况是法律对产品质量规定的明示担保条件。产品质量符合上述三项要求，即为合格产品。

判定产品质量是否符合规定要求的依据是：（1）符合保障人体健康和人身、财产安全的国家标准、行业标准中的安全、卫生指标；（2）符合明示采用的产品标准中规定的使用性能，未制定相应标准的产品，其使用性能应当符合公众普遍认为应当具备的使用性能；（3）符合在产品或者包装上注明采用的产品标准所规定的质量指标，或者符合在产品说明中规定的质量指标，或者符合以实物样品等方式表明的质量状况。产品或者其包装上的标识应当符合《产品质量法》第二十七条的要求。产品质量不符合（2）、（3）规定的要求，存在危及人身、财产安全的不合理的危险，或者丧失原有的使用价值即视为产品“瑕疵”。

（二）销售者的产品质量责任和义务

1. 进货检查验收制度

销售者应当执行进货检查验收制度，验明产品合格证明和其他标识。进货检查验收包括产品标识检查、产品感观检查和必要的产品内在质量的检验。

2. 保持产品原有质量的义务

销售者应当采取措施，保持销售产品的质量。销售者应当根据产品的特点，采取必要的

防雨、防晒、防霉变措施，对某些特殊产品采取控制温度、湿度等措施，保持产品进货时的质量状况。

（三）生产者、销售者禁止性行为

1. 生产者禁止性行为

生产者不得生产国家明令淘汰的产品。“国家明令淘汰的产品”是指国家行政机关按照一定的程序，采用行政的措施，对涉及耗能高、技术落后、污染环境、危及人体健康等方面的因素，宣布不得继续生产、销售、使用的产品。

生产者不得伪造产地，不得伪造或者冒用他人的厂名、厂址。“伪造产地”是指在甲地生产，而标注乙地地名的欺骗行为。“伪造或者冒用他人的厂名、厂址”是指非法制作标注他人厂名、厂址的标识，或者擅自使用他人厂名、厂址的名称的侵权行为。

生产者不得伪造或者冒用认证标志、名优标志等质量标志。“伪造或者冒用认证标志、名优标志等质量标志”是指非法制作产品质量认证标志、优质产品标志、获国际荣誉奖标志、生产许可证标志等质量标志的行为；或者未获准认证，未取得优质产品、国际奖等荣誉，未取得生产许可证等，而擅自使用相应质量标志的行为。

生产者生产产品，不得掺杂、掺假、不得以假充真、以次充好，不得以不合格产品冒充合格产品。“掺杂、掺假”是指行为人在产品中掺入杂质或者造假，致使产品有关物质的成分或者含量不符合国家有关法律、法规、标准规定要求的欺骗行为。“以假充真”是指以甲产品冒充与其特性不同的乙产品的欺骗行为。“以次充好”是指以低等级、低档次的产品冒充高等级、高档次产品的欺骗行为。

2. 销售者禁止性行为

销售者不得销售国家明令淘汰并停止销售的产品和失效、变质的产品。“失效”是指失去了原有的效力、作用。“变质”是指产品发生了本质性的物理、化学变化，失去了原有的使用价值。

销售者不得伪造产地，不得伪造或者冒用他人的厂名、厂址。销售者销售产品，不得掺杂、掺假，不得以假充真、以次充好，不得以不合格产品冒充合格产品。

四、法律责任

违反《产品质量法》的法律责任包括产品质量责任、产品责任，具体内容见本章第一节。

产品侵权损害赔偿的诉讼时效期间为两年，自受害人知道或者应当知道缺陷产品造成损害之日起计算。超过两年诉讼时效期间，受害人便丧失了胜诉权。产品侵权损害要求赔偿的请求权期间为十年，自造成损害的缺陷产品交给第一个用户或者消费者之日起计算，满十年丧失请求赔偿权，但“尚未超过明示的安全使用期的除外”。这是指产品明示的安全使用期超过十年的，请求权期间适用明示的安全使用期限。

在广告中对产品质量作虚假宣传，欺骗和误导消费者的，依照《广告法》的规定追究法律责任。

第三节　食品安全法

一、食品安全概述

食品，指各种供人食用或者饮用的成品和原料以及按照传统既是食品又是药品的物品，但不包括以治疗为目的的物品。食品安全，指食品无毒、无害，符合应有的营养要求，对人体健康不造成任何急性、亚急性或者慢性危害。1996 年，世界卫生组织（WHO）将食品安全界定为“对食品按其原定用途进行制作、食用时不会使消费者健康受到损害的一种担保”。根据世界卫生组织的定义，食品安全（food safety）是食物中有毒、有害物质对人体健康造成影响的公共卫生问题。

2009 年 6 月 1 日起，我国《食品安全法》正式实施，1995 年制定实施的《食品卫生法》同时废止。2015 年 4 月 24 日，修订后的《食品安全法》通过，明确表示将对食品安全相关环节实施“最严格的全过程管理”，食品安全风险评估层面的法律亦得到完善。除此之外，《消费者权益保护法》《广告法》《突发公共卫生事件应急条例》《食品召回管理办法》以及《刑法》也有对食品安全问题的相关法律规定。

二、食品安全监管体系

在食品安全监管方面，我国建立了中央统一协调，各地方、各部门分段监管的体系。

（一）国家监管

国务院设立食品安全委员会，其职责由国务院规定，与食品安全监管相关工作部门各司其职，分别对食品生产、食品流通、餐饮服务活动实施监督管理：国务院食品药品监督管理部门依法和国务院规定的职责，对食品生产经营活动实施监督管理；国务院卫生行政部门依法和国务院规定的职责，组织开展食品安全风险监测和风险评估，会同国务院食品药品监督管理部门制定并公布食品安全国家标准。国务院其他有关部门依照本法和国务院规定的职责，承担有关食品安全工作。

（二）地方监管

县级以上地方人民政府对本行政区域的食品安全监督管理工作负责，统一领导、组织、协调本行政区域的食品安全监督管理工作以及食品安全突发事件应对工作，建立健全食品安全全程监督管理工作机制和信息共享机制。为避免其与食品安全监管相关职能部门的相互推诿，地方政府还应该依照《食品安全法》和国务院的规定，确定本级食品药品监督管理、卫生行政部门和其他有关部门的职责。县级人民政府食品药品监督管理部门可以在乡镇或者特定区域设立派出机构。

县级以上地方人民政府实行食品安全监督管理责任制。上级人民政府负责对下一级人民政府的食品安全监督管理工作进行评议、考核。县级以上地方人民政府负责对本级食品药品监督管理部门和其他有关部门的食品安全监督管理工作进行评议、考核。

（三）行业监管

食品行业协会应当加强行业自律，按照章程建立健全行业规范和奖惩机制，提供食品安全信息、技术等服务，引导和督促食品生产经营者依法生产经营，推动行业诚信建设，宣传、普及食品安全知识。

消费者协会和其他消费者组织对违反《食品安全法》规定，损害消费者合法权益的行为，依法进行社会监督。

（四）社会监管

各级人民政府加强食品安全的宣传教育，普及食品安全知识，鼓励社会组织、基层群众性自治组织、食品生产经营者开展食品安全法律、法规以及食品安全标准和知识的普及工作，倡导健康的饮食方式，增强消费者食品安全意识和自我保护能力。

新闻媒体开展食品安全法律、法规以及食品安全标准和知识的公益宣传，并对食品安全违法行为进行舆论监督。有关食品安全的宣传报道应当真实、公正。任何组织或者个人有权举报食品安全违法行为，有权依法向有关部门了解食品安全信息，对食品安全监督管理工作提出意见和建议。

三、食品安全风险监测和评估

（一）食品安全风险监测

食品安全风险监测，是指通过系统地、持续地对食品污染、食品中有害因素以及影响食品安全的其他因素进行样品采集、检验、结果分析，及早发现食品安全问题，为食品安全风险研判和处置提供依据的活动。国家建立食品安全风险监测制度，对食源性疾病、食品污染以及食品中的有害因素进行监测。早在2010年我国卫生部、工业和信息化部、工商总局、质检总局、食品药品监管局等五部门就联合制定了《食品安全风险监测管理规定（试行）》，第一次对食品安全风险监测进行了法律界定与约束。随后，在全国逐步建立与完善了覆盖各省、市、县并逐步延伸到农村地区的食品污染物和食源性疾病监测体系，加强了食品安全风险监测数据的收集、报送和管理，提高了我国食品安全风险监测水平。《食品安全法》进一步就食品安全风险监测具体运作机制作了详细规定。

1. 监测计划的制定

国务院卫生行政部门会同国务院食品药品监督管理、质量监督等部门，制定、实施国家食品安全风险监测计划。

2. 监测计划的实施

省、自治区、直辖市人民政府卫生行政部门会同同级食品药品监督管理、质量监督等部门，根据国家食品安全风险监测计划，结合本行政区域的具体情况，制定、调整本行政区域的食品安全风险监测方案，报国务院卫生行政部门备案并实施。

承担食品安全风险监测工作的技术机构应当根据食品安全风险监测计划和监测方案开展监测工作，保证监测数据真实、准确，并按照食品安全风险监测计划和监测方案的要求报送监测数据和分析结果。工作人员有权进入相关食用农产品种植养殖、食品生产经营场所采集样品、收集相关数据。采集样品应当按照市场价格支付费用。

3. 监测信息的通报

国务院食品药品监督管理部门和其他有关部门获知有关食品安全风险信息后，应当立即核实并向国务院卫生行政部门通报。对有关部门通报的食品安全风险信息以及医疗机构报告的食源性疾病等有关疾病信息，国务院卫生行政部门应当会同国务院有关部门分析研究，认为必要的，及时调整国家食品安全风险监测计划。

食品安全风险监测结果表明可能存在食品安全隐患的，县级以上人民政府卫生行政部门应当及时将相关信息通报同级食品药品监督管理等部门，并报告本级人民政府和上级人民政府卫生行政部门。食品药品监督管理等部门应当组织开展进一步调查。省级以上人民政府卫生行政、农业行政部门应当及时相互通报食品、食用农产品安全风险监测信息。

（二）食品安全风险评估

食品安全风险评估，指对食品、食品添加剂中生物性、化学性和物理性危害对人体健康可能造成的不良影响所进行的科学评估，包括危害识别、危害特征描述、暴露评估、风险特征描述等。我国于 2010 年由卫生部会同工业和信息化部、农业部、商务部、工商总局、质检总局和国家食品药品监管局制定了《食品安全风险评估管理规定（试行）》，2011 年 10 月成立了国家食品安全风险评估中心，紧密围绕“为保障食品安全和公众健康提供食品安全风险管理技术”的宗旨，承担起“从农田到餐桌”全过程的食品安全风险管理的技术支撑任务。国家食品安全风险评估中心运用科学方法，根据食品安全风险监测信息、科学数据以及有关信息，对食品、食品添加剂、食品相关产品中生物性、化学性和物理性危害因素进行风险评估。

1. 食品安全风险评估工作的实施

我国食品安全风险评估工作由国务院卫生行政部门负责组织，由医学、农业、食品、营养、生物、环境等方面的专家组成的食品安全风险评估专家委员会进行食品安全风险评估。对农药、肥料、兽药、饲料和饲料添加剂等的安全性评估，应当有食品安全风险评估专家委员会的专家参加。食品安全风险评估结果是制定、修订食品安全标准和实施食品安全监督管理的科学依据。

国务院食品药品监督管理、质量监督、农业行政等部门在监督管理工作中发现需要进行食品安全风险评估的，应当向国务院卫生行政部门提出食品安全风险评估的建议，并提供风险来源、相关检验数据和结论等信息、资料。国务院卫生行政、农业行政部门应当及时相互通报食品、食用农产品安全风险评估结果等信息。

2. 食品安全风险评估结果的公布

食品安全风险评估结果由国务院卫生行政部门公布。经食品安全风险评估，得出食品、食品添加剂、食品相关产品不安全结论的，国务院食品药品监督管理、质量监督等部门应当依据各自职责立即向社会公告，告知消费者停止食用或者使用，并采取相应措施，确保该食品、食品添加剂、食品相关产品停止生产经营。国务院食品药品监督管理部门应当会同国务院有关部门，根据食品安全风险评估结果、食品安全监督管理信息，对食品安全状况进行综合分析。对经综合分析表明可能具有较高程度安全风险的食品，国务院食品药品监督管理部门应当及时提出食品安全风险警示，并向社会公布。

县级以上人民政府食品药品监督管理部门和其他有关部门、食品安全风险评估专家委员会及其技术机构，应当按照科学、客观、及时、公开的原则，组织食品生产经营者、食品检验机构、认证机构、食品行业协会、消费者协会以及新闻媒体等，就食品安全风险评估信息和食品安全监督管理信息进行交流沟通。

四、食品安全标准

食品安全标准是指为了对食品生产、加工、流通和消费等食品链全过程中影响食品安全和质量的各种要素以及各关键环节进行控制和管理，经协商一致制定并由公认机构批准，共同使用和重复使用的一种规范性文件。食品安全标准对保障消费者身体健康和生命安全，提升政府食品监管能力，规范和引导食品生产者和经营者行为具有重要的意义，因此食品安全标准是强制执行的标准。《食品安全法》对食品安全标准的制定原则、食品安全标准的内容、食品安全标准的制定和公布主体、食品安全国家标准的整合、食品安全标准的执行与监督等内容做了具体规定。

（一）食品安全标准的制定和公布

《食品安全法》对食品安全标准进行了全方位、多层次的详细规定。

1. 国家标准

食品安全国家标准由国务院卫生行政部门会同国务院食品药品监督管理部门制定、公布，食品中农药残留、兽药残留的限量规定及其检验方法与规程由国务院卫生行政部门、国务院农业行政部门会同国务院食品药品监督管理部门制定。屠宰畜、禽的检验规程由国务院农业行政部门会同国务院卫生行政部门制定。制定食品安全国家标准，应广泛听取食品生产经营者、消费者和有关部门等方面的意见，并将食品安全国家标准草案向社会公布。食品安全国家标准审评委员会由医学、农业、食品、营养、生物、环境等方面的专家以及国务院有关部门、食品行业协会、消费者协会的代表组成，对食品安全国家标准草案的科学性和实用性等进行审查。

2. 地方标准

对地方特色食品，没有食品安全国家标准的，省、自治区、直辖市人民政府卫生行政部门可以制定并公布食品安全地方标准，报国务院卫生行政部门备案。食品安全国家标准制定后，该地方标准即行废止。

3. 企业标准

国家鼓励食品生产企业制定严于食品安全国家标准或者地方标准的企业标准，在本企业适用，并报省、自治区、直辖市人民政府卫生行政部门备案。

（二）食品安全标准的执行与监督

省级以上人民政府卫生行政部门应当会同同级食品药品监督管理、质量监督、农业行政等部门，分别对食品安全国家标准和地方标准的执行情况进行跟踪评价，并根据评价结果及时修订食品安全标准。省级以上人民政府食品药品监督管理、质量监督、农业行政等部门应当对食品安全标准执行中存在的问题进行收集、汇总，并及时向同级卫生行政部门通报。食品生产经营者、食品行业协会发现食品安全标准在执行中存在问题的，应当立即向卫生行政部门报告。

为了完善食品安全国家标准体系，国家卫计委加快了重点和缺失食品安全国家标准的制定、修订。2014 年完成了 96 项重点、亟须标准的制定、修订工作。2015 年上半年新发布的《食品安全国家标准　食品中镉的测定》等 13 项食品安全国家标准，《食品安全国家标准　速冻食品生产卫生规范》等 29 项食品安全标准草案向社会公开征求意见。截至 2015 年 7 月，国家卫计委已累积公布 492 项食品安全国家标准。整合食品安全标准用以解决我国食品安全标准执行内容的交叉、重复、矛盾问题，形成食品安全国家标准体系，是我国当前食品安全工作的重要内容。

五、食品生产经营管理制度

（一）食品许可制度

1. 食品生产经营实行许可制度

从事食品生产、食品销售、餐饮服务，应当依法取得许可。但是，销售食用农产品，不需要取得许可。县级以上地方人民政府食品药品监督管理部门应当依照《行政许可法》的规定，审核申请人提交的相关资料，必要时对申请人的生产经营场所进行现场核查。食品药品监督管理部门应当对食品生产加工小作坊和食品摊贩等加强监督管理。县级以上地方人民政府应当对食品生产加工小作坊、食品摊贩等进行综合治理，加强服务和统一规划，改善其生产经营环境，鼓励和支持其改进生产经营条件，进入集中交易市场、店铺等固定场所经营，或者在指定的临时经营区域、时段经营。食品生产加工小作坊和食品摊贩等的具体管理办法由省、自治区、直辖市制定。

2. 食品添加剂生产实行许可制度

从事食品添加剂生产，应当具有与所生产食品添加剂品种相适应的场所、生产设备或者设施、专业技术人员和管理制度，并依本法取得食品添加剂生产许可。生产食品添加剂应当符合法律、法规和食品安全国家标准。

3. 食品相关产品生产实行许可制度

生产食品相关产品应当符合法律、法规和食品安全国家标准。对直接接触食品的包装材料等具有较高风险的食品相关产品，按照国家有关工业产品生产许可证管理的规定实施生产许可。

（二）食品安全全程追溯制度

随着贸易的全球化，生产者与消费者的日益分离，消费者越来越看不到生产者。生产链和供应链的复杂使得消费者对获取安全产品的信心下降，对食品质量安全进行有效追踪溯源成为迫切需要解决的全球性问题。食品生产经营者应建立食品安全追溯体系，保证食品可追溯。国家鼓励食品生产经营者采用信息化手段采集、留存生产经营信息，建立食品安全追溯体系。国务院食品药品监督管理部门会同国务院农业行政等有关部门建立食品安全全程追溯协作机制。

（三）食品生产经营全程监控制度

虽然近些年食品中化学污染物的问题得到了有效控制，但微生物污染问题却逐年上升，一方面原有的食品污染如农药污染，细菌、霉菌毒素污染等问题仍然存在，另一方面一些企业过量使用防腐剂、保鲜剂来确保食品在运输、储藏过程中不变质也导致食品安全问题加剧。部分销售者销售假冒伪劣产品甚至变质产品，某些企业生产卫生条件差，从业人员无健康证，违法使用食用添加剂以及非食品原料加工和生产食品，不仅在社会上造成了恶劣影响，也严重危及人们生命健康。

对此，《食品安全法》强化生产经营者主体责任，实施“最严格的全过程管理”，对生产、销售、储存、餐饮服务等与食品安全相关环节的参与者进行针对性的管理，规定不同的责任与义务，实施最严格的全过程管理。具体如下：

1. 食品生产经营者

食品生产经营者应当建立以下制度：（1）建立健全食品安全管理制度，对职工进行食品安全知识培训，加强食品检验工作，依法从事生产经营活动。（2）建立并执行从业人员健康管理制度。患有国务院卫生行政部门规定的有碍食品安全疾病的人员，不得从事接触直接入口食品的工作。从事接触直接入口食品工作的食品生产经营人员应当每年进行健康检查，取得健康证明后方可上岗工作。（3）建立食品安全自查制度，定期对食品安全状况进行检查评价。生产经营条件发生变化，不再符合食品安全要求的，食品生产经营者应当立即采取整改措施；有发生食品安全事故潜在风险的，应当立即停止食品生产经营活动，并向所在地县级人民政府食品药品监督管理部门报告。

2. 食用农产品生产者

食用农产品生产者应当按照食品安全标准和国家有关规定使用农药、肥料、兽药、饲料和饲料添加剂等农业投入品，严格执行农业投入品使用安全间隔期和休药期的规定，不得使用国家明令禁止的农业投入品。食用农产品的生产企业和农民专业合作经济组织应当建立农业投入品使用记录制度。县级以上人民政府农业行政部门应当加强对农业投入品使用的监督管理和指导，建立健全农业投入品安全使用制度。

3. 食品生产者

食品生产企业应当建立食品原料、食品添加剂、食品相关产品进货查验记录制度，如实记录食品原料、食品添加剂、食品相关产品的名称、规格、数量、生产日期或者生产批号、保质期、进货日期以及供货者名称、地址、联系方式等内容，并保存相关凭证。食品生产企业应当建立食品出厂检验记录制度，查验出厂食品的检验合格证和安全状况，如实记录食品的名称、规格、数量、生产日期或者生产批号、保质期、检验合格证号、销售日期以及购货者名称、地址、联系方式等内容，并保存相关凭证。

4. 食品、食品添加剂、食品相关产品的生产者

食品、食品添加剂、食品相关产品的生产者应当按照食品安全标准对所生产的食品、食品添加剂、食品相关产品进行检验，检验合格后方可出厂或者销售。

5. 食品经营者

食品经营企业应当建立食品进货查验记录制度，如实记录食品的名称、规格、数量、生产日期或者生产批号、保质期、进货日期以及供货者名称、地址、联系方式等内容，并保存相关凭证。

实行统一配送经营方式的食品经营企业，可以由企业总部统一查验供货者的许可证和食品合格证明文件，进行食品进货查验记录。从事食品批发业务的经营企业应当建立食品销售记录制度，如实记录批发食品的名称、规格、数量、生产日期或者生产批号、保质期、销售日期以及购货者名称、地址、联系方式等内容，并保存相关凭证。

食品经营者应当按照保证食品安全的要求贮存食品，定期检查库存食品，及时清理变质或者超过保质期的食品。

6. 餐饮服务提供者

餐饮服务提供者应当制定并实施原料控制要求，不得采购不符合食品安全标准的食品原料；定期维护食品加工、贮存、陈列等设施、设备；定期清洗、校验保温设施及冷藏、冷冻设施；按照要求对餐具、饮具进行清洗消毒，不得使用未经清洗消毒的餐具、饮具；餐饮服务提供者委托清洗消毒餐具、饮具的，应当委托符合本法规定条件的餐具、饮具集中消毒服务单位。

7. 集中用餐单位

学校、托幼机构、养老机构、建筑工地等集中用餐单位的食堂应当严格遵守法律、法规和食品安全标准；从供餐单位订餐的，应当从取得食品生产经营许可的企业订购，并按照要求对订购的食品进行查验。供餐单位应当严格遵守法律、法规和食品安全标准，当餐加工，确保食品安全。

8. 餐具、饮具集中消毒服务单位

餐具、饮具集中消毒服务单位应当具备相应的作业场所、清洗消毒设备或者设施，用水和使用的洗涤剂、消毒剂应当符合相关食品安全国家标准和其他国家标准、卫生规范。餐具、

饮具集中消毒服务单位应当对消毒餐具、饮具进行逐批检验，检验合格后方可出厂，并应当随附消毒合格证明。消毒后的餐具、饮具应当在独立包装上标注单位名称、地址、联系方式、消毒日期以及使用期限等内容。

9. 食品添加剂生产者

食品添加剂生产者应当建立食品添加剂出厂检验记录制度，查验出厂产品的检验合格证和安全状况，如实记录食品添加剂的名称、规格、数量、生产日期或者生产批号、保质期、检验合格证号、销售日期以及购货者名称、地址、联系方式等相关内容，并保存相关凭证。记录和凭证保存期限应当符合《食品安全法》第五十条第二款的规定。

10. 食品添加剂经营者

食品添加剂经营者采购食品添加剂，应当依法查验供货者的许可证和产品合格证明文件，如实记录食品添加剂的名称、规格、数量、生产日期或者生产批号、保质期、进货日期以及供货者名称、地址、联系方式等内容，并保存相关凭证。记录和凭证保存期限应当符合《食品安全法》第五十条第二款的规定。

11. 集中交易市场的开办者、柜台出租者和展销会举办者

集中交易市场的开办者、柜台出租者和展销会举办者应当依法审查入场食品经营者的许可证，明确其食品安全管理责任，定期对其经营环境和条件进行检查，发现其有违反《食品安全法》规定行为的，应当及时制止并立即报告所在地县级人民政府食品药品监督管理部门。

12. 网络食品交易第三方平台提供者

网络食品交易第三方平台提供者应当对入网食品经营者进行实名登记，明确其食品安全管理责任；依法应当取得许可证的，还应当审查其许可证。发现入网食品经营者有违反《食品安全法》规定行为的，应当及时制止并立即报告所在地县级人民政府食品药品监督管理部门；发现严重违法行为的，应当立即停止提供网络交易平台服务。

（四）食品召回制度

食品生产者发现其生产的食品不符合食品安全标准或者有证据证明可能危害人体健康的，应当立即停止生产，召回已经上市销售的食品，通知相关生产经营者和消费者，并记录召回和通知情况。

食品经营者发现其经营的食品有前款规定情形的，应当立即停止经营，通知相关生产经营者和消费者，并记录停止经营和通知情况。食品生产者认为应当召回的，应当立即召回。由于食品经营者的原因造成其经营的食品有前款规定情形的，食品经营者应当召回。

食品生产经营者应当对召回的食品采取无害化处理、销毁等措施，防止其再次流入市场。但是，对因标签、标志或者说明书不符合食品安全标准而被召回的食品，食品生产者在采取补救措施且能保证食品安全的情况下可以继续销售；销售时应当向消费者明示补救措施。

为保障公众“舌尖上的安全”，国家食品药品监督管理总局 2015 年 9 月发布了新《食品召回管理办法》，不安全食品的召回从此有法可依。

六、食品安全监督管理

（一）食品安全监督管理的主体及方法

我国食品安全监督管理工作由县级以上人民政府食品药品监督管理、质量监督部门根据食品安全风险监测、风险评估结果和食品安全状况等，确定监督管理的重点、方式和频次，实施风险分级管理。在具体工作中，监督的方法如下。

1. 监督检查

县级以上人民政府食品药品监督管理、质量监督部门履行各自食品安全监督管理职责，有权采取下列措施：（1）进入生产经营场所实施现场检查；（2）对生产经营的食品、食品添加剂、食品相关产品进行抽样检验；（3）查阅、复制有关合同、票据、账簿以及其他有关资料；（4）查封、扣押有证据证明不符合食品安全标准或者有证据证明存在安全隐患以及用于违法生产经营的食品、食品添加剂、食品相关产品；（5）查封违法从事生产经营活动的场所。

2. 抽测食品

食品药品监督管理部门可采用国家规定的快速检测方法对食品进行抽查检测。抽查检测结果确定有关食品不符合食品安全标准的，可以作为行政处罚的依据。

3. 建立食品安全信用档案

食品药品监督管理部门建立食品生产经营者食品安全信用档案，记录许可颁发、日常监督检查结果、违法行为查处等情况，依法向社会公布并实时更新；对有不良信用记录的食品生产经营者增加监督检查频次，对违法行为情节严重的食品生产经营者，可以通报投资主管部门、证券监督管理机构和有关的金融机构。

4. 约谈

食品生产经营过程中存在食品安全隐患，未及时采取措施消除的，食品药品监督管理部门可以对食品生产经营者的法定代表人或者主要负责人进行责任约谈。食品生产经营者应当立即采取措施，进行整改，消除隐患。责任约谈情况和整改情况应当纳入食品生产经营者食品安全信用档案。

5. 公布食品安全信息

国家食品安全总体情况、食品安全风险警示信息、重大食品安全事故及其调查处理信息和国务院确定需要统一公布的其他信息由国务院食品药品监督管理部门统一公布。食品安全风险警示信息和重大食品安全事故及其调查处理信息的影响限于特定区域的，也可以由有关省、自治区、直辖市人民政府食品药品监督管理部门公布。县级以上人民政府食品药品监督管理部门发现可能误导消费者和社会舆论的食品安全信息，应当立即组织有关部门、专业机构、相关食品生产经营者等进行核实、分析，并及时公布结果。

（二）对食品安全监督主体的监督

1. 举报制度

食品生产经营者、食品行业协会、消费者协会等发现食品安全执法人员在执法过程中有违反法律、法规规定的行为以及不规范执法行为的，可以向本级或者上级人民政府食品药品监督管理、质量监督等部门或者监察机关投诉、举报。接到投诉、举报的部门或者机关应当进行核实，并将经核实的情况向食品安全执法人员所在部门通报；涉嫌违法违纪的，依法按照有关规定处理。

2. 约谈制度

县级以上人民政府食品药品监督管理等部门未及时发现食品安全系统性风险，未及时消除监督管理区域内的食品安全隐患的，本级人民政府可以对其主要负责人进行责任约谈。地方人民政府未履行食品安全职责，未及时消除区域性重大食品安全隐患的，上级人民政府可以对其主要负责人进行责任约谈。被约谈的食品药品监督管理等部门、地方人民政府应当立即采取措施，对食品安全监督管理工作进行整改。责任约谈情况和整改情况应当纳入地方人民政府和有关部门食品安全监督管理工作评议、考核记录。

七、食品安全事故处置

近年，我国食品安全事故不断发生，如何妥善处置食品安全事故成为我国食品监管领域的一个重要问题。与食品召回制度类似，食品应急处置的解决方案和处理过程是否迅速、透明，是否科学有效以及处理结果的公开公示，都已成为政府行政责任的逻辑延伸的必然。

（一）食品安全事故应急预案的制定

国务院组织制定国家食品安全事故应急预案。县级以上地方人民政府应当根据有关法律、法规的规定和上级人民政府的食品安全事故应急预案以及本行政区域的实际情况，制定本行政区域的食品安全事故应急预案，并报上一级人民政府备案。食品安全事故应急预案应当对食品安全事故分级、事故处置组织指挥体系与职责、预防预警机制、处置程序、应急保障措施等作出规定。食品生产经营企业应当制定食品安全事故处置方案，定期检查本企业各项食品安全防范措施的落实情况，及时消除事故隐患。

（二）食品安全事故的处置

1. 报告制度

发生食品安全事故的单位应当立即采取措施，防止事故扩大。事故单位和接收病人进行治疗的单位应当及时向事故发生地县级人民政府食品药品监督管理、卫生行政部门报告。医疗机构发现其接收的病人属于食源性疾病病人或者疑似病人的，应当按照规定及时将相关信息向所在地县级人民政府卫生行政部门报告。

发生食品安全事故，接到报告的县级人民政府食品药品监督管理部门应当按照应急预案的规定向本级人民政府和上级人民政府食品药品监督管理部门报告。县级人民政府和上级人民政府食品药品监督管理部门应当按照应急预案的规定上报。

2. 通报制度

县级以上人民政府卫生行政部门在调查处理传染病或者其他突发公共卫生事件中发现与

食品安全相关的信息，应当及时通报同级食品药品监督管理部门。县级以上人民政府质量监督、农业行政等部门在日常监督管理中发现食品安全事故或者接到事故举报，应当立即向同级食品药品监督管理部门通报。医疗机构接收的病人属于食源性疾病病人或者疑似病人，县级人民政府卫生行政部门认为与食品安全有关的，应当及时通报同级食品药品监督管理部门。

【课后习题】

1. 国家对食品生产经营实行许可制度。从事食品生产应当依法取得食品（　　）。

A. 生产许可　　B. 食品流通许可　　C. 餐饮服务许可　　D. 行业协会许可

2.（　　）组织制定国家食品安全事故应急预案。

A. 卫生部　　B. 质检总局　　C. 国务院　　D. 安监局

3. 承担产品质量责任的主体是（　　）。

A. 生产者和销售者　　B. 生产者和使用者

C. 生产者、销售者和使用者　　D. 使用者

4. 由于销售者的（　　）使产品存在缺陷，造成他人人身、财产损害的，销售者应当承担赔偿责任。

A. 故意　　B. 过失　　C. 过错　　D. 破坏

5.《产品质量法》规定，产品缺陷损害赔偿的诉讼时效为（　　）。

A. 二十年　　B. 十年　　C. 二年　　D. 一年

【参考答案】

1. A　　2. B　　3. A　　4. C　　5. C

第九章　消费者权益保护法

案例

“母亲节”前，张小姐在某网站购买了数盒保健品想送给母亲，隔天收到货品送往母亲家，没想到张小姐的姐姐也为母亲购买了同品牌的保健品数盒，这下张小姐发了愁，这么多保健品要吃到什么时候呢，于是想到了退货。她联系网店店主，而店主却拒绝了张小姐，店主称：“我们不是七日无条件退换货的店，在小店购物不退不换。”

请问：张小姐买的保健品是否可退？

第一节　消费者权益保护法概述

一、消费与消费者

（一）消　费

消费是社会再生产的一个重要环节，与生产相辅相成。生产是社会生产过程的起点和前提，其目的是为了满足人们不断增长的物质文化需要；有生产就有消费，消费是社会生产过程的终点和归宿，它反过来又折射出生产力发展水平。消费有广义和狭义之分。广义的消费包括生产消费和生活消费，生产消费是为商品的再生产而消耗物质资料和劳动力的行为和过程，其结果是创造出新产品，实际上生产消费属于生产过程本身；生活消费是指人们为了生存和发展的需要而消耗物质产品和精神产品的行为和过程，其结果是劳动力的生产和再生产，是与生产消费有本质区别的。狭义的消费就是生活消费。通常人们所指的消费除了有特别说法的以外，一般均指生活消费。

（二）消费者

“消费者”已成为法律上的专有名词，在全世界范围内早已被广泛运用。世界各国及有关国际组织在其消费者权益保护法中对消费者都作了明确的界定，但对其界定的范围宽窄不一，表述也大同小异。就有关立法例来看，国际标准化组织消费者政策委员会 1978 年在日内瓦召开的第一次年会上，将“消费者”定义为“为了个人同的购买商品、使用商品及服务的个体社会成员”。泰国消费者保护法将消费者定义为“买主及从事业者那里接受服务的人，包括

为了购进商品和享受服务而接受事业者的提议和说明的人”。俄罗斯消费者权利保护法给消费者的定义是“使用、取得、定作或者具有取得或定作商品（工作、劳务）的意图以供个人生活需要的公民”。从这些立法例可以看出，一般的国家立法都将消费者定义为公民个人，这说明在消费者主体问题上各国立法已基本达成共识。

我国《消费者权益保护法》第二条规定：“消费者为生活消费需要购买、使用商品或者接受服务，其权益受本法保护。”因此，按我国《消费者权益保护法》的这一规定，消费者是指为生活消费需要而购买、使用商品或者接受服务的公民个人。这一概念同其他国家关于消费者的定义相比，其内涵是一致的。

（三）消费者权益保护运动的历史沿革

消费者权益保护运动是在现代市场经济条件下，以保护消费者利益为目的的，从消费者的立场出发，向经营者提出要求和批评，并对其进行社会监督，同时对消费者采取相应的保护措施与行动以维护社会公正的、有组织的社会运动的总称。消费者权益保护运动的兴起与发展，对社会各个领域，诸如生产、流通、文化教育等领域乃至人们的消费观、价值观等都产生了积极的影响和作用。消费者权益保护运动的兴起是以消费者问题的出现为直接诱因的，消费者问题简单地说就是消费者因生活消费而权益受到侵害所产生的社会问题。它是在商品经济条件下随着商品交换的范围和频率不断扩大和提高而产生并加深的。人类社会生产力的发展使产品有了剩余，生产者除了自给之外将剩余产品拿到市场上去交换，第三次社会大分工出现了商人阶层，形成了不同于生产者的另—类经营者——销售者，生产者、销售者与消费者通过市场联系起来。但是，生产者、销售者同消费者之间在市场交换中存在利益冲突：生产者、销售者通过市场将商品卖给消费者，总想多得到一些利润；而消费者则希望用尽量少的钱买到尽可能多的质优价廉的消费品。商品的生产者和销售者为了更快地收回投资并赚取利润，往往不惜采取任何手段，甚至损害消费者的权益，如偷工减料、掺杂使假、投机诈骗、缺斤少两等，其结果是严重地损害了消费者的利益，由此导致消费者问题的产生。

20 世纪消费者权益保护运动的发展是一种世界潮流，消费者权益保护运动最早兴起于美国，后来逐步蔓延到各发达国家和地区，引起各国人民及政府的广泛关注。但是，由于各国文化传统、政治体制、经济发展水平的差异，消费者权益保护运动体现出不同的特点和多样的表现形式。我国消费者权益保护运动是国际消费者权益保护运动不可分割的组成部分，它既具备各国消费者权益保护运动所共有的特征，又有同别国消费者权益保护运动不同的鲜明的中国特色。我国消费者权益保护运动同世界各国消费者权益保护运动产生的原因一样，是现代科学技术的发展同商品经济的发展共同作用的结果，这就是我国消费者权益保护运动产生于 20 世纪 80 年代之后的原因所在。我国消费者权益保护运动的兴起是在改革开放之后，这是由计划经济向商品经济、市场经济过渡的时期。我国开始以经济建设为中心，实行改革开放的经济政策，通过扩大企业经营自主权，放权让利，依法确立企业的法人资格等，逐步使企业具备了独立的经济地位，成为独立的商品生产者和经营者。随着企业独立利益的形成和消费品市场的发展，以获取更高经济利益为目的的各种损害消费者权益的行为大量出现。我国消费者权益保护运动的兴起和发展同其他发达国家相比在时间上要晚得多，但它是同我国的商品经济的产生和市场经济体制的确立同步进行的，这是我国消费者权益保护运动的一个突出特点。我国消费者权益保护运动经过几十年的发展立法成果显著。

（四）我国消费者权益保护法的基本原则

消费者权益保护法的基本原则是在市场经济条件下国家必须将消费者作为特殊主体对其权益加以保护的客观要求在法律上的反映。它是集中体现消费者权益保护法的基本价值和调整方法，并对消费者权益保护法的制定、执行、适用以及解释具有普遍指导意义，贯穿于消费者权益保护法始终的基本准则和基本精神。概括起来，我国消费者权益保护法的基本原则包括以下三个方面：

（1）对消费者给予特殊保护的原则。对法律关系的一方主体给予比另一方主体更优越的特殊保护，这是消费者权益保护法特有的也是最重要的原则，它是由消费者权益保护法固有的价值取向和消费者所处的特殊地位决定的。

（2）国家干预及社会参与的原则。因消费者都是自然人个体，其与经营者抗衡的能力极为有限。这就要求国家应当从消费者的立场出发，以国家强制力对消费领域进行适度干预，在预防消费者损害和消费者遭受侵害的补救方面提供各种支持。

（3）加强消费者权益保护与促进市场经济发展相协调的原则。从世界各国消费者权益保护运动发展的历程来看，对消费者保护的程度是与当地、当时的生产力发展水平相适应的。如果不顾经济发展的客观要求而片面地、过度地强调消费者保护，不仅会严重阻碍经济的健康发展，而且也不能使消费者的合法权益真正得到切实、有效的保护。一个国家经济越发达，其消费者的消费需求越能得到充分地满足；在一个经济落后的国家里，消费者的各种消费需求是难以实现的。因此，加强和改善消费者的地位与发展经济生产是不可分割的。

第二节　消费者及其权利

一、消费者概述

（一）消费者的概念

关于“什么是消费者”，各国立法对其所下的定义大同小异，虽然表述各不相同，界定宽窄不一，但综合各国消费者立法关于消费者的定义有一个共同特点，即都将消费者定义为公民个人，其出发点都是充分考虑了消费者的以下因素：消费者是分散的、广泛的，在消费领域处于弱者地位的社会群体，所以才需要通过专门立法加以特殊保护。我国《消费者权益保护法》并没有针对消费者这一概念进行详细阐述，只在第二条规定：“消费者为生活消费需要购买、使用商品或者接受服务，其权益受本法保护；本法未作规定的，受其他有关法律、法规保护。”

（二）消费者的构成要件

构成一个法律意义上的消费者，必须具备下列要件：

（1）消费者的消费性质为生活消费，消费是人类社会最普遍的现象，也是维持整个社会正常运转的最基本的活动。消费有广义和狭义之分。广义的消费包括生产消费和生活消费。狭义的消费专指生活消费。《消费者权益保护法》中规定的消费即生活消费。

（2）消费者消费的客体是商品和服务。这里的商品和服务并不是所有的商品和服务，必须是与生活消费有关的，仅指那些可以用于生活消费的商品和服务。

（3）消费者的消费方式包括购买、使用和接受。购买是消费者直接取得商品的途径，也是法定的消费形式之—。购买商品的人在大多数情况下也是使用商品的人，但并不要求购买者必须同时是使用者才能成为消费者，购买的人只要不是再去出售其购买的商品，不因此去营利，不论其购买的动机和目的如何而购买与生活消费相关的消费品，就不能排除其消费者的资格。

（4）消费者主体是指公民个人。这一点在消费者概念中已有论述，这里不再赘述。

以上四点是判断一个人是否为消费者的必要条件，只有同时具备这四个要件，一个人才成为《消费者权益保护法》上的消费者。

二、消费者的权利

消费者的权利是伴随商品经济的发展和消费争议的产生而提出的一个新问题。它具体指消费者在消费领域内依法所享有的权能。消费者权利的特征表现在以下三个方面：权利主体是消费者，即进行生活消费的公民个人；权利的内容表现为消费者有权自己做出或不做出一定行为，也可以表现为消费者有权要求他人做出或不做出一定行为；消费者享有的权利必须由法律加以规定，消费者不能随意为自己创设权利。消费者权利最早是由美国提出的。我国新修订的《消费者权益保护法》从第七条至第十五条，具体规定了消费者享有的 9 项权利。

（一）消费者的安全权

《消费者权益保护法》第七条规定："消费者在购买、使用商品和接受服务时，享有人身、财产安全不受损害的权利。"这一规定赋予消费者安全权。安全权是消费者最重要、最根本的权利，是消费者享有其他权利的前提和基础，如果没有这—权利的保障，消费者的其他权利都无从谈起。同时，安全权也是我国宪法赋予公民的人身权、财产权在《消费者权益保护法》中的具体体现。

消费者在消费时，首先要考虑的就是商品和服务是否安全。消费者的安全权包括人身安全权和财产安全权。人身安全权是人身权的重要组成部分，它有两个方面的含义：一是健康不受损害；二是生命安全有保障。健康不受损害是指消费者在购买、使用商品或接受服务时，享有保持身体各器官及其机能完整的权利；生命安全有保障即消费者在购买、使用商品或接受服务时生命不受危害的权利。

财产安全权是消费者在购买、使用商品和接受服务时其财产不受损害的权利。这里的财产安全权，不仅仅指消费者购买、使用的商品本身的安全，还包括其他财产的安全；其他财产是与消费者购买、使用的商品无关的财产。如果消费者正常使用该商品或接受服务致使其他财产受到损害，同样损害了消费者的财产安全权。例如，A 买了一部智能手机，因该手机质量不合格导致在使用时发生爆炸，将 A 的面部烧伤同时致使 A 的衣服大面积烧毁，那么被烧毁衣物的损失同样应由经营者承担赔偿责任。

（二）消费者的知情权

《消费者权益保护法》第八条规定："消费者享有知悉其购买、使用的商品或者接受的服务的真实情况的权利。"这一规定是对消费者知情权的法律确认。对商品和服务的真实情况进行全面和充分的了解，是消费者进行消费的前提。因为任何一个人都不会花钱购买自己毫无所知的商品，接受自己毫无所知的服务。在买方市场已形成的情况下，商品品种众多，每一种商品都有区别于其他商品的使用价值，即使同种商品因产地、品牌及生产者的不同而价格、性能、质量亦有差异。同时，新产品不断开发和出现，就使消费者在实施消费行为前不能对商品作出较全面的了解，就作出消费选择和决定。对服务也同样。因此，保证消费者对商品和服务真实情况的了解是非常重要的。消费者根据自身的文化程度、生活习惯、消费知识对不同种类商品的价格、产地、生产者、用途、性能、规格、等级、主要成分、生产日期、有效期限、检验合格证明、使用说明书等有关情况以及对服务的内容、规格、费用等情况进行了解，都是在行使自己的知情权，都是受《消费者权益保护法》保护的。

（三）消费者的自主选择权

《消费者权益保护法》第九条规定："消费者享有自主选择商品或者服务的权利。"这是《消费者权益保护法》赋予消费者自主选择权。具体地，消费者有权根据自己的消费需求、意向和兴趣选择自己满意的商品或服务。自主选择权主要包括以下方面：有权自主选择提供商品或服务的经营者；有权自主选择商品品种或服务方式；有权自主决定购买或不购买任何一种商品，接受或不接受任何一种服务；在自主选择商品或服务时，有权进行比较、鉴别和挑选。另外，消费者还有权选择经营者提供商品和服务的地点、场所等。作为自主选择权，不是可以任意行使的，它必须具备以下要件：

（1）消费者选择商品和服务的行为必须以自愿为前提。"买与不买、买什么不买什么"的决定权应完全掌握在消费者手里。例如，高清数字电视广播公司规定，用于安装高清数字电视的机顶盒必须到它的公司购买，如果用户在市场购买哪怕是同广播公司出售的品牌、生产者、价格都一样的高清机顶盒，也视为"违法"，轻则拆掉，重则断绝信号供应。广播公司内有十几个品牌供用户挑选购买，并称充分尊重用户购买哪一品牌的选择权。在这起案例中，用户的自主选择权遭到了剥夺，而不是受到尊重。因为用户购买的前提是自愿的，而不是把选择强迫限定在一个不合理的范围内。

（2）消费者的自主选择行为必须是合法行为。虽然消费者的自主选择行为是一种权利，但这—权利的行使必须合法，才能受法律的保护。消费者在自主选择商品时，应当尊重社会普遍的商业习惯，尊重经营者合法的经营方式、经营范围，遵守社会公德，不因自己的自主选择而损害他人的利益。否则，其行为就不合法，其自主选择权也就失去了法律意义。

（3）自主选择权只能在购买商品或接受服务过程中行使，使用商品时没有选择权问题。权利的行使有时效的限制，自主选择权也一样。在购买商品时可以充分行使和处分这项权利。这时经营者要充分尊重消费者的这项权利，并应为消费者行使这项权利创造充分的条件。但是，购买行为一旦完成，这种权利即自此终止，不再延展。这样有利于维护交易的正常进行和社会经济秩序的稳定，也有利于维护经营者的合法权益。

（四）消费者的公平交易权

《消费者权益保护法》第十条规定："消费者享有公平交易的权利。"公平原则是我国《民法通则》所确定的平等的民事主体实施民事行为所必须遵循的一项最基本的原则，也是市场交易的基本原则。在消费法律关系上，从一般意义来讲，消费者和经营者是平等的民事主体，具有平等的法律地位。但交易活动因各种因素的影响使消费者处于事实上的弱者地位，法定的公平原则在消费者与经营者的交易中难以保障。因此，《消费者权益保护法》特别强调了消费者的公平交易权。如果经营者在交易时违背自愿、平等、公平、诚实信用原则，就侵犯了消费者的公平交易权，应当承担相应的法律后果。公平交易权表现在以下两个方面：

（1）消费者有权获得质量保障、价格合理、计量正确等公平交易条件。质量保障就是商品或服务有国家、行业、地方、企业标准的要符合标准，没有标准的要符合社会普遍公认的安全及卫生要求。商品和服务有了质量保障才有其应有的使用价值。价格合理即商品或服务的价格与其价值相符，有国家定价的必须依照执行，无国家定价的要由双方协商确定。但是，涉及广大社会公众切身利益的商品及服务价格的确定，必须严格地按照我国所确定的价格听证程序进行。计量正确是要求计量数量正确，不能缺斤少两，缺尺短寸；计量器具要符合国家规定，不得使用国家明令淘汰的计景器具进行交易。另外，计量单位要正确，经营者同消费者进行交易要用法定计量单位，然后按双方都明了的数值结算价款或费用。

（2）消费者有权拒绝经营者的强制交易行为。强制交易行为不论是在什么情况下都可能发生。它是严重违背消费者意愿和自愿原则的交易行为，其表现形式多种多样。在我国强制交易行为发生最多的是垄断性突出的行业，如电信、煤气行业等，以及在商品及服务紧俏的情况下，如强行搭售商品、饭馆对顾客强制规定最低消费标准等。强制交易行为既侵犯了消费者的自主选择权，又侵犯了消费者的公平交易权，因此消费者对此有权予以拒绝。

（五）消费者的求偿权

《消费者权益保护法》第十一条规定："消费者因购买、使用商品或接受服务受到人身、财产损害的，享有依法获得赔偿的权利。"消费者在购买、使用商品或接受服务时，人身可能受到损害，包括人格权的损害和生命健康权的损害。人格权的损害如姓名权被贬损，名誉权被毁坏、被侮辱，荣誉权被剥夺，肖像权被滥用、被扭曲等；生命健康权的损害如轻伤、致残、死亡等。财产损害即消费者财产上遭受损失，包括直接损失和间接损失。不论人身损害还是财产损害，消费者都依法享有获得赔偿的权利。赔偿的方式包括修理、重作、更换、恢复原状、消除影响、恢复名誉、赔礼道歉、赔偿损失等，几种方式可能同时并用，也可能单一适用。如果因欺诈造成消费者损害，则可以主张加倍赔偿。

消费者受到人身、财产损害的情形有三种：在购买商品过程中发生的，如在超市里被搜身，购物时被欺诈等；在使用商品过程中发生的，如使用电器时触电致伤，喝啤酒时酒瓶爆炸等；在接受服务过程中发生的，如美容时遭毁容，随团旅游遭伤害或财物丢失等。

享有求偿权的主体是因购买、使用商品或接受服务而受到损害的人，具体包括：商品的购买者；商品的使用者；服务的接受者；第三人。这里的第三人是指购买、使用商品或接受服务之外的人，因他人购买、使用商品或接受服务而遭受意外伤害的人。例如，甲购买一罐煤气充满气放在家中，因该煤气罐不合格发生爆炸，邻居乙的房屋因此受到破坏，那么乙即第三人。第三人受到的损害虽然不是自己购买、使用商品或接受服务引起的，但《消费者权益保护法》仍赋予其求偿权。

（六）消费者的结社权

《消费者权益保护法》第十二条规定："消费者享有依法成立维护自身合法权益的社会团体的权利。"这一规定是宪法关于"中华人民共和国公民有言论、出版、集会、结社、游行、示威的自由"的具体化。但是，消费者成立维护自身合法权益的社会团体必须具备两个条件：依法成立，要履行法定程序，具备法定条件；宗旨是维护消费者的合法权益，不得利用该团体损害国家、社会、集体的利益和其他公民的合法权益。

《消费者权益保护法》之所以赋予消费者结社权，是从维护消费者权益的需要考虑的。消费者弱者地位及其分散性，决定了消费者个人无力充分保障自己的消费权益。如果通过消费者社会团体将消费者组织起来，以社会力量对经营者进行监督，不仅能起到政府部门难以起到的作用，而且能够架起消费者与政府的桥梁，起到上传下达的作用。同时，消费者社会团体以集团的形式站在消费者立场上开展活动，充分发挥法律赋予消费者组织的职能，可以及时解决消费权益纠纷，减少争论，促进经济秩序的稳定。

（七）消费者的知识获取权

《消费者权益保护法》第十三条规定："消费者享有获得有关消费和消费者权益保护方面的知识的权利。"这是《消费者权益保护法》赋予消费者受教育的权利。从这一规定可以看出，消费者的这项权利包括两个方面：

1. 消费者有权获得有关消费方面的知识

消费知识是指消费者在进行消费活动过程中应当掌握的与商品和服务有关的基本知识，包括关于消费观的知识、关于商品或服务的基本知识以及关于市场的基本认识等。

2. 消费者享有获取消费者权益保护方面的知识的权利

消费者在消费时，应对消费者权益保护方面的知识有足够的了解，以便消费时能防患于未然，或者在权益被损害时能利用法律武器捍卫自己的消费权利，补救已受到的损失。包括有关保护消费者合法权益的法律、法规与政策，与消费者权益保护有关的规定以及消费者权益争议的解决途径等内容。

（八）消费者的人格尊严及民族风俗习惯受尊重权

《消费者权益保护法》第十三条规定："消费者在购买、使用商品和接受服务时，享有人格尊严、民族风俗习惯得到尊重的权利，享有个人信息依法得到保护的权利。"这方面内容可以从两个方面进行理解：

1. 消费者在购买、使用商品或接受服务时，享有人格尊严受到尊重的权利

人格尊严即公民的人格权，指公民的姓名权、名誉权、肖像权、人身自由权等。在一个法治、文明的国家里，这些权利应当得到充分的尊重。我国《宪法》明确规定，中华人民共和国公民的人格尊严不受侵犯。禁止用任何方法对公民进行侮辱、诽谤和诬告陷害。同时还规定，公民的人身自由不受侵犯。禁止非法拘禁和以其他方法非法剥夺或限制公民的人身自由。在消费领域，公民的这些权利应当得到同样尊重。但由于社会物质文明和精神文明程度的限制以及一些经营者本身素质和修养问题，侵犯消费者人格尊严的现象十分普遍，如照相馆、摄影厅不经消费者同意随意使用其肖像做广告宣传，或转让给媒体做广告宣传，消费者购物受到无端的怀疑、指责，甚至搜身、扣留、打骂等，诸如此类问题目前屡见不鲜。因此，消费者人格尊严的保护问题是不容忽视的问题，也是需要国家及全社会长期努力加以解决的问题。

2. 消费者在购买、使用商品或接受服务时享有民族风俗习惯受到尊重的权利

我国是一个统一的多民族国家，团结各民族共同建设我们的国家是处理我国民族关系的基本政策。民族团结首先体现在民族平等、各民族相互尊重以及尊重少数民族的风俗习惯等方面。我国除汉族外，还有55个少数民族，由于经济、文化、历史发展不同和地域差异，形成了民族间语言文字、生活方式、风俗习惯和宗教信仰等方面的差别。在长期的历史发展过程中，各民族在饮食、服饰、居住、婚葬、节庆、娱乐、礼节、禁忌等方面，都有不同的风俗习惯。尊重少数民族的风俗习惯，即尊重他们的民族尊严。在消费领域，与消费者相关的少数民族风俗习惯主要体现在服饰、饮食、礼节等。经营者对少数民族的这些习惯要给予尊重。例如，一位回族人或其他信奉伊斯兰教的消费者一旦声明了自己的民族或信仰，经营者在向其提供饮食时应同汉族消费者有所区别，否则将引起不必要的纠纷。

（九）消费者的监督权

《消费者权益保护法》第十五条规定："消费者享有对商品和服务以及保护消费者权益工作进行监督的权利。"消费者的监督权是社会监督的重要组成部分，是国家对消费者权益实施保护的重要手段。消费者的监督权主要包括消费者对商品和服务的质量、价格、计量、侵权行为等问题以及保护消费者权益工作有向有关经营者或机构提出批评、建议或者检举、控告的权利。由此可见，消费者行使这项权利的对象既包括经营者，也包括相关行政部门和消费者组织。批评建议权是公民享有的一项宪法权利，对经营者的不当经营行为和非法行为，消费者发现后有权进行批评。如果不是主观故意所为，从改进经营行为的角度讲，消费者可以提出合理建议。消费者对国家相关部门及消费者协会的好坏，也有批评和建议的权利。检举、控告包括对损害消费者合法权益行为的检举、控告和对国家机关及其工作人员在保护消费者权益工作中的违法失职行为的检举、控告。检举就是消费者对侵害其合法权益和违法失职行为向有关机关进行举报和揭发；控告是就侵害消费者合法权益的行为及违法失职行为向有关部门投诉和向司法机关起诉。接受检举、控告的机关包括司法机关、工商行政管理机关、物价管理机关、卫生管理及监督机关、进出口商品检验机关及各级人民政府。

第三节 经营者及其义务

一、经营者的含义

由于《消费者权益保护法》并未对经营者的含义进行详细阐述，参照我国《反不正当竞争法》第二条第二款规定："本法所称的经营者，是指从事商品经营或者营利性服务（所称商品包括服务）的法人、其他经济组织和个人。"《产品质量法》只提到经营者，没有对经营者本身作出任何解释。可见，我国立法关于经营者的规定是笼统而抽象的，不像其他国家如英国、美国那样规定得具体、明确。实际上，经营者是一个很宽泛的概念。从事一切商品经营及提供各种营利性服务的公民、法人及其他经济组织都是经营者。但是，《消费者权益保护法》对经营者规定的适用范围却没有这么大。该法所称的经营者，单指向消费者提供其生产、销售的商品或者提供营利性服务的公民、法人及其他经济组织。

二、经营者的义务

《消费者权益保护法》从第十六条至第二十九条全面地规定了经营者的各项义务。

（一）经营者必须履行法定的义务和约定的义务

《消费者权益保护法》第十六条规定，经营者向消费者提供商品和服务，应当依照《产品质量法》和其他法律、法规的规定履行义务。经营者和消费者有约定的，应当按照约定履行义务，但双方的约定不得违背法律、法规的规定。通过这一条的规定，将其他法律对经营者义务的规定概括地引入《消费者权益保护法》当中，同时也可以将这一条规定看作《消费者权益保护法》对经营者单独设定的一项具体义务。

（二）接受消费者监督的义务

《消费者权益保护法》第十七条规定，经营者应当听取消费者对其提供的商品或服务的意见，接受消费者的监督。这是基于消费者的监督权对经营者提出的要求。法律赋予消费者的监督权只是为消费者行使批评建议和检举控告权提供了法律依据，但消费者的监督权真正得以实现，有赖于经营者主动听取消费者的意见和主动接受消费者的监督。经营者接受消费者的监督应不分时间、地点和方式，既应在提供商品和服务时听取消费者的意见和建议，也应听取消费者通过广播、电视、报纸提出的意见和建议。经营者对消费者从各方面进行的检举、控告应认真对待，对自身确实存在的各种违法行为应及时纠正，对于自身不存在的而引起消费者误解的问题应予以解释、澄清，给消费者以满意的答复。将消费者的批评和建议作为改进经营的最大动力。经营者应当采取积极措施为消费者行使监督权提供便利，如设立专门机构，配备专人收集、听取消费者的意见等。

（三）保证商品和服务安全的义务

《消费者权益保护法》第十八、十九条规定，经营者应当保证其提供的商品或者服务符合保障人身、财产安全的要求，对可能危及人身、财产安全的商品和服务，应当向消费者作出真实的说明和明确的提示，并说明和标明正确使用商品或接受服务以及防止危害发生的方法。经营者发现其提供的商品或者服务存在严重缺陷，即使正确使用商品或者接受服务仍然可能对人身、财产安全造成危害的，应当立即向有关行政部门报告和告知消费者，并采取防止危害发生的措施。

（四）提供商品和服务真实信息的义务

《消费者权益保护法》第二十条规定了经营者的这项义务。它包括三个方面的内容：

（1）经营者应当向消费者提供有关商品或者服务的真实信息，不得作引人误解的虚假宣传。

（2）经营者对消费者就其提供的商品或者服务的质量和使用方法等问题提出的询问，应当作出真实、明确的答复。

（3）商店提供商品应当明码标价。商店提供商品明码标价是保障消费者合法权益的有效措施之一。

（五）标明真实名称和标记的义务

《消费者权益保护法》第二十一条规定，经营者应当标明其真实名称和标记。租赁他人柜台或者场地的经营者，应当标明真实名称和标记。经营者的名称是经营者之间得以相互区别的文字符号。经营者的标记是经营者为经营目的而使用的图形或文字，或图形文字组合符号，例如，苹果公司的“苹果”标记，中国银行的标记等。有的名称和标识与经营者的注册商标是一致的。它是消费者用以区别商品和服务的经营主体以及确认商品和服务来源的依据。经营者的名称和标记不仅是经营者法律身份的体现，同时和商标一样，代表商品和服务的品质、规格、质量等，更代表经营者的商业信誉。

（六）出具购货凭证或服务单据的义务

《消费者权益保护法》第二十二条规定，经营者提供商品或者服务，应当按照因家有关规定或者商业惯例向消费者出具购货凭证或者服务单据；消费者索要购货凭证或者服务单据的，经营者必须出具。《消费者权益保护法》将这一问题作为经营者的一项义务加以规定并不是无的放矢。在现实生活中，经营者在同消费者的交易中，或出于偷逃税款的目的，或为逃避法律责任，抑或是图省事以及消费者不积极主张等，经营者不主动出具、附条件出具或拒不出具购货凭证、服务单据的情形屡见不鲜。不论不出具购货凭证或者服务单据的原因如何，结果可能使经营者与消费者的纠纷难以解决，责任归咎无据可查，加害者难以确定，消费者受到的损害最终无法补救。因此，从保护消费者权益角度讲，《消费者权益保护法》将出具购货凭证或服务单据作为经营者的义务加以规定是十分必要的。

（七）保证商品和服务质量的义务

商品及服务的质量直接体现了商品和服务的使用价值，也直接关系到消费者的财产、人身安全及其他切身利益。无质量保障的商品和服务必然给消费者的合法利益造成损害。因此，《消费者权益保护法》第二十三条具体、详细地规定了经营者的这项义务，具体规定经营者应当保证在正常使用商品或者接受服务的情况下其提供的商品或者服务应当具有的质量、性能、用途和有效期限；但消费者在购买该商品或者接受该服务前已经知道其存在瑕疵，且存在该瑕疵不违反法律强制性规定的除外。经营者以广告、产品说明、实物样品或者其他方式表明商品或者服务的质量状况的，应当保证其提供的商品或者服务的实际质量与表明的质量状况相符。经营者提供的机动车、计算机、电视机、电冰箱、空调器、洗衣机等耐用商品或者装饰装修等服务，消费者自接受商品或者服务之日起六个月内发现瑕疵，发生争议的，由经营者承担有关瑕疵的举证责任。

（八）履行“三包”或其他责任的义务

《消费者权益保护法》第二十四条规定，经营者提供商品或者服务，按照国家规定或者与消费者的约定，承担包修、包换、包退或者其他责任的，应当按照国家规定或者约定履行，不得故意拖延或者无理拒绝。从这一规定可以看出，所谓“三包”，即包修、包换、包退。关于“三包”，早在 1986 年国家经委、电子工业部、国家工商行政管理局等八部（委、局）就联合发布了《部分国产家用电器“三包”规定》，规定了六种国产家电实行“三包”制度。

（九）网购等平台销售者应履行的义务

随着消费结构逐渐调整，网购纠纷已经屡见不鲜。2013 年上半年，全国消协组织受理网络购物投诉 16 408 件，同比增长 99.7%。网络消费中主要存在的问题包括：宣传与实物差距大；商品质量良莠不齐；售后服务争议多等，这些问题正考验着网购行业的健康发展。针对网络购物新情况，新修订的《消费者权益保护法》从新增非现场购物信息披露制度等多方面强化了消费者维权保障。修改后的《消费者权益保护法》第二十五条规定备受市场关注：经营者采用网络、电视、电话、邮购等方式销售商品，消费者有权自收到商品之日起七日内退货，且无需说明理由。该法律还特别规定，由消费者定作的、鲜活易腐的、数字化商品、报纸期刊等商品，以及其他经消费者在购买时确认不宜退货的商品，不适用无理由退货。另外，消费者退货的商品应当完好，退回商品的运费由消费者承担。同时《消费者权益保护法》第二十八条规定，采用网络、电视、电话、邮购等方式提供商品或者服务的经营者，以及提供证券、保险、银行等金融服务的经营者，应当向消费者提供经营地址、联系方式、商品或者服务的数量和质量、价款或者费用、履行期限和方式、安全注意事项和风险警示、售后服务、民事责任等信息。

（十）不以格式合同等方式损害消费者权益的义务

《消费者权益保护法》第二十六条规定，经营者在经营活动中使用格式条款的，应当以显著方式提请消费者注意商品或者服务的数量和质量、价款或者费用、履行期限和方式、安全注意事项和风险警示、售后服务、民事责任等与消费者有重大利害关系的内容，并按照消费者的要求予以说明。经营者不得以格式条款、通知、声明、店堂告示等方式，作出排除或者限制消费者权利、减轻或者免除经营者责任、加重消费者责任等对消费者不公平、不合理的规定，不得利用格式条款并借助技术手段强制交易。格式条款、通知、声明、告示等含有前款所列内容的，其内容无效。由此，我们可以认为经营者不得作出对消费者不公平、不合理的规定。在消费法律关系中，经营者与消费者的地位是平等的，双方在进行交易时，都要遵循自愿、公平、平等、诚实信用原则。

（十一）尊重消费者人格权的义务

消费者的人格等严受尊重权是《消费者权益保护法》赋予消费者的最基本的权利之一。《消费者权益保护法》第二十七条又从经营者义务角度对这一问题作了进一步规定，充分体现了对消费者这一权利保护的重视。其具体内容包括以下三个方面：经营者不得对消费者进行侮辱、诽谤；经营者不得搜查消费者的身体及其携带的物品；经营者不得侵犯消费者的人身自由。

（十二）保护消费者个人信息的义务

修改后的《消费者权益保护法》新增第二十九条明确规定，经营者收集、使用消费者个人信息，应当遵循合法、正当、必要的原则，明示收集、使用信息的目的、方式和范围，并经消费者同意。经营者收集、使用消费者个人信息，应当公开其收集、使用规则，不得违反法律、法规的规定和双方的约定收集、使用信息。经营者及其工作人员对收集的消费者个人信息必须严格保密，不得泄露、出售或者非法向他人提供。经营者应当采取技术措施和其他必要措施，确保信息安全，防止消费者个人信息泄露、丢失。在发生或者可能发生信息泄露、丢失的情况时，应当立即采取补救措施。经营者未经消费者同意或者请求，或者消费者明确表示拒绝的，不得向其发送商业性信息。由此我们可以认为，经营者收集、使用消费者个人信息，应当明示收集、使用信息的目的、方式和范围，并经消费者同意。经营者必须对消费者个人信息严格保密，不得泄露、出售或非法向他人提供。另外，经营者未经消费者同意或者请求，或者消费者明确表示拒绝的，不得向其发送商业性信息。我国在个人信息保护方面尚无专门法律，但已有《侵权责任法》《居民身份证法》等多部法律、法规涉及其中内容。针对消费者信息泄露、骚扰信息泛滥等情况，修改后的《消费者权益保护法》规定了经营者收集使用消费者个人信息的原则及其保密义务，对个人信息保护具有里程碑式的意义。

第四节　国家、社会组织对消费者权益的保护

一、国家对消费者权益的保护

保护消费者合法权益不受侵犯是国家应有的职责，消费者自我保护与国家专门保护相结合，是我国消费者权益保护法所确定的保护消费者的一项基本原则。我国一直将消费者权益保护问题摆在重要的地位，通过各种途径加强对消费者合法权益的保护。保护的途径主要有立法、行政、司法三个方面。

（一）国家对消费者权益的立法保护

依法保护消费者合法权益是法治建设的必然要求和组成部分。依法就要求有法可依，有法必行。因此，加强立法是国家保护消费者合法权益的基础，国家通过制定有关消费者保护的法律、法规和规章不断健全和完善消费者权益保护的法律制度。自改革开放以来，我国在消费者权益保护领域的立法工作同整个法制建设协调进行，一系列保护消费者权益的法律、法规及规章的出台，初步形成了较完整的消费者权益保护法律体系。《消费者权益保护法》的颁布、实施，是国家通过立法保护消费者合法权益的重要步骤。它规定了消费者保护的原则、适用范围，并具体规定了消费者权利、经营者义务、消费争议解决途径和法律责任等内容。第三十条规定了国家制定有关消费者权益的法律、法规、规章和强制性标准，应当听取消费者和消费者协会等组织的意见。

（二）国家对消费者合法权益的行政保护

日常生活中，大量的消费者权益争议只有一部分通过司法程序即诉讼解决，其余的大部分都是通过行政程序解决的。因此，包括国务院在内的各级人民政府及其所属行政机关在国家对消费者权益的保护方面处于十分重要的地位。依《消费者权益保护法》及其他相关法律、法规，保护消费者合法权益是其行使行政权力、履行法定职责的重要体现。

根据《消费者权益保护法》的规定，各级人民政府保护消费者合法权益的职责包括：加强领导，组织、协调、督促有关行政部门做好保护消费者合法权益的工作；加强监督，预防危害消费者人身、财产安全行为的发生，及时制止危害消费者人身、财产安全的行为。对于国务院及各级政府来说，在消费者权益保护方面行使领导权和监督权是全局性的，是宏观的。《消费者权益保护法》第三十二条还规定，各级人民政府工商行政管理部门和其他有关行政部门应当依照法律、法规的规定，在各自的职责范围内，采取措施，保护消费者的合法权益。有关行政部门应当听取消费者和消费者协会等组织对经营者交易行为、商品和服务质量问题的意见，及时调查处理。这方面内容的改进，赋予中国消费者协会和在省、自治区、直辖市设立的消费者协会可以针对侵害众多消费者合法权益的行为提起公益诉讼的职能。

不公平合理的合同格式条款、虚假广告宣传等受侵害对象众多且不特定的案例，都可以由消费者协会根据法律规定向法院提起公益诉讼，以维护广大消费者利益和社会公众利益。《消费者权益保护法》第三十三条规定，有关行政部门在各自的职责范围内，应当定期或者不定期对经营者提供的商品和服务进行抽查检验，并及时向社会公布抽查检验结果。有关行政部门发现并认定经营者提供的商品或者服务存在缺陷，有危及人身、财产安全危险的，应当立即责令经营者采取停止销售、警示、召回、无害化处理、销毁、停止生产或者服务等措施。

（三）国家对消费者合法权益的司法保护

国家检察机关、审判机关承担国家对消费者合法权益保护的职责。这是我国对消费者合法权益保护的最后一道防线。根据《消费者权益保护法》的规定，对消费者合法权益的保护应由司法机关依照法律、法规规定，惩处经营者在提供商品和服务中侵害消费者合法权益的违法犯罪行为，人民法院应当采取措施，方便消费者提起诉讼。对符合《民事诉讼法》起诉条件的消费者权益争议必须受理，及时审理。

二、社会组织对消费者权益的保护

（一）消费者组织的含义

在《消费者权益保护法》的法律研究领域中，社会组织有自己独特的名称，即：消费者组织。消费者组织是为维护消费者合法权益而由消费者自发组织起来的或者由其他社会团体联合组建的社会团体。消费者组织以切实维护消费者合法权益为宗旨，代表消费者的利益，并站在消费者的立场上开展活动和进行工作。消费者组织所从事的一切活动都不以营利为目的，其独立或相对独立地进行活动，不受其他组织及团体的干涉。

（二）消费者组织的种类

在我国，广义的消费者组织包括以下几种：（1）群众性消费者组织；（2）政府部门中的保护消费者的机构；（3）经营者为接受消费者监督而成立的自律性组织；（4）其他社会团体联合组织成立的消费者保护团体。

（三）中国的消费者组织

中国消费者组织是指中国消费者协会和地方各级消费者协会以及其他消费者组织。

1. 中国消费者协会

中国消费者协会是为维护消费者合法权益而成立的负责全国范围内的消费者权益保护工作的消费者团体。它是经国务院批准成立、具有社会团体法人性质的全国性的消费者组织，是挂靠在国家工商行政管理局的一种“官意民办”的消费者组织。

2. 地方消费者协会

地方消费者协会是指由县级以上地方人民政府的工商行政管理部门、技术监督部门、进出口商品检验部门、物价部门、卫生部门以及工会、妇联、共青团等组织共同发起，经同级人民政府批准建立，办事机构挂靠在同级工商行政管理局的消费者权益保护的社会团体。我国最早的县级地方消费者协会是 1983 年 5 月成立于河北省新乐县的消费者协会。我国第一个市级消费者协会是 1984 年 9 月成立的广州市消费者委员会，它是我国第一个城市消费者组织。

（四）消费者组织的职责

《消费者权益保护法》第三十七条规定了消费者协会的应尽职责，消费者协会应当履行以下公益性职责：（1）向消费者提供消费信息和咨询服务，提高消费者维护自身合法权益的能力，引导文明、健康、节约资源和保护环境的消费方式；（2）参与制定有关消费者权益的法律、法规、规章和强制性标准；（3）参与有关行政部门对商品和服务的监督、检查；（4）就有关消费者合法权益的问题，向有关部门反映、查询，提出建议；（5）受理消费者的投诉，并对投诉事项进行调查、调解；（6）投诉事项涉及商品和服务质量问题的，可以委托具备资格的鉴定人鉴定，鉴定人应当告知鉴定意见；（7）就损害消费者合法权益的行为，支持受损害的消费者提起诉讼或者依照本法提起诉讼；（8）对损害消费者合法权益的行为，通过大众传播媒介予以揭露、批评。

《消费者权益保护法》第三十七条还规定，各级人民政府对消费者协会履行职责应当予以必要的经费等支持。消费者协会应当认真履行保护消费者合法权益的职责，听取消费者的意见和建议，接受社会监督。依法成立的其他消费者组织依照法律、法规及其章程的规定，开展保护消费者合法权益的活动。

（五）消费者组织的义务

《消费者权益保护法》第三十八条规定：“消费者组织不得从事商品经营和营利性服务，不得以牟利为目的向社会推荐商品和服务。”这一规定明确了消费者协会与其他消费者组织在依法履行法定职责的同时，也必须履行法定的不作为的义务。消费者组织是公益性的社会团体，其活动宗旨是维护消费者的利益，在消费者的心目中享有很高的威望。因此，消费者组织应当珍惜自己在消费者心目的崇高地位，不做有损于自己形象的事。但是，在市场经济条件下，有的消费者组织不能抵御商业利益的诱惑，在利益机制的驱动下，错误地利用在消费者中受到广泛尊重的优势地位，从事与其地位格格不入的经营活动和以牟利为目的推荐商品和服务，从而使其行为偏离维护消费者合法权益的正确轨道，丧失其本身应有的公正性和独立性。这样，消费者组织就难以担当法律所赋予的重任，也不能正确地履行法律所赋予的职责。鉴于此，《消费者权益保护法》对消费者组织作出了禁止性规定。

第五节 消费争议的解决及法律责任

一、消费争议的解决

（一）消费争议解决的途径

《消费者权益保护法》第三十九条规定了数项消费争议发生时，消费者可以选择的争议解决途径，其中包括：（1）与经营者协商和解；（2）请求消费者协会或者依法成立的其他调解组织调解；（3）向有关行政部门投诉；（4）根据与经营者达成的仲裁协议提请仲裁机构仲裁；（5）向人民法院提起诉讼。

（二）消费者求偿主体的法律规定

1. 向销售者要求赔偿

消费者在购买、使用商品时，其合法权益受到损害的，可以向销售者要求赔偿。销售者赔偿后，属于生产者的责任或者属于向销售者提供商品的其他销售者的责任的，销售者有权向生产者或者其他销售者追偿。

2. 向销售者或者生产者要求赔偿

消费者或者其他受害人因商品缺陷造成人身、财产损害的，可以向销售者要求赔偿，也可以向生产者要求赔偿。属于生产者责任的，销售者赔偿后，有权向生产者追偿。属于销售者责任的，生产者赔偿后，有权向销售者追偿。

3. 向服务者要求赔偿

消费者在接受服务时，其合法权益受到损害的，可以向服务者要求赔偿。

4. 向变更后承受其权利和义务的企业要求赔偿

消费者在购买、使用商品或者接受服务时，其合法权益受到损害，因原企业分立、合并的，可以向变更后承受其权利义务的企业要求赔偿。

5. 向营业执照的持有人要求赔偿

使用他人营业执照的违法经营者提供商品或者服务，损害消费者合法权益的，消费者可以向其要求赔偿，也可以向营业执照的持有人要求赔偿。

6. 向展销会、租赁柜台的销售者或者服务者要求赔偿，也可以向展销会举办者、柜台出租者要求赔偿

消费者在展销会、租赁柜台购买商品或者接受服务，其合法权益受到损害的，可以向销售者或者服务者要求赔偿。展销会结束或者柜台租赁期满后，也可以向展销会的举办者、柜台的出租者要求赔偿。展销会的举办者、柜台的出租者赔偿后，有权向销售者或者服务者追偿。

7. 网络交易向交易平台的销售者或者服务者要求赔偿

消费者通过网络交易平台购买商品或者接受服务，其合法权益受到损害的，可以向销售者或者服务者要求赔偿。网络交易平台提供者不能提供销售者或者服务者的真实名称、地址和有效联系方式的，消费者也可以向网络交易平台提供者要求赔偿；网络交易平台提供者作出更有利于消费者的承诺的，应当履行承诺。网络交易平台提供者赔偿后，有权向销售者或者服务者追偿。网络交易平台提供者明知或者应知销售者或者服务者利用其平台侵害消费者合法权益，未采取必要措施的，依法与该销售者或者服务者承担连带责任。

8. 因虚假广告权益受到损害的，可以向经营者或者广告的发布者要求赔偿

消费者因经营者利用虚假广告或者其他虚假宣传方式提供商品或者服务，其合法权益受到损害的，可以向经营者要求赔偿。广告经营者、发布者发布虚假广告的，消费者可以请求行政主管部门予以惩处。广告经营者、发布者不能提供经营者的真实名称、地址和有效联系方式的，应当承担赔偿责任。广告经营者、发布者设计、制作、发布关系消费者生命健康商品或者服务的虚假广告，造成消费者损害的，应当与提供该商品或者服务的经营者承担连带责任。社会团体或者其他组织、个人在关系消费者生命健康商品或者服务的虚假广告或者其他虚假宣传中向消费者推荐商品或者服务，造成消费者损害的，应当与提供该商品或者服务的经营者承担连带责任。

二、侵犯消费者合法权益的法律责任

法律责任是行为人对其违法行为所承担的法律后果。法律责任具有确定性和强制性。具体表现为：在什么情况下由谁来承担法律责任以及承担什么样的法律责任，只能由法律明确规定，法律责任由国家强制力保证实施。法律责任是与行为人的义务联系在一起的。行为人不履行或不适当履行其法定义务，必然使他人的合法权益受到损害，因此，必须承担相应的法律责任。法律责任分为民事责任、行政责任和刑事责任三种形式。

（一）侵犯消费者合法权益的民事法律责任

《消费者权益保护法》第四十八条规定，经营者提供商品或者服务有下列情形之一的，除另有规定外，应当依照有关法律、法规的规定，承担民事责任：（1）商品或者服务存在缺陷的；（2）不具备商品应当具备的使用性能而出售时未作说明的；（3）不符合在商品或者其包装上注明采用的商品标准的；（4）不符合商品说明、实物样品等方式表明的质量状况的；（5）生产国家明令淘汰的商品或者销售失效、变质的商品的；（6）销售的商品数量不足的；（7）服务的内容和费用违反约定的；（8）对消费者提出的修理、重作、更换、退货、补足商品数量、退还货款和服务费用或者赔偿损失的要求，故意拖延或者无理拒绝的；（9）法律、法规规定的其他损害消费者权益的情形。经营者对消费者未尽到安全保障义务，造成消费者损害的，应当承担侵权责任。

《消费者权益保护法》第四十九条至第五十五条规定，经营者提供商品或者服务，造成消费者或者其他受害人人身伤害的，应当赔偿医疗费、护理费、交通费等为治疗和康复支出的合理费用以及因误工减少的收入。造成残疾的，还应当赔偿残疾生活辅助具费和残疾赔偿金。造成死亡的，还应当赔偿丧葬费和死亡赔偿金。经营者侵害消费者的人格尊严、侵犯消费者人身自由或者侵害消费者个人信息的，应当停止侵害、恢复名誉、消除影响、赔礼道歉，并赔偿损失。经营者有侮辱诽谤、搜查身体、侵犯人身自由等侵害消费者或者其他受害人人身权益的行为，造成严重精神损害的，受害人可以要求精神损害赔偿。经营者提供商品或者服务，造成消费者财产损害的，应当依照法律规定或者当事人约定承担修理、重作、更换、退货、补足商品数量、退还货款和服务费用或者赔偿损失等民事责任。经营者以预收款方式提供商品或者服务的，应当按照约定提供。未按照约定提供的，应当按照消费者的要求履行约定或者退回预付款，并应当承担预付款的利息、消费者必须支付的合理费用。依法经有关行政部门认定为不合格的商品，消费者要求退货的，经营者应当负责退货。经营者提供商品或者服务有欺诈行为的，应当按照消费者的要求增加赔偿其受到的损失，增加赔偿的金额为消费者购买商品的价款或者接受服务的费用的三倍；增加赔偿的金额不足五百元的，为五百元。法律另有规定的，依照其规定。

（二）侵犯消费者合法权益的行政法律责任

《消费者权益保护法》第五十六条规定，经营者有下列情形之一，除承担相应的民事责任外，其他有关法律、法规对处罚机关和处罚方式有规定的，依照法律、法规的规定执行；法律、法规未作规定的，由工商行政管理部门或者其他有关行政部门责令改正，可以根据情节单处或者并处警告、没收违法所得、处以违法所得一倍以上十倍以下的罚款，没有违法所得的，处以五十万元以下的罚款；情节严重的，责令停业整顿、吊销营业执照：（1）提供的商品或者服务不符合保障人身、财产安全要求的；（2）在商品中掺杂、掺假，以假充真，以次充好，或者以不合格商品冒充合格商品的；（3）生产国家明令淘汰的商品或者销售失效、变质的商品的；（4）伪造商品的产地，伪造或者冒用他人的厂名、厂址，篡改生产日期，伪造或者冒用认证标志等质量标志的；（5）销售的商品应当检验、检疫而未检验、检疫或者伪造检验、检疫结果的；（6）对商品或者服务作虚假或者引人误解的宣传的；（7）拒绝或者拖延有关行政部门责令对缺陷商品或者服务采取停止销售、警示、召回、无害化处理、销毁、停止生产或者服务等措施的；（8）对消费者提出的修理、重作、更换、退货、补足商品数量、退还货款和服务费用或者赔偿损失的要求，故意拖延或者无理拒绝的；（9）侵害消费者人格尊严、侵犯消费者人身自由或者侵害消费者个人信息依法得到保护的权利的；（10）法律、法规规定的对损害消费者权益应当予以处罚的其他情形。如果经营者有前款规定情形的，除依照法律、法规规定予以处罚外，处罚机关应当记入信用档案，向社会公布。

（三）侵犯消费者合法权益的刑事法律责任

《消费者权益保护法》第五十七条至第六十一条规定，经营者违反本法规定提供商品或者服务，侵害消费者合法权益，构成犯罪的，依法追究刑事责任。违反本法规定，应当承担民事赔偿责任和缴纳罚款、罚金，其财产不足以同时支付的，先承担民事赔偿责任。经营者对行政处罚决定不服的，可以依法申请行政复议或者提起行政诉讼。以暴力、威胁等方法阻碍有关行政部门工作人员依法执行职务的，依法追究刑事责任；拒绝、阻碍有关行政部门工作人员依法执行职务，未使用暴力、威胁方法的，由公安机关依照《治安管理处罚法》的规定处罚。国家机关工作人员玩忽职守或者包庇经营者侵害消费者合法权益的行为的，由其所在单位或者上级机关给予行政处分；情节严重，构成犯罪的，依法追究刑事责任。

【课后习题】

1. 经营者提供的机动车、计算机、电视机、电冰箱、空调器、洗衣机等耐用商品或者装饰装修等服务，消费者自接受商品或者服务之日起（　　）个月内发现瑕疵，发生争议的，由经营者承担有关瑕疵的举证责任。

A. 3　　B. 12　　C. 6　　D. 24

2.对于线上交易的商品，消费者需要退货的，退货的商品应当完好。经营者应当自收到退回商品之日起（　　）日内返还消费者支付的商品价款。

A. 3　　B. 7　　C. 15　　D. 30

3.经营者提供商品或者服务有欺诈行为的，应当按照消费者的要求增加赔偿其受到的损失，增加赔偿的金额为消费者购买商品的价款或接受服务的费用的（　　）。

A. 一倍　　B. 二倍　　C. 三倍　　D. 四倍

4.经营者对消费者未尽到安全保障义务，造成消费者损害的，应当承担（　　）。

A. 无过错责任　　B. 过错责任　　C. 侵权责任　　D. 担保责任

5. 根据《消费者权益保护法》的相关规定，消费者在购买、使用商品或者接受服务时，其合法权益受到损害，因原企业分立、合并的，可以向（　　）要求赔偿。

A. 分立、合并前的企业　　B. 变更中的企业

C. 变更后承受其权利义务的企业　　D. 原企业法定代表人

【参考答案】

1. C　　2. B　　3. C　　4. C　　5. C

第十章　劳动法与劳动合同法

案例

王某是某高校食堂的切菜工，2015 年 10 月 10 日下午三点，王某在学校宿舍午休完后，骑自行车去食堂上班，结果在校园中与一学生相撞摔倒，导致王某大腿骨折。

请问：王某能否认定为工伤？

第一节　劳动法概述

一、劳动法的产生与发展

（一）劳动法的产生

劳动法作为独立的法律部门，产生于 19 世纪，最早发端于资本主义国家的工厂立法，与工业革命的出现及工人运动的日益壮大密切相关。

英国在 18 世纪后半期，工作日延长到每昼夜 14 小时、16 小时甚至 18 小时，民众强烈要求颁布缩短工作时间的法律。1802 年英国政府通过了一项纺织工厂童工工作时间的法律《学徒健康与道德法》，这一法律标志着现代意义的劳动法的产生，被认为是劳动立法的开端。该法规定：纺织厂不能雇佣 9 岁以下的学徒；童工每天工作不得超过 12 小时，而且限于清晨 6 时至晚间 9 时之间，禁止做夜工。

从《学徒健康与道德法》开始，各国随着工业化的进程，相继开始了劳动立法。德国在 1839 年颁布了《普鲁士工厂矿山规则》，该法规定禁止未成年工从事每天 10 小时以上的劳动或者夜间劳动。1869 年，制定了北德意志联邦统一的《工业劳动法》。法国于 1806 年制定了工厂法，1841 年颁布了《童工、未成年工保护法》，1912 年制定了《劳工法》。美国的劳动法的发展，最初开始于各州通过州立法确定本州的工厂法。1938 年，美国联邦政府颁布了《公平劳动标准法》，规定了最低工资标准和最高工作时间，还规定了超过标准工作时间的工资支付办法；设立了最低工资、最高工时、加班加点工资和童工标准等。

上述法律调整了企业内部的劳动关系，它们在一定程度上改善了劳动者恶劣的劳动状况与生活状况，从而使劳资关系保持基本平衡，为资本主义经济的发展提供了重要的法律保障。

（二）我国劳动立法的发展

我国的劳动立法，出现于 20 世纪初期。中华民国时期，北洋政府于 1923 年公布了《暂行工厂规则》，内容包括最低的受雇年龄、工作时间与休息时间、对童工和女工工作的限制，以及工资福利、补习教育等规定。1924 年孙中山领导的广东国民政府颁布《工会条例》，该条例宣布工人有组织工会的权利，确认工会有集会、结社、言论、出版和罢工的自由。1929 年国民党政府颁布《工会法》，而针对劳动关系，国民党政府则沿袭清末《民法草案》的做法，把劳动关系作为雇佣关系载入 1929 年《民法典》中，利用民法作为调整劳动关系的基础。

中华人民共和国的成立使我国劳动立法进入了一个崭新的历史时期。1950 年 6 月，中央人民政府公布了《工会法》，这是新中国成立初期的重要法律之一。同年，劳动部公布《关于劳动争议解决程序的规定》，1951 年 2 月，政务院公布《劳动保险条例》。1966 年至 1976 年期间，我国处于动乱时期，劳动立法基本上处于停滞状态。

改革开放以后，我国法制建设进入新的时期，劳动立法工作也全面展开。1992 年 4 月，第七届全国人民代表大会第五次会议通过了新的《工会法》。1992 年 11 月，全国人民代表大会常务委员会通过了《矿山安全法》。1993 年 7 月，国务院颁布了《企业劳动争议处理条例》。这些劳动法规在调整劳动关系方面发挥了积极作用。

1994 年 7 月 5 日，《劳动法》由第八届全国人民代表大会常务委员会审议通过，自 1995 年 1 月 1 日起施行。该法的颁布标志中国劳动法制进入一个新的历史阶段。《劳动法》是劳动法律制度的基本法，为相关劳动法律法规的建立奠定了基础。

2002 年 6 月 29 日，第九届全国人民代表大会常务委员会审议通过了《安全生产法》。2004 年 11 月，国务院颁布了《劳动保障监察条例》。第十届全国人民代表大会常务委员会于 2007 年 6 月 29 日审议通过《劳动合同法》，于 2007 年 8 月 30 日审议通过《就业促进法》，于 2007 年 12 月 29 日审议通过《劳动争议调解仲裁法》。2008 年 9 月，国务院颁布《劳动合同法实施条例》。这些法律制度进一步完善了我国劳动法律体系，对于合理组织劳动生产，保护劳动者的权利和利益，调动劳动人民的积极性，都发挥了巨大作用。

二、劳动法的概念和调整对象

（一）劳动法的概念

劳动法有狭义和广义两种概念：狭义上的劳动法也称为形式意义上的劳动法，即劳动法典，是指由国家最高权力机关颁布的关于调整社会劳动关系的全国性的、综合性的法律。我国 1995 年 1 月 1 日起施行的《劳动法》即狭义上的劳动法。广义上的劳动法也称实质意义上的劳动法，是指除了包括狭义劳动法中的法律规范以外，还包括宪法和其他法律法规中有关调整劳动关系的法律规范，例如《劳动合同法》《就业促进法》等。此外，还包括国务院颁布的行政法规，劳动和社会保障部（现为“人力资源和社会保障部”）颁布的部门规章，地方性劳动法规和劳动规章，我国批准的国际劳工公约等。

劳动法学中的劳动法，通常是指广义上的劳动法。从这个层面来看，所谓劳动法，是指调整劳动关系以及与劳动关系有密切联系的其他社会关系的法律规范总称。

（二）劳动法的调整对象

劳动法的调整对象，是指劳动关系以及与劳动关系有密切联系的其他社会关系。

1. 劳动关系

劳动关系是指劳动者与用人单位之间，在实现劳动过程中发生的社会关系。劳动法调整的劳动关系具有下列特征：

（1）劳动关系的当事人是特定的。劳动关系的当事人一方固定为劳动力所有者和支出者，另一方固定为生产资料所有者，即用人单位。劳动关系的建立标志着劳动者将其所有的劳动力与用人单位的生产资料相结合。

（2）劳动关系是在实现劳动过程中发生的社会关系。实现劳动过程，就是劳动者参加到用人单位中去劳动，使劳动者与用人单位提供的生产资料相结合，而不是劳动者同自有的生产资料相结合。

（3）劳动关系是具有人身关系属性和财产关系属性的社会关系。由于劳动力的存在和支出与劳动者人身不可分离，劳动者向用人单位提供劳动力，就是将其人身在一定限度内交给用人单位支配，因而劳动关系具有人身关系属性。这种人身属性决定了劳动者必须亲自履行劳动义务，按照用人单位的要求进行劳动。同时，劳动者有偿提供劳动力，用人单位向劳动者支付工资等物质待遇，这是商品交换规则的体现，由此缔结的社会关系具有财产关系属性。

（4）劳动关系是具有平等性、隶属性的社会关系。劳动者和用人单位的法律地位平等，依照平等、自愿的原则，劳动者与用人单位之间通过合同形式确立劳动关系，并通过协议来延续、变更、暂停和终止劳动关系，因而劳动关系具有平等关系的属性。但劳动关系一经缔结，劳动者一方就从属于用人单位一方，成为用人单位的职工，须听从用人单位的指挥和调度，并遵守单位内部的规章制度，因而又具有隶属关系的性质。

2. 与劳动关系密切联系的其他社会关系

劳动法在以劳动关系为主要调整对象的同时，还调整与劳动关系密切联系的其他社会关系。这些关系本身并不是劳动关系，但它与劳动关系有着紧密联系。有的是劳动关系赖以建立的必要前提；有的是基于劳动关系而产生的；有的是为了维护劳动关系的合法性而产生的。劳动法所调整的其他社会关系，就其内容而言，包括五个主要方面：

（1） 劳动力管理关系，是指行政机关和经授权的有关机构与用人单位、劳动者及其团体和劳动服务主体之间，由于开发、配置劳动力资源而发生的社会关系。

（2）工会组织与企业之间的关系，是指工会组织与其成员和用人单位之间、用人单位团体与其成员或劳动者之间，由于协调劳动关系和维护劳动关系当事人利益而发生的社会关系。

（3）社会保险方面的社会关系，是指有关的社会保险机构和有关国家机关与用工单位、劳动者因执行社会保险法律、法规而发生的社会关系。

（4）处理劳动争议所发生的关系，是指相关国家机关和劳动者、用工单位在调解、仲裁、诉讼过程中发生的社会关系。

（5）劳动法律监察关系，是指国家劳动监察机关与用工单位之间因监督、检查劳动法律制度的执行而发生的社会关系。

三、劳动法的基本原则

劳动法的基本原则，是指包含在整个劳动法体系之中，集中体现劳动法的本质和基本精神，贯穿于劳动法的立法、执法、司法的全过程的总的指导思想和根本原则。根据相关法律制度，我国劳动法包括以下基本原则。

（一）劳动既是公民权利又是公民义务原则

我国《宪法》第四十二条规定："中华人民共和国公民有劳动的权利和义务。"它表明有劳动能力的公民从事劳动，既是行使法律赋予的权利，又是履行对国家和社会所承担的义务。公民只要有劳动能力，不论性别、民族、财产状况等的不同，都有权实现就业，通过劳动获取生活主要来源，有权依法选择符合自己特点的职业和用人单位，有权利用国家和社会所提供的各种就业服务和保障条件，以提高就业能力和增加就业机会。对用人单位来说，意味着必须平等地录用符合录用条件的职工；履行提供失业保险、职业培训等方面的应尽职责。对国家来说，意味着国家通过各种途径，创造劳动就业条件，加强劳动保护，并在发展生产的基础上，提高劳动报酬和福利待遇。

在确认劳动是公民权利的同时，劳动也是公民的义务。劳动应是每一个有劳动能力的公民对国家和社会应履行的职责。劳动者在劳动岗位上应认真履行各种劳动义务，按时保质保量地完成劳动任务，提高职业技能，执行劳动安全规程，遵守劳动纪律和职业道德。

（二）保护劳动者合法权益的原则

保护劳动者的合法权益是劳动法的立法宗旨。只有保护劳动者的合法权益，劳动法才有存在的必要和生存的空间。

保护劳动者合法权益的原则在我国劳动法中体现在两个方面：一方面，通过法律明确所应保护的劳动者的基本权利。如《劳动法》第三条规定："劳动者享有平等就业和选择职业的权利、取得劳动报酬的权利、休息休假的权利、获得劳动安全卫生保护的权利、接受职业技能培训的权利、享受社会保险和福利的权利、提请劳动争议处理的权利以及法律规定的其他劳动权利。"另一方面，《劳动法》通过规定工作时间与休息休假、工资等章节将劳动者的权利进行细化。《劳动合同法》通过明确合同的必备条款等方式使劳动者实现取得劳动报酬、享受社会保险和福利等各项权利。《安全生产法》通过建立安全生产管理制度，强化用人单位的安全生产责任等方式实现劳动者获得劳动安全卫生保护的权利。《劳动争议调解仲裁法》通过建立健全调解、仲裁机构和程序，及时解决劳动争议，保护劳动者合法权益。这些法律的规定都体现了"保护劳动者合法权益"这一原则。在特定条件下，当对劳动者利益的保护与对用人单位利益的保护发生冲突时，劳动法应优先保护劳动者的利益。

（三）男女平等、民族平等原则

全体劳动者的合法权益都应该平等地受到法律的保护。我国《宪法》第四十八条规定："中华人民共和国妇女在政治的、经济的、文化的、社会的和家庭的生活等各方面享有同男子平等的权利。"第四条规定："中华人民共和国各民族一律平等。"

该原则具体表现为：（1）劳动者就业，不因民族、种族、性别、宗教信仰不同而受歧视。禁止对任何劳动者在劳动方面的歧视。（2）对特殊劳动者群体的特殊保护。在劳动者中，还存在着由于特定原因而具有某种特殊利益的群体，例如妇女劳动者、未成年劳动者、残疾劳动者、少数民族劳动者、军队退役劳动者等。特殊劳动者群体除了受到劳动法给予的一般保护外，其特殊利益还受到劳动法的特殊保护。因此在劳动调配中，在工种和岗位上给予上述群体以必要的照顾。（3）工资报酬坚持同工同酬。

（四）民主管理的原则

劳动者依照法律规定通过一定的组织形式，参加企业管理，行使民主管理的活动有利于保护社会主义劳动者的主人翁地位。我国《宪法》第十六条规定："国有企业依照法律规定，通过职工代表大会和其他形式，实行民主管理。"因此，民主管理是宪法确认的公民的基本权利。我国《工会法》第六条规定："工会依照法律规定通过职工代表大会或者其他形式，组织职工参与本单位的民主决策、民主管理和民主监督。"职工代表大会是国有企业民主管理的基本形式，是职工行使民主管理权力的机构。相关法律明确了劳动者参与民主管理的权利以及实现民主管理的途径，这是中国特色社会主义企业中保证职工群众当家做主的本质表现，有利于调动劳动者的积极性和创造力。

四、劳动法的适用范围

劳动法的适用范围是指劳动法律制度的法律效力和它对哪些人具有法律上的约束力。《劳动法》第二条规定："在中华人民共和国境内的企业、个体经济组织和与之形成劳动关系的劳动者，适用本法。国家机关、事业组织、社会团体和与之建立劳动合同关系的劳动者，依照本法执行。"《劳动合同法》第二条规定："中华人民共和国境内的企业、个体经济组织、民办非企业单位等组织，与劳动者建立劳动关系，订立、履行、变更、解除或者终止劳动合同，适用本法。国家机关、事业单位、社会团体和与其建立劳动关系的劳动者，订立、履行、变更、解除或者终止劳动合同，依照本法执行。"具体而言，劳动法的适用范围如下：

（1）各类企业和与之形成劳动关系的劳动者。这里所说的企业，按照我国目前法律规定，应当包括：全民所有制企业、个人独资企业、合伙企业、中外合作经营企业、中外合资经营企业、外商独资企业、有限责任公司、股份有限公司等。

（2）个体经济组织和与之形成劳动关系的劳动者。个体经济组织是指经过合法注册登记的从事经营活动的个体工商户、农村承包经营户。个体工商户和农村承包经营户可以雇用帮手、学徒，从而在他们之间形成由劳动法调整的劳动关系。

（3）国家机关、事业组织、社会团体实行劳动合同制度的以及按规定应实行劳动合同制度的工勤人员。这些机构的工勤人员的劳动关系由劳动法调整。对于事业单位聘用的人员的劳动关系，如果法律、行政法规以及国务院另有规定的，依其规定；未作规定的，一律由劳动法调整。此外，虽然是事业组织，但属于实行企业化管理的事业组织，也属于劳动法的调整范围。

（4）民办非企业单位组织中的劳动者。民办非企业单位是指在民政部门进行登记的，利用非国有资产举办的，从事非营利性社会服务活动的社会组织，如民办学校、民办医院等。

（5）按照《劳动合同法实施条例》的规定，会计师事务所、律师事务所等合伙组织和基金会中的劳动者也属于劳动法的保护范围。

第二节　劳动法的具体制度

一、就业促进

（一）就业促进与《就业促进法》概述

就业促进是指国家为实现充分就业的目标，保障公民实现劳动权，所采取的创造就业条件、扩大就业机会的各种措施的总称。

促进就业是国家的基本职责，也是国家赋予公民劳动权的必然要求。《宪法》第四十二条规定："国家通过各种途径，创造就业条件。"《劳动法》第五条规定："国家采取各种措施，促进劳动就业。"这并不是国家承诺对公民就业承担无限责任，而是要体现为政府宏观调控劳动力市场，关注社会公平，在保障公民劳动权的实现上承担责任。因此，就业促进主要包括：制定劳动就业方针，确定劳动就业政策，开辟就业途径，提供就业服务、职业指导、职业培训，实施失业保护等措施。

为更好地促进就业，解决失业问题，《就业促进法》已经于2008年1月1日起施行。该法将就业政策和措施上升为法律，是《宪法》和《劳动法》在就业促进方面的细化与落实。

（二）劳动就业方针

劳动就业方针是指国家指定的指导劳动就业工作的总原则。《就业促进法》第二条规定："国家把扩大就业放在经济社会发展的突出位置，实施积极的就业政策，坚持劳动者自主择业、市场调节就业、政府促进就业的方针。"

劳动者自主择业，是指劳动者是市场就业的主体，通过各种渠道自谋职业，到什么岗位和工种就业，以什么方式就业，由劳动者选择和决定，享有我国法律赋予的就业权和择业权。

市场调节就业，是指以市场机制作为配置人力资源的基础性调节手段，实现用人单位和劳动者的相互选择。市场经济是以市场为主导的资源分配方式。就业是人力资源的调配，同样也应该遵循市场规律。

政府促进就业，就是为促进经济发展、调整产业结构，政府通过各种政策，对人力资源市场进行宏观调控，并采取各种措施，以促进充分就业。《就业促进法》第十一条规定："县级以上人民政府应当把扩大就业作为重要职责，统筹协调产业政策与就业政策。"

（三）政策支持

国家制定就业政策的主要目的在于增加就业岗位，解决失业问题，有效地促进充分就业，因此政策支持是就业促进的关键。

1. 实行促进就业与经济发展的政策

县级以上的人民政府必须将扩大就业作为经济和社会发展的重要目标和重要职责。《就业促进法》第十二条规定："国家鼓励各类企业在法律、法规规定的范围内，通过兴办产业或者拓展经营，增加就业岗位。国家鼓励发展劳动密集型产业、服务业，扶持中小企业，多渠道、多方式增加就业岗位。国家鼓励、支持、引导非公有制经济发展，扩大就业，增加就业岗位。"

2. 实行促进就业的财政保证政策

促进就业必然涉及资金投入，县级以上人民政府应当根据就业状况和就业工作目标，在财政预算中安排就业专项资金用于促进就业工作。

3. 实行税收优惠政策

国家鼓励企业增加就业岗位，对扶持失业人员和残疾人就业的企业实行税收减免政策，并对符合法律规定的企业在经营场地等方面给予照顾，免除行政事业性收费。

4. 实行金融支持政策

《就业促进法》第十九条规定："国家实行有利于促进就业的金融政策，增加中小企业的融资渠道；鼓励金融机构改进金融服务，加大对中小企业的信贷支持，并对自主创业人员在一定期限内给予小额信贷等扶持。"

5. 实行城乡统筹就业政策

国家建立健全城乡劳动者平等就业的制度，改善城乡二元结构，将引导农业富余劳动力有序转移等政策通过法律形式固定下来，可以有效推动就业政策的实施。

6. 实行区域统筹就业政策

国家支持区域经济发展，鼓励区域协作，统筹协调不同地区就业的均衡增长，支持民族地区发展经济，扩大就业。

7. 实行群体统筹就业政策

《就业促进法》第二十二条规定："各级人民政府统筹做好城镇新增劳动力就业、农业富余劳动力转移就业和失业人员就业工作。"制定对重点人群的就业政策，如农村富余劳动力、妇女、少数民族、残疾人群体等，有利于政府根据各个群体不同时期的不同情况进行就业的统筹安排。

8. 实行灵活就业人员的社会保险政策

各级人民政府要采取措施，逐步完善和实施与非全日制用工等灵活就业相适应的劳动和社会保险政策，为灵活就业人员提供帮助和服务。

9. 实行援助困难群体就业政策

法律规定国家建立健全就业援助制度，对就业困难人员给予扶持和帮助。

10. 实行失业保障促进就业政策

促进失业人员实现就业，是失业保险制度的重要功能。法律完善失业保险促进就业的政策措施，加强对大规模失业的预防、调节和控制，为失业人员提供更全面的支持。

（四）公平就业

一般而言，各劳动力主体在法律上享有独立平等的人格和平等的法律地位，禁止歧视待遇。因此，《劳动法》第三条规定：“劳动者享有平等就业和选择职业的权利。”《劳动法》第十二条规定：“劳动者就业，不因民族、种族、性别、宗教信仰不同而受歧视。”这是机会上的公平的体现。机会上的公平就是使所有的主体处于同一起跑线上公平竞争，不因其性别、出身、种族、财富、行业等的不同而处于不同的地位。机会上的公平只能彰显一种可能性，具有不确定性，同样的机会对于不同的人具有不同的意义，有的人没有进行主观努力利用这些机会，必然造成结果上的不平等。结果的不公平并不是不可容忍，如果因主观努力程度的差异而导致的结果的不同，应该受到制度的确认和鼓励，否则市场机制将会受到损害。

但在实践中，弱势的一方往往无法真正享有机会上的公平，此时有必要用实质公平的观念来弥补机会上的公平。实质公平的观念承认不同社会成员差异的合理性，并在国家立法上加以适当区分，使之在享有权利和承担义务时，有别于其他社会成员。各国法律赋予少数民族、未成年人、妇女等更多的权利和特殊的保护。国家赋予社会弱势群体在社会生活中追求实质公平所应当获得的补偿性权利，这种补偿性权利的来源和依据在于他们对于社会资源利用能力上的缺陷，这种缺陷导致了他们实际社会地位和法律地位的下降。这种补偿性权利的来源和依据的另一个理由在于，人类共同生活中对于同类的关怀。《就业促进法》第二十五条规定：“各级人民政府创造公平就业的环境，消除就业歧视，制定政策并采取措施对就业困难人员给予扶持和援助。”国家对就业困难人员给予的扶持和援助是实质公平的内在要求，有利于保障社会稳定，实现社会和谐发展。

1. 妇女就业保障

《劳动法》第十三条规定：“妇女享有与男子平等的就业权利。在录用职工时，除国家规定的不适合妇女的工种或者岗位外，不得以性别为由拒绝录用妇女或者提高对妇女的录用标准。”具体而言，（1）国家保障妇女享有与男子平等的劳动权利，反对性别歧视；（2）用人单位招用人员，除国家规定的不适合妇女的工种或者岗位外，不得以性别为由拒绝录用妇女或者提高对妇女的录用标准；（3）用人单位录用女职工，不得在劳动合同中规定限制女职工结婚、生育的内容。

2. 少数民族人员就业保障

为促进少数民族地区经济和社会发展，促进各民族和谐发展，《就业促进法》第二十八条规定：“用人单位招用人员，应当依法对少数民族劳动者给予适当照顾。”

3. 残疾人就业保障

《就业促进法》第二十九条规定：“国家保障残疾人的劳动权利。各级人民政府应当对残疾人就业统筹规划，为残疾人创造就业条件。用人单位招用人员，不得歧视残疾人。”国家机关、社会团体、企业事业单位、民办非企业单位应当按照规定的比例安排残疾人就业，并为其选择适当的工种和岗位。达不到规定比例的，按照国家有关规定履行保障残疾人就业义务。国家鼓励用人单位超过规定比例安排残疾人就业。

（五）就业服务

就业服务，是指为实现就业而提供的促进就业的服务活动。就业服务的主要职能在于通过劳动力市场信息、职业介绍、职业指导和相应的职业培训等手段的运用，帮助用人单位用人和劳动者就业。

1. 公共就业服务机构

公共就业服务机构是指由各级劳动保障部门提供的公益性就业服务，包括职业介绍、职业指导、就业训练、社区就业岗位开发服务和其他服务内容。

公共就业服务机构可以为劳动者提供的服务包括：（1）就业政策法规咨询；（2）职业供求信息、市场工资指导价位信息和职业培训信息发布；（3）职业指导和职业介绍；（4）对就业困难人员实施就业援助；（5）办理就业登记、失业登记等事务；（6）其他公共就业服务。公共就业服务机构提供上述服务时，不得向劳动者收取费用，不得从事经营性活动。

2. 职业中介机构

职业中介机构即职业介绍所，是指由法人、其他组织和公民个人举办，为用人单位招用人员和劳动者求职提供中介服务以及其他相关服务的经营性组织。

政府部门不得举办或者与他人联合举办经营性的职业中介机构。职业中介实行行政许可制度。设立职业中介机构或其他机构开展职业中介活动，须经劳动保障行政部门批准。

职业中介机构可以从事的业务包括：（1）为劳动者介绍用人单位；（2）为用人单位和居民家庭推荐劳动者；（3）开展职业指导、人力资源管理咨询服务；（4）收集和发布职业供求信息；（5）根据国家有关规定从事互联网职业信息服务；（6）组织职业招聘洽谈会；（7）经劳动保障行政部门核准的其他服务项目。

（六）就业援助

就业援助是指就业困难人员通过国家各项就业扶持政策和以就业服务机构为主的有关部门的具体帮助，实现再就业，以此达到增加家庭劳动收入、摆脱贫困的目的。

就业援助对象包括就业困难人员和零就业家庭。就业困难人员是指因身体状况、技能水平、家庭因素、失去土地等原因难以实现就业，以及连续失业一定时间仍未能实现就业的人员。零就业家庭是指法定劳动年龄内的家庭人员均处于失业状况的城市居民家庭。

针对就业困难人员，公共就业服务机构应当建立就业困难人员帮扶制度，通过落实各项就业扶持政策、提供就业岗位信息、组织技能培训等有针对性的就业服务和公益性岗位援助，对就业困难人员实施优先扶持和重点帮助。

针对零就业家庭，公共就业服务机构应当建立零就业家庭即时岗位援助制度，通过拓宽公益性岗位范围，开发各类就业岗位等措施，及时为零就业家庭中的失业人员提供适当的就业岗位，确保零就业家庭至少有一人实现就业。

二、工作时间和休息、休假制度

（一）工作时间的概念与分类

工作时间，是指劳动法律、法规规定的劳动者在一昼夜或一周内从事劳动的时间限度。我国目前关于工作时间的法律法规涉及《劳动法》《国务院关于职工工作时间的规定》《关于企业实行不定时工作制和综合计算工时工作制审批办法》《劳动部贯彻<国务院关于职工工作时间的规定>的实施办法》等。按照法律法规的规定，工作时间可以作以下分类：

1. 标准工作日

标准工作日是指法律规定的在正常情况下普遍实行的有标准长度的法定工作日。国家实行劳动者每日工作时间不超过 8 小时、平均每周工作时间不超过 40 小时的工时制度；用人单位应当保证劳动者每周至少休息一日。

2. 缩短工作日

缩短工作日是指法律规定的少于标准工作日的特殊工作日。在特殊条件下从事劳动或有特殊情况在保证完成生产和工作任务的前提下，企业根据实际情况，可以在每周 40 小时的基础上，再适当缩短工作时间。主要包括：（1）从事矿山、井下、高山、有毒有害、特别繁重和过度紧张的作业的职工；（2）从事夜班工作的职工；（3）怀孕 7 个月以上的女职工和哺乳内的女职工。

3. 不定时工作日

不定时工作日是指法律允许的无固定工作时间限制的工作日，适用于工作性质和职责范围不能受固定工作时间限制的职工。主要包括：（1）企业中的高级管理人员、外勤人员、推销人员、部分值班人员和其他因工作无法按标准工作时间衡量的职工；（2）企业中的长途运输人员、出租汽车司机和铁路、港口、仓库的部分装卸人员以及因工作性质特殊，需机动作业的职工；（3）其他因生产特点、工作特殊需要或职责范围的关系，适合实行不定时工作制的职工。

4. 综合计算工作日

综合计算工作日是指分别以周、月、季、年等为周期，综合计算工作时间，但其平均日工作时间和平均周工作时间应与标准工时制度确定的工作时间基本相同的一种工作时间制度。主要包括：（1）交通、铁路、邮电、水运、航空、渔业等行业中因工作性质特殊，需连续作业的职工；（2）地质及资源勘探、建筑、制盐、制糖、旅游等受季节和自然条件限制的行业的部分职工；（3）其他适合实行综合计算工时工作制的职工。

5. 弹性工作日

弹性工作日是指完成规定的工作任务或固定的工作时间长度的前提下，职工可以自由安排工作具体时间的工作时间制度。它是标准工作日的转换形式，每天的工作时间可以在保证核心时间的前提下调节，由职工个人安排上下班时间以代替统一固定的上下班时间的制度。

（二）休息、休假制度

根据相关法律法规，劳动者的休息、休假的种类主要包括以下：

（1）工作间隙休息，是指劳动者在工作日的工作时间内享有的休息时间和用膳时间。我国法律对一个工作日内的间歇时间未作规定，可由用人单位通过规章制度加以规定。

（2）工作日间的休息，是指劳动者在两个临近工作日之间的休息时间。在实际工作中，一般为 16 个小时。

（3）周休息日，又称公休日，是指劳动者在一周内，享有连续休息在一天（24 小时）以上的休息时间。

（4）法定节日休假，是指法律规定用以开展纪念、庆祝活动的休息时间。全体公民放假的节日是元旦、春节、清明节、端午节、劳动节、中秋节和国庆节；部分公民放假的节日是妇女节、青年节、儿童节、建军节等。

（5）探亲休假，是指工作一年且与配偶、父母分居两地的劳动者探望配偶和父母而享受的休假时间。劳动者探望配偶的，每年给予一方探亲假一次，假期为 30 日；未婚劳动者探望父母的，每年给假一次，假期为 20 天，若两年休假一次，假期为 45 天；已婚者探望父母的，每 4 年给假一次，假期为 20 天。

（6）年休假，是指连续工作一年以上的，每年选择一次连续的带工资的休假时间。职工累积工作满 1 年、不满 10 年的，年休假 5 天；已满 10 年、不满 20 年的，年休假 10 天；已满 20 年的，年休假 15 天。

（7）产假，即女职工生育享受 98 天产假，其中产前可以休息 15 天；难产的，增加产假 15 天；生育多胞胎的，每多生育 1 个婴儿，增加产假 15 天。女职工怀孕未满 4 个月；流产的，享受 15 天产假；怀孕满 4 个月流产的，享受 42 天产假。

（三）延长工作时间的法律规定

用人单位由于生产经营需要，经与工会和劳动者协商后可以延长工作时间，一般每日不得超过 1 小时；因特殊原因需要延长工作时间的，在保障劳动者身体健康的条件下延长工作时间每日不得超过 3 小时，但是每月不得超过 36 小时。禁止安排未成年工、怀孕 7 个月以上的女职工和哺乳未满 1 周岁婴儿的女职工延长工作时间。

1. 特殊情况下延长工作时间的规定

依据《劳动法》第四十二条的规定，延长工作时间的特殊情形包括：（1）发生自然灾害、事故或者因其他原因，威胁劳动者生命健康和财产安全，需要紧急处理的；（2）生产设备、交通运输线路、公共设施发生故障，影响生产和公众利益，必须及时抢修的；（3）法律、行政法规规定的其他情形。

2. 延长工作时间的工资报酬

延长工作时间的，用人单位应当按照下列标准支付高于劳动者正常工作时间工资的工资报酬：（1）安排劳动者延长工作时间的，支付不低于工资的 150%的工资报酬；（2）休息日安排劳动者工作又不能安排补休的，支付不低于工资的 200%的工资报酬；（3）法定休假日安排劳动者工作的，支付不低于工资的 300%的工资报酬。

三、工资制度

（一）工资的概念与工资分配的基本原则

工资是指用人单位依据国家有关规定或劳动合同的约定，以货币形式直接支付给本单位劳动者的劳动报酬。

按照《劳动法》第四十六条的规定，我国工资分配的基本原则如下：

（1）按劳分配原则，是指根据劳动者提供的劳动数量和质量分配报酬，多劳多得，少劳少得，不劳不得。

（2）同工同酬原则，是指用人单位对于从事相同工作、熟练程度相同的劳动者，不分其性别、年龄、民族等差别，付出了同等数量、质量的劳动，应支付其同等的劳动报酬。

（3）国家对工资总量实行宏观控制原则，是指国家通过立法以社会公正和社会进步为目标，对工资总额和工资分配中的不合理因素或现象实行国家干预的法律调控，如建立最低工资保障制度、带薪休假制度等。该原则还表明工资分配主体是企业，而不是国家。用人单位有权根据本单位的生产经营特点和经济效益，依法自主确定本单位的工资分配方式和工资水平。

（4）在经济发展的基础上逐步提高工资水平的原则。工资水平的提高以经济发展为前提，随着经济的发展，工资水平必须有所提高。这一原则使劳动者能够及时分享经济发展的成果，有利于发挥劳动者的积极性和创造力。

（二）工资的形式

工资是劳动者劳动收入的主要组成部分。工资的形式一般包括计时工资、计件工资、奖金、津贴和补贴、延长工作时间的工资报酬以及特殊情况下支付的工资等。劳动者的以下劳动收入不属于工资范围：（1）单位支付给劳动者个人的社会保险福利费用，如丧葬抚恤救济费、生活困难补助费、计划生育补贴等；（2）劳动保护方面的费用，如用人单位支付给劳动者的工作服、解毒剂、清凉饮料费用等；（3）按规定未列入工资总额的各种劳动报酬及其他劳动收入，如根据国家规定发放的创造发明奖、国家星火奖、自然科学奖、科学技术进步奖、合理化建议和技术改进奖、中华技能大奖等，以及稿费、讲课费、翻译费等。

（三）基本工资制度

基本工资制度是指关于如何确定基本工资的制度。主要是对基本工资的构成、等级和标准以及劳动者应得基本工资等级的确定所作的具体规定。《劳动法》第四十七条规定："用人单位根据本单位的生产经营特点和经济效益，依法自主确定本单位的工资分配方式和工资水平。"当前企业基本工资制度多种多样，主要有以下几种：等级工资制度，结构工资制度，岗位工资制度，效益工资制度，经营者年薪制度等。

（四）最低工资制度

最低工资制度是指用人单位支付给劳动者的工资不得低于当地规定的最低工资标准，以保障劳动者能够满足其自身及其家庭成员基本生活需要的法律制度。最低工资是指劳动者在法定工作时间内履行了正常劳动义务的前提下，由其所在单位支付的最低劳动报酬。最低工资不包括：（1）延长工作时间的工资报酬；（2）以货币形式支付的住房和用人单位支付的伙食补贴，中班、夜班、高温、低温、井下、有毒有害等特殊工作环境和劳动条件下的津贴；（3）国家法律、法规、规章规定的社会保险福利待遇。

（五）工资支付保障制度

工资支付保障是指用人单位必须按照法律的规定支付劳动者的工资，国家对用人单位实行监督的制度。《劳动法》第五十条规定："工资应当以货币形式按月支付给劳动者本人。不得克扣或者无故拖欠劳动者的工资。"劳动者在法定休假日和婚丧假期间以及依法参加社会活动期间，用人单位也应当依法支付工资。工资至少每月支付一次，支付工资时应向劳动者提供一份其个人的工资清单。支付工资时，用人单位必须书面记录支付劳动者工资的数额、时间、领取者的姓名以及签字，并保存两年以上备查。

四、集体合同

（一）集体合同的概念和作用

集体合同也称团体协议，是指用人单位与本单位职工根据法律、法规、规章的规定，就劳动报酬、工作时间、休息休假、劳动安全卫生、职业培训、保险福利等事项，通过集体协商签订的书面协议。

集体合同是协调、稳定劳动关系和维护正常的生产、经营和工作秩序的重要保证。其作用表现在：（1）对劳动者来说，集体合同制度是维护自身劳动权益的一种合法而有效的手段。劳动者可以通过集体合同规定企业全体职工应该享受的一些基本的权益或者福利。（2）对政府来说，集体合同制度减轻了政府的压力，有助于保持劳资双方关系的稳定和社会的和谐。（3）对用人单位来说，集体合同制度大大降低了谈判的成本。合理利用工会和职工代表大会也有利于减少劳动力管理的成本。

（二）集体合同的订立与原则

（1）集体合同由工会代表企业职工一方与用人单位订立。尚未建立工会的用人单位，由上级工会指导劳动者推举的代表与用人单位订立。经双方协商代表协商一致的集体合同草案或专项集体合同草案应当提交职工代表大会或者全体职工讨论。讨论集体合同草案或专项集体合同草案，应当有三分之二以上职工代表或者职工出席，且须经全体职工代表半数以上或者全体职工半数以上同意。集体合同必须以书面形式签订，由集体协商双方首席代表签字。

（2）《集体合同规定》第五条确立了签订集体合同的原则：① 遵守法律、法规、规章及国家有关规定的原则；② 相互尊重，平等协商的原则；③ 诚实守信，公平合作的原则；④ 兼顾双方合法权益的原则；⑤ 不得采取过激行为的原则。

（三）集体合同的内容和效力

集体合同的内容包括：（1）劳动报酬；（2）工作时间；（3）休息休假；（4）劳动安全与卫生；（5）补充保险和福利；（6）女职工和未成年工特殊保护；（7）职业技能培训；（8）劳动合同管理；（9）奖惩；（10）裁员；（11）集体合同期限；（12）变更、解除集体合同的程序；（13）履行集体合同发生争议时的协商处理办法；（14）违反集体合同的责任；（15）双方认为应当协商的其他内容。集体协商双方可以就上述多项或某项内容进行集体协商，签订集体合同或专项集体合同。

集体合同应当自双方首席代表签字之日起 10 日内，由用人单位一方将文本一式三份报送劳动保障行政部门审查。劳动行政部门自收到集体合同文本之日起 15 日内未提出异议的，集体合同即行生效，对签约双方以及所代表的人员都有约束力。

（四）集体合同的变更、解除和终止

集体合同或专项集体合同期限一般为 1 至 3 年，期满或双方约定的终止条件出现，即行终止。合同期满前 3 个月内，任何一方均可向对方提出重新签订或续订的要求。

双方协商代表协商一致，可以变更或解除集体合同或专项集体合同。有下列情形之一的，也可以变更或解除集体合同或专项集体合同：（1）用人单位因被兼并、解散、破产等原因，致使集体合同或专项集体合同无法履行的；（2）因不可抗力等原因致使集体合同或专项集体合同无法履行或部分无法履行的；（3）集体合同或专项集体合同约定的变更或解除条件出现的；（4）法律、法规、规章规定的其他情形。

五、劳动保护制度

（一）劳动安全卫生保护概述

劳动保护制度是指为改善劳动条件，保护劳动者在劳动中的安全和健康而制定的法律规范的总称。其内容包括劳动安全与卫生、劳动保护管理、从业人员的权利和义务、安全监察等方面的法律规定。

当前涉及劳动安全卫生保护的法律制度较多，除了《劳动法》《安全生产法》外，还有《矿山安全法》《生产安全事故报告和调查处理条例》《安全生产事故隐患排查治理暂行规定》《危险化学品安全管理条例》《国务院关于进一步加强安全生产工作的决定》等。

（二）劳动安全卫生保护的责任主体

依照法律的规定，劳动安全卫生保护的责任主体主要包括以下四种：

1. 有关人民政府和负有安全生产监督管理职责的部门及其领导人、负责人

《安全生产法》明确规定了各级地方人民政府和负有安全生产监督管理职责的部门对其管辖行政区域和职权范围内的安全生产工作进行监督管理。如果由于有关地方人民政府和负有安全生产监督管理职责的部门的领导人和负责人违反法律规定而导致重大、特大事故，执法

机关将依法追究因其失职、渎职和负有领导责任的行为所应承担的法律责任。

2. 生产经营单位及其负责人、有关主管人员

《劳动法》第五十二条规定："用人单位必须建立、健全劳动安全卫生制度，严格执行国家劳动安全卫生规程和标准，对劳动者进行劳动安全卫生教育，防止劳动过程中的事故，减少职业危害。"《安全生产法》第十七条规定了生产经营单位主要负责人应负安全生产职责。生产经营单位的主要负责人、分管安全生产的其他负责人和安全生产管理人员是安全生产工作的直接管理者，也是劳动安全卫生保护的责任主体。

3. 生产经营单位的劳动者

劳动者直接从事生产经营活动，劳动者的安全素质高低，对安全生产至关重要。劳动者在劳动过程中必须严格遵守安全操作规程，如果因劳动者违反安全生产义务而导致重大、特大事故，那么必须承担相应的法律责任。

4. 安全生产中介服务机构和安全生产中介服务人员

从事安全生产评价认证、检测检验、咨询服务等工作的中介机构及其安全生产的专业工程技术人员，必须具有执业资质才能依法为生产经营单位提供服务。如果中介机构及其工作人员对其承担的安全评价、认证、监测、检验事项出具虚假证明，将追究其法律责任。

（三）劳动者在劳动安全卫生工作中的权利

（1）劳动者有权利得知所从事工作可能对身体健康造成的危害和可能发生的不安全事故。

（2）劳动者有权利获得保障其健康、安全的劳动条件和劳动防护用品。

（3）劳动者有权对用人单位管理人员违章指挥、强令冒险作业予以拒绝。

（4）劳动者对危害生产安全和身体健康的行为，有权提出批评、检举和控告。

（四）对女职工和未成年工人的特殊劳动保护

1. 对女职工的特殊劳动保护

（1）禁止从事危险性工作。即禁止安排女职工从事矿山井下、国家规定的第四级体力劳动强度的劳动和其他禁忌从事的劳动。（2）经期、孕期保护。不得安排女职工在经期从事高温、低温、冷水作业和国家规定的第三级体力劳动强度的劳动和孕期禁忌从事的劳动。对怀孕 7 个月以上（含 7 个月）的女职工，不得安排其延长工作时间和夜班劳动。（3）哺乳期间的保护。即不得安排女职工在哺乳未满 1 周岁的婴儿期间从事国家规定的第三级体力劳动强度的劳动和哺乳期禁忌从事的其他劳动，一般不得安排其延长工作时间和夜班劳动。

2. 对未成年工的特殊劳动保护

未成年工是指年满 16 周岁未满 18 周岁的劳动者。法律规定不得安排未成年工从事矿山井下、有毒有害、国家规定的第四级体力劳动强度的劳动和其他禁忌从事的劳动。同时用人单位还应对未成年工定期进行健康检查。对未成年工的使用和特殊保护实行登记制度。

六、社会保险制度

（一）社会保险的概念和特征

社会保险是一种为丧失劳动能力、暂时失去劳动岗位或因健康原因造成损失的劳动者提供收入或补偿的一种社会和经济制度。

社会保险的特征有：（1）对象的普遍性。即社会保险的对象范围广，包括不同行业、不同所有制和不同身份的各种劳动者。（2）互济性。即社会保险按照社会共担风险原则实行社会统筹，可以使劳动者通过互济共助获得帮助。（3）福利性。即社会保险不以盈利为目的，实施社会保险的根本目的，就是保障劳动者在其失去劳动能力之后的基本生活，从而维护社会的稳定。（4）强制性。即国家通过立法强制实施。保险待遇的享受者及其所在单位，双方都必须按照规定参加并缴纳社会保险基金，不能自愿。

（二）社会保险的种类

我国《劳动法》把社会保险分为：养老保险、工伤保险、失业保险、医疗保险、生育保险。

1. 养老保险

养老保险是指劳动者在达到国家规定的解除劳动义务的劳动年龄界限，或因年老丧失劳动能力的情况下，能够依法获得经济收入、物质帮助和生活服务的社会保险制度。

劳动者按月领取基本养老金必须具备三个条件：一是达到法定退休年龄，并已办理退休手续；二是所在单位和个人依法参加养老保险并履行了养老保险缴费义务；三是个人缴费至少满 15 年。

2. 工伤保险

工伤保险是指劳动者在工作中或在规定的特殊情况下，遭受意外伤害或患职业病导致暂时或永久丧失劳动能力以及死亡时，劳动者或其遗属从国家和社会获得物质帮助的一种社会保险制度。《工伤保险条例》规定：工伤保险的适用范围包括中国境内各类企业、有雇工的个体工商户以及这些用人单位的全部职工或者雇工。

工伤可以分为两种情况，一种是应当认定为工伤的情形，另一种是视同为工伤的情形。两种情形都属于工伤，都享受相应的工伤保险待遇。

应当认定为工伤的情形包括：（1）在工作时间和工作场所内，因工作原因受到事故伤害的；（2）工作时间前后在工作场所内，从事与工作有关的预备性或者收尾性工作受到事故伤害的；（3）在工作时间和工作场所内，因履行工作职责受到暴力等意外伤害的；（4）患职业病的；（5）因工外出期间，由于工作原因受到伤害或者发生事故下落不明的；（6）在上下班途中，受到非本人主要责任的交通事故或者城市轨道交通、客运轮渡、火车事故伤害的；（7）法律、行政法规规定应当认定为工伤的其他情形。

视同为工伤的情形包括：（1）在工作时间和工作岗位，突发疾病死亡或者在 48 小时之内经抢救无效死亡的；（2）在抢险救灾等维护国家利益、公共利益活动中受到伤害的；（3）职工原在军队服役，因战、因公负伤致残，已取得革命伤残军人证，到用人单位后旧伤复发的。

3. 医疗保险

医疗保险是指劳动者患病或者非因公受伤后，在生活和医疗方面获得帮助的一种社会保险制度。

现在我国已经建立起完善的城镇医疗保险制度，大力发展新型农村合作医疗保险制度，为我国公民建立起了完善的医疗保险制度。

4. 失业保险

失业保险是指国家建立基金，对因失业而暂时中断生活来源的劳动者提供物质帮助的制度。根据《失业保险条例》的规定，失业保险基金由下列各项构成：（1）城镇企业事业单位、城镇企业事业单位职工缴纳的失业保险费；（2）失业保险基金的利息；（3）财政补贴；（4）依法纳入失业保险基金的其他资金。城镇企业事业单位按照本单位工资总额的2%缴纳失业保险费。城镇企业事业单位职工按照本人工资的百分之一缴纳失业保险费。失业保险基金专款专用，不得挪作他用，不得用于平衡财政收支。

领取失业保险金需要满足下列条件：（1）按照规定参加失业保险，所在单位和本人已按照规定履行缴费义务满1年的；（2）非因本人意愿中断就业的；（3）已办理失业登记，并有求职要求的。

失业人员在领取失业保险金期间，按照规定同时享受其他失业保险待遇。失业人员在领取失业保险金期间有下列情形之一的，停止领取失业保险金，并同时停止享受其他失业保险待遇：（1）重新就业的；（2）应征服兵役的；（3）移居境外的；（4）享受基本养老保险待遇的；（5）被判刑收监执行或者被劳动教养的；（6）无正当理由，拒不接受当地人民政府指定的部门或者机构介绍的工作的；（7）有法律、行政法规规定的其他情形的。

5. 生育保险

生育保险是国家通过立法，对怀孕、分娩女职工给予生活保障和物质帮助的一项社会保险制度。其宗旨在于通过向职业妇女提供生育津贴、医疗服务和产假，帮助他们恢复劳动能力，重返工作岗位。我国生育保险待遇主要包括两项，一是生育津贴，用于保障女职工产假期间的基本生活需要；二是生育医疗待遇，用于保障女职工怀孕、分娩期间以及职工实施节育手术时的基本医疗保健需要。

根据《企业职工生育保险试行办法》的规定，生育保险费用实行社会统筹。生育保险根据“以支定收，收支基本平衡”的原则筹集资金，由企业按照其工资总额的一定比例向社会保险经办机构缴纳生育保险费，建立生育保险基金。职工个人不缴纳生育保险费。

七、劳动争议调解仲裁法

（一）劳动争议的概念与范围

劳动争议是指劳动关系双方当事人因实现劳动权利和履行劳动义务而发生的纠纷。劳动争议的及时处理，对于保护劳动争议当事人的合法权益、促进劳动关系和谐稳定、构建社会主义和谐社会，都具有十分重要的意义。

并不是所有的纠纷和争议都属于法律的调整范围。根据《劳动争议调解仲裁法》的规定，属于劳动争议调解仲裁法调整范围的劳动争议有：（1）因确认劳动关系发生的争议；（2）因订立、履行、变更、解除和终止劳动合同发生的争议；（3）因除名、辞退和辞职、离职发生的争议；（4）因工作时间、休息休假、社会保险、福利、培训以及劳动保护发生的争议；（5）因劳动报酬、工伤医疗费、经济补偿或者赔偿金等发生的争议；（6）法律、法规规定的其他劳动争议。

（二）劳动争议处理机构

1. 劳动争议调解组织

劳动争议调解组织是指在劳动争议处理过程，作为第三方，以说明教育、规劝疏导等方式，主持劳动争议双方当事人通过民主协商解决劳动争议的机构。劳动争议调解组织包括：（1）企业劳动争议调解委员会；（2）依法设立的基层人民调解组织；（3）在乡镇、街道设立的具有劳动争议调解职能的组织。其中，企业劳动争议调解委员会由职工代表和企业代表组成。职工代表由工会成员担任或者由全体职工推举产生，企业代表由企业负责人指定。企业劳动争议调解委员会主任由工会成员或者双方推举的人员担任。

2. 劳动争议仲裁委员会

劳动争议仲裁委员会是指依法成立的行使劳动争议仲裁权的劳动争议处理机构。劳动争议仲裁委员会按照统筹规划、合理布局和适应实际需要的原则设立。省、自治区人民政府可以决定在市、县设立；直辖市人民政府可以决定在区、县设立。直辖市、设区的市也可以设立一个或者若干个劳动争议仲裁委员会。

劳动争议仲裁委员会职责有：（1）聘任、解聘专职或者兼职仲裁员；（2）受理劳动争议案件；（3）讨论重大或者疑难的劳动争议案件；（4）对仲裁活动进行监督。

（三）调　解

1. 调解的程序

发生劳动争议，当事人不愿协商、协商不成或者达成和解协议后不履行的，可以向调解组织申请调解；当事人申请劳动争议调解可以书面申请，也可以口头申请。口头申请的，调解组织应记录申请人基本情况、申请调解的争议事项、理由和时间。调解劳动争议，应当充分听取双方当事人对事实和理由的陈述，耐心疏导，帮助其达成协议。

2. 调解的效力

经调解达成协议的，应当制作调解协议书。调解协议书由双方当事人签名或者盖章，经调解员签名并加盖调解组织印章后生效。调解协议是双方在自愿的基础上达成的，是双方意思表示一致的结果，具有合同的效力。当事人应当按照约定履行自己的义务，不得擅自变更或者解除调解协议。调解协议是劳动争议仲裁委员会或者人民法院裁决劳动争议案件的重要证据，如果没有其他证据证明调解协议无效或者是可撤销的，可以作为仲裁组织裁决和人民法院裁判的依据。

因支付拖欠劳动报酬、工伤医疗费、经济补偿或者赔偿金事项达成调解协议，用人单位在协议约定期限内不履行的，劳动者可以持调解协议书依法向人民法院申请支付令。人民法院应当依法发出支付令。

（四）仲　裁

达成调解协议后，一方当事人在协议约定期限内不履行调解协议的，另一方当事人可以依法申请仲裁。自劳动争议调解组织收到调解申请之日起 15 日内未达成调解协议的，当事人可以依法申请仲裁。

1. 申请和受理

劳动争议仲裁因当事人的申请而启动。《劳动争议调解仲裁法》第二十七条规定："劳动争议申请仲裁的时效期间为一年。仲裁时效期间从当事人知道或者应当知道其权利被侵害之日起计算。"申请人申请仲裁应当提交书面仲裁申请。书写仲裁申请确有困难的，可以口头申请，由劳动争议仲裁委员会记入笔录，并告知对方当事人。

劳动争议仲裁委员会收到仲裁申请之日起 5 日内，认为符合受理条件的，应当受理，并通知申请人；认为不符合受理条件的，应当书面通知申请人不予受理，并说明理由。对劳动争议仲裁委员会不予受理或者逾期未作出决定的，申请人可以就该劳动争议事项向人民法院提起诉讼。

2. 仲裁庭的组成

劳动争议仲裁委员会裁决劳动争议案件实行仲裁庭制。仲裁庭由三名仲裁员组成，设首席仲裁员。简单劳动争议案件可以由一名仲裁员独任仲裁。根据《劳动争议调解仲裁法》的规定，担任仲裁员必须公道正派并符合下列条件之一：（1）曾任审判员的；（2）从事法律研究、教学工作并具有中级以上职称的；（3）具有法律知识、从事人力资源管理或者工会等专业工作满五年的；（4）律师执业满三年的。

3. 开庭和裁决

仲裁庭应当在开庭 5 日前，将开庭日期、地点书面通知双方当事人。当事人有正当理由的，可以在开庭 3 日前请求延期开庭。是否延期，由劳动争议仲裁委员会决定。申请人收到书面通知，无正当理由拒不到庭或者未经仲裁庭同意中途退庭的，可以视为撤回仲裁申请。被申请人收到书面通知，无正当理由拒不到庭或者未经仲裁庭同意中途退庭的，可以缺席裁决。

当事人申请劳动争议仲裁后，可以自行和解。达成和解协议的，可以撤回仲裁申请。《劳动争议调解仲裁法》第四十二条规定："仲裁庭在作出裁决前，应当先行调解。"调解达成协议的，仲裁庭应当制作调解书；调解书经双方当事人签收后，发生法律效力。

仲裁庭裁决劳动争议案件，应当自劳动争议仲裁委员会受理仲裁申请之日起 45 日内结束；案情复杂需要延期的，经劳动争议仲裁委员会主任批准，可以延期并书面通知当事人，但是延长期限不得超过 15 日。

仲裁庭裁决劳动争议案件时，其中一部分事实已经清楚，可以就该部分先行裁决。裁决应当按照多数仲裁员的意见作出，少数仲裁员的不同意见应当记入笔录。仲裁庭不能形成多数意见时，裁决应当按照首席仲裁员的意见作出。

4. 劳动争议仲裁的效力

《劳动争议调解仲裁法》明确了一裁终局，即仲裁裁决为终局裁决，裁决书自作出之日起发生法律效力。当事人可以依据裁决书向法院申请强制执行。根据《劳动争议仲裁法》第四十七条，属于终局裁决有：（1）追索劳动报酬、工伤医疗费、经济补偿或者赔偿金，不超过当地月最低工资标准 12 个月金额的争议；（2）因执行国家的劳动标准在工作时间、休息休假、社会保险等方面发生的争议。劳动者对《劳动争议调解仲裁法》第四十七条规定的仲裁裁决不服的，可以自收到仲裁裁决书之日起 15 日内向人民法院提起诉讼。用人单位一方对于该部分裁决无权向人民法院提起诉讼。

用人单位有证据证明《劳动争议调解仲裁法》第四十七条规定的仲裁裁决有下列情形之一，可以自收到仲裁裁决书之日起 30 日内向劳动争议仲裁委员会所在地的中级人民法院申请撤销裁决。这些情形包括：（1）适用法律、法规确有错误的；（2）劳动争议仲裁委员会无管辖权的；（3）违反法定程序的；（4）裁决所根据的证据是伪造的；（5）对方当事人隐瞒了足以影响公正裁决的证据的；（6）仲裁员在仲裁该案时有索贿受贿、徇私舞弊、枉法裁决行为的。

第三节　劳动合同法

一、劳动合同法概述

（一）劳动合同的概念和特征

劳动合同是劳动者与用人单位确立劳动关系，明确双方权利和义务的协议。建立劳动关系应当订立劳动合同。

劳动合同除具有合同的一般特征外，还具有其特殊的法律特征。

1. 劳动合同当事人的特定性

劳动合同双方当事人中，一方必须是劳动者，另一方必须是企业等用人单位。

2. 劳动合同的当事人之间存在着职业上的从属关系

作为劳动合同一方当事人的劳动者，在订立劳动合同后，成为另一方当事人企业等用人单位的一员，用人单位有权指派劳动者完成劳动合同规定的属于劳动者劳动职能范围内的任务。这种职业上的从属关系，是劳动合同区别于其他合同的重要特点之一。

3. 劳动合同的内容具有一定的强制性

订立、变更、终止和解除劳动合同不能仅仅按照当事人意思自治原则进行，有的内容必须按照国家劳动法律、法规的规定来执行，当事人没有协商的余地，如最低工资、工作时间、保险待遇等的约定。

（二）劳动合同立法和立法宗旨

改革开放以后，随着计划经济向市场经济的转变，我国开始对计划经济下的固定工制度进行改革。1986 年国务院发布了《国营企业实行劳动合同制暂行规定》，决定在国营企业中新招收的职工中实行劳动合同制。1994 年通过的《劳动法》对劳动合同作了专章规定。2007 年 6 月 29 日，《劳动合同法》经第十届全国人民代表大会通过，并于 2008 年 1 月 1 日起实施。2008 年 9 月，国务院颁布《劳动合同法实施条例》。上述法律法规共同构成调整劳动合同的法律体系。

劳动合同法是规范劳动关系的一部重要法律，其立法宗旨在于追求劳资双方关系的平衡。实践中由于用人单位太强势，而劳动者处于弱势地位，弱势的一方往往无法真正享有平等。如果对用人单位和劳动者进行同等保护，必然导致劳资双方关系不平衡。我们必然要在一定程度上对于不同的人给予不同的对待，国家通过法律赋予社会弱势群体在社会生活中应当获得的补偿性权利。补偿性权利体现在劳动法中就是要向劳动者实行倾斜性保护。因此，劳动合同法的立法宗旨是，在明确劳动合同双方当事人的权利和义务的前提下，重在对劳动者合法权益的保护，为构建与发展和谐稳定的劳动关系提供法律保障。

二、劳动合同的订立

（一）劳动合同的形式与必备条款

1. 劳动合同的形式

建立劳动关系，应当订立书面劳动合同。劳动合同由用人单位与劳动者协商一致，并经用人单位与劳动者在劳动合同文本上签字或者盖章生效。已建立劳动关系，未同时订立书面劳动合同的，应当自用工之日起一个月内订立书面劳动合同。

2. 劳动合同的必备条款

在法律规定了必备条款的情况下，如果劳动合同缺少此类条款，劳动合同就不能成立。根据《劳动合同法》的规定，劳动合同应当具备以下条款：（1）用人单位的名称、住所和法定代表人或者主要负责人。（2）劳动者的姓名、住址和居民身份证或者其他有效身份证件号码。（3）劳动合同期限。（4）工作内容和工作地点。（5）工作时间和休息休假。（6）劳动报酬。用人单位未在用工的同时订立书面劳动合同，与劳动者约定的劳动报酬不明确的，新招用的劳动者的劳动报酬按照集体合同规定的标准执行；没有集体合同或者集体合同未规定的，实行同工同酬。（7）社会保险。（8）劳动保护、劳动条件和职业危害防护。（9）法律、法规规定应当纳入劳动合同的其他事项。

劳动合同除前款规定的必备条款外，用人单位与劳动者可以约定试用期、培训、保守秘密、补充保险和福利待遇等其他事项。

（二）劳动合同的期限

劳动合同的期限是劳动合同的必备条款，劳动合同期限可分为固定期限劳动合同、无固定期限劳动合同、以完成一定工作任务为期限劳动合同三种。

1. 固定期限劳动合同

固定期限劳动合同是指用人单位与劳动者约定合同终止时间的劳动合同。用人单位与劳动者协商一致，可以订立固定期限劳动合同。具体期限由当事人双方根据工作需要和实际情况确定，期限届满，劳动关系即告终止。

2. 无固定期限劳动合同

无固定期限劳动合同是指用人单位与劳动者约定，无确定终止时间的劳动合同。这里所说的无确定终止时间，是指劳动合同没有一个确切的终止时间，劳动合同的期限长短不能确定。无固定期限合同一经签订，双方就建立了一种相对稳固和长远的劳动关系，只要没有出现法律规定的条件或者双方约定的条件，双方当事人就要继续履行劳动合同规定的义务。一旦出现了法律规定的情形，无固定期限劳动合同也同样能够解除。

根据法律规定，订立无固定期限劳动合同的情形有：

（1）用人单位与劳动者协商一致，可以订立无固定期限劳动合同。

（2）在法律规定的情形出现时，劳动者提出或者同意续订劳动合同的，应当订立无固定期限劳动合同，法律规定的情形包括：一是劳动者已在该用人单位连续工作满十年的；二是用人单位初次实行劳动合同制度或者国有企业改制重新订立劳动合同时，劳动者在该用人单位连续工作满十年且距法定退休年龄不足十年的；三是2008年1月1日后，连续订立二次固定期限劳动合同且劳动者没有《劳动合同法》第三十九条规定的情形续订劳动合同的。

（3）用人单位自用工之日起满一年不与劳动者订立书面劳动合同的，视为用人单位与劳动者已订立无固定期限劳动合同。

3. 以完成一定工作任务为期限的劳动合同

以完成一定工作任务为期限的劳动合同是指用人单位与劳动者约定以某项工作的完成为合同期限的劳动合同。用人单位与劳动者协商一致，可以订立以完成一定工作任务为期限的劳动合同。这类劳动合同是指用人单位与劳动者约定以某项工作的完成为合同期限的劳动合同。该种劳动合同是以某一项工作开始之日作为其期限起算之日，以劳动者完成该项工作之日作为其期限终止之日，因此，存在合同的变更、中止和解除，但不存在续签问题。

4. 试用期

试用期是指用人单位和劳动者双方相互了解、确定对方是否符合自己的招聘条件或求职条件而约定的考察期限。实践中，用人单位和劳动者对劳动合同期限的约定条款中往往包含对试用期的约定。法律允许用人单位订立劳动合同前对劳动者进行试用，同时，法律针对滥用试用期、试用期过长等问题作出了如下限制：

（1）劳动合同期限三个月以上不满一年的，试用期不得超过一个月；劳动合同期限一年以上不满三年的，试用期不得超过二个月；三年以上固定期限和无固定期限的劳动合同，试用期不得超过六个月。

（2）同一用人单位与同一劳动者只能约定一次试用期。

（3）以完成一定工作任务为期限的劳动合同或者劳动合同期限不满三个月的，不得约定试用期。

（4）试用期包含在劳动合同期限内。劳动合同仅约定试用期的，试用期不成立，该期限为劳动合同期限。

（5）根据《劳动合同法实施条例》第十五条的规定，劳动者在试用期的工资不得低于本单位相同岗位最低工资的 80%，并不低于用人单位所在地的最低工资标准

（三）劳动合同的成立与生效

劳动合同由用人单位与劳动者协商一致，并经用人单位与劳动者在劳动合同文本上签字或者盖章后生效。用人单位与劳动者在用工前订立劳动合同的，劳动关系自用工之日起建立。劳动合同可以规定合同的生效时间。没有规定劳动合同生效时间的，当事人签字之日即视为该劳动合同生效时间。

生效的劳动合同对签约双方具有法律约束力。用人单位与劳动者应当按照劳动合同的约定，全面履行各自的义务。

劳动合同法规定了劳动合同无效的情形，下列劳动合同无效或者部分无效：（1）以欺诈、胁迫的手段或者乘人之危，使对方在违背真实意思的情况下订立或者变更劳动合同的；（2）用人单位免除自己的法定责任、排除劳动者权利的；（3）违反法律、行政法规强制性规定的。

劳动合同部分无效，不影响其他部分效力的，其他部分仍然有效。劳动合同被确认无效，劳动者已付出劳动的，用人单位应当向劳动者支付劳动报酬。劳动报酬的数额，参照本单位相同或者相近岗位劳动者的劳动报酬确定。

三、劳动合同的变更、终止

（一）劳动合同的变更

劳动合同的变更是指劳动合同依法订立后，在合同尚未履行或者尚未履行完毕之前，经用人单位和劳动者双方当事人协商同意，依照法律规定的条件和程序，对原合同中的某些条款修改、补充的法律行为。劳动合同一经依法订立，即具有法律约束力，双方当事人应当严格履行，任何一方不得随意变更劳动合同约定的内容。但在，当事人在订立合同时，有时不可能对涉及合同的所有问题都做出明确的规定；合同订立后，由于社会生活和市场条件的不断变化，订立劳动合同所依据的客观情况发生变化，使得劳动合同难于履行或者难于全面履行，或者使合同的履行可能造成当事人之间权利义务的不平衡，这就需要用人单位和劳动者双方对劳动合同的部分内容进行适当的调整。因此《劳动合同法》第五条规定，用人单位与劳动者协商一致，可以变更劳动合同约定的内容。变更劳动合同，应当采用书面形式。变更后的劳动合同文本由用人单位和劳动者各执一份。

（二）劳动合同的终止

劳动合同的终止是指劳动合同期限届满或者有其他符合法律规定的情形出现导致劳动合同关系终结。劳动合同订立后，双方当事人不得随意终止劳动合同，只有在劳动法律、法规允许的情况下，当事人才可以终止劳动合同。

按照《劳动合同法》的规定，劳动合同的终止只有法定情形的终止，而不能有约定条件下的终止。法定终止的情形有：（1）劳动合同期满的。（2）劳动者开始依法享受基本养老保险待遇的；《劳动合同法实施条例》作出了更具有操作性的规定，第二十一条规定："劳动者达到法定退休年龄的，劳动合同终止。"（3）劳动者死亡，或者被人民法院宣告死亡或者宣告失踪的。（4）用人单位被依法宣告破产的。（5）用人单位被吊销营业执照、责令关闭、撤销或者用人单位决定提前解散的。（6）法律、行政法规规定的其他情形。

四、劳动合同的解除

劳动合同的解除，是指劳动合同订立后，尚未全部履行以前，当事人双方提前终止劳动合同的法律效力，解除双方劳动关系的法律行为。它既可以是当事人单方面的行为，也可以是当事人双方的行为。根据《劳动合同法》和《劳动合同法实施条例》的规定劳动合同的解除分为劳动者单方解除，用人单位单方解除两种情形。

（一）劳动者单方面解除劳动合同

劳动者可以解除劳动合同的情形包括：（1）劳动者与用人单位协商一致的；用人单位与劳动者在完全自愿的情况下，平等协商，从而达成提前终止劳动合同的一致意见。（2）劳动者提前30日以书面形式通知用人单位的；该条款表明劳动者享有辞职的权利，劳动者行使辞职权除提前一定日期以书面形式通知用人单位的程序外，不附加任何条件。也就是说劳动者在书面通知用人单位后还应继续工作一定日期，以便于用人单位及时安排人员接替辞职者的工作，确保正常的工作秩序。（3）劳动者在试用期内提前3日通知用人单位的。（4）用人单位未按照劳动合同约定提供劳动保护或者劳动条件的。（5）用人单位未及时足额支付劳动报酬的。（6）用人单位未依法为劳动者缴纳社会保险费的。（7）用人单位的规章制度违反法律、法规的规定，损害劳动者权益的。（8）用人单位以欺诈、胁迫的手段或者乘人之危，使劳动者在违背真实意思的情况下订立或者变更劳动合同的。（9）用人单位在劳动合同中免除自己的法定责任、排除劳动者权利的。（10）用人单位违反法律、行政法规强制性规定的。（11）用人单位以暴力、威胁或者非法限制人身自由的手段强迫劳动者劳动的。（12）用人单位违章指挥、强令冒险作业危及劳动者人身安全的。（13）法律、行政法规规定劳动者可以解除劳动合同的其他情形。

（二）企业单方面解除劳动合同

劳动合同法在赋予劳动者单方解除权的同时，也赋予用人单位对劳动合同的单方解除权，以保障用人单位的用工自主权，但为了防止用人单位滥用解除权，随意与劳动者解除劳动合同，法律严格限定企业与劳动者解除劳动合同的条件。

1. 过失性辞退

过失性辞退是指因劳动者的过失而导致用人单位单方解除劳动合同的情形。此类情形包括：（1）在试用期间被证明不符合录用条件的；（2）严重违反用人单位的规章制度的；（3）严重失职，营私舞弊，给用人单位造成重大损害的；（4）劳动者同时与其他用人单位建立劳动关系，对完成本单位的工作任务造成严重影响，或者经用人单位提出，拒不改正的；（5）劳动者以欺诈、胁迫的手段或者乘人之危，使用人单位在违背真实意思的情况下订立或者变更劳动合同的；（6）被依法追究刑事责任的。

因劳动者过失被解除劳动合同的，用人单位无需向劳动者提前预告就可以单方解除劳动合同。

2. 无过失性辞退

无过失性辞退是指劳动者和用人单位均无过失，用人单位单方面解除劳动合同的情形。此类情况包括：（1）劳动者患病或者非因工负伤，在规定的医疗期满后不能从事原工作，也不能从事由用人单位另行安排的工作的；（2）劳动者不能胜任工作，经过培训或者调整工作岗位，仍不能胜任工作的；（3）劳动合同订立时所依据的客观情况发生重大变化，致使劳动合同无法履行，经用人单位与劳动者协商，未能就变更劳动合同内容达成协议的。

在无过失性辞退情形下，劳动者和用人单位均无过失，但由于某些外部环境或者劳动者自身的客观原因，用人单位可以单方解除劳动合同。但用人单位应当提前 30 日以书面形式通知劳动者，也可以额外支付劳动者一个月工资代替提前通知。其目的在于对劳动者的保护，为劳动者寻找新的工作提供必要的时间保障。同时，用人单位因劳动者的非过失性原因而解除合同的还应当给予劳动者相应的经济补偿。

3. 经济性裁员

经济性裁员是用人单位行使解除劳动合同权的主要方式之一。它是指用人单位一次性辞退一定比例和数量的劳动者，以此作为改善生产经营状况的一种手段，其目的是保护自己在市场经济中的竞争和生存能力，度过暂时的难关。此类情况包括：（1）用人单位依照企业破产法规定进行重整的；（2）用人单位生产经营发生严重困难的；（3）企业转产、重大技术革新或者经营方式调整，经变更劳动合同后，仍需裁减人员的；（4）其他因劳动合同订立时所依据的客观经济情况发生重大变化，致使劳动合同无法履行的。

由于经济性裁员涉及劳动者的人数众多，社会影响广泛，必须对经济性裁员进行了一定限制。《劳动合同法》第四十一条规定：“裁减人员时，应当优先留用下列人员：（1）与本单位订立较长期限的固定期限劳动合同的；（2）与本单位订立无固定期限劳动合同的；（3）家庭无其他就业人员，有需要扶养的老人或者未成年人的。用人单位依照本条第一款规定裁减人员，在六个月内重新招用人员的，应当通知被裁减的人员，并在同等条件下优先招用被裁减的人员。”

此外，经济性裁员还必须遵守程序性的规定，需要裁减人员 20 人以上或者裁减不足 20 人但占企业职工总数 10%以上的，用人单位应当提前 30 日向工会或者全体职工说明情况，听取工会或者职工的意见，并将裁减人员方案向劳动行政部门报告。

4. 无过失性辞退的例外

在无过失性辞退中，出于保护部分特殊劳动者利益的需要，《劳动合同法》规定了用人单位不得解除劳动合同的情形，包括：（1）从事接触职业病危害作业的劳动者未进行离岗前职业健康检查，或者疑似职业病病人在诊断或者医学观察期间的；（2）在本单位患职业病或者因工负伤并被确认丧失或者部分丧失劳动能力的；（3）患病或者非因工负伤，在规定的医疗期内的；（4）女职工在孕期、产期、哺乳期的；（5）在本单位连续工作满十五年，且距法定退休年龄不足五年的；（6）法律、行政法规规定的其他情形。

五、特别规定

《劳动合同法》对集体合同、劳务派遣、非全日制用工做出了特别规定，集体合同的相关内容在上节中已作阐述，本节主要针对劳务派遣、非全日制用工作出介绍。

（一）劳务派遣

1. 劳务派遣的概念与法律关系

劳务派遣是指劳务派遣单位与劳动者订立劳动合同，由劳动者向实际用工单位给付劳务，劳动合同关系存在于劳务派遣单位与劳动者之间，但劳动力给付的事实则发生于劳动者与实际用工单位之间的一种工作安排形式。劳动派遣的最显著特征就是劳动力的雇用和使用分离。

劳务派遣涉及三方关系，即派遣单位与被派遣劳动者、派遣单位与接受以劳务派遣形式用工的单位即用工单位，用工单位与被派遣劳动者等三个法律关系。劳务派遣单位与被派遣劳动者建立劳动关系，但不用工，即不直接管理和指挥劳动者从事劳动，行使对劳动者的人事管理权，同时派遣单位承担对劳动者的劳动报酬和社会福利等义务。派遣单位与用工单位之间是民事关系，双方订立派遣协议确定双方权利义务，派遣单位根据用工单位的标准派遣符合要求的劳动者，用工单位根据协议向派遣单位支付报酬。而用工单位与被派遣劳动者之间构成的则是劳务关系，与劳动者之间不建立劳动关系。用工单位直接管理和指挥劳动者从事劳动，劳动者遵守用工单位的规章制度。

2. 劳动派遣中的两种合同

在劳务派遣中，涉及两种合同关系，即劳务派遣机构和劳动者订立的劳动合同、劳务派遣单位与用工单位订立的劳务派遣协议。劳务派遣机构和劳动者订立劳动合同后，依据与接受派遣单位订立的劳务派遣协议，将劳动者派遣到接受派遣单位工作。

（1）劳动合同的订立。劳动派遣单位不同于职业介绍机构，它是与劳动者签订劳动合同的一方当事人，应当履行用人单位对劳动者的义务。劳务派遣单位与被派遣劳动者订立的劳动合同，除应当载明《劳动合同法》第十七条规定的事项外，还应当载明被派遣劳动者的用工单位以及派遣期限、工作岗位等情况。劳务派遣一般在临时性、辅助性或者替代性的工作岗位上实施。劳务派遣单位不得以非全日制用工形式招用被派遣劳动者。

劳务派遣单位应当与被派遣劳动者订立二年以上的固定期限劳动合同，按月支付劳动报酬；被派遣劳动者在无工作期间，劳务派遣单位应当按照所在地人民政府规定的最低工资标准，向其按月支付报酬。

（2）劳务派遣协议。劳务派遣单位派遣劳动者应当与接受以劳务派遣形式的用工的单位订立劳务派遣协议。劳务派遣协议应当约定派遣岗位和人员数量、派遣期限、劳动报酬和社会保险费的数额与支付方式以及违反协议的责任。用工单位应当根据工作岗位的实际需要与劳务派遣单位确定派遣期限，不得将连续用工期限分割订立数个短期劳务派遣协议。劳务派遣单位应当将劳务派遣协议的内容告知被派遣劳动者。

3. 用工单位的义务

按照《劳动合同法》第六十二条的规定：用工单位的义务包括：（1）执行国家劳动标准，提供相应的劳动条件和劳动保护；（2）告知被派遣劳动者的工作要求和劳动报酬；（3）支付加班费、绩效奖金，提供与工作岗位相关的福利待遇；（4）对在岗被派遣劳动者进行工作岗位所必需的培训；（5）连续用工的，实行正常的工资调整机制；（6）用工单位不得将被派遣劳动者再派遣到其他用人单位。

（二）非全日制用工

非全日制用工，是指以小时计酬为主，劳动者在同一用人单位一般平均每日工作时间不超过 4 小时，每周工作时间累计不超过 24 小时的用工形式。

根据《劳动合同法》的相关规定，非全日制用工有以下内容：（1）非全日制用工可以订立口头协议，也可以采取书面协议。（2）非全日制用工的劳动者可以与一个或者一个以上的用人单位订立劳动合同，即允许从事非全日制用工的劳动者建立双重或多重劳动关系。后订立的劳动合同不得影响先订立的劳动合同的履行。（3）非全日制用工不得约定试用期。（4）非全日制用工双方当事人任何一方都可以随时通知对方终止用工。终止用工，用人单位不向劳动者支付经济补偿。（5）非全日制用工小时计酬标准不得低于用人单位所在地人民政府规定的最低小时工资标准。非全日制用工劳动报酬结算支付周期最长不得超过 15 日。

六、经济补偿金

（一）经济补偿金的概念与作用

经济补偿金是用人单位解除劳动合同时，给予劳动者的经济补偿。《劳动合同法》中既规定了经济补偿金，也规定了违约金和赔偿金。经济补偿金的法律性质为补偿性，不具有惩罚性。赔偿金是指用人单位或劳动者因违反合同约定或因自己的故意或过失，给对方造成实际损失而承担给付对方一定数量的金钱的一种责任形式，一般又称为损害赔偿。违约金是双方当事人通过约定而预先确定的，一方当事人违约的，应向另一方支付的金钱。违约金与赔偿金是合同法、劳动法等承担责任的主要方式，劳动者和用人单位都可能承担违约金和赔偿金责任。经济补偿金是劳动法上特有的解约经济补偿形式，是对因用人单位解除合同而遭受损失的劳动者进行的补偿，是用人单位的一种特定补偿义务，其适用范围和补偿标准由各国根据对劳动者倾斜保护的程度而定。

经济补偿是用人单位承担的一种社会责任，也是国家依法调节劳动关系的一种经济手段，经济补偿金的作用主要体现在以下两个方面：（1）平衡社会负担和用人单位的负担的作用。经济补偿金是用人单位承担的一种社会责任，劳动者在重新找到工作前没有收入来源，经济补偿金可以帮助劳动者渡过这一失业阶段，有效缓减失业者的生活困难。（2）稳定劳动关系的作用。经济补偿金提高了用人单位解除劳动合同的成本，引导企业对解雇行为进行利益权

衡，限制用人单位随意解除与劳动者的劳动关系，有助于保护劳动者的权益和维持社会稳定。

（二）经济补偿金支付的情形

在劳动者辞职、擅自离职、用人单位依据《劳动合同法》第三十九条辞退员工等情况下，企业可以不支付经济补偿金。根据《劳动合同法》和《劳动合同法实施条例》的规定，企业在以下情况均应当向劳动者支付经济补偿金。

1. 以下10种情形，劳动者单方面解除劳动合同，用人单位应当支付经济补偿金

（1）用人单位未按照劳动合同约定提供劳动保护或者劳动条件的；（2）用人单位未及时足额支付劳动报酬的；（3）用人单位未依法为劳动者缴纳社会保险费的；（4）用人单位的规章制度违反法律、法规的规定，损害劳动者权益的；（5）用人单位以欺诈、胁迫的手段或者乘人之危，使劳动者在违背真实意思的情况下订立或者变更劳动合同的；（6）用人单位在劳动合同中免除自己的法定责任、排除劳动者权利的；（7）用人单位提供的合同文本违反法律、行政法规强制性规定的；（8）用人单位以暴力、威胁或者非法限制人身自由的手段强迫劳动者劳动的；（9）用人单位违章指挥、强令冒险作业危及劳动者人身安全的；（10）法律、行政法规规定劳动者可以解除劳动合同的其他情形。

2. 以下11种情形，用人单位单方面解除或终止劳动合同，应当向劳动者支付经济补偿金

（1）劳动者患病或者非因工负伤，在规定的医疗期满后不能从事原工作，也不能从事由用人单位另行安排的工作的；（2）劳动者不能胜任工作，经过培训或者调整工作岗位，仍不能胜任工作的；（3）劳动合同订立时所依据的客观情况发生重大变化，致使劳动合同无法履行，经用人单位与劳动者协商，未能就变更劳动合同内容达成协议的；（4）用人单位依照企业破产法规定进行重整，依法裁减人员的；（5）用人单位生产经营发生严重困难，依法裁减人员的；（6）企业转产、重大技术革新或者经营方式调整，经变更劳动合同后，仍需裁减人员的；（7）其他因劳动合同订立时所依据的客观经济情况发生重大变化，致使劳动合同无法履行的；（8）劳动合同到期后，用人单位不续签劳动合同或者提出的续签条件低于原劳动合同约定的条件导致劳动者不续签的；（9）用人单位被依法宣告破产的；（10）用人单位被吊销营业执照、责令关闭、撤销或者用人单位决定提前解散的；（11）法律、行政法规规定的其他情形。

3. 用人单位应当支付经济补偿金的其他情形

（1）用人单位提出协商解除劳动合同，并与劳动者协商一致而解除劳动合同的，应当支付经济补偿金。（2）以完成一定工作任务为期限的劳动合同因任务完成而终止的，用人单位应当向劳动者支付经济补偿。（3）用人单位依法终止工伤职工的劳动合同的，除支付经济补偿外，还应当依照国家有关工伤保险的规定支付一次性工伤医疗补助金和伤残就业补助金。（4）用人单位自用工之日起超过一个月不满一年未与劳动者订立书面劳动合同的，应当依照劳动合同法第八十二条的规定向劳动者每月支付两倍的工资，并与劳动者补订书面劳动合同；劳动者不与用人单位订立书面劳动合同的，用人单位应当书面通知劳动者终止劳动关系，并依照劳动合同法第四十七条的规定支付经济补偿。

（三）经济补偿金支付的标准与方式

经济补偿按劳动者在本单位工作的年限，每满一年支付一个月工资的标准向劳动者支付。六个月以上不满一年的，按一年计算；不满六个月的，向劳动者支付半个月工资的经济补偿。

劳动者月工资高于用人单位所在直辖市、设区的市级人民政府公布的本地区上年度职工月平均工资三倍的，向其支付经济补偿的标准按职工月平均工资三倍的数额支付，向其支付经济补偿的年限最高不超过十二年。

月工资是指劳动者在劳动合同解除或者终止前十二个月的平均工资。《劳动合同法实施条例》第二十七条对月工资作出了进一步明确，经济补偿的月工资按照劳动者应得工资计算，包括计时工资或者计件工资以及奖金、津贴和补贴等货币性收入。劳动者在劳动合同解除或者终止前十二个月的平均工资低于当地最低工资标准的，按照当地最低工资标准计算。劳动者工作不满十二个月的，按照实际工作的月数计算平均工资。

对劳动者的经济补偿金，由用人单位一次性发给。根据《劳动合同法》第五十条的规定，劳动者应当按照双方约定，办理工作交接。用人单位依照本法有关规定应当向劳动者支付经济补偿的，在办结工作交接时支付。

解除或者终止劳动合同，未依照《劳动合同法》规定向劳动者支付经济补偿的，由劳动行政部门责令限期支付经济补偿；逾期不支付的，责令用人单位按应付金额 50% 以上 100% 以下的标准向劳动者加付赔偿金。

【课后习题】

1. 以下劳动关系中，哪个不适用劳动法的规定？（　　）

A. 乡镇企业与其职工之间的关系

B. 某家庭与其聘用的保姆之间的关系

C. 个体老板与其雇工之间的关系

D. 国家机关与实行劳动合同制的工勤人员之间的关系

2. 某私营企业下列所为哪个不是违反劳动法的行为？（　　）

A. 招收 3 名 15 周岁的工人

B. 以女性为由拒绝招收 4 名女工

C. 不同意职工组建工会

D. 辞退 1 名严重违反规章制度的怀孕女工

3. 甲、乙两人在机械厂的同一车间工作，某日上班时，甲因疏忽大意，操作不当，致乙右臂伤残。有关该事件的下列表述哪个是正确的？（　　）

A. 假设乙不能从事原来的工作，也不能由机械厂另行安排工作，则机械厂仍不得解除与乙的劳动合同

B. 乙所受损失应向甲要求赔偿

C. 机械厂工会对该厂解除与甲或乙的劳动合同无权提出意见

D. 机械厂在对乙作出相应经济赔偿的前提下可以解除与乙的劳动合同

4. 某企业与张某签订了劳动合同。张某工作后，单位发现其严重近视，因该工种对视力

有严格要求，张某不适合该工作。企业经了解得知，张某在录用时隐瞒了其视力的真实情况，于是该企业决定解除与张某的劳动合同。对此，下列说法哪项是正确的？（　　）

A. 因张某不能胜任该项工作，劳动合同应予解除

B. 因张某已被考核录用，企业无权单方解除劳动合同

C. 此劳动合同不应解除，而应变更

D. 此劳动合同无效，自订立时起就无法律效力

5. 依照《劳动法》的规定，劳动合同应以书面形式订立，下列哪个不属于劳动法规定的劳动合同的必备条款？（　　）

A. 劳动合同期限和终止条件以及违反劳动合同的责任

B. 劳动报酬和劳动纪律

C. 劳动保护和工作时间

D. 工作地点和工作时间

【参考答案】

1. B　　2. D　　3. A　　4. D　　5. D

第十一章　会计与审计法律制度

案例

2015 年 11 月，在某大型国有公司进行财务审计的注册会计师掌握了一下情况：（1）因夏某业务能力强，人缘又好，公司董事会决定任命其为该公司总会计师，夏某取得助理会计师任职资格后，主管单位财务会计工作时间接近 4 年。（2）2008 年该公司总经理的好友王某因提供虚假财务会计报告被吊销会计从业资格证书并被法院判处有期徒刑 1 年，在总经理的推荐下，公司决定只要王某重新取得了会计从业资格证就聘请其担任公司的总账会计。（3）为了节约成本，出纳林某现在同时负责会计档案保管。

请问：1. 对夏某的任命还需要履行哪些程序？夏某目前能成为总会计师吗？

2. 王某能否被聘为该公司的会计？

3. 公司对林某的任命是否符合法律规定？

第一节　会计与审计基本知识

一、会计基础知识

（一）会计的概念与特点

会计是以货币为基本计量单位，以凭证为主要依据，采用专门的技术方法，对特定单位的经济活动业务进行全面、综合、连续、系统的核算，向利益相关者提供财务信息，同时利用财务信息开展预测、决策、控制和分析，参与经营管理，以提高该单位经济效益的服务性职业化活动。

会计具有以下特点：（1）会计以货币作为基本计量单位，主要提供财务信息；（2）会计工作遵循特定的程序，使用一系列专门方法；（3）会计信息具有完整性、连续性、系统性、综合性。完整是指会计信息反映特定组织符合会计确认标准的经济活动；连续是指按经济活动发生时间前后顺序不断地核算；系统是指经济活动、财务收支进行科学分类成体系；综合是指各种经济活动、财务收支的数据加以汇总为总括的信息资料。

（二）会计的职能

一般认为，会计有两个基本职能，即核算和监督职能。会计核算职能，又称反映职能，是指采用一定的会计方法，遵照会计准则的要求，正确、全面、及时、系统地将一个会计实体单位所发生的会计事项表现出来，并通过合理的分类方法，将不同性质的会计事项分门别类地、集中地表现出来。会计监督职能，则指根据法律法规、本单位财务制度以及财务预算，对经济活动的合理性、合法性、真实性、准确性、有效性进行的全面检查，对经济活动情况进行跟踪分析，以便发现经济活动存在的问题并采取纠偏措施，以保证组织目标的顺利实现。

会计核算职能是会计监督的基础，会计监督职能则贯穿会计核算的全过程，两者相辅相成，缺一不可。

（三）会计的种类

根据主要职能与用途的区别，会计可以分为财务会计、管理会计和税务会计。

财务会计是以独立的会计主体为对象，对该主体已发生的交易或事项采用确认、计量、记录和报告等程序，以货币为主要表现形式，以公认会计原则为依据，最终通过财务报告主要向外部使用者提供历史财务信息的会计工作。财务会计的目标是通过编制财务报告（主要内容为基本财务报表），借以反映企业的财务状况、经营成果和现金流量。

管理会计是利用财务报告数据和非财务数据，通过预测、计划、分析、评估等程序，采用数学模型，面向未来，为社会组织内部提供财务与非财务信息，以帮助组织内部管理人员做出合理决策以实现组织目标的会计工作。

税务会计是以现行税收法规为依据，运用财务会计的理论与方法，连续、系统、全面地对社会组织涉税事项进行确认、计量、记录和报告，最终确定单位应纳或应退税款金额的会计工作。财务会计是管理会计和税务会计的基础。

二、审计基础知识

（一）审计的概念

审计是由胜任的独立人员，为确定和报告特定信息与既定标准之间的符合程度，而收集和评价有关这些信息的证据的系统化过程。审计的上述定义包含了以下关键词汇：

（1）信息与既定标准。开展审计活动的前提是必须存在可验证的信息和审计人员评价这些信息的标准。

（2）收集和评价证据。审计人员必须获得充分、适当的审计证据来评价信息与既定标准是否相符，证据是审计人员用来确定被审计信息是否按照既定标准表述的所有资料。

（3）胜任的独立人员。审计人员必须具备理解所用标准的能力，能够了解应收集的证据类型与数量，以期在检查相关证据后得出恰当的审计结论。与此同时，审计人员还应保持独立的精神态度，以保持报告使用者对他们的信任。

（4）报告。审计过程的最后阶段就是编写审计报告，审计报告是审计人员向使用者传达审计结果的一种手段，其必须向报告使用者说明信息与既定标准之间的相符程度。

（5）系统化过程。审计是一种逻辑严密、遵循一定顺序的专业活动。为了实现审计目标，审计实务人员和学术研究开发出了一整套审计实务流程和大量审计方法来指导审计实践。

（二）审计的种类

（1）以审计的内容为标准，审计可分为财务报表审计、经营审计、合规性审计。

财务报表审计是确定一个会计主体的财务报表整体是否遵循既定标准表达为目的的一种审计。具体来说，财务报表审计可以定义为一个系统化的过程，在这一过程中，独立审计人员客观地获取和评价有关经济活动和经济事项认定的证据已确定这些认定与公认会计准则符合的程度并将结果传递给有关使用者。

经营审计是以评价经营效率和效果为目的，对一个组织的运营程序和方法所实施的一种审计。

合规性审计是为了确定被审计单位是否遵循了特定的国家法律法规、单位内部规章制度或与被审单位有关的合同条款而实施的一种审计。

（2）以审计人员（主体）的来源为标准，审计可分为政府审计、注册会计师审计和内部审计。

政府审计是由政府审计机关代表政府对各级政府及其所属部门的财政收支及其他组织的公共资金收支、运用情况实施的审计。注册会计师审计又称外部审计或独立审计，是由注册会计师组成的会计师事务所对其他组织的财务状况实施的审计。内部审计是由某一组织内部设置的专门机构或人员以本组织的财务信息的真实性与完整性、资产的安全、经营的效率与效果以及经营的合规性为内容实施的审计。

第二节　会计法

一、会计法律的概念与体系

会计法是指国家权力机关和行政机关制定的，用以调整会计关系的各种法律、法规、规章和规范性文件的总称。会计关系是指会计机构和会计人员在办理会计事务过程中以及国家在管理会计工作过程中发生的各种经济关系。

会计法包括会计法律、会计行政法规、国家统一会计制度和地方性会计法规与规章。会计法律主要有《会计法》《注册会计师法》和《公司法》中归于公司财务会计的规定。《会计法》是会计工作的总规范、最高准则，是最高层次的会计法律。会计行政法规主要有《总会计师条例》和《企业财务会计报告条例》。国务院财政部门制定的国家统一会计制度包括会计部门规章和会计规范性文件。

会计部门规章主要有《财政部门实施会计监督办法》《会计从业资格管理办法》《代理记账管理办法》《企业会计准则——基本准则》等，会计规范性文件主要有《企业会计制度》《会计基础工作规范》《会计人员继续教育规定》《会计档案管理办法》《企业会计信息化工作规范》《企业会计准则——具体准则》《企业财务通则》等。地方性会计法规、规章是指由地市级以上的人民代表大会及其常务委员会和地级以上政府在与宪法、会计法律、行政法规和国家统一的会计准则制度不相抵触的前提下，根据本地区情况制定发布的关于会计核算、会计监督、会计机构和会计人员以及会计工作管理的规范性文件。

二、《会计法》的立法宗旨、适用范围和基本原则

（一）《会计法》的立法宗旨和适用范围

《会计法》的立法宗旨在于：（1）规范会计行为，保证会计资料真实、完整；（2）加强经济管理和财务管理，提高经济效益；（3）维护社会主义市场经济秩序。

《会计法》适用于中国境内的所有单位，包括国家机关、社会团体、公司、企业、事业单位和其他组织。个体工商户会计管理的具体办法，由国务院财政部门根据《会计法》的原则另行规定。

（二）会计法的基本原则

会计法的基本原则是指在进行会计活动和实施会计管理时必须遵守的基本准则。我国《会计法》确立了如下基本原则：

1. 依法设置账簿，如实反映财务信息原则

各单位必须依法设置会计账簿，并保证其真实、完整。各单位必须根据实际发生的经济业务事项进行会计核算，填制会计凭证，登记会计账簿，编制财务会计报告。任何单位不得以虚假的经济业务事项或者资料进行会计核算。任何单位和个人不得伪造、变造会计凭证、会计账簿及其他会计资料，不得提供虚假的财务会计报告。任何单位或者个人不得以任何方式授意、指使、强令会计机构、会计人员伪造、变造会计凭证、会计账簿和其他会计资料，提供虚假财务会计报告。

2. 单位负责人对会计工作负责原则

单位负责人对本单位的会计工作和会计资料的真实性、完整性负责。单位负责人应当保证会计机构、会计人员依法履行职责，不得授意、指使、强令会计机构、会计人员违法办理会计事项。

单位负责人，是指单位法定代表人或者法律、行政法规规定代表单位行使职权的主要负责人。

3. 会计机构、会计人员监督原则

会计机构、会计人员依照规定进行会计核算，实行会计监督。会计机构、会计人员对违反本法和国家统一的会计制度规定的会计事项，有权拒绝办理或者按照职权予以纠正。任何单位或者个人不得对依法履行职责、抵制违反法律规定行为的会计人员实行打击报复。

4. 会计制度全国统一原则

国家实行统一的会计制度。国家统一的会计制度，是指国务院财政部门根据本法制定的关于会计核算、会计监督、会计机构和会计人员以及会计工作管理的制度，由国务院财政部门依法制定并公布。国务院有关部门可以依照《会计法》和国家统一的会计制度制定对会计核算和会计监督有特殊要求的行业实施国家统一的会计制度的具体办法或者补充规定，报国务院财政部门审核批准。中国人民解放军总后勤部可以依照《会计法》和国家统一的会计制

度制定军队实施国家统一的会计制度的具体办法，报国务院财政部门备案。

5. 会计监管统一领导和分级管理原则

国务院财政部门主管全国的会计工作，县级以上地方各级人民政府财政部门管理本行政区域内的会计工作。

三、会计核算的具体要求

（一）会计核算的范围

下列经济业务事项，应当办理会计手续，进行会计核算：（1）款项和有价证券的收付；（2）财物的收发、增减和使用；（3）债权债务的发生和结算；（4）资本、基金的增减；（5）收入、支出、费用、成本的计算；（6）财务成果的计算和处理；（7）需要办理会计手续、进行会计核算的其他事项。

（二）会计年度、记账本位币与文字使用

会计年度自公历 1 月 1 日起至 12 月 31 日止。

会计核算以人民币为记账本位币。业务收支以人民币以外的货币为主的单位，可以选定其中一种货币作为记账本位币，但是编报的财务会计报告应当折算为人民币。

会计记录的文字应当使用中文。在民族自治地方，会计记录可以同时使用当地通用的一种民族文字。在我国境内的外商投资企业、外国企业和其他外国组织的会计记录可以同时使用一种外国文字。

（三）会计凭证的取得、填制和审核

会计凭证是记录经济业务、明确经济责任，作为记账依据的书面证明。会计凭证包括原始凭证和记账凭证。原始凭证是经济业务发生或完成时取得或编制的载明经济业务的具体内容、明确经济责任、具有法律效力的书面证明。记账凭证是财会部门根据原始凭证填制，记载经济业务简要内容，确定会计分录，作为记账依据的会计凭证。

依法办理应当进行会计核算的经济业务事项，必须填制或者取得原始凭证并及时送交会计机构。会计机构、会计人员必须按照国家统一的会计制度的规定对原始凭证进行审核，对不真实、不合法的原始凭证有权不予接受，并向单位负责人报告；对记载不准确、不完整的原始凭证予以退回，并要求按照国家统一的会计制度的规定更正、补充。原始凭证记载的各项内容均不得涂改；原始凭证有错误的，应当由出具单位重开或者更正，更正处应当加盖出具单位印章。原始凭证金额有错误的，应当由出具单位重开，不得在原始凭证上更正。记账凭证应当根据经过审核的原始凭证及有关资料编制。

（四）会计账簿设置、登记与核对

各单位发生的各项经济业务事项应当在依法设置的会计账簿上统一登记、核算，不得违

反本法和国家统一的会计制度的规定私设会计账簿登记、核算。

会计账簿登记，必须以经过审核的会计凭证为依据，并符合有关法律、行政法规和国家统一的会计制度的规定。会计账簿包括总账、明细账、日记账和其他辅助性账簿。会计账簿应当按照连续编号的页码顺序登记。会计账簿记录发生错误或者隔页、缺号、跳行的，应当按照国家统一的会计制度规定的方法更正，并由会计人员和会计机构负责人（会计主管人员）在更正处盖章。使用电子计算机进行会计核算的，其会计账簿的登记、更正，应当符合国家统一的会计制度的规定。

各单位应当定期将会计账簿记录与实物、款项及有关资料相互核对，保证会计账簿记录与实物及款项的实有数额相符、会计账簿记录与会计凭证的有关内容相符、会计账簿之间相对应的记录相符、会计账簿记录与会计报表的有关内容相符。

（五）会计处理方法

各单位采用的会计处理方法，前后各期应当一致，不得随意变更；确有必要变更的，应当按照国家统一的会计制度的规定变更，并将变更的原因、情况及影响在财务会计报告中予以说明。单位提供的担保、未决诉讼等或有事项，应当按照国家统一的会计制度的规定，在财务会计报告中予以说明。

（六）财务会计报告的编制

财务会计报告应当根据经过审核的会计账簿记录和有关资料编制，并符合《会计法》和国家统一的会计制度关于财务会计报告的编制要求、提供对象和提供期限的规定；其他法律、行政法规另有规定的，从其规定。

财务会计报告由会计报表、会计报表附注和财务情况说明书组成。向不同的会计资料使用者提供的财务会计报告，其编制依据应当一致。有关法律、行政法规规定会计报表、会计报表附注和财务情况说明书须经注册会计师审计的，注册会计师及其所在的会计师事务所出具的审计报告应当随同财务会计报告一并提供。

财务会计报告应当由单位负责人和主管会计工作的负责人、会计机构负责人（会计主管人员）签名并盖章；设置总会计师的单位，还须由总会计师签名并盖章。单位负责人应当保证财务会计报告真实、完整。

（七）会计档案

单位对会计凭证、会计账簿、财务会计报告和其他会计资料应当建立档案，妥善保管。会计档案的保管期限和销毁办法，由国务院财政部门会同有关部门制定。

四、会计机构和会计人员

（一）会计机构的设置

各单位应当根据会计业务的需要，设置会计机构，或者在有关机构中设置会计人员并指定会计主管人员；不具备设置条件的，应当委托经批准设立从事会计代理记账业务的中介机构代理记账。

国有的和国有资产占控股地位或者主导地位的大、中型企业必须设置总会计师。依据《总会计师条例》，总会计师是单位行政领导成员，协助单位主要行政领导人工作，直接对单位主要行政领导人负责。总会计师组织领导本单位的财务管理、成本管理、预算管理、会计核算和会计监督等方面的工作，参与本单位重要经济问题的分析和决策。

会计机构内部应当建立稽核制度。所谓稽核制度，是指在单位内部（企业一般为会计机构内部指定专人）对有关会计凭证、会计账簿以及公司企业流程运作进行审核、复查的一种制度。值得注意的是，出纳人员不得兼任稽核、会计档案保管和收入、支出、费用、债权债务账目的登记工作。

（二）会计人员的任职资格

1. 会计从业资格的取得

从事会计工作的人员，必须取得会计从业资格证书。因有提供虚假财务会计报告，做假账，隐匿或者故意销毁会计凭证、会计账簿、财务会计报告，贪污，挪用公款，职务侵占等与会计职务有关的违法行为被依法追究刑事责任的人员，不得取得或者重新取得会计从业资格证书。因其他违法违纪行为被吊销会计从业资格证书的人员，自被吊销会计从业资格证书之日起五年内，不得重新取得会计从业资格证书。

2. 会计机构负责人（或会计主管人员）的任职资格

担任单位会计机构负责人（会计主管人员）的，除取得会计从业资格证书外，还应当具备会计师以上专业技术职务资格或者从事会计工作三年以上经历。

3. 总会计师的任职程序与资格

企业的总会计师由本单位主要行政领导人提名，由政府主管部门任命或者聘任；免职或者解聘程序与任命或者聘任程序相同。事业单位和业务主管部门的总会计师依照干部管理权限任命或者聘任。

总会计师必须具备下列条件：（1）坚持社会主义方向，积极为社会主义建设和改革开放服务；（2）坚持原则，廉洁奉公；（3）取得会计师任职资格后，主管一个单位或者单位内一个重要方面的财务会计工作时间不少于三年；（4）有较高的理论政策水平，熟悉国家财经法律、法规、方针、政策和制度，掌握现代化管理的有关知识；（5）具备本行业的基本业务知识，熟悉行业情况，有较强的组织领导能力；（6）身体健康，能胜任本职工作。

（三）会计人员继续教育

会计人员应当遵守职业道德，提高业务素质。持有会计从业资格证的人员应当接受继续教育，提高业务素质和会计职业道德水平。

（四）会计人员的工作交接

会计人员调动工作或者离职，必须与接管人员办清交接手续。一般会计人员办理交接手续，由会计机构负责人（会计主管人员）监交；会计机构负责人（会计主管人员）办理交接手续，由单位负责人监交，必要时主管单位可以派人会同监交。

五、会计监督

（一）单位内部监督

各单位应当建立、健全本单位内部会计监督制度。单位内部会计监督制度应当符合下列要求：（1）记账人员与经济业务事项和会计事项的审批人员、经办人员、财物保管人员的职责权限应当明确，并相互分离、相互制约；（2）重大对外投资、资产处置、资金调度和其他重要经济业务事项的决策和执行的相互监督、相互制约程序应当明确；（3）财产清查的范围、期限和组织程序应当明确；（4）对会计资料定期进行内部审计的办法和程序应当明确。

会计机构、会计人员发现会计账簿记录与实物、款项及有关资料不相符的，按照国家统一的会计制度的规定有权自行处理的，应当及时处理；无权处理的，应当立即向单位负责人报告，请求查明原因，作出处理。任何单位和个人对违反本法和国家统一的会计制度规定的行为，有权检举。收到检举的部门有权处理的，应当依法按照职责分工及时处理；无权处理的，应当及时移送有权处理的部门处理。收到检举的部门、负责处理的部门应当为检举人保密，不得将检举人姓名和检举材料转给被检举单位和被检举人个人。

（二）注册会计师监督

有关法律、行政法规规定，须经注册会计师进行审计的单位，应当向受委托的会计师事务所如实提供会计凭证、会计账簿、财务会计报告和其他会计资料以及有关情况。

任何单位或者个人不得以任何方式要求或者示意注册会计师及其所在的会计师事务所出具不实或者不当的审计报告。

（三）政府管理部门监督

财政部门对各单位的下列情况实施监督：（1）是否依法设置会计账簿；（2）会计凭证、会计账簿、财务会计报告和其他会计资料是否真实、完整；（3）会计核算是否符合《会计法》和国家统一的会计制度的规定；（4）从事会计工作的人员是否具备从业资格。财政部门还有权对会计师事务所出具审计报告的程序和内容进行监督。

财政、审计、税务、人民银行、证券监管、保险监管等部门应当依照有关法律、行政法规规定的职责，对有关单位的会计资料实施监督检查。各监督检查部门对有关单位的会计资料依法实施监督检查后，应当出具检查结论。有关监督检查部门已经作出的检查结论能够满足其他监督检查部门履行本部门职责需要的，其他监督检查部门应当加以利用，避免重复查账。

各单位必须依照有关法律、行政法规的规定，接受有关监督检查部门依法实施的监督检查，如实提供会计凭证、会计账簿、财务会计报告和其他会计资料以及有关情况，不得拒绝、隐匿、谎报。同时，依法对有关单位的会计资料实施监督检查的部门及其工作人员对在监督检查中知悉的国家秘密和商业秘密负有保密义务。

第三节　注册会计师法

一、《注册会计师法》的立法目的和基本原则

制定《注册会计师法》的目的在于：（1）发挥注册会计师在社会经济活动中的鉴证和服务作用；（2）加强对注册会计师的管理，维护社会公共利益和投资者的合法权益；（3）促进社会主义市场经济的健康发展。

《注册会计法》的基本原则主要有：（1）依法监管、指导原则，即国务院财政部门和省、自治区、直辖市人民政府财政部门，依法对注册会计师、会计师事务所和注册会计师协会进行监督、指导。（2）依法执业原则，即注册会计师和会计师事务所执行业务，必须遵守法律、行政法规。（3）合法业务受法律保护，即注册会计师和会计师事务所依法独立、公正执行业务，受法律保护；注册会计师依法执行审计业务出具的报告，具有证明效力。

二、注册会计师

（一）注册会计师资格的取得

1. 注册会计师的概念

注册会计师是依法取得注册会计师证书并接受委托从事审计和会计咨询、会计服务业务的执业人员。注册会计师执业资格的取得需要通过注册会计师执业资格考试并具备一定年限的审计工作经验才能向注册会计师协会申请注册，从而以注册会计师名义从事审计、审阅其他鉴证业务和相关业务。

2. 注册会计师资格考试

国家实行注册会计师全国统一考试制度。注册会计师全国统一考试办法，由国务院财政部门制定，中国注册会计师协会组织实施。

目前，中国注册会计师资格全国统一考试划分为两个阶段进行。第一阶段为专业阶段，第二阶段为综合阶段。符合下列条件的中国公民，可以申请参加注册会计师资格全国统一考试——专业阶段考试：（1）具有完全民事行为能力；（2）具有高等专科以上学校毕业学历、或者具有会计或者相关专业（即审计、统计、经济）中级以上技术职称。符合下列条件的中国公民，可以申请参加注册会计师资格全国统一考试——综合阶段考试：（1）具有完全民事行为能力；（2）已取得财政部考委会颁发的注册会计师资格全国统一考试——专业阶段考试合格证书的。

有下列情形之一的人员，不得报名参加注册会计师全国统一考试：（1）因被吊销注册会计师证书，自处罚决定之日起至申请报名之日止不满五年者；（2）以前年度参加注册会计师全国统一考试因违规而受到停考处理期限未满者。

专业阶段考试科目有《会计》《审计》《财务成本管理》《公司战略与风险管理》《经济法》《税法》等 6 个科目。综合阶段考试科目为《职业能力综合测试》。每科考试均实行百分制，60 分为成绩合格分数线。

参加注册会计师全国统一考试的应考人员，专业阶段考试的单科考试合格成绩五年内有效。对在连续 5 个年度考试中取得专业阶段全部科目考试合格成绩的应考人员，财政部考委会颁发专业阶段考试合格证书。综合阶段考试科目应在取得注册会计师全国统一考试专业阶段考试合格证书后 5 个年度考试中完成。对取得综合阶段考试科目考试合格成绩的考生，财政部考委会颁发注册会计师全国统一考试全科考试合格证书。

（二）注册会计师注册与撤销注册

1. 注册会计师注册

参加注册会计师全国统一考试成绩合格，并从事审计业务工作两年以上的，可以向省、自治区、直辖市注册会计师协会申请注册。除存在法定不予注册的情形外，受理申请的注册会计师协会应当准予注册。

有下列情形之一的，受理申请的注册会计师协会不予注册：（1）不具有完全民事行为能力的；（2）因受刑事处罚，自刑罚执行完毕之日起至申请注册之日止不满五年的；（3）因在财务、会计、审计、企业管理或者其他经济管理工作中犯有严重错误受行政处罚、撤职以上处分，自处罚、处分决定之日起至申请注册之日止不满两年的；（4）受吊销注册会计师证书的处罚，自处罚决定之日起至申请注册之日止不满五年的；（5）国务院财政部门规定的其他不予注册的情形的。

注册会计师协会应当将准予注册的人员名单报国务院财政部门备案。国务院财政部门发现注册会计师协会的注册不符合法律规定的，应当通知有关的注册会计师协会撤销注册。

注册会计师协会依照规定不予注册的，应当自决定之日起十五日内书面通知申请人。申请人有异议的，可以自收到通知之日起十五日内向国务院财政部门或者省、自治区、直辖市人民政府财政部门申请复议。

准予注册的申请人，由注册会计师协会发给国务院财政部门统一制定的注册会计师证书。

2. 注册会计师撤销注册

已取得注册会计师证书的人员，注册后有下列情形之一的，由准予注册的注册会计师协会撤销注册，收回注册会计师证书：（1）完全丧失民事行为能力的；（2）受刑事处罚的；（3）因在财务、会计、审计、企业管理或者其他经济管理工作中犯有严重错误受行政处罚、撤职以上的处分的；（4）自行停止执行注册会计师业务满一年的。被撤销注册的当事人有异议的，可以自接到撤销注册、收回注册会计师证书的通知之日起 15 日内向国务院财政部门或者省、自治区、直辖市人民政府财政部门申请复议。

（三）注册会计师的业务范围和规则

1. 注册会计师的业务范围

注册会计师承办下列审计业务：（1）审查企业会计报表，出具审计报告；（2）验证企业资本，出具验资报告；（3）办理企业合并、分立、清算事宜中的审计业务，出具有关的报告；（4）法律、行政法规规定的其他审计业务。注册会计师依法执行审计业务出具的报告，具有证明效力。

注册会计师还可以承办会计咨询、会计服务业务。

2. 业务的承接

注册会计师承办业务，由其所在的会计师事务所统一受理并与委托人签订委托合同。会计师事务所对本所注册会计师依照规定承办的业务，承担民事责任。注册会计师与委托人有利害关系的，应当回避；委托人有权要求其回避。

3. 业务的执行

注册会计师执行业务，可以根据需要查阅委托人的有关会计资料和文件，查看委托人的业务现场和设施，要求委托人提供其他必要的协助。

注册会计师对在执行业务中知悉的商业秘密，负有保密义务。

4. 报告的出具

注册会计师执行审计业务，必须按照执业准则、规则确定的工作程序出具报告。注册会计师执行审计业务，遇有下列情形之一的，应当拒绝出具有关报告：（1）委托人示意其作不实或者不当证明的；（2）委托人故意不提供有关会计资料和文件的；（3）因委托人有其他不合理要求，致使注册会计师出具的报告不能对财务会计的重要事项作出正确表述的。

注册会计师执行审计业务出具报告时，不得有下列行为：（1）明知委托人对重要事项的财务会计处理与国家有关规定相抵触，而不予指明；（2）明知委托人的财务会计处理会直接损害报告使用人或者其他利害关系人的利益，而予以隐瞒或者作不实的报告；（3）明知委托人的财务会计处理会导致报告使用人或者其他利害关系人产生重大误解，而不予指明；（4）明知委托人的会计报表的重要事项有其他不实的内容，而不予指明。

5. 不当行为的禁止

注册会计师不得有下列行为：（1）在执行审计业务期间，在法律、行政法规规定不得买卖被审计单位的股票、债券或者不得购买被审计单位或者个人的其他财产的期限内，买卖被审计的单位的股票、债券或者购买被审计单位或者个人所拥有的其他财产；（2）索取、收受委托合同约定以外的酬金或者其他财物，或者利用执行业务之便，谋取其他不正当的利益；（3）接受委托催收债款；（4）允许他人以本人名义执行业务；（5）同时在两个或者两个以上的会计师事务所执行业务；（6）对其能力进行广告宣传以招揽业务；（7）违反法律、行政法规的其他行为。

三、会计师事务所

（一）会计师事务所的概念与组织形式

会计师事务所是依法设立并承办注册会计师业务的机构。注册会计师执行业务，应当加入会计师事务所。

会计师事务所可以由注册会计师合伙设立。合伙设立的会计师事务所的债务，由合伙人按照出资比例或者协议的约定，以各自的财产承担责任。合伙人对会计师事务所的债务承担连带责任。

会计师事务所符合下列条件的，可以是负有限责任的法人：（1）不少于 30 万元的注册资本；（2）有一定数量的专职从业人员，其中至少有 5 名注册会计师；（3）国务院财政部门规定的业务范围和其他条件。负有限责任的会计师事务所以其全部资产对其债务承担责任。

（二）会计师事务所的设立程序

设立会计师事务所，由国务院财政部门或者省、自治区、直辖市人民政府财政部门批准。申请设立会计师事务所，申请者应当向审批机关报送审批机关要求的文件。

审批机关应当自收到申请文件之日起三十日内决定批准或不批准。省、自治区、直辖市人民政府财政部门批准的会计师事务所，应当报国务院财政部门备案。国务院财政部门发现批准不当的，应当自收到备案报告之日起三十日内通知原审批机关重新审查。

会计师事务所设立分支机构，须经分支机构所在地的省、自治区、直辖市人民政府部门批准。

（三）会计师事务所的业务规则

会计师事务所受理业务，不受行政区域、行业的限制；但是，法律、行政法规另有规定的除外。委托人委托会计师事务所办理业务，任何单位和个人不得干预。会计师事务所按照国务院财政部门的规定建立职业风险基金，办理职业保险。事务所应当于每年年末，以本年度审计业务收入为基数，按照不低于百分之五的比例提取职业风险基金。

四、注册会计师行业的监管

（一）政府监管

目前，中国注册会计师行业监管模式是以政府监管为主、行业自我监管为辅的模式。国务院财政部门和省级政府财政部门是主管注册会计师行业的政府机关，负责对注册会计师、会计师事务所和注册会计师协会进行监督、指导。

国务院财政部门对注册会计师行业的主要监管职责有：（1）制定注册会计师全国统一考试办法；（2）批准设立会计师事务所；（3）批准中国注册会计师协会依法拟订注册会计师执业准则、规则；（4）对会计师事务所和注册会计师实施处罚；（5）对省级财政部门实施的注册会计师注册、会计事务所设立审批进行监督；（6）对中国注册会计师协会的活动进行监督、指导。

省级财政部门的主要监管职责：（1）注册会计师的注册；（2）会计师事务所设立审批；（3）对注册会计师及会计师事务所的违规行为进行处罚；（4）对省级注册会计师协会的活动进行监督指导。此外，证券监督管理部门享有对上市公司信息披露及独立审计的质量进行监管检查，并对违法造假者予以惩戒等职责及权限。

（二）行业自律管理

注册会计师协会是由注册会计师组成的社会团体，是注册会计师行业的自律组织。中国注册会计师协会是注册会计师的全国组织，省、自治区、直辖市注册会计师协会是注册会计师的地方组织。注册会计师应当加入注册会计师协会。

中国注册会计师协会的主要职责有：（1）负责审批注册会计师注册事宜，监督、管理注册会计师依法执行业务。（2）审批和管理中国注册会计师协会会员。（3）办理审批会计师事务所的有关事项，监督和管理会计师事务所的业务工作。（4）拟订注册会计师执业准则、规则以及职业道德守则，拟订和解释有关注册会计师、会计师事务所的法律、行政法规，并对执行情况进行监督和检查。（5）具体实施注册会计师培训工作领导小组制定的注册会计师培训规划，组织和推动全国注册会计师培训工作。建立和管理注册会计师培训中心。组织注册会计师全国统一考试。（6）组织业务交流，协调各会计师事务所之间的关系，维护注册会计师的合法权益。（7）办理注册会计师市场监督、管理的有关事项；办理审查、批准以及监督、管理国际会计公司和外国会计师事务所在中国境内设立常驻代表机构、举办中外合作会计师事务所、国际会计公司中国成员所的有关事务；办理境外会计公司来华临时执业许可证审批有关事务。（8）代表中国注册会计师行业，开展与国际会计师组织、外国会计师团体之间的交往活动。（9）指导省、自治区、直辖市注册会计师协会工作。（10）办理法律、行政法规规定和财政部授权的有关注册会计师和会计师事务所的其他工作。

第四节 审计法

一、审计法的概念、立法目的与基本原则

（一）审计法的概念

审计法是调整审计关系的一切法律规范的总称。在中国，审计法一般指的是国家审计法，是国家有权机关为监督各级政府及其工作人员以及其他同国家财政有关的单位及其工作人员在财政、财务活动中是否坚持依法办事和是否廉洁奉公而制定的有关审计工作的全部法律、法规和规章制度的总称，包括全国人大常委制定的《审计法》、国务院制定的《审计法实施条例》以及审计署制定的《国家审计准则》等。

（二）《审计法》的立法目的

根据《审计法》第一条的规定，制定《审计法》的目的在于：（1）加强国家的审计监督，维护国家财政经济秩序；（2）提高财政资金使用效益；（3）促进廉政建设；（4）保障国民经济和社会健康发展。

（三）审计法的基本原则

1. 财政收支全面审计原则

国家实行审计监督制度，国务院和县级以上地方人民政府设立审计机关。国务院各部门和地方各级人民政府及其各部门的财政收支，国有的金融机构和企业事业组织的财务收支，以及其他依照规定应当接受审计的财政收支、财务收支，依照规定接受审计监督。审计机关对前款所列财政收支或者财务收支的真实、合法和效益，依法进行审计监督。

2. 依法审计原则

审计机关依照法律规定的职权和程序，进行审计监督。审计机关依据有关财政收支、财务收支的法律、法规和国家其他有关规定进行审计评价，在法定职权范围内作出审计决定。

3. 独立审计原则

审计机关依照法律规定独立行使审计监督权，不受其他行政机关、社会团体和个人的干涉。

4. 客观公正，实事求是，廉洁奉公，保守秘密原则

审计机关和审计人员办理审计事项，应当客观公正，实事求是，廉洁奉公，保守秘密。

二、审计机关和审计人员

（一）审计机关

国务院设立审计署，在国务院总理的领导下，主管全国的审计工作。审计长是审计署的行政首长。省、自治区、直辖市、设区的市、自治州、县、自治县、不设区的市、市辖区的人民政府的审计机关，分别在省长、自治区主席、市长、州长、县长、区长和上一级审计机关的领导下，负责本行政区域内的审计工作地方各级审计机关对本级人民政府和上一级审计机关负责并报告工作，审计业务以上级审计机关领导为主。

审计机关根据工作需要，经本级人民政府批准，可以在其审计管辖范围内设立派出机构。派出机构根据审计机关的授权，依法进行审计工作。

审计机关履行职责所必需的经费，应当列入财政预算，由本级人民政府予以保证。

（二）审计人员任职条件、权利、义务与任免

审计人员应当具备与其从事的审计工作相适应的专业知识和业务能力。审计人员依法执行职务，受法律保护。任何组织和个人不得拒绝、阻碍审计人员依法执行职务，不得打击报复审计人员。审计人员办理审计事项，与被审计单位或者审计事项有利害关系的，应当回避。审计人员对其在执行职务中知悉的国家秘密和被审计单位的商业秘密，负有保密的义务。

审计机关负责人依照法定程序任免。审计机关负责人没有违法失职或者其他不符合任职条件的情况的，不得随意撤换。地方各级审计机关负责人的任免，应当事先征求上一级审计机关的意见。

三、审计机关的职责范围

依据我国《审计法》的规定，一切占有、使用、经营、管理国有资产或资金的单位，以及接受国有资金或以国有资产担保的项目，都属于国家审计的范围。具体审计职责范围如下。

（一）对财政收支审计的职责范围

审计机关对本级各部门（含直属单位）和下级政府预算的执行情况和决算以及其他财政收支情况，进行审计监督。

审计署在国务院总理的领导下，对中央预算执行情况和其他财政收支情况进行审计监督，向国务院总理提出审计结果报告。审计署也对中央银行的财务收支，进行审计监督。

地方各级审计机关分别在省长、自治区主席、市长、州长、县长、区长和上一级审计机关的领导下，对本级预算执行情况和其他财政收支情况进行审计监督，向本级人民政府和上一级审计机关提出审计结果报告。

（二）对财务收支审计的职责范围

审计机关有权审计的财务收支包括：国际组织和外国政府援助、贷款项目的财务收支，政府部门管理的和其他单位受政府委托管理的社会保障基金、社会捐赠资金以及其他有关基金、资金的财务收支，以及国家的事业组织和使用财政资金的其他事业组织的财务收支。

（三）对资产、负债、损益审计的职责范围

审计机关有权对国有金融机构和国有企业的资产、负债、损益，进行审计监督。对国有资本占控股地位或者主导地位的企业、金融机构的审计监督，由国务院规定。

（四）对经济责任审计的职责范围

审计机关按照国家有关规定，对国家机关和依法属于审计机关审计监督对象的其他单位的主要负责人，在任职期间对本地区、本部门或者本单位的财政收支、财务收支以及有关经济活动应负经济责任的履行情况，进行审计监督。

（五）有关专项审计和其他法定审计的规定

审计机关有权对与国家财政收支有关的特定事项，向有关地方、部门、单位进行专项审计调查，并向本级人民政府和上一级审计机关报告审计调查结果。除《审计法》规定的审计事项外，审计机关对其他法律、行政法规规定应当由审计机关进行审计的事项，依照本法和有关法律、行政法规的规定进行审计监督。

（六）审计机关的其他职责

依法属于审计机关审计监督对象的单位，应当按照国家有关规定建立健全内部审计制度；其内部审计工作应当接受审计机关的业务指导和监督。社会审计机构（即会计师事务所）审

计的单位依法属于审计机关审计监督对象的，审计机关按照国务院的规定，有权对该社会审计机构出具的相关审计报告进行核查。

四、审计程序

（一）编制审计计划与审计方案

审计机关应当根据法定的审计职责和审计管辖范围，编制年度审计项目计划。编制年度审计项目计划应当服务大局，围绕政府工作中心，突出审计工作重点，合理安排审计资源，防止不必要的重复审计。

年度审计项目计划确定审计机关统一组织多个审计组共同实施一个审计项目或者分别实施同一类审计项目的，审计机关业务部门应当编制审计工作方案审计机关业务部门编制审计工作方案，应当根据年度审计项目计划形成过程中调查审计需求、进行可行性研究的情况，开展进一步调查，对审计目标、范围、重点和项目组织实施等进行确定。

（二）审计实施

1. 成立审计组

审计机关根据审计项目计划确定的审计事项组成审计组。审计组由审计组组长和其他成员组成。审计组实行审计组组长负责制。审计组组长由审计机关确定，审计组组长可以根据需要在审计组成员中确定主审，主审应当履行其规定职责和审计组组长委托履行的其他职责。

2. 审计通知

审计机关应当在实施审计 3 日前，向被审计单位送达审计通知书；遇有特殊情况，经本级人民政府批准，审计机关可以直接持审计通知书实施审计。

3. 编制审计实施方案

审计组应当调查了解被审计单位及其相关情况，评估被审计单位存在重要问题的可能性，确定审计应对措施，编制审计实施方案。对于审计机关已经下达审计工作方案的，审计组应当按照审计工作方案的要求编制审计实施方案。

4. 进行审计检查，取得审计证据

审计人员通过审查会计凭证、会计账簿、财务会计报告，查阅与审计事项有关的文件、资料，检查现金、实物、有价证券，向有关单位和个人调查等方式进行审计，并取得证明材料。审计人员向有关单位和个人进行调查时，应当出示审计人员的工作证件和审计通知书副本。被审计单位应当配合审计机关的工作，并提供必要的工作条件。

（三）形成和送达审计报告

1. 形成审计报告

审计组对审计事项实施审计后，应当向审计机关提出审计组的审计报告。审计组的审计

报告报送审计机关前，应当征求被审计对象的意见。被审计对象应当自接到审计组的审计报告之日起10日内，将其书面意见送交审计组。审计组应当将被审计对象的书面意见一并报送审计机关。

审计机关按照审计署规定的程序对审计组的审计报告进行审议，并对被审计对象对审计组的审计报告提出的意见一并研究后，提出审计机关的审计报告；对违反国家规定的财政收支、财务收支行为，应当依法给予处理、处罚的，在法定职权范围内作出审计决定或者向有关主管机关提出处理、处罚的意见。

2. 送达审计报告

审计机关应当将审计机关的审计报告和审计决定送达被审计单位和有关主管机关、单位。审计决定自送达之日起生效。

五、审计机关享有的职权

（一）报送资料要求权

审计机关有权要求被审计单位按照审计机关的规定提供预算或者财务收支计划、预算执行情况、决算、财务会计报告，运用电子计算机储存、处理的财政收支、财务收支电子数据和必要的电子计算机技术文档，在金融机构开立账户的情况，社会审计机构出具的审计报告，以及其他与财政收支或者财务收支有关的资料，被审计单位不得拒绝、拖延、谎报。被审计单位负责人对本单位提供的财务会计资料的真实性和完整性负责。

（二）检查权

审计机关进行审计时，有权检查被审计单位的会计凭证、会计账簿、财务会计报告和运用电子计算机管理财政收支、财务收支电子数据的系统，以及其他与财政收支、财务收支有关的资料和资产，被审计单位不得拒绝。

（三）调查取证权

审计机关进行审计时，有权就审计事项的有关问题向有关单位和个人进行调查，并取得有关证明材料。有关单位和个人应当支持、协助审计机关工作，如实向审计机关反映情况，提供有关证明材料。

审计机关经县级以上人民政府审计机关负责人批准，有权查询被审计单位在金融机构的账户。

审计机关有证据证明被审计单位以个人名义存储公款的，经县级以上人民政府审计机关主要负责人批准，有权查询被审计单位以个人名义在金融机构的存款。

（四）临时强制措施实施权

审计机关进行审计时，被审计单位不得转移、隐匿、篡改、毁弃会计凭证、会计账簿、财务会计报告以及其他与财政收支或者财务收支有关的资料，不得转移、隐匿所持有的违反国家规定取得的资产。

审计机关对被审计单位违反前述规定的行为，有权予以制止；必要时，经县级以上人民政府审计机关负责人批准，有权封存有关资料和违反国家规定取得的资产；但对其中在金融机构的有关存款需要予以冻结的，应当向人民法院提出申请。

审计机关对被审计单位正在进行的违反国家规定的财政收支、财务收支行为，有权予以制止；制止无效的，经县级以上人民政府审计机关负责人批准，通知财政部门和有关主管部门暂停拨付与违反国家规定的财政收支、财务收支行为直接有关的款项，已经拨付的，暂停使用。

审计机关采取临时强制措施不得影响被审计单位合法的业务活动和生产经营活动。

（五）协助请求权

审计机关履行审计监督职责，可以提请公安、监察、财政、税务、海关、价格、工商行政管理等机关予以协助。

（六）通报和公布权

审计机关可以向政府有关部门通报或者向社会公布审计结果。审计机关通报或者公布审计结果，应当依法保守国家秘密和被审计单位的商业秘密，遵守国务院的有关规定。

审计机关在法定职权范围内作出的审计决定，被审计单位应当执行。审计机关依法责令被审计单位上缴应当上缴的款项，被审计单位拒不执行的，审计机关应当通报有关主管部门，有关主管部门应当依照有关法律、行政法规的规定予以扣缴或者采取其他处理措施，并将结果书面通知审计机关。

（七）被审计单位及有关人员的处罚权

1. 拒不接受审计或妨碍审计的处罚权

被审计单位违反本法规定，拒绝或者拖延提供与审计事项有关的资料的，或者提供的资料不真实、不完整的，或者拒绝、阻碍检查的，由审计机关责令改正，可以通报批评，给予警告；拒不改正的，依法追究责任。

被审计单位违反本法规定，转移、隐匿、篡改、毁弃会计凭证、会计账簿、财务会计报告以及其他与财政收支、财务收支有关的资料，或者转移、隐匿所持有的违反国家规定取得的资产，审计机关认为对直接负责的主管人员和其他直接责任人员依法应当给予处分的，应当提出给予处分的建议，被审计单位或者其上级机关、监察机关应当依法及时作出决定，并将结果书面通知审计机关；构成犯罪的，依法追究刑事责任。

2. 对违反规定的财政收支行为的处罚权

对本级各部门（含直属单位）和下级政府违反预算的行为或者其他违反国家规定的财政收支行为，审计机关、人民政府或者有关主管部门在法定职权范围内，依照法律、行政法规的规定，区别情况采取下列处理措施：（1）责令限期缴纳应当上缴的款项；（2）责令限期退还被侵占的国有资产；（3）责令限期退还违法所得；（4）责令按照国家统一的会计制度的有关规定进行处理；（5）其他处理措施。

3. 对违反规定的财务收支行为的处罚权

对被审计单位违反国家规定的财务收支行为，审计机关、人民政府或者有关主管部门在法定职权范围内，依照法律、行政法规的规定，区别情况采取法律规定的处理措施，并可依法给予处罚。

（八）建议权

审计机关认为被审计单位所执行的上级主管部门有关财政收支、财务收支的规定与法律、行政法规相抵触的，应当建议有关主管部门纠正；有关主管部门不予纠正的，审计机关应当提请有权处理的机关依法处理。

被审计单位的财政收支、财务收支违反国家规定，审计机关认为对直接负责的主管人员和其他直接责任人员依法应当给予处分的，应当提出给予处分的建议，被审计单位或者其上级机关、监察机关应当依法及时作出决定，并将结果书面通知审计机关。

六、审计处理争议的解决

被审计单位对审计机关作出的有关财政收支的审计决定不服的，可以提请审计机关的本级人民政府裁决，本级人民政府的裁决为最终决定。被审计单位对审计机关作出的有关财务收支的审计决定不服的，可以依法申请行政复议或者提起行政诉讼。

【课后习题】

1. 在中国境内的外商投资企业，会计记录使用的文字符合规定的是（　　）。

A. 只能使用中文，不能使用其他文字

B. 只能使用外文

C. 在中文和外文中选择一种

D. 使用中文，同时可以选择一种外文

2. 在下列账目中，出纳人员可以登记的是（　　）。

A. 收入　　B. 费用

C. 固定资产明细账　　D. 债权债务明细账

3. 担任单位会计机构负责人（会计主管人员）的，除取得会计从业资格外还应当具备（　　）以上专业技术职务资格或者从事会计工作三年以上经历。

A. 高级会计师　　B. 会计师　　C. 助理会计师　　D. 会计员

4. 下列哪种情形下，已取得注册会计师证书的人员将被注册会计师协会撤销注册、收回注册会计师证书（　　）。

A. 因意外事故造成神志不清达十四天

B. 被判服刑六个月

C. 自行停止执行注册会计师业务十个月

D. 被事务所派往国外交流学习两年

5. 我国设立有限责任会计师事务所时，注册资本不得少于人民币（　　）。

A. 10 万元　　B. 20 万元　　C. 30 万元　　D. 没有限制

6. 审计机关经（　　）以上人民政府审计机关负责人批准，有权查询被审计单位在金融机构的账户。

A. 省级　　B. 市级　　C. 县级　　D. 国务院

7. 被审计单位对审计机关作出的有关财政收支的审计决定不服的，可以提请（　　）裁决。

A. 上级审计机关　　B. 国家审计署

C. 审计机关的本级人民政府　　D. 特派办

【参考答案】

1. D　　2. C　　3. B　　4. B　　5. C　　6. C　　7. C

第十二章　税法基本原理

案例

某市国税局稽查局 2010 年 4 月，对某企业 2009 年年度增值税的纳税情况进行了检查。发现，该企业 2009 年 4 月少列收入 20 万元，少缴增值税 5 万元，当月申报缴纳增值税 8 万元，全年缴纳增值税 80 万元。2010 年 4 月，该市地税局稽查局又查出该企业偷逃房产税 5 万元，2009 年年度该企业申报缴纳房产税 20 万元。

该企业对上述事实供认不讳。但是在对该企业的偷税行为如何定性的问题上，国税部门和地税部门存在两种不同的观点。国税部门认为，该企业不能构成逃税罪，应给予税务行政处罚。而地税部门则认为，该企业已构成逃税罪，应移送司法机关处理。

请问：这两种观点到底哪个正确？为什么？

第一节　税法概述

一、税收和税法

（一）税收的概念与特征

税收是国家为了实现其职能的需要，凭借其政治权力，依照国家法律规定的程序对满足法定课税要件的自然人和法人征收的货币或实物。税收是国家最基本、最普遍的财政收入形式，是国家调控经济运行，促进经济稳定增长的主要杠杆，也是国家对国民经济的各个环节进行监督管理的重要手段。同时，它具有调节社会财富分配，使之趋于公平、合理的功能。

一般认为，税收具有无偿性、强制性和固定性三个基本特征。具体而言：

（1）无偿性，是指国家在征税时，从纳税人手中取得一部分社会产品，不需要直接向纳税人支付任何代价或报酬；同时，国家征税以后，税款归国家所有，也不再直接归还纳税人。

（2）强制性，是指国家凭借政治权力，以法律形式规定，纳税人必须依照税法的规定，按时足额纳税，否则就会受到法律的制裁。

（3）固定性，是指国家在征税之前，通过法律形式事先规定开征的税种、每一种税的纳税人、课税对象和课税标准。

税收的三个基本特征是相互联系的，其中无偿性是核心，强制性是无偿性和固定性的保证，同时固定性是无偿性和强制性的必要补充。

（二）税法的概念和特征

税法是由国家制定的，用于调整税收法律关系的法律规范的总称。它是国家向一切纳税人征税的依据，也是纳税人纳税的准则，其目的是保障国家利益和纳税人的合法权益，维护正常的税收秩序。

税法具有以下特征：

（1）税法所确定的主体的权利义务关系，不是按照协商自愿、等价有偿的原则建立起来的。征纳双方的权利义务具有一种不对等性，一方代表国家强制征税，另一方必须尽纳税义务无偿缴纳。

（2）税法体现了高度原则性与灵活性相结合、相对稳定性与变动性相结合。税法的原则性表现为“依法纳税，依率计征”，而税法的灵活性则体现在实施过程中“合理负担，区别对待”的处理办法上。

（3）在处理税务争议适用的程序上，税法规定纳税人对征税发生一般税务争议时，首先必须履行纳税义务，以保证国家税款征收任务不受影响，然后再向上级税务机关申请复议，以解决争议。

（4）税法的制定体现了实体法和程序法相结合。税法的实施体现了行政手段和司法手段的有机结合，而以行政手段最突出。

二、税收法律关系

（一）税收法律关系的概念和特征

税收法律关系是由税法确认和调整的，国家和纳税人之间在征纳税过程中发生的，以征纳关系为内容的权利和义务关系。

税收法律关系具有下列特征：

（1）税法调整的税收关系是在国家和纳税人之间发生的，因而税收法律关系中固有一方主体是国家或其征税机关。

（2）国家向纳税人征税后，税款归国家所有，由国家统一支配使用，因而税收法律关系具有财产所有权或支配权单向转移的性质。

（3）税收法律关系的产生不以当事人的意志为转移，而是以纳税人发生了税法规定的行为或事件为前提。

（二）税收法律关系的构成

1. 税收法律关系的主体

税收法律关系的主体是指税收法律关系中享有权利和承担义务的当事人。在我国税收法律关系中，税收法律关系的主体可以分为征税主体和纳税主体。

征税主体是代表国家行使征税职责的国家税务机关，包括国家各级税务机关、海关和财政机关。纳税主体是履行纳税义务的人，包括法人、自然人和其他组织，在华的外国企业、组织、外籍人、无国籍人，以及在华虽然没有机构、场所，但有来源于中国境内所得的外国企业或组织。

2. 税收法律关系的客体

税收法律关系的客体是指税收法律关系主体的权利、义务所共同指向的对象和实现的目标。税收法律关系的客体是国家利用税收杠杆调整和控制的目标，它会随着税收经济杠杆作用的加强以及税收法律制度的发展而增多或减少。

税收法律关系的客体与征税对象不同。征税对象是指国家对什么经济活动、什么财产、什么行为征税；而税收法律关系的客体是指征纳主体双方之间，国家机关之间共同实现的目标和指向的对象，具体包括货币、实物和行为三个方面。

（1）货币。货币是商品经济条件下税收的主要形式，也是税收目标的主要代表。征税主体要征收的和纳税主体要缴纳的税款都表现为一定数量的货币。例如，对所得额和财产额的征税，都是通过计算比例所得出来的应纳税款来征收的。

（2）实物。在自然经济条件下，税收主要表现为一定数量的实物。而现代税收以实物形式缴纳是很少的，如我国目前部分地区对农业税征收的是实物。

（3）行为。行为是指在税法制定和执行过程中，发生于权力机关和行政机关之间，税务机关和行政机关之间拟定税收指标的行为，审批税收法规的行为和金库对税款核实报缴等行为。

3. 税收法律关系的内容

税收法律关系的内容是指税收法律关系主体所享有的权利和所应承担的义务。

征税主体的权利即国家税务机关的权利主要表现为依法进行征税，办理税务登记，进行税务检查和财务监督，以及对违章者进行处罚。其义务主要是及时、足额地把征得税款解缴入库，依法受理纳税人对税收争议的申诉等。

纳税义务人的权利主要表现为依法申请减免税权、申请复议权和提起诉讼权等。其义务主要是按时办理纳税登记、依法进行纳税申报、接受税务检查、提供真实的会计报表和纳税资料以及依法缴纳税款等。

（三）税收法律关系的产生、变更与消灭

税法是引起税收法律关系的前提条件，但税法本身并不能产生具体的税收法律关系。税收法律关系的产生、变更和消灭必须有能够引起税收法律关系产生、变更或消灭的客观情况，也就是由税收法律事实来决定。这种税收法律事实，一般指税务机关依法征税的行为和纳税人的经济活动行为，发生这种行为才能产生、变更或消灭税收法律关系。如纳税人开业经营即产生税收法律关系，纳税人转业或停业就造成税收法律关系的变更或消灭。

（四）税收法律关系的保护

税收法律关系是同国家利益及企业和个人的权益相联系的。保护税收法律关系，实质上就是保护国家正常的经济秩序，保障国家财政收入，维护纳税人的合法权益。税收法律关系的保护形式和方法多种多样，《税法》中关于限期纳税、征收滞纳金和罚款的规定，《刑法》

对构成逃税罪、抗税罪给予刑罚的规定，以及《税法》中对纳税人不服税务机关征税处理的决定，可以申请复议或提出诉讼的规定等都是对税收法律关系的直接保护。税收法律关系的保护对权利主体双方是对等的，不能只对一方保护，而对另一方不予保护，对权利享有者的保护，就是对义务承担者的制约。

三、税法的构成要素

税法的构成要素主要包括纳税人、征税对象、税目、税率、纳税环节、纳税期限、减税免税和违章处理等内容，其中纳税人、征税对象和税率是最重要的基本要素。

（一）纳税人

纳税人又称纳税主体或纳税义务人，是税法规定的直接负有纳税义务的单位和个人，主要包括自然人、法人及其他组织，它表明国家直接向谁征税或谁直接向国家纳税。

（二）征税对象

征税对象又称课税客体或课税对象，是指对什么征税，是税法规定的征税的目的物。国家为了筹集财政资金和调节经济的需要，可以根据客观的经济需要选择多种多样的征税对象，纳税人的收入、财产和某些特定行为都可以作为征税对象。

（三）税　目

税目是指税法规定的同一征税对象范围内的具体征税项目，它是征税对象的具体化。税目的确定进一步明确了征税范围。

一个税种的征税范围，往往需要根据不同的情况，具体划分不同类型的项目，以便确定征税、免税和适用不同的税率。

（四）税　率

税率是指应纳税额与征税对象之间的法定比例。它是对征税对象的征收比例或征收额度，是计算应纳税额的尺度。税率体现了征税的深度，反映国家的有关经济政策和社会政策，直接关系着国家的财政收入和纳税人的税收负担，是税收制度的中心环节。

我国现行税制有三种税率，即比例税率、累进税率和定额税率。

（1）比例税率，即对同一征税对象，不分数额大小，规定相同的征收比例。我国的增值税、营业税、资源税、企业所得税等采用的是比例税率。

（2）累进税率，即按征税对象数额的大小，划分若干等级，每个等级由低到高规定相应的税率，征税对象数额越大，税率越高。目前采用这种税率的有个人所得税。

（3）定额税率，即按征税对象确定的计算单位，直接规定一个固定的税额。目前采用定额税率的有资源税、车船使用税等。

（五）纳税环节

纳税环节是指税法规定的征税对象在从生产到消费的流转过程中应当缴纳税款的环节。一般是指商品从生产、批发、销售到消费的流转过程中应当缴纳税款的环节。

（六）纳税期限

纳税期限是指税法规定的纳税人应当缴纳税款的期限。它是税收强制性和固定性在时间上的体现。纳税期限可分为三种：（1）按期纳税，即根据纳税义务的发生时间，通过确定纳税间隔期，实行按日纳税。按期纳税间隔期分为1日、3日、5日、10日、15日和30日。（2）按次纳税，即根据纳税行为的发生次数确定纳税期限。（3）按时预缴，即按规定的时间提前预缴税款。

（七）减税免税

减税免税是指税法对同一税中某一部分特定的纳税人，对其应税产品等给予减少或免除税负的一种优待规定。

减税是对应纳税额减征一部分，免税是对应纳税额全部予以免征。由于税率是根据社会经济发展的一般情况和社会平均负担能力来确定的，它可以适应普遍性、一般性的要求，而不能适应个别性、特殊性的要求，因此需要以减税免税作为税率的辅助和补充手段。

（八）违章处理

违章处理是指税法对纳税人违反税收法律的行为规定的处罚措施。它体现了税收的强制性，是保证税法正确贯彻执行、严肃纳税纪律的重要手段。

纳税人偷税、抗税、欠税、骗税以及不遵守税收征收管理规定的行为都属于违章行为，税法对不同的违章行为分别规定了不同的违章处理办法。

第二节　税法的基本原则

一、税法的基本原则概述

税法的基本原则，是指一国调整税收关系的基本规律的抽象和概括，是贯穿税法的立法、执法、司法和守法全过程的具有普遍性指导意义的法律准则。税法的基本原则也是解释和适用税法相关法律规定的指南。

二、税法的基本原则

（一）税收法定原则

税收法定原则，是指在税务法律关系中，税法主体的权利义务必须由法律加以规定，税法的各类构成要素都必须且只能由法律予以明确的规定，超越法律规定的课税是违法和无效的。

在我国，《宪法》第五十六条规定："中华人民共和国公民有依照法律纳税的义务"，该规定仅说明公民的纳税义务要依照法律产生和履行，并未说明征税主体应依照法律的规定征税。为了弥补这一立法上的缺失，《税收征收管理法》特别规定，税收的开征、停征以及减税、免税、退税、补税，依照法律、行政法规的规定执行，任何机关、单位和个人不得违反。这一规定使得税收法定不只是在宪法上得到了确立。

（二）税收公平原则

税收公平原则是税收最高原则之一，它指具有相等纳税能力者应负担相等的税收，不同纳税能力者应负担不同的税收。在现代各国的税收法律关系中，所有纳税人的法律地位平等，税收负担在国民之间的分配也必须公平合理。法国的《人权宣言》第十三条规定："为维持国家的武力以及行政上的各种费用，共同的赋税，实不可缺。此种赋税必须由全体人民，依据其能力平均负担。"德国《魏玛宪法》第一百三十四条规定："全体公民必须依据其资力，遵照法律上的规定公平负担赋税。"

（三）税收效率原则

在一般含义上，税收效率原则要求以最小的费用获取最大的税收收入，并利用税收的经济调控作用最大限度地促进经济的发展，或者最大限度地减轻税收对经济发展的妨碍。它包括税收行政效率和税收经济效率两个方面。

税收的行政效率可以从征税费用和纳税费用方面来考察。征税费用是指税务部门在征税过程中所发生的各种费用。这些费用占所征税额的比重即征税效率。征税效率的高低和税务人员本身的工作效率又是密切相关的。而且对不同的税种，其征税效率也会存在很大的差异。

税收的经济效率的主旨在于如何通过优化税制，尽可能地减少税收对社会经济的不良影响，或者最大限度地促进社会经济的良性发展。处在不同历史时期和不同经济体制背景下的学 者对这个问题有着不同的答案。

（四）社会政策原则

税法的社会政策原则是指税法是国家用以推行各种社会政策，主要是经济政策的最重要的基本手段之一，其实质就是税收的经济基本职能的法律原则化。

社会政策原则确立以后，税法的其他基本原则，特别是税收公平主义原则，受到了一定程度的制约和影响。如何衡量税收公平，不仅要看各纳税人的负担能力，还要考虑社会全局和整体利益。社会政策原则主要是资本主义从自由竞争阶段进入垄断阶段以后才提出并随即为各国普遍奉行的税法基本原则，是税法基本原则在现代以来发生的重大变化之一。

第三节　我国现行主要税收法规内容

一、增值税法

增值税是以纳税人生产经营活动的增值额为征税对象的一种流转税。所谓增值额，是指纳税人从事生产经营活动在购入的货物或取得的劳务价值基础上新增加的价值额。它具体表现为纳税人在一定的时期内所取得的商品销售（或劳务）收入额大于购进商品（或取得劳务）所支付金额的差额。

我国现行增值税法的基本规范，是1993年国务院颁布的《增值税暂行条例》。为进一步完善税制，积极应对国际金融危机对我国经济的影响，于2008年11月5日经国务院第三十四次常务会议修订通过了《增值税暂行条例》，决定自2009年1月1日起全面实施增值税转型改革，与此同时，财政部、国家税务总局共同通过了审议后的《增值税暂行条例实施细则》，并于2009年1月1日起施行。为了贯彻落实国务院关于支持小型和微型企业发展的要求，财政部、国家税务总局决定对《增值税暂行条例实施细则》的部分条款予以修改[①]，自2011年11月1日起施行。

1. 增值税的纳税人

根据《增值税暂行条例》的规定，凡在中华人民共和国境内销售货物或提供加工、修理修配劳务，以及进口货物的单位和个人，为增值税的纳税义务人。以生产经营规模大小和会计核算是否健全为标准，增值税的纳税人可划分为一般纳税人和小规模纳税人。

2. 增值税的征税对象

增值税的征税对象包括在中华人民共和国境内销售的货物和提供加工、修理修配劳务以及进口的货物。

3. 增值税的税基

增值税的税基为销售货物或者提供加工、修理修配劳务以及进口的货物的增值额。

4. 增值税的税收减免

下列项目免征增值税：（1）农业生产者销售的自产农业产品；（2）避孕药品和用具；（3）古旧图书；（4）直接用于科学研究、科学试验和教学的进口仪器、设备；（5）外国政府、国际组织无偿援助的进口物资和设备；（6）由残疾人的组织直接进口供残疾人专用的物

① 第三十七条　增值税起征点的适用范围限于个人。增值税起征点的幅度规定如下：
（一）销售货物的，为月销售额5 000~2万元；
（二）销售应税劳务的，为月销售额5 000~2万元；
（三）按次纳税的，为每次（日）销售额300~500元。
前款所称销售额，是指本细则第三十条第一款所称小规模纳税人的销售额。
省、自治区、直辖市财政厅（局）和国家税务局应在规定的幅度内，根据实际情况确定本地区适用的起征点，并报财政部、国家税务总局备案。

品；（7）销售的自己使用过的物品。纳税人销售额未达到财政部规定的增值税起征点的，免征增值税。增值税起征点的适用范围只限于个人。

二、消费税法

消费税是以应税消费品的销售收入额为征税对象的一种流转税。现行消费税法的基本规范，是 1993 年国务院颁布的《消费税暂行条例》。2006 年 3 月 21 日，财政部、国家税务总局联合下发了《财政部国家税务总局关于调整和完善消费税政策的通知》，从 4 月 1 日起，对我国现行消费税的税目、税率及相关政策进行了调整。2008 年 11 月 5 日经国务院第三十四次常务会议修订通过了《消费税暂行条例》，自 2009 年 1 月 1 日起施行。2008 年 12 月 15 日财政部部务会议和国家税务总局局务会议审议通过《消费税暂行条例实施细则》，自 2009 年 1 月 1 日起施行。

1. 消费税的纳税人

根据《消费税暂行条例》的规定，凡在中华人民共和国境内从事生产、委托加工和进口应税消费品的单位和个人，以及国务院确定的销售应税消费品的其他单位和个人，为消费税的纳税义务人。

2. 消费税的征税对象

现行消费税共设置了 14 个税目，具体包括烟、酒及酒精、化妆品、贵重首饰及珠宝玉石、鞭炮焰火、汽车轮胎、小汽车、摩托车、木制一次性筷子、实木地板、游艇、高尔夫球及球具、高档手表、成品油。

3. 消费税的税基

消费税的税基为销售额或销售数量。销售额为纳税人销售应税消费品向购买方收取的全部价款和价外费用。

4. 消费税的税率

消费税实行从价定率或者从量定额的办法计算应纳税额，按不同消费品分别采用比例税率和定额税率。消费税共设有 18 个档次的税率税额。其中比例税率有 10 档，最低为 3%，最高为 50%。

5. 消费税的税收减免

对纳税人出口应税消费品，免征消费税；国务院另有规定的除外。

三、营业税法

营业税是以在我国境内提供劳务、转让无形资产或者销售不动产所取得的营业额为征税对象的一种流转税。我国现行营业税税法的基本规范，是 1993 年国务院颁布的《营业税暂行条例》。2008 年 11 月 5 日经国务院第三十四次常务会议修订通过了《营业税暂行条例》，自

2009 年 1 月 1 日起施行。2008 年 12 月 15 日财政部部务会议和国家税务总局局务会议审议通过《营业税暂行条例实施细则》，自 2009 年 1 月 1 日起施行。

1. 营业税的纳税人

根据《营业税暂行条例》的规定，凡在中华人民共和国境内提供应税劳务、转让无形资产或销售不动产的单位和个人，为营业税的纳税义务人。

2. 征税范围

营业税的征税范围包括在中华人民共和国境内提供应税劳务，转让无形资产或者销售不动产。具体包括：交通运输业、建筑业、金融保险业、邮电通信业、文化体育业、娱乐业、服务业、转让无形资产和销售不动产。

3. 营业税的税基

营业税的税基为营业额。营业额为其提供应税劳务、转让无形资产或者销售不动产向对方收取的全部价款和价外费用。

4. 营业税的税率

现行营业税有九个税目，按照行业、类别的不同分别采用了不同的比例税率。其中，交通运输业、建筑业、邮电通信业、文化体育业执行 3%的税率；金融保险业、服务业、转让无形资产、销售不动产执行 5%的税率；此外，娱乐业执行 5%～20%的税率。

5. 营业税的税收减免

下列项目免征营业税：（1）托儿所、幼儿园、养老院、残疾人福利机构提供的育养服务，婚姻介绍，殡葬服务；（2）残疾人员个人提供的劳务；（3）医院、诊所和其他医疗机构提供的医疗服务；（4）学校和其他教育机构提供的教育劳务，学生勤工俭学提供的劳务；（5）农业机耕、排灌、病虫害防治、植物保护、农牧保险以及相关技术培训业务，家禽、牲畜、水生动物的配种和疾病防治；（6）纪念馆、博物馆、文化馆、文物保护单位管理机构、美术馆、展览馆、书画院、图书馆举办、文化活动的门票收入，宗教场所举办文化、宗教活动的门票收入。纳税人营业额未达到财政部规定的营业税起征点的，免征营业税。营业税起征点的适用范围只限于个人。

四、企业所得税法

企业所得税是对在我国境内的企业，和其他取得收入的组织，就其生产、经营所得和其他所得所征收的一种收益税。

2007 年 3 月 16 日第十届全国人民代表大会第五次会议通过了《企业所得税法》，自 2008 年 1 月 1 日起施行。1991 年 4 月 9 日第七届全国人民代表大会第四次会议通过的《外商投资企业和外国企业所得税法》和 1993 年 12 月 13 日国务院发布的《企业所得税暂行条例》同时废止。

1. 企业所得税的纳税人

根据《企业所得税法》的规定，在中华人民共和国境内，企业和其他取得收入的组织（以下统称“企业”）为企业所得税的纳税人。企业分为居民企业和非居民企业。居民企业，是指依法在中国境内成立，或者依照外国（地区）法律成立但实际管理机构在中国境内的企业。非居民企业，是指依照外国（地区）法律成立且实际管理机构不在中国境内，但在中国境内设立机构、场所的，或者在中国境内未设立机构、场所，但有来源于中国境内所得的企业。

2. 企业所得税的征税对象

居民企业应当就其来源于中国境内、境外的所得缴纳企业所得税。

非居民企业在中国境内设立机构、场所的，应当就其所设机构、场所取得的来源于中国境内的所得，以及发生在中国境外但与其所设机构、场所有实际联系的所得，缴纳企业所得税。

非居民企业在中国境内未设立机构、场所的，或者虽设立机构、场所但取得的所得与其所设机构、场所没有实际联系的，应当就其来源于中国境内的所得缴纳企业所得税。

3. 企业所得税的税率

按照《企业所得税法》的规定，企业所得税实行 25%的比例税率。非居民企业取得《企业所得税法》第三条第三款规定的所得，适用税率为 20%。

五、个人所得税法

个人所得税是对个人取得的各项应税所得征收的一种收益税。我国现行的个人所得税法的基本规范，是 1980 年 9 月 10 日第五届全国人民代表大会第三次会议制定，根据 1993 年 10 月 31 日第八届全国人民代表大会常务委员会第四次会议决定修改的《个人所得税法》。1999 年 8 月 30 日第九届全国人民代表大会常务委员会第十一次会议通过了第二次修正的《个人所得税法》。2005 年 10 月 27 日第十届全国人民代表大会常务委员会第十八次会议通过关于修改《个人所得税法》的决定。2007 年 12 月 29 日第十届全国人民代表大会常务委员会第三十一次会议通过了《关于修改〈中华人民共和国个人所得税法〉的决定》的第五次修正，自 2008 年 3 月 1 日起施行。2011 年 6 月 30 日第十一届全国人民代表大会常务委员会第二十一次会议通过了《关于修改〈中华人民共和国个人所得税法〉的决定》的第六次修正。

1. 个人所得税的纳税人

个人所得税的纳税义务人，包括在中国境内有住所，或者无住所而在境内居住满一年的个人，从中国境内和境外取得的所得，以及在中国境内无住所又不居住或者无住所而在境内居住不满一年的个人，从中国境内取得的所得。

2. 个人所得税的征税范围

个人所得税的征税对象是应缴纳个人所得税的应税所得项目，具体包括： 工资、薪金所得；个体工商户的生产、经营所得；对企事业单位的承包、承租经营的所得；劳务报酬所得；稿酬所得；特许权使用费所得；利息、股息、红利所得；财产租赁所得；财产转让所得；偶然所得以及经国务院财政部门确定征税的其他所得。

3. 个人所得税的税基

个人所得税的税基为应纳税所得额。（1）工资、薪金所得，以每月收入额减除费用 3 500

元后的余额，为应纳税所得额。（2）个体工商户的生产、经营所得，以每一纳税年度的收入总额减除成本、费用以及损失后的余额，为应纳税所得额。（3）对企事业单位的承包经营、承租经营所得，以每一纳税年度的收入总额，减除必要费用后的余额，为应纳税所得额。（4）劳务报酬所得、稿酬所得、特许权使用费所得、财产租赁所得，每次收入不超过 4 000 元的，减除费用 800 元；4 000 元以上的，减除 20%的费用，其余额为应纳税所得额。（5）财产转让所得，以转让财产的收入额减除财产原值和合理费用后的余额，为应纳税所得额。（6）利息、股息、红利所得，偶然所得和其他所得，以每次收入额为应纳税所得额。个人将其所得对教育事业和其他公益事业捐赠的部分，按照国务院有关规定从应纳税所得中扣除。

对在中国境内无住所而在中国境内取得工资、薪金所得的纳税义务人和在中国境内有住所而在中国境外取得工资、薪金所得的纳税义务人，可以根据其平均收入水平、生活水平以及汇率变化情况确定附加减除费用，附加减除费用适用的范围和标准由国务院规定。

4. 个人所得税的税率

按税法规定，个人所得税的税率按所得项目不同分别确定为：（1）工资、薪金所得，适用超额累进税率，税率为 3%~45%。（2）个体工商户的生产、经营所得，以每一纳税年度的收入总额减除成本、费用以及损失后的余额，为应纳税所得额。适用五级超额累进税率，税率为 5%~35%。（3）稿酬所得，适用比例税率，税率为 20%，并按应纳税额减征 30%。（4）劳务报酬所得，适用比例税率，税率为 20%。对劳务报酬所得一次收入畸高的，可以实行加成征收，具体办法按国务院有关规定办理。（5）特许权使用费所得，利息、股息、红利所得，财产租赁所得，财产转让所得，偶然所得和其他所得，适用比例税率，税率为 20%。

5. 个人所得税的税收减免

下列各项个人所得，免纳个人所得税：（1）省级人民政府、国务院部委和中国人民解放军军以上单位，以及外国组织、国际组织颁发的科学、教育、技术、文化、卫生、体育、环境保护等方面的奖金；（2）我国财政部发行的债券利息和国务院批准发行的金融债券利息；（3）按照国务院规定发给的政府特殊津贴和国务院规定免纳个人所得税的补贴、津贴；（4）福利费、抚恤金、救济金；（5）保险赔款；（6）军人的转业费、复员费；（7）按照国家统一规定发给干部、职工的安家费、退职费、退休工资、离休工资、离休生活补助费；（8）依照我国有关法律规定应予免税的各国驻华使馆、领事馆的外交代表、领事官员和其他人员的所得；（9）中国政府参加的国际公约、签订的协议中规定免税的所得；（10）经国务院财政部门批准免税的所得。

有下列情形之一的，经省级人民政府批准可以减征个人所得税，其减征幅度和期限由省、自治区、直辖市人民政府规定：（1）残疾、孤老人员和烈属的所得；（2）因严重自然灾害造成重大损失的；（3）其他经国务院财政部门批准减税的。

6. 个人所得税的纳税申报

个人所得税以所得人为纳税义务人，以支付所得的单位或者个人为扣缴义务人。纳税义务人有下列情形之一的，应当按照规定到主管税务机关办理纳税申报：（1）年所得 12 万元以上的；（2）从中国境内两处或者两处以上取得工资、薪金所得的；（3）从中国境外取得所得的；（4）取得应纳税所得，没有扣缴义务人的；（5）国务院规定的其他情形。年所得

12 万元以上的纳税义务人，在纳税年度终了后 3 个月内向主管税务机关办理纳税申报。纳税义务人办理纳税申报的地点以及其他有关事项的管理办法，由国家税务总局制定。扣缴义务人应当按照国家规定办理全员全额扣缴申报，扣缴义务人在代扣税款的次月内，向主管税务机关报送其支付所得个人的基本信息、支付所得数额、扣缴税款的具体数额和总额以及其他相关涉税信息。

第四节　税收征收管理法律制度

一、税收征收管理法律制度概述

（一）税收征收管理法律的概念

税收征收管理法是调整、规范税收征收管理的法律规范的总称。2001 年 4 月 28 日，第九届全国人民代表大会常务委员会第二十一次会议通过了《修改<中华人民共和国税收征收管理法>的决定》，并将修订后的《税收征收管理法》以第四十九号主席令公布施行。该法律的制定对于加强税收征收管理，规范税收征收和缴纳行为，保障国家税收收入，保护纳税人的合法权益，促进经济和社会发展，有着重要意义。

（二）税收征收管理的法律法规

税收征收管理法就是调整税收征收管理活动中所形成的一系列关系的法律规范的总称。主要包括：1992 年 9 月 4 日全国人大常委会通过，1993 年 1 月 1 日起施行，并分别于 1995 年 2 月 28 日和 2001 年 4 月 28 日修改的《税收征收管理法》；2002 年 9 月 17 日国务院颁布施行的《税收征管法实施细则》；1992 年 9 月 4 日人大常委会通过的《关于惩治偷税、抗税犯罪的补充规定》；1993 年 12 月 23 日财政部发布的《发票管理办法》；1993 年 12 月 28 日国家税务总局发布的《发票管理办法实施细则》；1995 年 10 月 30 日全国人大常委会通过并施行的《关于惩治虚开、伪造和非法出售增值税专用发票犯罪的决定》；1997 年 3 月 14 日全国人大颁布的《刑法》中有关危害税收征管罪的相关规定；国家税务总局于 2009 年 12 月 15 日审议通过并自 2010 年 4 月 1 日起施行的《税务行政复议规则》。

二、税收征收管理法律制度

（一）税款征收法律制度

1. 税款征收主体

税务机关依照法律、行政法规的规定征收税款，不得违反法律、行政法规的规定开征、停征、多征、少征、提前征收、延缓征收或者摊派税款。税务机关应当加强对税款征收的管理，建立健全责任制度。税务机关根据保证国家税款及时足额入库、方便纳税人、降低税收成本的原则，确定税款征收的方式。

扣缴义务人依照法律、行政法规的规定履行代扣、代收税款的义务。对法律、行政法规没有规定负有代扣、代收税款义务的单位和个人，税务机关不得要求其履行代扣、代收税款义务。扣缴义务人依法履行代扣、代收税款义务时，纳税人不得拒绝。纳税人拒绝的，扣缴义务人应当及时报告税务机关处理。

税务机关根据有利于税收控管和方便纳税的原则，可以按照国家有关规定委托有关单位和人员代征零星分散和异地缴纳的税收，并发给委托代征证书。受托单位和人员按照代征证书的要求，以税务机关的名义依法征收税款，纳税人不得拒绝；纳税人拒绝的，受托代征单位和人员应当及时报告税务机关。

除税务机关、税务人员以及经税务机关依照法律、行政法规委托的单位和人员外，任何单位和个人不得进行税款征收活动。

2. 税款征收程序

税务机关征收税款时，必须给纳税人开具完税凭证。扣缴义务人代扣、代收税款时，纳税人要求扣缴义务人开具代扣、代收税款凭证的，扣缴义务人应当开具。税务机关有权核定纳税人应纳税额，税务机关核定应纳税额的具体程序和方法由国务院税务主管部门规定。

3. 税款征收保障

（1）税收保全措施。税务机关有根据认为从事生产、经营的纳税人有逃避纳税义务行为的，可以在规定的纳税期之前，责令限期缴纳应纳税款；在限期内发现纳税人有明显的转移、隐匿其应纳税的商品、货物以及其他财产或者应纳税的收入的迹象的，税务机关可以责成纳税人提供纳税担保。如果纳税人不能提供纳税担保，经县以上税务局（分局）局长批准，税务机关可以采取税收保全措施。

欠缴税款的纳税人或者其法定代表人需要出境的，应当在出境前向税务机关结清应纳税款、滞纳金或者提供担保。未结清税款、滞纳金，又不提供担保的，税务机关可以通知出境管理机关阻止其出境。

（2）强制执行措施。从事生产、经营的纳税人、扣缴义务人未按照规定的期限缴纳或者解缴税款，纳税担保人未按照规定的期限缴纳所担保的税款，由税务机关责令限期缴纳，逾期仍未缴纳的，经县以上税务局（分局）局长批准，税务机关可以采取下列强制执行措施：书面通知其开户银行或者其他金融机构从其存款中扣缴税款；扣押、查封、依法拍卖或者变卖其价值相当于应纳税款的商品、货物或者其他财产，以拍卖或者变卖所得抵缴税款。

税务机关采取强制执行措施时，对纳税人、扣缴义务人、纳税担保人未缴纳的滞纳金同时强制执行。税务机关对单价 5 000 元以下的其他生活用品，不采取税收保全措施和强制执行措施。欠缴税款数额较大，是指欠缴税款 5 万元以上。税务机关采取税收保全措施和强制执行措施必须依照法定权限和法定程序，不得查封、扣押纳税人个人及其所扶养家属维持生活必需的住房和用品。

（3）行使代位权、撤销权。税务机关征收税款，税收优先于无担保债权，法律另有规定的除外；纳税人欠缴的税款发生在纳税人以其财产设定抵押、质押或者纳税人的财产被留置之前的，税收应当先于抵押权、质权、留置权执行。纳税人欠缴税款，同时又被行政机关决

定处以罚款、没收违法所得的，税收优先于罚款、没收违法所得。

欠缴税款的纳税人因怠于行使到期债权，或者放弃到期债权，或者无偿转让财产，或者以明显不合理的低价转让财产而受让人知道该情形，对国家税收造成损害的，税务机关可以依照《合同法》第七十三条、第七十四条的规定行使代位权、撤销权。税务机关依照前款规定行使代位权、撤销权的，不免除欠缴税款的纳税人尚未履行的纳税义务和应承担的法律责任。

（二）税收管理法律制度

1. 税务登记

企业在外地设立的分支机构和从事生产、经营的场所，个体工商户和从事生产、经营的事业单位（以下统称“从事生产、经营的纳税人”）自领取营业执照之日起30日内，持有关证件，向税务机关申报办理税务登记。税务机关应当自收到申报之日起30日内审核并发给税务登记证件。

纳税人税务登记内容发生变化的，应当自工商行政管理机关或者其他机关办理变更登记之日起30日内，持有关证件向原税务登记机关申报办理变更税务登记。纳税人税务登记内容发生变化，不需要到工商行政管理机关或者其他机关办理变更登记的，应当自发生变化之日起30日内，持有关证件向原税务登记机关申报办理变更税务登记。

扣缴义务人应当自扣缴义务发生之日起30日内，向所在地的主管税务机关申报办理扣缴税款登记，领取扣缴税款登记证件；税务机关对已办理税务登记的扣缴义务人，可以只在其税务登记证件上登记扣缴税款事项，不再发给扣缴税款登记证件。

从事生产、经营的纳税人到外县（市）临时从事生产、经营活动的，应当持税务登记证副本和所在地税务机关填开的外出经营活动税收管理证明，向营业地税务机关报验登记，接受税务管理。从事生产、经营的纳税人外出经营，在同一地累计超过180天的，应当在营业地办理税务登记手续。

纳税人按照国务院税务主管部门的规定使用税务登记证件。税务登记证件不得转借、涂改、损毁、买卖或者伪造。国家税务局、地方税务局对同一纳税人的税务登记应当采用同一代码，信息共享。

2. 账簿、凭证管理

纳税人、扣缴义务人按照有关法律、行政法规和国务院财政、税务主管部门的规定设置账簿，根据合法、有效凭证记账，进行核算。纳税人使用计算机记账的，应当在使用前将会计电算化系统的会计核算软件、使用说明书及有关资料报送主管税务机关备案。纳税人建立的会计电算化系统应当符合国家有关规定，并能正确、完整核算其收入或者所得。

国家根据税收征收管理的需要，积极推广使用税控装置。纳税人应当按照规定安装、使用税控装置，不得损毁或者擅自改动税控装置。从事生产、经营的纳税人、扣缴义务人必须按照国务院财政、税务主管部门规定的保管期限保管账簿、记账凭证、完税凭证及其他有关资料。账簿、记账凭证、完税凭证及其他有关资料不得伪造、变造或者擅自损毁。账簿、记账凭证、报表、完税凭证、发票、出口凭证以及其他有关涉税资料应当合法、真实、完整。

账簿、记账凭证、报表、完税凭证、发票、出口凭证以及其他有关涉税资料应当保存10年；但是，法律、行政法规另有规定的除外。

3. 发票管理

税务机关是发票的主管机关，负责发票印制、领购、开具、取得、保管、缴销的管理和监督。

单位、个人在购销商品、提供或者接受经营服务以及从事其他经营活动中，应当按照规定开具、使用、取得发票。从事生产、经营的纳税人、扣缴义务人有本法规定的税收违法行为，拒不接受税务机关处理的，税务机关可以收缴其发票或者停止向其发售发票。

4. 纳税申报

纳税人必须依照法律、行政法规规定或者税务机关依照法律、行政法规的规定确定的申报期限、申报内容如实办理纳税申报，报送纳税申报表、财务会计报表以及税务机关根据实际需要要求纳税人报送的其他纳税资料。

扣缴义务人必须依照法律、行政法规规定或者税务机关依照法律、行政法规的规定确定的申报期限、申报内容如实报送代扣代缴、代收代缴税款报告表以及税务机关根据实际需要要求扣缴义务人报送的其他有关资料。纳税人、扣缴义务人可以直接到税务机关办理纳税申报或者报送代扣代缴、代收代缴税款报告表，也可以按照规定采取邮寄、数据电文或者其他方式办理上述申报、报送事项。

纳税人、扣缴义务人不能按期办理纳税申报或者报送代扣代缴、代收代缴税款报告表的，经税务机关核准，可以延期申报。经核准延期办理前款规定的申报、报送事项的，应当在纳税期内按照上期实际缴纳的税额或者税务机关核定的税额预缴税款，并在核准的延期内办理税款结算。

（三）税务检查法律制度

税务机关有权进行下列税务检查：（1）检查纳税人的账簿、记账凭证、报表和有关资料，检查扣缴义务人代扣代缴、代收代缴税款账簿、记账凭证和有关资料；（2）到纳税人的生产、经营场所和货物存放地检查纳税人应纳税的商品、货物或者其他财产，检查扣缴义务人与代扣代缴、代收代缴税款有关的经营情况；（3）责成纳税人、扣缴义务人提供与纳税或者代扣代缴、代收代缴税款有关的文件、证明材料和有关资料；（4）询问纳税人、扣缴义务人与纳税或者代扣代缴、代收代缴税款有关的问题和情况；（5）到车站、码头、机场、邮政企业及其分支机构检查纳税人托运、邮寄应纳税商品、货物或者其他财产的有关单据、凭证和有关资料；（6）经县以上税务局（分局）局长批准，凭全国统一格式的检查存款账户许可证明，查询从事生产、经营的纳税人、扣缴义务人在银行或者其他金融机构的存款账户。税务机关在调查税收违法案件时，经设区的市、自治州以上税务局（分局）局长批准，可以查询案件涉嫌人员的储蓄存款。税务机关查询所获得的资料，不得用于税收以外的用途。

税务机关对从事生产、经营的纳税人以前纳税期的纳税情况依法进行税务检查时，发现纳税人有逃避纳税义务行为，并有明显的转移、隐匿其应纳税的商品、货物以及其他财产或者应纳税的收入的迹象的，可以按照本法规定的批准权限采取税收保全措施或者强制执行措施。

税务机关依法进行税务检查时，有权向有关单位和个人调查纳税人、扣缴义务人和其他当事人与纳税或者代扣代缴、代收代缴税款有关的情况，有关单位和个人有义务向税务机关如实提供证明材料及有关资料。税务机关调查税务违法案件时，对与案件有关的情况和资料，可以记录、录音、录像、照相和复制。

税务人员进行税务检查时，应当出示税务检查证和税务检查通知书；无税务检查证和税务检查通知书的，纳税人、扣缴义务人及其他当事人有权拒绝检查。税务机关对集贸市场及集中经营业户进行检查时，可以使用统一的税务检查通知书。

（四）法律责任

1. 行政责任

按照主体的不同，承担行政责任的情形可作以下划分。

（1）纳税人、扣缴义务人。纳税人有下列行为之一的，由税务机关责令限期改正，可以处二千元以下的罚款；情节严重的，处二千元以上一万元以下的罚款：第一，未按照规定的期限申报办理税务登记、变更或者注销登记的；第二，未按照规定设置、保管账簿或者保管记账凭证和有关资料的；第三，未按照规定将财务、会计制度或者财务、会计处理办法和会计核算软件报送税务机关备查的；第四，未按照规定将其全部银行账号向税务机关报告的；第五，未按照规定安装、使用税控装置，或者损毁或者擅自改动税控装置的。纳税人不办理税务登记的，由税务机关责令限期改正；逾期不改正的，经税务机关提请，由工商行政管理机关吊销其营业执照。

纳税人未按照规定使用税务登记证件，或者转借、涂改、损毁、买卖、伪造税务登记证件的，处二千元以上一万元以下的罚款；情节严重的，处一万元以上五万元以下的罚款。纳税人未按照规定的期限办理纳税申报和报送纳税资料的，或者扣缴义务人未按照规定的期限向税务机关报送代扣代缴、代收代缴税款报告表和有关资料的，由税务机关责令限期改正，可以处二千元以下的罚款；情节严重的，可以处二千元以上一万元以下的罚款。

扣缴义务人未按照规定设置、保管代扣代缴、代收代缴税款账簿或者保管代扣代缴、代收代缴税款记账凭证及有关资料的，由税务机关责令限期改正，可以处二千元以下的罚款；情节严重的，处二千元以上五千元以下的罚款。

（2）税务机关工作人员。税务机关工作人员违反法律、行政和法规的规定提前征收、延缓征收或者摊派税款的，由其上级机关或者行政监察机关责令改正，对直接负责的主管人员和其他直接责任人员依法给予行政处分。违反法律、行政法规的规定，擅自做出税收的开征、停征或者减税、免税、退税、补税以及其他同税收法律、行政法规相抵触的决定的，除依照本法规定撤销其擅自做出的决定外，补征应征未征税款，退还不应征收而征收的税款，并由上级机关追究直接负责的主管人员和其他直接责任人员的行政责任；构成犯罪的，依法追究刑事责任。

税务人员在征收税款或者查处税收违法案件时，未按照本法规定进行回避的，对直接负责的主管人员和其他直接责任人员，依法给予行政处分。税务人员在核定应纳税额、调整税收定额、进行税务检查、实施税务行政处罚、办理税务行政复议时，与纳税人、扣缴义务人或者其法定代表人、直接责任人有下列关系之一的，应当回避：① 夫妻关系；② 直系血亲关系；③ 三代以内旁系血亲关系；④ 近姻亲关系；⑤ 可能影响公正执法的其他利害关系。

2. 刑事责任

按照主体的不同，承担刑事责任的情形可作以下划分。

（1）纳税人、扣缴义务人。《刑法》第一百一十二条至第一百一十八条以危害税收征管罪的类罪名规定了 12 种纳税人、扣缴义务人违反税收征管法情节严重应当追究刑事责任的情形，罪名分别是：逃税罪；抗税罪；逃避追缴欠税罪；骗取出口退税罪；虚开增值税专用发票、用于骗取出口退税、抵扣税款发票罪；伪造、出售伪造的增值税专用发票罪；非法出售增值税专用发票罪；非法购买增值税专用发票、购买伪造的增值税专用发票罪；非法制造、出售非法制造的用于骗取出口退税、抵扣税款发票罪；非法制造、出售非法制造的发票罪；非法出售用于骗取出口退税、抵扣税款发票罪；非法出售发票罪。

有下列情形，纳税人、扣缴义务可能需要承担刑事责任：第一，纳税人伪造、变造、隐匿、擅自销毁账簿、记账凭证，或者在账簿上多列支出或者不列、少列收入，或者经税务机关通知申报而拒不申报或者进行虚假的纳税申报，不缴或者少缴应纳税款的，构成犯罪的；第二，扣缴义务人采取前述所列手段，不缴或者少缴已扣、已收税款，由税务机关追缴其不缴或者少缴的税款、滞纳金，构成犯罪的；第三，纳税人欠缴应纳税款，采取转移或者隐匿财产的手段，妨碍税务机关追缴欠缴的税款，构成犯罪的；第四，以假报出口或者其他欺骗手段，骗取国家出口退税款，构成犯罪的；第五，以暴力、威胁方法拒不缴纳税款的，即抗税，除由税务机关追缴其拒缴的税款、滞纳金外，依法追究刑事责任；第六，违反《税收征收管理法》第二十二条规定，非法印制发票的，由税务机关销毁非法印制的发票，没收违法所得和作案工具，构成犯罪的，依法追究刑事责任。

（2）税务机关工作人员。《刑法》第九章专门规定了税务机关工作人员在税收征管工作中违法行为涉及刑事责任的几种情形，包括渎职罪、滥用职权罪；徇私舞弊不征、少征税款罪；徇私舞弊发售发票、抵扣税款、出口退税罪；违法提供出口退税凭证罪等。

具体而言，根据《税收征收管理法》规定，有如下几种情形：第一，税务人员与纳税人、扣缴义务人勾结，唆使或者协助纳税人、扣缴义务人有《税收征收管理法》第六十三、第六十五、第六十六条规定的行为；第二，税务人员利用职务上的便利，收受或者索取纳税人、扣缴义务人财物或者谋取其他不正当利益；第三，税务人员徇私舞弊或者玩忽职守，不征或者少征应征税款，致使国家税收遭受重大损失；第四，税务人员对控告、检举税收违法违纪行为的纳税人、扣缴义务人以及其他检举人进行打击报复的；第五，税务人员违反法律、行政法规的规定，故意高估或者低估农业税计税产量，致使多征或者少征税款，侵犯农民合法权益或者损害国家利益；第六，税务人员徇私舞弊，对依法应当移交司法机关追究刑事责任的不移交，情节严重的，依法追究刑事责任；第七，税务机关、税务人员查封、扣押纳税人个人及其所扶养家属维持生活必需的住房和用品的，责令退还，构成犯罪的，依法追究刑事责任。

三、监督税收征收管理工作的法律制度

《税收征收管理法》规定，纳税人、扣缴义务人、纳税担保人同税务机关在纳税上发生争

议时，必须先依照税务机关的纳税决定缴纳或者解缴税款及滞纳金或者提供相应的担保，然后可以依法申请行政复议；对行政复议决定不服的，可以依法向人民法院起诉。

当事人对税务机关的处罚决定、强制执行措施或者税收保全措施不服的，可以依法申请行政复议，也可以依法向人民法院起诉。当事人对税务机关的处罚决定逾期不申请行政复议也不向人民法院起诉、又不履行的，做出处罚决定的税务机关可以采取《税收征收管理法》第四十条规定的强制执行措施，或者申请人民法院强制执行。

（一）税务行政复议

税务系统的行政复议工作开展较早，成绩显著，在保护纳税人合法权益、监督税务机关依法行政方面发挥了重要作用。近年来，行政复议的职能定位有了新变化，基本制度有了新发展。为此，国家税务总局对 2004 年实施的《税务行政复议规则（暂行）》进行了修订。新修订的《税务行政复议规则》共 105 条，比修订前条文增加 53 条。和解与调解制度正式写进新修订的《税务行政复议规则》。据了解，这一规则自 2010 年 4 月 1 日起实施。

1. 税务行政复议的机构和人员

各级行政复议机关负责法制工作的机构（简称“行政复议机构”）依法办理行政复议事项，受理行政复议申请。各级行政复议机关可以成立行政复议委员会，研究重大、疑难案件，提出处理建议。行政复议委员会可以邀请本机关以外的具有相关专业知识的人员参加。

2. 税务行政复议的范围

行政复议机关受理申请人对税务机关下列具体行政行为不服提出的行政复议申请：（1）征税行为，包括确认纳税主体、征税对象、征税范围、减税、免税、退税、抵扣税款、适用税率、计税依据、纳税环节、纳税期限、纳税地点和税款征收方式等具体行政行为，征收税款、加收滞纳金，扣缴义务人、受税务机关委托的单位和个人作出的代扣代缴、代收代缴、代征行为等。（2）行政许可、行政审批行为。（3）发票管理行为，包括发售、收缴、代开发票等。（4）税收保全措施、强制执行措施。（5）行政处罚行为，包括罚款、没收财物和违法所得、停止出口退税权。（6）不依法履行下列职责的行为，包括颁发税务登记、开具、出具完税凭证、外出经营活动税收管理证明、行政赔偿、行政奖励和其他不依法履行职责的行为。（7）资格认定行为。（8）不依法确认纳税担保行为。（9）政府信息公开工作中的具体行政行为。（10）纳税信用等级评定行为。（11）通知出入境管理机关阻止出境行为。（12）其他具体行政行为。

申请人认为税务机关的具体行政行为所依据的规定不合法，对具体行政行为申请行政复议时，可以一并向行政复议机关提出对有关规定的审查申请；申请人对具体行政行为提出行政复议申请时不知道该具体行政行为所依据的规定的，可以在行政复议机关作出行政复议决定以前提出对该规定的审查申请：这些规定包括：（1）国家税务总局和国务院其他部门的规定；（2）其他各级税务机关的规定；（3）地方各级人民政府的规定；（4）地方人民政府工作部门的规定。这里的规定不包括规章。

3. 税务行政复议的管辖

各级国家税务局的具体行政行为不服的，向其上一级国家税务局申请行政复议。对各级

地方税务局的具体行政行为不服的，可以选择向其上一级地方税务局或者该税务局的本级人民政府申请行政复议。省、自治区、直辖市人民代表大会及其常务委员会、人民政府对地方税务局的行政复议管辖另有规定的，从其规定。对国家税务总局的具体行政行为不服的，向国家税务总局申请行政复议。对行政复议决定不服，申请人可以向人民法院提起行政诉讼，也可以向国务院申请裁决。国务院的裁决为最终裁决。

对计划单列市税务局的具体行政行为不服的，向省税务局申请行政复议。对税务所（分局）、各级税务局的稽查局的具体行政行为不服的，向其所属税务局申请行政复议。对两个以上税务机关共同做出的具体行政行为不服的，向共同上一级税务机关申请行政复议；对税务机关与其他行政机关共同做出的具体行政行为不服的，向其共同上一级行政机关申请行政复议。对被撤销的税务机关在撤销以前所做出的具体行政行为不服的，向继续行使其职权的税务机关的上一级税务机关申请行政复议。对税务机关做出逾期不缴纳罚款加处罚款的决定不服的，向做出行政处罚决定的税务机关申请行政复议。但是对已处罚款和加处罚款都不服的，一并向做出行政处罚决定的税务机关的上一级税务机关申请行政复议。

对下列税务机关的具体行政行为不服的，按照下列规定申请行政复议：（1）对计划单列市税务局的具体行政行为不服的，向省税务局申请行政复议。（2）对税务所（分局）、各级税务局的稽查局的具体行政行为不服的，向其所属税务局申请行政复议。（3）对两个以上税务机关共同作出的具体行政行为不服的，向共同上一级税务机关申请行政复议；对税务机关与其他行政机关共同作出的具体行政行为不服的，向其共同上一级行政机关申请行政复议。（4）对被撤销的税务机关在撤销以前所作出的具体行政行为不服的，向继续行使其职权的税务机关的上一级税务机关申请行政复议。（5）对税务机关作出逾期不缴纳罚款加处罚款的决定不服的，向作出行政处罚决定的税务机关申请行政复议。但是对已处罚款和加处罚款都不服的，一并向作出行政处罚决定的税务机关的上一级税务机关申请行政复议。有上述（2）、（3）、（4）、（5）项所列情形之一的，申请人也可以向具体行政行为发生地的县级地方人民政府提交行政复议申请，由接受申请的县级地方人民政府依法转送。

4. 税务行政复议的申请人和被申请人

（1）申请人。企业行政复议的，应当以工商行政管理机关核准登记的企业为申请人，由执行合伙事务的合伙人代表该企业参加行政复议；其他合伙组织申请行政复议的，由合伙人共同申请行政复议。前述规定以外的不具备法人资格的其他组织申请行政复议的，由该组织的主要负责人代表该组织参加行政复议；没有主要负责人的，由共同推选的其他成员代表该组织参加行政复议。股份制企业的股东大会、股东代表大会、董事会认为税务具体行政行为侵犯企业合法权益的，可以以企业的名义申请行政复议。

有权申请行政复议的公民死亡的，其近亲属可以申请行政复议；有权申请行政复议的公民为无行为能力人或者限制行为能力人，其法定代理人可以代理申请行政复议。有权申请行政复议的法人或者其他组织发生合并、分立或终止的，承受其权利义务的法人或者其他组织可以申请行政复议。

行政复议期间，行政复议机关认为申请人以外的公民、法人或者其他组织与被审查的具体行政行为有利害关系的，可以通知其作为第三人参加行政复议。行政复议期间，申请人以外的公民、法人或者其他组织与被审查的税务具体行政行为有利害关系的，可以向行政复议机关申请作为第三人参加行政复议。第三人不参加行政复议，不影响行政复议案件的审理。非具体行政行为的行政管理相对人，但其权利直接被该具体行政行为所剥夺、限制或者被赋予义务的公民、法人或其他组织，在行政管理相对人没有申请行政复议时，可以单独申请行政复议。

（2）被申请人。申请人对具体行政行为不服申请行政复议的，做出该具体行政行为的税务机关为被申请人。

申请人对扣缴义务人的扣缴税款行为不服的，主管该扣缴义务人的税务机关为被申请人；对税务机关委托的单位和个人的代征行为不服的，委托税务机关为被申请人。税务机关与法律、法规授权的组织以共同的名义做出具体行政行为的，税务机关和法律、法规授权的组织为共同被申请人。

税务机关与其他组织以共同名义做出具体行政行为的，税务机关为被申请人。税务机关依照法律、法规和规章规定，经上级税务机关批准做出具体行政行为的，批准机关为被申请人。申请人对经重大税务案件审理程序做出的决定不服的，审理委员会所在税务机关为被申请人。税务机关设立的派出机构、内设机构或者其他组织，未经法律、法规授权，以自己名义对外做出具体行政行为的，税务机关为被申请人。

5. 税务行政复议的申请

申请人可以在知道税务机关做出具体行政行为之日起 60 日内提出行政复议申请。

申请人对《税务行政复议规则》第十四条第（1）项规定的行为不服的，应当先向行政复议机关申请行政复议；对行政复议决定不服的，可以向人民法院提起行政诉讼。申请人对《税务行政复议规则》第十四条第（1）项规定以外的其他具体行政行为不服，可以申请行政复议，也可以直接向人民法院提起行政诉讼。

申请人按照《税务行政复议规则》第十四条第（1）项规定申请行政复议的，必须依照税务机关根据法律、法规确定的税额、期限，先行缴纳或者解缴税款和滞纳金，或者提供相应的担保，才可以在缴清税款和滞纳金以后或者所提供的担保得到做出具体行政行为的税务机关确认之日起 60 日内提出行政复议申请。申请人对税务机关做出逾期不缴纳罚款加处罚款的决定不服的，应当先缴纳罚款和加处罚款，再申请行政复议。

申请人向行政复议机关申请行政复议，行政复议机关已经受理的，在法定行政复议期限内申请人不得向人民法院提起行政诉讼；申请人向人民法院提起行政诉讼，人民法院已经依法受理的，不得申请行政复议。

6. 税务行政复议的受理

行政复议申请符合下列规定的，行政复议机关应当受理：（1）本规则规定的行政复议范围；（2）法定申请期限内提出；（3）的申请人和符合规定的被申请人；（4）申请人与具体行政行为有利害关系；（5）具体的行政复议请求和理由；（6）符合《税务行政复议规则》第三十三条和第三十四条规定的条件；（7）属于收到行政复议申请的行政复议机关的职责范围；（8）其他行政复议机关尚未受理同一行政复议申请，人民法院尚未受理同一主体就同一事实提起的行政诉讼。

7. 税务行政复议的审查和决定

行政复议机构应当自受理行政复议申请之日起 7 日内，将行政复议申请书副本或者行政复议申请笔录复印件发送被申请人。被申请人应当自收到申请书副本或者申请笔录复印件之日起 10 日内提出书面答复，并提交当初做出具体行政行为的证据、依据和其他有关材料。

对国家税务总局的具体行政行为不服申请行政复议的案件，由原承办具体行政行为的相关机构向行政复议机构提出书面答复，并提交当初做出具体行政行为的证据、依据和其他有关材料。

行政复议原则上采用书面审查的办法，但是申请人提出要求或者行政复议机构认为有必要时，应当听取申请人、被申请人和第三人的意见，并可以向有关组织和人员调查了解情况。对重大、复杂的案件，申请人提出要求或者行政复议机构认为必要时，可以采取听证的方式审理。

申请人在行政复议决定做出以前撤回行政复议申请的，经行政复议机构同意，可以撤回。申请人撤回行政复议申请的，不得再以同一事实和理由提出行政复议申请。但是，申请人能够证明撤回行政复议申请违背其真实意思表示的除外。行政复议期间被申请人改变原具体行政行为的，不影响行政复议案件的审理。但是，申请人依法撤回行政复议申请的除外。

行政复议机关责令被申请人重新做出具体行政行为的，被申请人不得做出对申请人更为不利的决定；但是行政复议机关以原具体行政行为主要事实不清、证据不足或适用依据错误决定撤销的，被申请人重新做出具体行政行为的除外。

8. 税务行政复议的和解与调解

按照自愿、合法的原则，申请人和被申请人在行政复议机关做出行政复议决定以前可以达成和解，行政复议机关也可以调解。

行使自由裁量权做出的具体行政行为，如行政处罚、核定税额、确定应税所得率，行政赔偿，行政奖励，以及存在其他合理性问题的具体行政行为。

调解应当符合下列要求：尊重申请人和被申请人的意愿。在查明案件事实的基础上进行。遵循客观、公正和合理原则。不得损害社会公共利益和他人合法权益。

（二）税务行政诉讼

申请人对行政复议决定不服的，可以依法向人民法院提起行政诉讼。对行政复议决定不服，申请人可以向人民法院提起行政诉讼，也可以向国务院申请裁决。国务院的裁决为最终裁决。

（三）税务行政赔偿

纳税人在限期内已缴纳税款，税务机关未立即解除税收保全措施，使纳税人的合法利益遭受损失的，税务机关应当承担赔偿责任。税务机关滥用职权违法采取税收保全措施、强制执行措施，或者采取税收保全措施、强制执行措施不当，使纳税人、扣缴义务人或者纳税担保人的合法权益遭受损失的，应当依法承担赔偿责任。

【课后习题】

1. 下列各项目中，不属于我国税收法律关系权利主体的是（　　）。

A. 各级税务机关　　B. 各级人民政府　　C. 海关　　D. 财政机关

2. 下列关于税法的概念表述中，错误的是（　　）。

A. 从法律性质来看，税法属于义务性法规

B. 税法属于义务性法规的这一特点是由税收的固定性特点所决定的

C. 从内容上看，税法具有综合性

D. 税法的综合性特点是由税收制度所调整的税收分配关系和税收法律关系的复杂性所决定的

3. 关于个人所得税，下列哪些表述是正确的？（　　）

A. 以课税对象为划分标准，个人所得税属于动态财产税

B. 非居民纳税人是指不具有中国国籍但有来源于中国境内所得的个人

C. 居民纳税人从中国境内、境外取得的所得均应依法缴纳个人所得税

D. 劳务报酬所得适用比例税率，对劳务报酬所得一次收入畸高的，可实行加成征收

4. 下列情形中，按“利息、股息、红利所得”缴纳个人所得税的有（　　）。

A. 个人独资企业为个人投资者购买汽车并将汽车所有权登记到个人名下

B. 个人独资企业和合伙企业对外投资分回的利息、股息、红利

C. 股份有限公司为投资者家庭成员购买房产

D. 个人从任职的上市公司取得的股票增值权所得和限制性股票所得

E. 集体所有制企业在改制为股份合作制企业时，对职工个人以股份形式取得的不拥有所有权的企业量化资产

5. 下列所得中，应按“偶然所得”征收个人所得税的有（　　）。

A. 雇主为员工购买的商业性补充养老保险

B. 参加有奖销售所得奖金

C. 个人取得独立董事费收入

D. 购买福利彩票所得奖金

E. 银行支付给储户的揽储奖金

【参考答案】

1. B　　2. B　　3. CD　　4. BC　　5. BD

第十三章　金融法律制度

案例

被告张某某于2015年9月6日向原告李某某借款35万元，2015年10月2日借款13万元，2015年11月8日借款15万元，口头约定月利率4%，利息每月支付一次。35万元借款本金利息支付至11月6日。此后，所有借款利息均为支付。后经原告多次催要，被告未能支付，故原告提起诉讼要求被告偿还本金并按约定支付利息。

请问：原告的诉讼请求能否得到法院的支持？为什么？

第一节　金融与金融法的基本概念

一、金融、金融业与金融体系

（一）金　融

从字面意义来看，金融就是“金钱融通”的简称。金钱即货币，是充当交易媒介的实物或符号。在人类历史上，作物货币的实物主要是金、银、铜等贵金属，因而货币又称为金钱。而在当今社会，贵金属基本上不再作为货币使用了，取而代之的是纸币和电子货币。纸币和电子货币自身没有什么价值，仅仅是价值符号而已。融通即融合通达，就是汇聚货币并使之到达需求者手中。因此，从狭义上讲，金融就是通过银行或非银行金融机构汇聚货币并以借贷的形式通融给资金需求者的活动。然而，在市场经济社会中，金融的含义已大大扩展。凡是涉及货币的发行与回笼、支付结算、借贷，有价证券的发行与交易，保险业务的经营，货币与有价证券的信托等货币流通、通融活动都属于金融的范畴。

（二）金融业

金融业是以营利为目的经营金融商品和提供金融服务的行业。金融业包括银行业、证券业、保险业、金融信托业和金融租赁业等。其中，银行业是以存款、贷款和货币支付结算为基本业务的专门行业。证券业是以提供有价证券发行与交易服务和有价证券的买卖为基本业务的专门行业。保险业是以通过合同或法律规定的其他形式汇集货币，用以补偿被保险人经济利益为基本业务的专门行业。金融信托业是以接受委托人的委托，按委托人的意愿以受托人自己的名义，为受益人的利益或者特定目的，进行管理或者处分委托人的金融资产财产权为基本业务的专门行业。金融租赁业是以融资租赁为基本业务的专门行业。

（三）金融体系

金融体系是由金融要素相互联系、相互作用构成的有机整体。在市场经济中，金融体系已成为经济社会的核心，且变得越来越庞大和复杂。但剥开金融体系神秘的面纱，我们不难发现，当今金融体系的基本要素包括货币与金融工具、金融参与人、金融关系和金融规范。货币和金融工具是金融体系的基础，金融参与人及其相互之间的金融关系是金融体系的核心，金融规范则是金融体系长期稳定、金融关系持续存在和金融参与人利益得以维护的保障。

1. 货币与金融工具

货币的发行和流通是金融的基础，没有作为交易媒介的货币，金融无从谈起。金融工具，又称金融资产，是货币融通的载体，包括商业票据、银行存单、股票、债券、期货期权标准合同文书等证明金融关系的书面凭证。金融工具的存在形式既可以是纸质的，也可以是电子的。

2. 金融参与人

金融参与人是参与金融关系、实施金融活动的社会组织或个人，它包括货币资金的供给者、货币资金需求者、金融中介机构以及金融调控与监管机构。货币资金的供给者，又称金融投资人，是指为获得利润而将货币资金投资于金融资产的社会组织或个人。货币资金需求者，又称融资人，是指为获取货币资金拥有经营或消费而出售金融资产的社会组织或个人。货币资金的供给者和需求者往往通过金融金融中介机构建立投资和融资关系，因而货币资金供给者和需求者被称为金融中介机构的客户。金融中介机构（简称金融机构），是以经营金融业为基本业务的社会组织。按不同的标准，金融机构不同的分类。按业务性质与内容来分，金融机构通常分为银行和非银行金融机构。银行包括中央银行、商业银行和政策性银行。非银行金融机构包括证券公司、保险公司、信托公司、金融租赁公司等。金融机构是当代金融体系的核心要素。金融调控和监管机构是指承担货币调控和金融组织与金融活动监督管理的公共机构，包括中央银行、银行业监管机构、证券业机构和保险业监管机构等。

3. 金融关系

金融关系是金融参与人在金融活动过程中形成的社会关系。金融关系包括金融交易关系和金融调控、监管关系。金融交易关系又包括金融中介机构与货币资金供给者、需求者之间的间接金融关系和金融中介机构相互之间的间接金融关系，以及资金供给者与需求者之间的直接金融关系。完全没有金融中介机构参与的资金供给者与需求者之间的直接金融关系被称为民间金融。金融调控、监管关系主要指金融调控、监管机构与金融中介机构之间的调控与被调控、监管与被监管关系。但随着民间金融规模越来越大，金融关系对社会稳定的影响也越来越大，金融调控与监管机构也逐渐加大了对民间金融的调控和监管力度。金融调控与监管的对象也扩大到所有金融交易参与人。因此，金融调控、监管关系包括金融调控、监管机构与金融中介机构以及货币资金供给者和需求者之间的调控与被调控、监管与被监管关系。

4. 金融规范

金融规范是指对金融参与人具有普遍约束力的原则、规则和标准。根据约束力的强弱，金融规范可以分为金融法律规范、金融伦理规范和金融技术规范。金融技术规范是有关金融交易、金融业务和金融监管过程以及金融设施、设备和金融服务质量要求等方面的准则和标准。制定金融技术规范的一个重要目的在于实现金融活动的标准化。全国金融标准化技术委员会是在金融领域从事全国性标准化工作的技术组织。广义的金融伦理，是指金融活动参与各方在金融交易中应遵循的道德准则和行为规范；狭义的金融伦理，又称金融职业道德，是指金融机构及其从业人员、金融市场必须遵循的道德规范与行为方式，是提供各种金融服务的金融机构、金融从业人员和金融市场所应遵循的行为规范与道德准则，或者说是金融服务的供给方所体现出来的善恶行为与准则。金融法律规范则指由拥有公共权力的机关制定或认可的，由国家强制力保证实施的有关金融的原则和规则体系。通常情况下，金融技术规范的约束力较弱，金融伦理规范具有较强的社会约束力，而金融法律规范社会约束力最强，违反金融法律规范将受到公共机构的严厉制裁。然而，金融技术规范、金融伦理规范与金融法律规范之间没有不可逾越的鸿沟，大量的金融技术规范和伦理规范已被金融法律规范所吸收，成为其有机组成部分。

二、金融法的概念与体系

金融法是规范金融业的经营行为和调控、监管行为，调整金融关系的法律规范的总称。以规范本身的内容为标准，金融法可以分为金融组织法、金融交易法和金融监管法。金融组织法是规定金融业务经营者即金融中介机构的性质，设立、变更、终止的条件与程序，组织机构，业务范围和经营规则的法律规范体系。金融业组织法包括银行业组织法、证券业组织法、保险业组织法、金融信托业组织法、金融租赁业组织法以及其他金融业组织法。银行业组织法包括商业银行法、合作银行（信用合作社）法、政策性银行法。证券业组织法包括证券公司法、证券登记结算机构法、基金管理公司法以及证券交易所法等。保险业组织法包括保险公司法、保险代理人法、保险经纪人法以及保险资产管理公司法等。金融信托业组织法即信托投资公司法，金融租赁业组织法即金融租赁公司法。其他金融业组织法包括财务公司法、金融资产管理公司法、汽车金融公司法、消费金融公司法等。

金融交易法是调整金融中介机构与客户（货币资金供给者和需求者）之间、金融中介机构相互之间、货币供给者与需求者之间等平等主体之间金融交易关系的法律规范体系。金融交易法包括存款法、借款合同法、融资租赁合同法、证券发行与交易法、保险合同法、期货交易法、信托合同法以及支付结算法等。金融调控与监管法是规定金融调控与监管机构的性质、地位、职责权限以及调控与监管措施与程序，调整金融调控与监管机构与金融中介结构、其他金融活动参与人之间调控、监管关系的法律规范体系。金融调控与监管法包括中央银行法、人民币管理法、外汇管理法、银行业监督管理法、证券业监督管理法、保险业监督管理法、期货业监督管理法、信托业监督管理法和金融租赁业监督管理法等。

金融业组织法、金融交易法与金融调控与监管法彼此关联、相互影响，构成完整的金融法体系。

三、金融法的渊源

以制定和实施的方式为依据，金融法可分为国内金融法和国际金融法。国内金融法是由有立法权的国家机关制定并依靠国家强制力保证实施的金融法律规范。国际金融法是国家之间通过谈判、协商确定的或长期交往逐步形成的，依靠谴责、报复、制裁等机制实施的金融法律规范，包括国际金融条约和国际金融惯例。

从表现形式和效力等级来看，中国国内的金融法包括金融法律、金融行政法规、地方性金融法规、金融司法解释、金融行政规章和自律性规章。金融法律是指由全国人大及其常务委员会制定的金融法律规范文件，包括专门的金融法律和其他法律中涉及金融活动的有关规定。目前中国的主要金融法律包括《中国人民银行法》《商业银行法》《银行业监管法》《证券法》《证券投资基金法》《保险法》《票据法》等。

金融行政法规是指国务院制定并颁布的金融法律规范文件，主要包括《金银管理条例》《国家金库条例》《国库券条例》《金融资产管理公司条例》《人民币管理条例》《现金管理暂行条例》《外汇管理条例》《储蓄管理条例》《证券公司监督管理条例》《证券公司风险处置条例》《股票发行与交易管理暂行条例》《期货交易管理条例》《外资保险公司管理条例》《票据管理实施办法》等。

地方性金融法规是指由省级和地级以上人大及其常务委员会制定的金融法律规范文件。市场经济需要统一的金融市场，然而，除一些金融改革试验区域制定有地方金融法规外，其他地方性金融法规比较少见。

金融司法解释是指最高人民法院、最高人民检察院就金融司法实践过程中具体适用法律问题所作出的具有约束力的阐释和说明，这些阐释通常以规范性性文件的形式发布，在司法实践中被广泛适用。到目前为止，最高人民法院和最高人民检察院发布的关于金融的司法解释主要有《最高人民法院关于审理民间借贷案件适用法律若干问题的规定》《最高人民法院关于审理存单纠纷案件的若干规定》《最高人民法院关于审理信用证纠纷案件若干问题的规定》《最高人民法院关于审理非法集资刑事案件具体应用法律问题若干问题的司法解释》《最高人民法院、最高人民检察院、公安部关于办理非法集资刑事案件适用法律若干问题的意见》《最高人民法院关于审理证券市场因虚假陈述引发的民事赔偿案件的若干规定》《最高人民法院关于审理期货纠纷案件若干问题的规定》等。

金融行政规章是有权的政府部门制定和颁布的有关金融机构和金融活动的规范性法律文件。它包括大量的中央政府各部委颁布的金融部门规章和少量的地方政府颁布的金融地方规章。金融部门规章不仅内容极其丰富，而且技术性和操作性极强，包括中国人民银行制定的《贷款通则》《商业银行资本管理办法》《人民币单位存款管理办法》《人民币银行账户管理办法》，中国银监会制定的《固定资产贷款管理暂行办法》《单位定期存单质押贷款管理规定》《银行业金融机构衍生产品交易业务管理暂行办法》，中国证监会制定的《首次公开发行股票并上市管理办法》《首次公开发行股票并在创业板上市管理暂行办法》《证券发行与承销管理办法》，中国保监会制定的《外资保险公司管理条例实施细则》《保险许可证管理办法》等。

自律性规章是由金融业协会或交易所制定的行业行为准则和规范，如《中国证券业协会章程》《中国保险业协会章程》《中国信托业行业宣言》《深圳证券交易所股票上市规则》等。这些准则和规范往往是由行业自律组织经过法律法规授权而制定的，对行业从业人员和经营机构具有约束力。

第二节　中央银行法与人民币管理法

一、中央银行法

（一）中央银行的性质

中央银行是在一个国家或货币区域内的金融体系中居于核心地位，依法制定和执行货币政策、实施金融调控与监管的金融机构。在大多数国家，中央银行是发行的银行、政府的银行和银行的银行。发行的银行是指中央银行是唯一可以发行货币的银行。作为政府的银行，中央银行主要表现为三个方面：一是中央银行可为政府开立存款账户，并以此为基础代理财政金库，代理政府办理出纳和政府债券的发行、兑付业务；二是中央银行代表政府制定和执行货币政策，并行使部分金融监管职责；三是中央银行可代表国家参与国际金融活动。银行的银行指的是中央银行只能与商业银行等金融机构发生业务往来，不能与个人和普通的企事业单位发生信贷关系，也不办理个人和普通的企事业单位的结算业务。中国人民银行（简称"人民银行"）是中华人民共和国的中央银行，其全部资本由国家出资，属于国有单位。

（二）中央银行的地位

人民银行隶属于国务院，但具有相对独立性。人民银行隶属于国务院主要表现在：（1）人民银行作出的有关年度货币供应量、利率、汇率和其他国务院规定的事项的决定须报国务院批准后方可执行；（2）人民银行的行长由国务院总理提名，由全国人大决定，副行长则由国务院总理直接任命；（3）人民银行货币政策委员会的职责、组成和工作程序由国务院规定。人民银行的相对独立性则主要表现在：（1）《中国人民银行法》第七条规定，中国人民银行在国务院的领导下依法独立执行货币政策，履行职责，开展业务，不受地方政府、各级政府部门、社会团体和个人的干涉。（2）《中国人民银行法》第二十九条规定，中国人民银行不得对政府财政透支，不得直接认购、包销国债和其他政府债券；该法第三十条还规定，中国人民银行不得向地方政府、各级人民政府部门提供贷款，不得向非银行金融机构以及其他单位和个人提供贷款，但国务院决定中国人民银行可以向特定的非银行金融机构提供贷款的除外，中国人民银行也不得向任何单位和个人提供担保。

（三）中央银行的职责与业务

在国务院的领导下，人民银行履行法定职责和承担的法定业务有：

1. 金融部门规章的制定职责

人民银行有权发布和执行其职责有关的命令和规章。

2. 金融调控职责

它包括：（1）依法制定和执行货币政策。人民银行货币政策目标是保持货币币值的稳定，并以此促进经济增长。人民银行为实现货币政策目标，可以运用下列货币政策工具：要求银行业金融机构按照规定的比例交存存款准备金；确定中央银行基准利率；为在中国人民银行开立账户的银行业金融机构办理再贴现；向商业银行提供贷款；在公开市场上买卖国债、其他政府债券和金融债券及外汇；国务院确定的其他货币政策工具。（2）发行人民币，管理人民币流通；（3）持有、管理、经营国家外汇储备、黄金储备。

3. 金融监管职责

它包括：（1）监督管理银行间同业拆借市场和银行间债券市场；（2）实施外汇管理，监督管理银行间外汇市场；（3）监督管理黄金市场；（4）指导、部署金融业反洗钱工作，负责反洗钱的资金监测。此外，当银行业金融机构出现支付困难，可能引发金融风险时，为了维护金融稳定，人民银行经国务院批准，有权对银行业金融机构进行检查监督。

4. 作为政府的银行的职责和业务

它包括：（1）依照法律、行政法规的规定经理国库；（2）可以代理国务院财政部门向各金融机构组织发行、兑付国债和其他政府债券；（3）作为国家的中央银行，从事有关的国际金融活动；（4）负责金融业的统计、调查、分析和预测；（5）国务院规定的其他职责。

5. 作为银行的职责与业务

它包括：（1）可以根据需要为银行业金融机构开立账户，但不得对银行业金融机构的账户透支；（2）组织或者协助组织银行业金融机构相互之间的清算系统，协调银行业金融机构相互之间的清算事项，提供清算服务，并会同中国银监会制定支付结算规则；（3）根据执行货币政策的需要，可以决定对商业银行贷款的数额、期限、利率和方式，但贷款的期限不得超过一年；（4）向金融机构发放特种贷款，所谓特种贷款是指国务院决定的由人民银行向金融机构发放的用于特定目的的贷款等。

（四）中央银行的组织机构

1. 人民银行的领导机构

人民银行的领导机构是人民银行的决策机构，包括行长一人和副行长若干人。人民银行实行行长负责制。行长领导人民银行的工作，副行长协助行长工作。

人民银行行长的人选，根据国务院总理的提名，由全国人民代表大会决定；全国人民代表大会闭会期间，由全国人民代表大会常务委员会决定，由中华人民共和国主席任免。人民银行副行长由国务院总理任免。

2. 人民银行总行和分支机构

人民银行总行设在北京，2005 年人民银行又设立了上海总部。此外，人民银行可以根据履行职责的需要设立国内分支机构和驻外机构，作为人民银行的派出机构。国内分支机构包括分行、金融监管办事处和中心支行等。人民银行对分支机构实行统一领导和管理，其分支机构则根据中国人民银行的授权，维护本辖区的金融稳定，承办有关业务。

3. 咨询机构

人民银行设立货币政策委员会作为其政策咨询机构。人民银行货币政策委员会主要在国

家宏观调控、货币政策制定和调整中，发挥咨询作用。货币政策委员会的职责、组成和工作程序，由国务院规定，报全国人民代表大会常务委员会备案。

二、人民币管理法

（一）人民币的法律地位

人民币是指人民银行发行的货币，包括纸币和硬币。人民币的单位为元、角、分。

人民币是中华人民共和国的法定货币。人民币的这一法律地位有两方面的含义：（1）人民币是中华人民共和国境内的唯一法定货币，境内所有的货币支付、计价、结算、记账、核算都必须使用人民币或以人民币为本位；任何单位和个人不得印制、发售代币票券，以代替人民币在市场上流通；除法律另有规定外，禁止外币在中华人民共和国境内流通，也不得以外币计价结算。（2）任何单位和个人不得拒绝其他单位或个人以人民币支付中华人民共和国境内的公共的和私人的债务。这里的中华人民共和国境内仅指大陆地区，不包括香港特别行政区、澳门特别行政区和台湾地区。

（二）人民币印制、发行和回收

新版人民币由人民银行组织设计，报国务院批准。人民币的印制则由人民银行指定的企业承担。

人民币由人民银行统一发行。新版人民币的发行应当报国务院批准并将新版人民币的发行时间、面额、图案、样式、规格、主色调、主要特征等予以公告。人民银行设立人民币发行库，在分支机构设立分支库，负责保管人民币发行基金。人民币发行基金是指人民银行发行库保存的未进入流通的人民币。中国人民银行可以根据需要发行纪念币。纪念币是具有特定主题的限量发行的人民币，包括普通纪念币和贵金属纪念币。

停止流通的人民币和残缺、污损的人民币，按照人民银行的规定兑换，并由人民银行负责收回、销毁。

（三）人民币的流通和保护

1. 人民币流通的禁止性规定

人民币有下列情形之一的，不得流通：（1）不能兑换的残缺、污损的人民币；（2）停止流通的人民币。禁止非法买卖流通人民币。人民币样币禁止流通。人民币样币是由印制人民币的企业按照人民银行的规定印制的，检验人民币印制质量和鉴别人民币真伪的标准样本。人民币样币上加印有“样币”字样。任何单位和个人不得印制、发售代币票券，以代替人民币在市场上流通。

禁止下列损害人民币的行为：（1）故意毁损人民币；（2）制作、仿制、买卖人民币图样；（3）未经中国人民银行批准，在宣传品、出版物或者其他商品上使用人民币图样；（4）人民银行规定的其他损害人民币的行为。

中国公民出入境、外国人入出境携带人民币实行限额管理制度，具体限额由人民银行规定。纪念币的买卖，应当遵守人民银行的有关规定。装帧流通人民币和经营流通人民币，应当经人民银行批准。

2. 有关伪造、变造货币的规定

禁止伪造、变造人民币。禁止出售、购买伪造、变造的人民币。禁止走私、运输、持有、使用伪造、变造的人民币。

伪造、变造的人民币由中国人民银行统一销毁。单位和个人持有伪造、变造的人民币的，应当及时上交人民银行、公安机关或者办理人民币存取款业务的金融机构；发现他人持有伪造、变造的人民币的，应当立即向公安机关报告。人民银行、公安机关发现伪造、变造的人民币，应当予以没收，加盖“假币”字样的戳记，并登记造册；持有人对公安机关没收的人民币的真伪有异议的，可以向人民银行申请鉴定。公安机关应当将没收的伪造、变造的人民币解缴当地人民银行。

办理人民币存取款业务的金融机构发现伪造、变造的人民币，数量较多、有新版的伪造人民币或者有其他制造贩卖伪造、变造的人民币线索的，应当立即报告公安机关；数量较少的，由该金融机构两名以上工作人员当面予以收缴，加盖“假币”字样的戳记，登记造册，向持有人出具人民银行统一印制的收缴凭证，并告知持有人可以向人民银行或者向人民银行授权的国有独资商业银行的业务机构申请鉴定。对伪造、变造的人民币收缴及鉴定的具体办法，由人民银行制定。办理人民币存取款业务的金融机构应当将收缴的伪造、变造的人民币解缴当地人民银行。

人民银行和人民银行授权的国有独资商业银行的业务机构应当无偿提供鉴定人民币真伪的服务。对盖有“假币”字样戳记的人民币，经鉴定为真币的，由人民银行或者人民银行授权的国有独资商业银行的业务机构按照面额予以兑换；经鉴定为假币的，由人民银行或者人民银行授权的国有独资商业银行的业务机构予以没收。人民银行授权的国有独资商业银行的业务机构应当将没收的伪造、变造的人民币解缴当地人民银行。

第三节　商业银行法与存款贷款法

一、商业银行法

（一）商业银行的概念和性质

商业银行是指依法设立以吸收公众存款、发放贷款和办理结算为基本业务的金融企业。根据《商业银行法》的规定，我国商业银行具有下列性质：

（1）商业银行是企业。企业是以营利为目的从事商品生产与流通、提供服务等活动的社会组织。设立商业银行的目的是获取利润并将利润分配给银行投资人，因此，商业银行属于企业，这一属性是商业银行与政策性银行的基本区别。

（2）商业银行是典型的金融企业。商业银行以存款公众业务、贷款业务和结算业务为核心业务，这些业务是最古老的金融业务，也是当今社会最基本的金融业务，因此商业银行是典型的金融机构。此外，对于商业银行的核心业务，不仅一般工商企业不能经营这些业务，其他金融机构通常也不得经营或不以这些业务为核心业务。因此，商业银行的核心业务是其与一般工商企业和其他金融机构的基本差别。

（二）商业银行的业务范围和经营的基本原则与规则

1. 商业银行的业务范围

依据《商业银行法》的规定，我国境内的商业银行可以经营下列部分或者全部业务：（1）吸收公众存款；（2）发放短期、中期和长期贷款；（3）办理国内外结算；（4）办理票据承兑与贴现；（5）发行金融债券；（6）代理发行、代理兑付、承销政府债券；（7）买卖政府债券、金融债券；（8）从事同业拆借；（9）买卖、代理买卖外汇；（10）从事银行卡业务；（11）提供信用证服务及担保；（12）代理收付款项及代理保险业务；（13）提供保管箱服务；（14）经中国银监会批准的其他业务。商业银行经人民银行批准，可以经营结汇、售汇业务。商业银行具体经营范围由其章程规定，报中国银监会批准。

2. 商业银行经营的基本原则

商业银行经营的基本原则是商业银行开展金融业务活动所必须遵守的基本行为准则，是商业银行规范运作、健康发展的重要保障。依据《商业银行法》的规定，商业银行经营应遵守如下基本原则：（1）以安全性、流动性、效益性为经营原则，实行自主经营，自担风险，自负盈亏，自我约束；（2）与客户的业务往来时，应当遵循平等、自愿、公平和诚实信用的原则；（3）保障存款人的合法权益不受任何单位和个人的侵犯；（4）开展信贷业务时，应当严格审查借款人的资信，实行担保，保障按期收回贷款；（5）开展业务时，应当遵守法律、行政法规的有关规定，不得损害国家利益、社会公共利益；（6）开展业务时，应当遵守公平竞争的原则，不得从事不正当竞争；（7）依法接受银监会等监管机构的监督管理。

3. 商业银行经营的基本规则

商业银行的营业时间应当方便客户，并予以公告。商业银行应当在公告的营业时间内营业，不得擅自停止营业或者缩短营业时间。商业银行办理业务，提供服务，按照规定收取手续费。收费项目和标准由银监会、人民银行根据职责分工，分别会同国务院价格主管部门制定。

商业银行在中国境内不得从事信托投资和证券经营业务，不得向非自用不动产投资或者向非银行金融机构和企业投资，但国家另有规定的除外。

商业银行办理票据承兑、汇兑、委托收款等结算业务，应当按照规定的期限兑现，收付入账，不得压单、压票或者违反规定退票。有关兑现、收付入账期限的规定应当公布。

商业银行发行金融债券或者到境外借款，应当依照法律、行政法规的规定报经批准。同业拆借，应当遵守人民银行的规定。禁止利用拆入资金发放固定资产贷款或者用于投资。拆出资金限于交足存款准备金、留足备付金和归还中国人民银行到期贷款之后的闲置资金。拆入资金用于弥补票据结算、联行汇差头寸的不足和解决临时性周转资金的需要。

商业银行不得违反规定提高或者降低利率以及采用其他不正当手段，吸收存款，发放贷款。

（三）商业银行的设立、变更、接管和终止

1. 商业银行的设立

根据《商业银行法》的规定，设立商业银行，应当具备下列条件：

（1）有符合《商业银行法》和《公司法》规定的章程。

（2）有符合本法规定的注册资本最低限额。设立全国性商业银行的注册资本最低限额为10亿元人民币；设立城市商业银行的注册资本最低限额为1亿元人民币；设立农村商业银行的注册资本最低限额为5000万元人民币。注册资本应当是实缴资本。中国银监会根据审慎监管的要求可以调整注册资本最低限额，但不得少于前款规定的限额。此外，《商业银行法》还规定任何单位和个人购买商业银行股份总额百分之五以上的，应当事先经中国银监会批准。

（3）有具备任职专业知识和业务工作经验的董事、高级管理人员。有下列情形之一的，不得担任商业银行的董事、高级管理人员：①因犯有贪污、贿赂、侵占财产、挪用财产罪或者破坏社会经济秩序罪，被判处刑罚，或者因犯罪被剥夺政治权利的；②担任因经营不善破产清算的公司、企业的董事或者厂长、经理，并对该公司、企业的破产负有个人责任的；③担任因违法被吊销营业执照的公司、企业的法定代表人，并负有个人责任的；④个人所负数额较大的债务到期未清偿的。

（4）有健全的组织机构和管理制度。商业银行的组织形式、组织机构适用《公司法》的规定。国有独资商业银行设立监事会。监事会对国有独资商业银行的信贷资产质量、资产负债比例、国有资产保值增值等情况以及高级管理人员违反法律、行政法规或者章程的行为和损害银行利益的行为进行监督。

（5）有符合要求的营业场所、安全防范措施和与业务有关的其他设施。

（6）符合其他审慎性条件。

设立商业银行，应当经中国银监会审查批准。未经中国银监会批准，任何单位和个人不得从事吸收公众存款等商业银行业务，任何单位不得在名称中使用“银行”字样。设立商业银行，申请人应当向中国银监会提交规定的文件、资料。

经批准设立的商业银行，由中国银监会颁发经营许可证，并凭该许可证向工商行政管理部门办理登记，领取营业执照。商业银行应当依照法律、行政法规的规定使用经营许可证。禁止伪造、变造、转让、出租、出借经营许可证。

商业银行根据业务需要可以在中国境内外设立分支机构。设立分支机构必须经中国审查批准。商业银行在中国境内设立分支机构，应当按照规定拨付与其经营规模相适应的营运资金。拨付各分支机构营运资金额的总和，不得超过总行资本金总额的60%。

经批准设立的商业银行分支机构，由中国银监会颁发经营许可证，并凭该许可证向工商行政管理部门办理登记，领取营业执照。商业银行对其分支机构实行全行统一核算，统一调度资金，分级管理的财务制度。商业银行分支机构不具有法人资格，在总行授权范围内依法开展业务，其民事责任由总行承担。

2. 商业银行的变更

商业银行有下列变更事项之一的，应当经国务院银行业监督管理机构批准：（1）变更名称；（2）变更注册资本；（3）变更总行或者分支行所在地；（4）调整业务范围；（5）变

更持有资本总额或者股份总额百分之五以上的股东；（6）修改章程；（7）中国银监会规定的其他变更事项。更换董事、高级管理人员时，应当报经中国银监会审查其任职资格。

商业银行的分立、合并，除适用《公司法》的规定外，还应当经中国银监会审查批准。

3. 商业银行的接管

商业银行已经或者可能发生信用危机，严重影响存款人的利益时，中国银监会可以对该银行实行接管。接管的目的是对被接管的商业银行采取必要措施，以保护存款人的利益，恢复商业银行的正常经营能力。被接管的商业银行的债权债务关系不因接管而变化。接管由中国银监会决定，并组织实施。接管决定由国务院银行业监督管理机构予以作出。

接管自接管决定实施之日起开始。自接管开始之日起，由接管组织行使商业银行的经营管理权力。接管期限届满，中国银监会可以决定延期，但接管期限最长不得超过 2 年。有下列情形之一的，接管终止：（1）接管决定规定的期限届满或者中国银监会决定的接管延期届满；（2）接管期限届满前，该商业银行已恢复正常经营能力；（3）接管期限届满前，该商业银行被合并或者被依法宣告破产。

4. 商业银行的终止

商业银行因解散、被撤销和被宣告破产而终止。商业银行因分立、合并或者出现公司章程规定的解散事由需要解散的，应当向中国银监会提出申请，并附解散的理由和支付存款的本金和利息等债务清偿计划。经中国银监会批准后解散。商业银行解散的，应当依法成立清算组，进行清算，按照清偿计划及时偿还存款本金和利息等债务。由证监会监督清算过程。

商业银行因吊销经营许可证被撤销的，中国银监会应当依法及时组织成立清算组，进行清算，按照清偿计划及时偿还存款本金和利息等债务。

商业银行不能支付到期债务，经中国银监会同意，由人民法院依法宣告其破产。商业银行被宣告破产的，由人民法院组织中国银监会等有关部门和有关人员成立清算组，进行清算。商业银行破产清算时，在支付清算费用、所欠职工工资和劳动保险费用后，应当优先支付个人储蓄存款的本金和利息。

二、存款管理法

（一）存款管理法概述

1. 存款及其分类

金融法中存款特指具有法定存款业务经营资格的商业银行等金融机构（统称“银行”）接受存款人的货币资金，在存款人支取存款时支付利息的一种信用业务。存款人和接受存款的银行是一种合同关系。在存款合同关系中，存款人是债权人，依法享有存款本金和相应利息的请求权；银行是债务人，负有依法定时间支付存款本金及相应利息的义务。

按存款人法律性质的不同，存款分为单位存款和个人存款。

按取款期限的性质不同，存款可以分为活期存款和定期存款。活期存款是指存款人可以随时提取的存款，而定期存款是指银行和存款人在存款时约定了取款期限，存款人只有在约定期限到来时才能享受约定权利的存款。

按所存币种的不同，存款分为人民币存款和外币存款。

2. 存款管理的基本原则

依据法律规定，在从事与存款相关的活动中，应遵循以下四个原则：

（1）存款业务经营特许原则。即经营存款业务，必须经过中国银监会的审核批准，经营外汇存款业务还须经过人民银行批准。在我国具有存款业务经营资格的金融机构主要有商业银行、邮政储蓄银行、城市信用社、农村信用社和村镇银行等。

（2）依法缴存准备金原则。经营存款业务的金融机构应当按照人民银行的规定的比例，向人民银行缴存存款准备金。

（3）存款实名制原则。即个人在金融机构开立个人存款账户时，应当出示本人身份证件，使用实名。所谓实名，是指符合法律、行政法规和国家有关规定的身份证件上使用的姓名。下列身份证件为实名证件：① 居住在境内的中国公民，为居民身份证或者临时居民身份证；② 居住在境内的 16 周岁以下的中国公民，为户口簿；③ 中国人民解放军军人，为军人身份证件；中国人民武装警察，为武装警察身份证件；④ 香港、澳门居民，为港澳居民往来内地通行证；台湾居民，为台湾居民来往大陆通行证或者其他有效旅行证件；⑤ 外国公民，为护照。

（4）依法保护存款人利益的原则。商业银行办理个人储蓄存款业务，应当遵循存款自愿、取款自由、存款有息、为存款人保密的原则。对个人储蓄存款，商业银行有权拒绝任何单位或者个人查询、冻结、扣划，但法律另有规定的除外。对单位存款，商业银行有权拒绝任何单位或者个人查询，但法律、行政法规另有规定的除外；有权拒绝任何单位或者个人冻结、扣划，但法律另有规定的除外。商业银行应当留足备付金，保证存款本金和利息的支付，不得拖延、拒绝支付存款本金和利息。

（二）个人储蓄管理法律制度

1. 个人储蓄的概念

个人储蓄（简称“储蓄”），是指个人将属于其所有的人民币或者外币存入储蓄机构，储蓄机构开具存折或者存单作为凭证，个人凭存折或者存单可以支取存款本金和利息，储蓄机构依照规定支付存款本金和利息的活动。所称“储蓄机构”是指经人民银行或其分支机构批准，各银行、信用合作社办理储蓄业务的机构，以及邮政企业依法办理储蓄业务的机构。

2. 储蓄管理基本规定

国家保护个人合法储蓄存款的所有权及其他合法权益，鼓励个人参加储蓄。任何单位和个人不得将公款以个人名义转为储蓄存款。储蓄机构办理储蓄业务，必须遵循“存款自愿，取款自由，存款有息，为储户保密”的原则。除依法批准的储蓄机构外，任何单位和个人不得办理储蓄业务。

3. 储蓄存款利率和计息

储蓄存款利率由人民银行拟订，经国务院批准后公布，或者由国务院授权人民银行制定、公布。储蓄机构必须挂牌公告储蓄存款利率，不得擅自变动。未到期的定期储蓄存款，全部

提前支取的，按支取日挂牌公告的活期储蓄存款利率计付利息；部分提前支取的，提前支取的部分按支取日挂牌公告的活期储蓄存款利率计付利息，其余部分到期时按存单开户日挂牌公告的定期储蓄存款利率计付利息。逾期支取的定期储蓄存款，其超过原定存期的部分，除约定自动转存的部分外，按支取日挂牌公告的活期储蓄存款利率计付利息。

定期储蓄存款在存期内如遇利率调整，按存单开户日挂牌公告的相应的定期储蓄存款利率计付利息。活期储蓄存款在存入期间如遇利率调整，按结息日挂牌公告的活期储蓄存款利率计付利息。全部支取活期储蓄存款，按清户日挂牌公告的活期储蓄存款利率计付利息。储户认为储蓄存款利息支付有错误时，有权向经办的储蓄机构申请复核；经办的储蓄机构应当及时受理、复核。

4. 提前支取、挂失、查询和过户

未到期的定期储蓄存款，储户提前支取的，必须持存单和存款人的身份证明办理；代储户支取的，代支取人还必须持其身份证明。存单、存折分为记名式和不记名式。记名式的存单、存折可以挂失，不记名式的存单、存折不能挂失。

储户遗失存单、存折或者预留印鉴的印章的，必须立即持本人身份证明，并提供储户的姓名、开户时间、储蓄种类、金额、账号及住址等有关情况，向其开户的储蓄机构书面申请挂失。在特殊情况下，储户可以用口头或者函电形式申请挂失，但必须在 5 天内补办书面申请挂失手续。储蓄机构受理挂失后，必须立即停止支付该储蓄存款；受理挂失前该储蓄存款已被他人支取的，储蓄机构不负赔偿责任储蓄机构及其工作人员对储户的储蓄情况负有保密责任。

储蓄机构不代任何单位和个人查询、冻结或者划拨储蓄存款，国家法律、行政法规另有规定的除外。

储蓄存款的所有权发生争议，涉及办理过户的，储蓄机构依据人民法院发生法律效力的判决书、裁定书或者调解书办理过户手续。

（三）单位存款管理制度

1. 单位存款管理一般规则

单位存款是指企业、事业、机关、部队和社会团体等单位在金融机构办理的人民币存款，包括定期存款、活期存款、通知存款、协定存款及经人民银行批准的其他存款。

人民银行负责金融机构单位存款业务的管理、监督和稽核工作，协调存款单位与金融机构的争议。除经人民银行批准办理单位存款业务的金融机构外，其他任何单位和个人不得办理此项业务。

财政拨款、预算内资金及银行贷款不得作为单位定期存款存入金融机构。任何单位和个人不得将公款以个人名义转为储蓄存款。任何个人不得将私款以单位名义存入金融机构；任何单位不得将个人或其他单位的款项以本单位名义存入金融机构。

2. 单位定期存款及计息

单位定期存款的期限分三个月、半年、一年三个档次。起存金额 1 万元，多存不限。金融机构对单位定期存款实行账户管理（大额可转让定期存款除外）。存款时单位须提交开户申请书、营业执照正本等，并预留印鉴。印鉴应包括单位财务专用章、单位法定代表人章（或

主要负责人印章）和财会人员印章。由接受存款的金融机构给存款单位开出“单位定期存款开户证实书”（简称“证实书”），证实书仅对存款单位开户证实，不得作为质押的权利凭证。

存款单位支取定期存款只能以转账方式将存款转入其基本存款账户，不得将定期存款用于结算或从定期存款账户中提取现金。支取定期存款时，须出具证实书并提供预留印鉴，存款所在金融机构审核无误后为其办理支取手续，同时收回证实书。

单位定期存款在存期内按存款存入日挂牌公告的定期存款利率计付利息，遇利率调整，不分段计息。单位定期存款可以全部或部分提前支取，但只能提前支取一次。全部提前支取的，按支取日挂牌公告的活期存款利率计息；部分提前支取的，提前支取的部分按支取日挂牌公告的活期存款利率计息，其余部分如不低于起存金额由金融机构按原存期开具新的证实书，按原存款开户日挂牌公告的同档次定期存款利率计息；不足起存金额则予以清户。单位定期存款到期不取，逾期部分按支取日挂牌公告的活期存款利率计付利息。

3. 单位活期存款、通知存款、协定存款及计息

金融机构对单位活期存款实行账户管理。金融机构和开立活期存款账户的单位必须遵守人民银行制定的账户管理规定。单位活期存款按结息日挂牌公告的活期存款利率计息，遇利率调整不分段计息。金融机构开办单位通知存款须经人民银行批准，并遵守经人民银行核准的通知存款章程。通知存款按支取日挂牌公告的同期同档次通知存款利率计息。金融机构开办协定存款须经人民银行批准，并遵守经人民银行核准的协定存款章程。协定存款利率由人民银行确定并公布。

4. 单位存款的变更、挂失及查询

因存款单位人事变动，需要更换单位法定代表人章（或单位负责人章）或财会人员印章时，必须持单位公函及经办人身份证件向存款所在金融机构办理更换印鉴手续，如为单位定期存款，应同时出示金融机构为其开具的证实书。因存款单位机构合并或分立，其定期存款需要过户或分户，必须持原单位公函、工商部门的变更、注销或设立登记证明及新印鉴（分户时还须提供双方同意的存款分户协定）等有关证件向存款所在金融机构办理过户或分户手续，由金融机构换发新证实书。存款单位迁移时，其定期存款如未到期转移，应办理提前支取手续，按支取日挂牌公布的活期利率一次性结清。

存款单位的密码失密或印鉴遗失、损毁，必须持单位公函，向存款所在金融机构申请挂失。金融机构受理挂失后，挂失生效。如存款在挂失生效前已被人按规定手续支取，金融机构不负赔偿责任。

金融机构应对存款单位的存款保密，有权拒绝除法律、行政法规另有规定以外的任何单位或个人查询；有权拒绝除法律另有规定以外的任何单位冻结、扣划。

三、银行贷款管理法

（一）贷款的概念和分类

1. 贷款的概念

贷款是指贷款人对借款人提供的并按约定的利率和期限还本付息的货币资金。贷款人是

在中国境内依法设立的经营贷款业务的中资金融机构。借款人是指从经营贷款业务的中资金融机构取得贷款的法人、其他经济组织、个体工商户和自然人。贷款币种包括人民币和外币。

2. 贷款的种类

（1）按风险承担主体的不同，贷款可以分为自营贷款、委托贷款和特定贷款。自营贷款，指贷款人以合法方式筹集的资金自主发放的贷款，其风险由贷款人承担，并由贷款人收回本金和利息。委托贷款，指由政府部门、企事业单位及个人等委托人提供资金，由贷款人（即受托人）根据委托人确定的贷款对象、用途、金额期限、利率等代为发放、监督使用并协助收回的贷款。贷款人（受托人）只收取手续费，不承担贷款风险。特定贷款，指经国务院批准并对贷款可能造成的损失采取相应补救措施后责成国有独资商业银行发放的贷款。

（2）按照还款期限的不同，贷款可以分为短期贷款、中期贷款和长期贷款。短期贷款，指贷款期限在 1 年以内（含 1 年）的贷款。中期贷款，指贷款期限在 1 年以上（不含 1 年）5 年以下（含 5 年）的贷款。长期贷款，指贷款期限在 5 年（不含 5 年）以上的贷款。

（3）按照担保的有无和担保的形式，贷款可以分为信用贷款、担保贷款和票据贴现。信用贷款，指以借款人的信誉发放的贷款。担保贷款，指保证贷款、抵押贷款、质押贷款。保证贷款，指按《担保法》规定的保证方式以第三人承诺在借款人不能偿还贷款时，按约定承担一般保证责任或者连带责任而发放的贷款。抵押贷款，指按《物权法》规定的抵押方式以借款人或第三人的财产作为抵押物发放的贷款。质押贷款，指按《物权法》规定的质押方式以借款人或第三人的动产或权利作为质物发放的贷款。票据贴现，指贷款人以购买借款人未到期商业票据的方式发放的贷款。

除委托贷款以外，贷款人发放贷款，借款人应当提供担保。贷款人应当对保证人的偿还能力、抵押物、质物的权属和价值以及实现抵押权、质权的可行性进行严格审查。经贷款审查、评估，确认借款人资信良好，确能偿还贷款的，可以不提供担保。

（二）贷款管理基本规定

贷款的发放和使用应当符合国家的法律、行政法规和人民银行发布的行政规章，应当遵循效益性、安全性和流动性的原则。商业银行根据国民经济和社会发展的需要，在国家产业政策指导下开展贷款业务。

商业银行贷款，应当对借款人的借款用途、偿还能力、还款方式等情况进行严格审查。商业银行贷款，应当实行审贷分离、分级审批的制度。商业银行贷款，借款人应当提供担保。商业银行应当对保证人的偿还能力，抵押物、质物的权属和价值以及实现抵押权、质权的可行性进行严格审查。经商业银行审查、评估，确认借款人资信良好，确能偿还贷款的，可以不提供担保。

商业银行贷款，应当与借款人订立书面合同。合同应当约定贷款种类、借款用途、金额、利率、还款期限、还款方式、违约责任和双方认为需要约定的其他事项。商业银行应当按照中国人民银行规定的贷款利率的上下限，确定贷款利率。

商业银行贷款，应当遵守下列资产负债比例管理的规定：（1）资本充足率不得低于 8%；（2）流动性资产余额与流动性负债余额的比例不得低于 25%；（3）对同一借款人的贷款余额与商业银行资本余额的比例不得超过 10%；（4）中国银监会对资产负债比例管理的其他规定。

商业银行不得向关系人发放信用贷款；向关系人发放担保贷款的条件不得优于其他借款人同类贷款的条件。所谓关系人，是指：（1）商业银行的董事、监事、管理人员、信贷业务人员及其近亲属；（2）前项所列人员投资或者担任高级管理职务的公司、企业和其他经济组织。

（三）贷款期限和利率

1. 贷款期限

贷款限期根据借款人的生产经营周期、还款能力和贷款人的资金供给能力由借贷双方共同商议后确定，并在借款合同中载明。自营贷款期限最长一般不得超过 10 年，超过 10 年应当报中国人民银行备案。票据贴现的贴现期限最长不得超过 6 个月，贴现期限为从贴现之日起到票据到期日止。

2. 贷款展期

不能按期归还贷款的，借款人应当在贷款到期日之前，向贷款人申请贷款展期。是否展期由贷款人决定。申请保证贷款、抵押贷款、质押贷款展期的，还应当由保证人、抵押人、出质人出具同意的书面证明。已有约定的，按照约定执行。短期贷款展期期限累计不得超过原贷款期限；中期贷款展期期限累计不得超过原贷款期限的一半；长期贷款展期期限累计不得超过 3 年。国家另有规定的除外。借款人未申请展期或申请展期未得到批准，其贷款从到期日次日起，转入逾期贷款账户。

3. 贷款利率的确定

贷款人应当按照人民银行规定的贷款利率的上下限，确定每笔贷款利率，并在借款合同中载明。贷款人和借款人应当按借款合同和人民银行有关计息规定按期计收或交付利息。贷款的展期期限加上原期限达到新的利率期限档次时，从展期之日起，贷款利息按新的期限档次利率计收。逾期贷款按规定计收罚息。

根据国家政策，为了促进某些产业和地区经济的发展，有关部门可以对贷款补贴利息。对有关部门贴息的贷款，承办银行应当自主审查发放，并根据本通则有关规定严格管理。

除国务院决定外，任何单位和个人无权决定停息、减息、缓息和免息。贷款人应当依据国务院决定，按照职责权限范围具体办理停息、减息、缓息和免息。

（四）借款人

1. 借款人的资格与条件

借款人应当是经工商行政管理机关（或主管机关）核准登记的企（事）业法人、其他经济组织、个体工商户或具有中国国籍的具有完全民事行为能力的自然人。借款人申请贷款，应当具备产品有市场、生产经营有效益、不挤占挪用信贷资金、恪守信用等基本条件，并且应当符合以下要求：（1）有按期还本付息的能力，原应付贷款利息和到期贷款已清偿；没有清偿的，已经作了贷款人认可的偿还计划；（2）已开立基本账户或一般存款账户；（3）除国务院规定外，有限责任公司和股份有限公司对外股本权益性投资累计额未超过其净资产总额的 50%；（4）借款人的资产负债率符合贷款人的要求；（5）申请中期、长期贷款的，新建项目的企业法人所有者权益与项目所需总投资的比例不低于国家规定的投资项目的资本金比例。

2. 借款人的权利

借款人享有的权利包括：（1）可以自主向主办银行或者其他银行的经办机构申请贷款并依条件取得贷款；（2）有权按合同约定提取和使用全部贷款；（3）有权拒绝借款合同以外的附加条件；（4）有权向贷款人的上级和中国人民银行反映、举报有关情况；（5）在征得贷款人同意后，可以向第三人转让债务。

3. 借款人的义务

借款人应依诚实信用原则履行下列义务：（1）应当如实提供贷款人要求的资料（法律规定不能提供者除外），应当向贷款人如实提供所有开户行、账号及存贷款余额情况，配合贷款人的调查、审查和检查；（2）应当接受贷款人对其使用信贷资金情况和有关生产经营、财务活动的监督；（3）应当按借款合同约定用途使用贷款；（4）应当按借款合同约定及时清偿贷款本息；（5）将债务全部或部分转让给第三人的，应当取得贷款人的同意；（6）有危及贷款人债权安全情况时，应当及时通知贷款人，同时采取保全措施。

4. 对借款人行为的特别限制

对借款人行为如下特别限制：（1）一个贷款人不得在同一辖区内的两个或两个以上同级分支机构取得贷款；（2）不得向贷款人提供虚假的或者隐瞒重要事实的资产负债表、损益表等；（3）不得用贷款从事股本权益性投资，国家另有规定的除外；（4）不得用贷款在有价证券、期货等方面从事投机经营；（5）除依法取得经营房地产资格的借款人以外，不得用贷款经营房地产业务，依法取得经营房地产资格的借款人，不得用贷款从事房地产投机；（6）不得套取贷款用于借贷牟取非法收入；（7）不得违反国家外汇管理规定使用外币贷款；（8）不得采取欺诈手段骗取贷款。

（五）贷款人

1. 贷款人的资格

以贷款为营业的贷款人必须经人民银行批准经营贷款业务，持有人民银行颁发的金融机构法人许可证或金融机构营业许可证，并经工商行政管理部门核准登记。

2. 贷款人的权利

贷款人根据贷款条件和贷款程序自主审查和决定贷款，除国务院批准的特定贷款外，有权拒绝任何单位和个人强令其发放贷款或者提供担保，并享有以下权利：（1）要求借款人提供与借款有关的资料；（2）根据借款人的条件，决定贷与不贷、贷款金额、贷款期限和利率等；（3）了解借款人的生产经营活动和财务活动；（4）依合同约定从借款人账户上划收贷款本金和利息；（5）借款人未能履行借款合同规定义务的，贷款人有权依合同约定要求借款人提前归还贷款或停止支付借款人尚未使用的贷款；（6）在贷款将受或已受损失时，可依据合同规定，采取使贷款免受损失的措施。

3. 贷款人的义务

贷款人在从事贷款业务的过程中承担下列义务：（1）应当公布所经营的贷款的种类、期限和利率，并向借款人提供咨询。（2）应当公开贷款审查的资信内容和发放贷款的条件。（3）贷款人应当审议借款人的借款申请，并及时答复贷与不贷。短期贷款答复时间不得超过 1 个月，中期、长期贷款答复时间不得超过 6 个月，国家另有规定的除外。（4）应当对借款人的债务、财务、生产、经营情况保密，但对依法查询者除外。

4. 对贷款人行为的特别限制

对贷款人行为有如下特别限制：（1）贷款的发放必须严格执行《商业银行法》关于资产负债比例管理的有关规定，不得向关系人发放信用贷款、向关系人发放担保贷款的条件不得优于其他借款人同类贷款条件的规定。（2）借款人有下列情形之一者，不得对其发放贷款：① 不具备《贷款通则》第四章第十七条所规定的资格和条件的；② 生产、经营或投资国家明文禁止的产品、项目的；③ 违反国家外汇管理规定的；④ 建设项目按国家规定应当报有关部门批准而未取得批准文件的；⑤ 生产经营或投资项目未取得环境保护部门许可的；⑥ 在实行承包、租赁、联营、合并（兼并）、合作、分立、产权有偿转让、股份制改造等体制变更过程中，未清偿原有贷款债务、落实原有贷款债务或提供相应担保的；⑦ 有其他严重违法经营行为的。（3）未经中国人民银行批准，不得对自然人发放外币币种的贷款。（4）自营贷款和特定贷款，除按中国人民银行规定计收利息之外，不得收取其他任何费用；委托贷款，除按中国人民银行规定计收手续费之外，不得收取其他任何费用。（5）不得给委托人垫付资金，国家另有规定的除外。（6）严格控制信用贷款，积极推广担保贷款。

（六）贷款程序

1. 贷款申请

借款人需要贷款，应当向主办银行或者其他银行的经办机构直接申请。借款人应当填写包括借款金额、借款用途、偿还能力及还款方式等主要内容的“借款申请书”并提供以下资料：（1）借款人及保证人基本情况；（2）财政部门或会计（审计）事务所核准的上年度财务报告，以及申请借款前一期的财务报告；（3）原有不合理占用的贷款的纠正情况；（4）抵押物、质物清单和有处分权人的同意抵押、质押的证明及保证人拟同意保证的有关证明文件；（5）项目建议书和可行性报告；（6）贷款人认为需要提供的其他有关资料。

2. 对借款人的信用等级评估

应当根据借款人的领导者素质、经济实力、资金结构、履约情况、经营效益和发展前景等因素，评定借款人的信用等级。评级可由贷款人独立进行，内部掌握，也可由有权部门批准的评估机构进行。

3. 贷款调查

贷款人受理借款人申请后，应当对借款人的信用等级以及借款的合法性、安全性、盈利性等情况进行调查，核实抵押物、质物、保证人情况，测定贷款的风险度。

4. 贷款审批

贷款人应当建立审贷分离、分级审批的贷款管理制度。审查人员应当对调查人员提供的资料进行核实、评定，复测贷款风险度，提出意见，按规定权限报批。

5. 签订借款合同

所有贷款应当由贷款人与借款人签订借款合同。借款合同应当约定借款种类，借款用途、金额、利率，借款期限，还款方式，借、贷双方的权利、义务，违约责任和双方认为需要约定的其他事项。保证贷款应当由保证人与贷款人签订保证合同，或保证人在借款合同上载明与贷款人协商一致的保证条款，加盖保证人的法人公章，并由保证人的法定代表人或其授权代理人签署姓名。抵押贷款、质押贷款应当由抵押人、出质人与贷款人签订抵押合同、质押合同，需要办理登记的，应依法办理登记。

6. 贷款发放

贷款人要按借款合同规定按期发放贷款。贷款人不按合同约定按期发放贷款的，应偿付违约金。借款人不按合同约定用款的，应偿付违约金。

7. 贷后检查

贷款发放后，贷款人应当对借款人执行借款合同情况及借款人的经营情况进行追踪调查和检查。

8. 贷款归还

借款人应当按照借款合同规定按时足额归还贷款本息。贷款人在短期贷款到期 1 周之前、中长期贷款到期 1 个月之前，应当向借款人发送还本付息通知单；借款人应当及时筹备资金，按时还本付息。贷款人对逾期的贷款要及时发出催收通知单，做好逾期贷款本息的催收工作。贷款人对不能按借款合同约定期限归还的贷款，应当按规定加罚利息；对不能归还或者不能落实还本付息事宜的，应当督促归还或者依法起诉。借款人提前归还贷款，应当与贷款人协商。

（七）不良贷款监管

1. 不良贷款的概念

不良贷款是指呆账贷款、呆滞贷款、逾期贷款。呆账贷款是指按财政部有关规定列为呆账的贷款。呆滞贷款是指按财政部有关规定逾期（含展期后到期）超过规定年限以上仍未归还的贷款，或虽未逾期或逾期不满规定年限但生产经营已终止、项目已停建的贷款（不含呆账贷款）。逾期贷款是指借款合同约定到期（含展期后到期）未归还的贷款（不含呆滞贷款和呆账贷款）。贷款人应当建立和完善贷款的质量监管制度，对不良贷款进行分类、登记、考核和催收。

2. 不良贷款的登记

不良贷款由会计、信贷部门提供数据，由稽核部门负责审核并按规定权限认定，贷款人应当按季填报不良贷款情况表。在报上级的同时，应当报中国人民银行当地分支机构。

3. 不良贷款的考核

贷款人的呆账贷款、呆滞贷款、逾期贷款不得超过中国人民银行规定的比例。贷款人应当对所属分支机构下达和考核呆账贷款、呆滞贷款和逾期贷款有关的指标。

4. 不良贷款的催收和呆账贷款的冲销

信贷部门负责不良贷款的催收，稽核部门负责对催收情况的检查。贷款人应当按照国家有关规定提取呆账准备金，并按照呆账冲销的条件和程序冲销呆账贷款。除国务院批准外，任何单位和个人不得强令贷款人豁免贷款。

（八）贷款管理责任制

1. 行长（经理、主任）贷款管理负责制

贷款实行分级经营管理，各级行长应当在授权范围内对贷款的发放和收回负全部责任。行长可以授权副行长或贷款管理部门负责审批贷款，副行长或贷款管理部门负责人应当对行长负责。贷款人各级机构应当建立有行长或副行长（经理、主任）和有关部门负责人参加的贷款审查委员会（小组），负责贷款的审查。

2. 审贷分离制

贷款调查评估人员负责贷款调查评估，承担调查失误和评估失准的责任；贷款审查人员负责贷款风险的审查，承担审查失误的责任；贷款发放人员负责贷款的检查和清收，承担检查失误、清收不力的责任。

3. 贷款分级审批制

贷款人应当根据业务量大小、管理水平和贷款风险度确定各级分支机构的审批权限，超过审批权限的贷款，应当报上级审批。各级分支机构应当根据贷款种类、借款人的信用等级以及抵押物、质物、保证人等情况确定每一笔贷款的风险情况。

4. 信贷工作岗位责任制

各级贷款管理部门应将贷款管理的每一个环节的管理责任落实到部门、岗位、个人，严格划分各级信贷工作人员的职责。贷款人对大额借款人建立驻厂信贷员制度。

5. 离职审计制

贷款管理人员在调离原工作岗位时，应当对其在任职期间和权限内所发放的贷款风险情况进行审计。

（九）贷款债权保全和清偿的管理

借款人不得违反法律规定，借兼并、破产或者股份制改造等途径，逃避银行债务，侵吞信贷资金；不得借承包、租赁等途径逃避贷款人的信贷监管以及偿还贷款本息的责任。

贷款人有权参与处于兼并、破产或股份制改造等过程中的借款人的债务重组，应当要求借款人落实贷款还本付息事宜应当要求实行承包、租赁经营的借款人，在承包、租赁合同中明确落实原贷款债务的偿还责任。

（十）贷款管理特别规定

1. 建立贷款主办行制度

借款人应按中国人民银行的规定与其开立基本账户的贷款人建立贷款主办行关系。借款

人发生企业分立、股份制改造、重大项目建设等涉及信贷资金使用和安全的重大经济活动，事先应当征求贷款主办行的意见。一个借款人只能有一个贷款主办行，主办行应当随基本账户的变更而变更。主办行不包资金，但应当按规定有计划地对借款人提供贷款，为借款人提供必要的信息咨询、代理等金融服务。贷款主办行制度与实施办法，由中国人民银行另行规定。

2. 银团贷款制度

银团贷款应当确定一个贷款人为牵头行，并签订银团贷款协议，明确各贷款人的权利和义务，共同评审贷款项目。牵头行应当按协议确定的比例监督贷款的偿还。

四、民间借贷法

（一）民间借贷的概念与立法

民间借贷是一种典型的民间金融形式，是指自然人、法人、其他组织之间及其相互之间不通过依法批准从事贷款业务的金融机构所进行借贷的行为。

在 2013 年之前，有关民间借贷的法律散见于《民法通则》《物权法》《合同法》《刑法》《贷款通则》《最高人民法院关于审理借贷案件的若干意见》等法律、法规、规章和司法解释中。2013 年 11 月 22 日浙江省第人大常委会通过的《温州市民间融资管理条例》第三章对民间借贷做出了专门规定，对我国民间借贷立法起了示范作用。而 2015 年 6 月 23 日最高人民法院审判委员会通过的《最高人民法院关于审理民间借贷案件适用法律若干问题的规定》成为第一个在全国范围内比较系统地规范民间借贷的法律文件。

（二）民间借贷的相关主体

1. 民间借贷合同的当事人

民间借贷的相关主体主要指的是民间借贷的出借人、借款人和担保人，出借人和借款人是民间借贷合同的当事人；担保人不是民间借贷合同的当事人，而是为保证借款人履行还款义务而向出借人提供保证的个人或单位。根据最高人民法院的司法解释，民间借贷的出借人、借款人可以是自然人、法人和其他组织，但不包括经金融监管部门批准设立的从事贷款业务的金融机构及其分支机构。也就是说，自然人之间的借贷关系、自然人与普通企事业单位之间的借贷关系以及普通企事业单位之间的借贷关系均属于民间借贷。

企业法定代表人或负责人以企业名义与出借人签订民间借贷合同，出借人、企业或者其股东能够证明所借款项用于企业法定代表人或负责人个人使用，出借人有权要求企业与企业法定代表人或负责人共同承担责任。企业法定代表人或负责人以个人名义与出借人签订民间借贷合同，所借款项用于企业生产经营，出借人有权要求企业与个人共同承担责任。

2. 民间借贷合同的担保人

对于民间借贷的担保人资格法律没有明确限制。他人在借据、收据、欠条等债权凭证或者借款合同上签字或者盖章，但未表明其保证人身份或者承担保证责任，或者通过其他事实不能推定其为保证人的，不承担担保责任。借贷双方通过网络贷款平台形成借贷关系，网络贷款平台的提供者仅提供媒介服务，该网络平台提供者不承担担保责任。但网络贷款平台的提供者通过网页、广告或者其他媒介明示或者有其他证据证明其为借贷提供担保，出借人有权要求网络贷款平台的提供者承担担保责任。

（三）民间借贷合同的效力

1. 民间借贷合同的有效与无效

法人之间、其他组织之间以及它们相互之间为生产、经营需要订立的民间借贷合同以及法人或者其他组织在本单位内部通过借款形式向职工筹集资金，用于本单位生产、经营所订立的民间借贷合同具有法律效力。即使借款人或者出借人的借贷行为涉嫌犯罪，或者已经生效的判决认定构成犯罪，民间借贷合同也并不当然无效。

但下列借贷合同无效具有下列情形之一，人民法院应当认定民间借贷合同无效：（1）一方以欺诈、胁迫的手段订立合同，损害国家利益；（2）恶意串通，损害国家、集体或者第三人利益；（3）以合法形式掩盖非法目的；（4）套取金融机构信贷资金又高利转贷给借款人，且借款人事先知道或者应当知道的；（5）以向其他企业借贷或者向本单位职工集资取得的资金又转贷给借款人牟利，且借款人事先知道或者应当知道的；（6）出借人事先知道或者应当知道借款人借款用于违法犯罪活动仍然提供借款的；（7）损害社会公共利益，违背社会公序良俗的；（8）其他违反法律、行政法规的强制性规定的。

借款人或者出借人的借贷行为涉嫌犯罪或者已经生效的判决认定构成犯罪，依据民间借贷合同与担保合同的效力、当事人的过错程度，确定担保人的民事责任。

2. 民间借贷合同的生效

具有下列情形之一，可以视为具备合同法关于自然人之间借款合同的生效要件：（1）以现金支付的，自借款人收到借款时；（2）以银行转账、网上电子汇款或者通过网络贷款平台等形式支付的，自资金到达借款人账户时；（3）以票据交付的，自借款人依法取得票据权利时；（4）出借人将特定资金账户支配权授权给借款人的，自借款人取得对该账户实际支配权时；（5）出借人以与借款人约定的其他方式提供借款并实际履行完成时。

自然人之间的借款合同，自贷款人提供借款时生效。除自然人之间的借款合同外，民间借贷合同自合同成立时生效，但当事人另有约定或者法律、行政法规另有规定的除外。

（四）民间借贷利息的确定

1. 没有约定利息或利息约定不明时利息的确定

借贷双方没有约定利息，视为不支付利息。自然人之间借贷对利息约定不明，视为不支付利息；除自然人之间借贷的外，借贷双方对借贷利息约定不明，应当结合民间借贷合同的内容，并根据当地或者当事人的交易方式、交易习惯、市场利率等因素确定利息。

2. 利率的限制和超率利息的返还

借贷双方约定的利率未超过年利率 24%，出借人有权请求借款人按照约定的利率支付利息。借贷双方约定的利率超过年利率 36%，超过部分的利息约定无效，借款人有权请求出借人返还已支付的超过年利率 36%部分的利息。

没有约定利息但借款人自愿支付，或者超过约定的利率自愿支付利息或违约金，且没有损害国家、集体和第三人利益，借款人无权以不当得利为由要求出借人返还，但超过年利率 36%部分的利息借款人要求出借人返还除外。

3. 逾期利率的确定

借贷双方对逾期利率有约定的，从其约定，但以不超过年利率 24% 为限。未约定逾期利率或者约定不明的，按下列方式处理：（1）既未约定借期内的利率，也未约定逾期利率，出借人有权请求借款人自逾期还款之日起按照年利率 6% 支付资金占用期间利息；（2）约定了借期内的利率但未约定逾期利率，出借人有权请求借款人自逾期还款之日起按照借期内的利率支付资金占用期间利息。

出借人与借款人既约定了逾期利率，又约定了违约金或者其他费用，出借人可以选择主张逾期利息、违约金或者其他费用，也可以一并主张，但总计不能超过年利率 24%。

4. 本金的确定

借据、收据、欠条等债权凭证载明的借款金额，一般认定为本金。预先在本金中扣除利息，按实际出借的金额认定为本金。

借贷双方对前期借款本息结算后将利息计入后期借款本金并重新出具债权凭证，如果前期利率没有超过年利率 24%，重新出具的债权凭证载明的金额可认定为后期借款本金；超过部分的利息不能计入后期借款本金。约定的利率超过年利率 24%，超过部分的利息不能计入后期借款本金。此外，借款人在借款期间届满后应当支付的本息之和，不能超过最初借款本金与以最初借款本金为基数，以年利率 24%计算的整个借款期间的利息之和；超过部分无效。

5. 提前还款及其利息计算

借款人可以提前偿还借款，但当事人另有约定的除外。借款人提前偿还借款的，有权按照实际借款期间计算利息。

第四节　证券法

一、证券法概述

（一）证券的概念与种类

1. 证券的概念

证券是证明或设定权利为目的而制作的书面凭证。根据是否可以转让为标准，证券可以分为资格证券和有价证券。

资格证券是指持有该证券的人具有行使一定权利的资格的证券，例如各种车票、船票、机票等。一般情况下，谁持有资格证券谁就被推定为真正权利人，可以行使权利，而义务人向其履行义务后即可免责，故资格证券又可称之为免责证券。在特殊情况下，真正的权利人虽不持有资格证券，如能以其他方法证明其权利的存在，仍可行使权利，义务人仍应向其履行义务。在我国，资格证券通常不可转让。

有价证券是指证明或设定财产权益并具有一定价格的书面凭证。有价证券的特征在于：（1）有价证券持有人有权向义务人主张一定的财产利益；（2）通常可以按一定价格转让。根据持有人所能主张的财产权益的不同，有价证券可以分为商品证券、货币证券和资本证券。商品证券是证明持券人享有一定商品请求权的书面凭证，包括提单、仓单等。货币证券是证明持券人享有一定货币请求权的书面凭证，包括汇票、本票、支票、存单等。资本证券是证明持有人享有一定的股权和债权以及股权与债券的衍生权利，并能给持有人带来财产收益的书面凭证，包括股票、债券及其衍生证券等。《证券法》所指的证券特指资本证券。

2. 证券的种类

目前，我国证券市场发行和交易的证券主要有以下几个品种：（1）股票，即股份有限公司签发的证明股东所持股份的书面凭证，主要有普通股和优先股。（2）债券，即普通企业、金融机构和政府等单位发行，约定在一定期限还本付息的有价证券。根据发行主体的不同，债券可以分为企业（含公司）债券、金融债券和证券债券。（3）认股权证，即由股份有限公司给予持证人在一定期限内，以确定价格购买一定数量普通股票的权利凭证。（4）基金券，又称基金受益凭证，是指投资基金发行给投资者，用以记载投资者所持基金单位数量的凭证。（5）金融期货、期权等金融衍生工具。

（二）证券法的概念与基本原则

1. 证券法的概念

证券法是规范证券业经营机构，调整在证券发行与交易、证券监管等活动中发生的社会关系的法律规范的总称。证券法包括证券业组织法、证券发行与交易法和证券监管法。在我国境内，不仅股票、公司债券和国务院依法认定的其他证券的发行和交易，适用《证券法》；政府债券、证券投资基金份额的上市交易除其他法律、行政法规另有规定外，也适用《证券法》。此外，有关证券衍生品种发行、交易的法律法规的制定也应遵循《证券法》的原则。

2. 证券法的基本原则

证券法的基本原则是证券法基本精神的体现，是证券及其衍生产品发行、交易和监管活动必须遵守的基本准则。证券法的基本原则包括：（1）公开、公平、公正原则，即证券的发行、交易活动，必须实行公开、公平、公正的原则。（2）平等、自愿、有偿、诚实信用原则，即证券发行、交易活动的当事人具有平等的法律地位，应当遵守自愿、有偿、诚实信用的原则。（3）遵守法律，禁止欺诈、内幕交易和操纵原则，即证券的发行、交易活动，必须遵守法律、行政法规；禁止欺诈、内幕交易和操纵证券市场的行为。（4）分业经营原则，即除国家另有规定外，证券业和银行业、信托业、保险业实行分业经营、分业管理，证券公司与银行、信托、保险业务机构分别设立。（5）集中统一监管与自律性管理相结合原则，即中国证监会依法对全国证券市场实行集中统一监督管理，并在证监会实行集中统一监督和管理的前提下，依法设立证券交易场所、证券登记结算机构、证券业协会及其他自律性组织，实行自律性管理。

二、证券发行制度

（一）证券发行的概念与种类

1. 证券发行的概念

证券发行是指符合条件的发行主体为筹集资金，依法定程序向投资人出售资本证券的行为。证券发行实际上就是证券发行市场（证券交易一级市场）的交易行为，包括证券发行人的发售邀约、证券投资者的认购及认购款缴纳、证券的交付与受领等系列行为。

2. 证券发行的种类

依据不同的标准，证券发行可分为多种类别。

（1）以证券品种为标准，证券发行可以分为股票发行、债券（包括公司债券、金融债券、政府债券等）发行、基金券发行、认股权证发行、证券衍生品种发行等。

（2）以证券发行价格与证券票面金额的关系为标准，证券发行可分为平价发行、溢价发行和折价发行。按票面记载金额发行为平价发行（又称面额发行）；超过票面金额发行为溢价发行；低于票面金额发行为折价发行。依据《公司法》的规定，股票可以平价发行，也可以溢价发行，但不得折价发行。

（3）以证券发行范围的不同，证券发行可以分为公开发行和非公开发行。公开发行，又称公募发行，是指发行人通过证券经营机构向不特定社会公众发行证券的行为。属于公开发行的情况包括：向不特定对象发行证券的；向特定对象发行证券累计超过 200 人的；法律、行政法规规定的其他发行行为。目前，我国证券法规定，未经依法核准，任何单位和个人不得公开发行证券。非公开发行，又称私募发行，是指证券发行人向一定范围的特定对象发行证券的行为。非公开发行证券，不得采用广告、公开劝诱和变相公开方式。

（4）以是否由证券承销机构承销为标准，证券发行可分为直接发行和间接发行。直接发行是指证券发行不借助证券承销机构，直接向投资者发行证券；间接发行是指证券发行人与证券承销机构签订承销协议（代销或包销），委托承销机构代为发行证券。

（5）以发行时公司是否存在为标准，股票发行分为设立发行和新股发行。为成立新的股份有限公司而发行股票，即设立发行；已成立的股份有限公司发行新股，即新股发行或增资发行。

（二）证券发行审核制

证券发行审核制是国家证券监督管理部门依据法定条件和程序对发行人利用证券向社会公开募集资金的有关申报资料进行审查的制度。目前，世界各国或地区的证券发行审核制度主要有两种：一是注册制。证券发行注册制，又称“申报制”或“登记制”，是指证券监管机构对拟发行证券的发行人按照规定提交的证券发行申请文件只进行形式审查，在法定期间内未提出异议，该证券发行申请即生效，发行人便可发行证券的审核制度。二是核准制。证券发行核准制，是指证券监管机构对拟发行证券的发行人提交的证券发行申请文件进行形式和实质审查，对于符合法定条件的，予以登记并准予发行，对于不符合法定条件的，则驳回申请，不允许发行的审核制度。

2014年修订的《证券法》规定，公开发行证券，必须符合法律、行政法规规定的条件，并依法报经证监会或者国务院授权的部门核准；未经依法核准，任何单位和个人不得公开发行证券。而2015年4月全国人大常委会首次审议的《证券法》（修订草案）规定，公开发行证券，应当符合法律、行政法规规定的条件，并依法报经证监会或者国务院授权的部门注册或者核准；未经依法注册或者核准，任何单位和个人不得公开发行证券。《证券法》（修订草案）还规定了若干豁免注册或者核准的情况，比如通过证券经营机构或者国务院证券监督管理机构认可的其他机构以互联网等众筹方式公开发行证券，发行人和投资者符合证监会规定的条件的，可以豁免注册或者核准；通过证券经营机构公开发行证券，募集资金限额、发行人和投资者符合证监会规定的条件的，可以豁免注册或者核准等。此外，《证券法》（修订草案）也对股票发行注册作出了详细的规定。

2015年12月27日，第十二届全国人民代表大会常务委员会第十八次会议审议通过了《关于授权国务院在实施股票发行注册制改革中调整适用有关规定的决定》，该决定明确授权国务院可以根据股票发行注册制改革的要求，调整适用现行《证券法》关于股票核准制的规定，对注册制改革的具体制度作出专门安排。此次全国人大常委会通过注册制授权决定，标志着推进股票发行注册制改革具有了明确的法律依据。该决定的实施期限为两年，自2016年3月1日起施行。也就是说，最早2016年3月，最晚2018年3月，注册制将真正落地。

（三）证券发行的条件

1. 股票发行的条件

设立股份有限公司并公开发行股票，应当符合《公司法》规定的条件和经国务院批准的证监会规定的其他条件。公司公开发行新股，应当符合下列条件：（1）具备健全且运行良好的组织机构；（2）具有持续盈利能力，财务状况良好；（3）最近三年财务会计文件无虚假记载，无其他重大违法行为；（4）经国务院批准的证监会规定的其他条件。上市公司非公开发行新股，应当符合经国务院批准的证监会规定的条件，并报证监会核准。

首次公开发行股票并上市（IPO）应符合证监会发布的《首次公开发行股票并上市管理办法》规定的发行条件。而股票已上市的公司发行新股应符合证监会发布的《上市公司证券发行管理办法》规定的条件。

2. 公开发行公司债券的条件

公开发行公司债券，应当符合下列条件：（1）股份有限公司的净资产不低于人民币3 000万元，有限责任公司的净资产不低于人民币6 000万元；（2）累计债券余额不超过公司净资产的40%；（3）最近三年平均可分配利润足以支付公司债券一年的利息；（4）筹集的资金投向符合国家产业政策；（5）债券的利率不超过国务院限定的利率水平；（6）国务院规定的其他条件。公开发行公司债券筹集的资金，必须用于核准的用途，不得用于弥补亏损和非生产性支出。

上市公司发行可转换为股票的公司债券，除应当符合债券公开发行的条件外，还应当符合《公司法》和《证券法》关于公开发行股票的条件，并报证监会核准。

有下列情形之一的，不得再次公开发行公司债券：（1）前一次公开发行的公司债券尚未募足；（2）对已公开发行的公司债券或者其他债务有违约或者延迟支付本息的事实，仍处于继续状态；（3）违反法律规定，改变公开发行公司债券所募资金的用途。

（四）证券发行的程序

不同种类、不同发行方式的证券，发行程序存在差异。在核准制下，根据现有的证券法律、法规和规章，证券发行大致分为以下几步：

1. 作出发行决议

依据《公司法》和《证券法》的规定，发行人发行证券通常先由董事会就有关事项作出决议，并提交股东大会批准。

2. 提出发行申请

发行人向证监会或者国务院授权的部门报送的证券发行申请文件，必须真实、准确、完整。为证券发行出具有关文件的证券服务机构和人员，必须严格履行法定职责，保证其所出具文件的真实性、准确性和完整性。

3. 依法核准申请

证监会设发行审核委员会，依法审核股票发行申请。发行审核委员会由证监会的专业人员和所聘请的该机构外的有关专家组成，以投票方式对股票发行申请进行表决，提出审核意见。参与审核和核准股票发行申请的人员，不得与发行申请人有利害关系，不得直接或者间接接受发行申请人的馈赠，不得持有所核准的发行申请的股票，不得私下与发行申请人进行接触。证监会或者国务院授权的部门应当自受理证券发行申请文件之日起 3 个月内，依照法定条件和法定程序做出予以核准或者不予核准的决定，发行人根据要求补充、修改发行申请文件的时间不计算在内；不予核准的，应当说明理由。

4. 公开发行信息

证券发行申请经核准，发行人应当依照法律、行政法规的规定，在证券公开发行前，公告公开发行募集文件，并将该文件置备于指定场所供公众查阅。发行证券的信息依法公开前，任何知情人不得公开或者泄露该信息。发行人不得在公告公开发行募集文件前发行证券。发行人申请首次公开发行股票的，在提交申请文件后，应当按照证监会的规定预先披露有关申请文件。

5. 签订承销协议，进行证券销售

发行人向不特定对象发行的证券，法律、行政法规规定应当由证券公司承销的，发行人应当同证券公司签订承销协议。证券承销业务采取代销或者包销方式。证券代销是指证券公司代发行人发售证券，在承销期结束时，将未售出的证券全部退还给发行人的承销方式。证券包销是指证券公司将发行人的证券按照协议全部购入或者在承销期结束时将售后剩余证券全部自行购入的承销方式。向不特定对象发行的证券票面总值超过人民币 5 000 万元的，应当由承销团承销。承销团应当由主承销和参与承销的证券公司组成。证券的代销、包销期限最长不得超过 90 日。证券公司在代销期、包销期内，对所代销期、包销的证券应当保证先行出售给认购人，证券公司不得为本公司预留所代销的证券和预先购入并留存所包销的证券。股票发行采用代销方式，代销期限届满，向投资者出售的股票数量未达到拟公开发行股票数量

70%的，为发行失败。发行人应当按照发行价并加算银行同期存款利息返还股票认购人。

6. 备案

公开发行股票，代销、包销期限届满，发行人应当在规定的期限内将股票发行情况报证监会备案。

此外，证监会或者国务院授权的部门对已作出的核准证券发行的决定，发现不符合法定条件或者法定程序，尚未发行证券的，应当予以撤销，停止发行。已经发行尚未上市的，撤销发行核准决定，发行人应当按照发行价并加算银行同期存款利息返还证券持有人；发行人的控股股东、实际控制人有过错的，应当与发行人承担连带责任。

三、证券交易

（一）证券交易的一般规定

1. 证券交易的场所和方式

依法公开发行的股票、公司债券及其他证券，应当在依法设立的证券交易所上市交易或者在国务院批准的其他证券交易场所转让。证券在证券交易所上市交易，应当采用公开的集中交易方式或者证监会批准的其他方式。证券交易当事人买卖的证券可以采用纸面形式或者国务院证券监督管理机构规定的其他形式。证券交易以现货和国务院规定的其他方式进行交易。

2. 证券交易的一般性限制规定

证券交易当事人依法买卖的证券，必须是依法发行并交付的证券。非依法发行的证券，不得买卖。依法发行的股票、公司债券及其他证券，法律对其转让期限有限制性规定的，在限定的期限内不得买卖。

3. 特定人员证券交易的限制或禁止性规定

证券交易所、证券公司和证券登记结算机构的从业人员、证券监督管理机构的工作人员以及法律、行政法规禁止参与股票交易的其他人员，在任期或者法定限期内，不得直接或者以化名、借他人名义持有、买卖股票，也不得收受他人赠送的股票。任何人在成为前述所列人员时，其原已持有的股票，必须依法转让。为股票发行出具审计报告、资产评估报告或者法律意见书等文件的证券服务机构和人员，在该股票承销期内和期满后 6 个月内，不得买卖该种股票。此外，为上市公司出具审计报告、资产评估报告或者法律意见书等文件的证券服务机构和人员，自接受上市公司委托之日起至上述文件公开后 5 日内，不得买卖该种股票。上市公司董事、监事、高级管理人员、持有上市公司股份 5%以上的股东，将其持有的该公司股票在买入后 6 个月内卖出，或者在卖出后 6 个月内又买入，由此所得收益归该公司所有，公司董事会应当收回其所得收益。但是，证券公司因包销购入售后剩余股票而持有 5%以上股份的，卖出该股票不受 6 个月时间限制。公司董事会不按照前述规定执行的，股东有权要求董事会在 30 日内执行。公司董事会未在上述期限内执行的，股东有权为了公司的利益以自己的名义直接向人民法院提起诉讼。公司董事会不按照规定执行的，负有责任的董事依法承担连带责任。

4. 证券交易服务机构的基本责任

证券交易所、证券公司、证券登记结算机构必须依法为客户开立的账户保密。证券交易的收费必须合理，并公开收费项目、收费标准和收费办法，证券交易的收费项目、收费标准和管理办法由国务院有关主管部门统一规定。

（二）证券上市

1. 股票上市的条件与程序

（1）股票上市的条件。

股票上市是指符合条件的股份公司的股票在证券交易所挂牌交易。申请证券上市交易，应当向证券交易所提出申请，由证券交易所依法审核同意，并由双方签订上市协议。股份有限公司申请股票上市，应当符合下列条件：① 股票经证监会核准已公开发行；② 公司股本总额不少于人民币 3 000 万元；③ 公开发行的股份达到公司股份总数的 25% 以上；公司股本总额超过人民币 4 亿元的，公开发行股份的比例为 10% 以上；④ 公司最近三年无重大违法行为，财务会计报告无虚假记载。经证监会批准，证券交易所可以规定高于上述规定的上市条件。

（2）股票上市的程序。

股票上市的基本程序为：① 提交申请。申请股票上市交易，应当向证券交易所报送上市报告书、申请股票上市的股东大会决议、公司章程、公司营业执照、依法经会计师事务所审计的公司最近三年的财务会计报告、法律意见书和上市保荐书、最近一次的招股说明书等证券交易所上市规则规定的文件。② 证券交易所审核。③ 签署上市协议。股票上市交易申请经证券交易所审核同意后，拟上市的公司应证券交易所签订上市协议。④ 公告。上市协议签订后，拟上市的公司应当在规定的期限内公告股票上市的有关文件，并将该文件置备于指定场所供公众查阅。⑤ 正式挂票交易。

（3）上市公司股票的暂停上市交易和终止上市交易。

根据《公司法》的规定，上市公司存在下列情形之一的，由证券交易所暂停其股票上市交易：① 上市公司股本总额、股权分布等发生变化不再具备上市条件；② 上市公司不按规定公开其财务状况，或者对财务会计报告作虚假记载；③ 上市公司有重大违法行为；④ 上市公司最近三年连续亏损。

根据《证券法》的规定，上市公司有下列情形之一的，由证券交易所决定终止其股票上市交易：① 公司股本总额、股权分布等发生变化不再具备上市条件，在证券交易所规定的期限内仍不能达到上市条件；② 公司不按照规定公开其财务状况，或者对财务会计报告作虚假记载，且拒绝纠正；③ 公司最近三年连续亏损，在其后一个年度内未能恢复盈利；④ 公司解散或者被宣告破产；⑤ 证券交易所上市规则规定的其他情形。

2. 公司债券的上市交易、暂停上市交易和终止上市交易

公司申请公司债券上市交易，应当符合下列条件：（1）公司债券的期限为一年以上；（2）公司债券实际发行额不少于人民币 5 000 万元；（3）公司申请债券上市时仍符合法定的公司债券发行条件。申请公司债券上市交易，应当向证券交易所报送上市报告书、申请公司债券

上市的董事会决议、公司章程、公司营业执照、公司债券募集办法、公司债券的实际发行数额等证券交易所上市规则规定的文件。申请可转换为股票的公司债券上市交易，还应当报送保荐人出具的上市保荐书。

公司债券上市交易申请经证券交易所审核同意后，签订上市协议的公司应当在规定的期限内公告公司债券上市文件及有关文件，并将其申请文件置备于指定场所供公众查阅。

债券上市交易后，公司有下列情形之一的，由证券交易所决定暂停其公司债券上市交易：（1）公司有重大违法行为；（2）公司情况发生重大变化不符合公司债券上市条件；（3）发行公司债券所募集的资金不按照核准的用途使用；（4）未按照公司债券募集办法履行义务；（5）公司最近两年连续亏损。

公司存在下列情形之一的，由证券交易所决定终止其公司债券上市交易：（1）有重大违法行为或未按照公司债券募集办法履行义务经查实后果严重的；（2）情况发生重大变化不符合公司债券上市条件、所募集的资金不按照核准的用途使用或者最近两年连续亏损，在限期内未能消除的；（3）解散或者被宣告破产的。

3. 持续信息公开

（1）上市公司信息公开基本要求。发行人、上市公司依法披露的信息，必须真实、准确、完整，不得有虚假记载、误导性陈述或者重大遗漏。依法必须披露的信息，应当在证监会指定的媒体发布，同时将其置备于公司住所、证券交易所，供社会公众查阅。

（2）证券发行信息公开。经证监会核准依法公开发行股票，或者经国务院授权的部门核准依法公开发行公司债券，应当公告招股说明书、公司债券募集办法。依法公开发行新股或者公司债券的，还应当公告财务会计报告。

（3）定期报告。上市公司和公司债券上市交易的公司，应当在每一会计年度的上半年结束之日起 2 个月内，向证监会和证券交易所报送记载有法定内容的中期报告，并予公告。上市公司和公司债券上市交易的公司，应当在每一会计年度结束之日起 4 个月内，向证监会和证券交易所报送记载有法定内容的年度报告，并予以公告。

（4）临时报告。发生可能对上市公司股票交易价格产生较大影响的重大事件，投资者尚未得知时，上市公司应当立即将有关该重大事件的情况向证监会和证券交易所报送临时报告，并予公告，说明事件的起因、目前的状态和可能产生的法律后果。

（5）信息披露中相关人员和机构的责任。① 上市公司董事、高级管理人员应当对公司定期报告签署书面确认意见，上市公司监事会应当对董事会编制的公司定期报告进行审核并提出书面审核意见，上市公司董事、监事、高级管理人员应当保证上市公司所披露的信息真实、准确、完整。② 发行人、上市公司公告的招股说明书、公司债券募集办法、财务会计报告、上市报告文件、年度报告、中期报告、临时报告以及其他信息披露资料，有虚假记载、误导性陈述或者重大遗漏，致使投资者在证券交易中遭受损失的，发行人、上市公司应当承担赔偿责任；发行人、上市公司的董事、监事、高级管理人员和其他直接责任人员以及保荐人、承销的证券公司，应当与发行人、上市公司承担连带赔偿责任，但是能够证明自己没有过错的除外；发行人、上市公司的控股股东、实际控制人有过错的，应当与发行人、上市公司承担连带赔偿责任。③ 证监会对上市公司年度报告、中期报告、临时报告以及公告的情况进行监督，对上市公司分派或者配售新股的情况进行监督，对上市公司控股股东和信息披露义务人的行为进行监督。④ 证监会、证券交易所、保荐人、承销的证券公司及有关人员，对公司依照法律、行政法规规定必须作出的公告，在公告前不得泄露其内容。⑤证券交易所决定暂停或者终止证券上市交易的，应当及时公告，并报证监会备案。

4. 禁止的交易行为

（1）内幕交易的禁止。

禁止证券交易内幕信息的知情人和非法获取内幕信息的人利用内幕信息从事证券交易活动。证券交易内幕信息的知情人包括：① 发行人的董事、监事、高级管理人员；② 持有公司 5% 以上股份的股东及其董事、监事、高级管理人员，公司的实际控制人及其董事、监事、高级管理人员；③ 发行人控股的公司及其董事、监事、高级管理人员；④ 由于担任公司职务可以获取公司有关内幕信息的人员；⑤ 证券监督管理机构工作人员以及由于法定职责对证券的发行、交易进行管理的其他人员；⑥ 保荐人、承销的证券公司、证券交易所、证券登记结算机构、证券服务机构的有关人员；⑦ 国务院证券监督管理机构规定的其他人。

所谓“内幕信息”，是指证券交易活动中，涉及公司的经营、财务或者对该公司证券的市场价格有重大影响的尚未公开的信息。下列信息皆属内幕信息：《证券法》规定的重大事件；公司分配股利或者增资的计划；公司股权结构的重大变化；公司债务担保的重大变更；公司营业用主要资产的抵押、出售或者报废一次超过该资产的 30%；公司的董事、监事、高级管理人员的行为可能依法承担重大损害赔偿责任；上市公司收购的有关方案；证监会认定的对证券交易价格有显著影响的其他重要信息。

证券交易内幕信息的知情人和非法获取内幕信息的人，在内幕信息公开前，不得买卖该公司的证券，或者泄露该信息，或者建议他人买卖该证券。内幕交易行为给投资者造成损失的，行为人应当依法承担赔偿责任。

（2）证券市场操纵行为的禁止。

禁止任何人以下列手段操纵证券市场：单独或者通过合谋，利用集中资金优势、持股优势或者信息优势联合或者连续买卖，操纵证券交易价格或者证券交易量；与他人串通，以事先约定的时间、价格和方式相互进行证券交易，影响证券交易价格或者证券交易量；在自己实际控制的账户之间进行证券交易，影响证券交易价格或者证券交易量；以其他手段操纵证券市场。操纵证券市场行为给投资者造成损失的，行为人应当依法承担赔偿责任。

（3）证券交易相关的其他行为的禁止。

禁止国家工作人员、传播媒介从业人员和有关人员编造、传播虚假信息，扰乱证券市场。禁止证券交易所、证券公司、证券登记结算机构、证券服务机构及其从业人员，证券业协会、证券监督管理机构及其工作人员，在证券交易活动中作出虚假陈述或者信息误导。各种传播媒介传播证券市场信息必须真实、客观，禁止误导。

禁止证券公司及其从业人员从事损害客户利益的欺诈行为。禁止法人非法利用他人账户从事证券交易；禁止法人出借自己或者他人的证券账户。依法拓宽资金入市渠道，禁止资金违规流入股市。禁止任何人挪用公款买卖证券。国有企业和国有资产控股的企业买卖上市交易的股票，必须遵守国家有关规定。

（4）证券机构及其从业人员的报告义务。

证券交易所、证券公司、证券登记结算机构、证券服务机构及其从业人员对证券交易中发现的禁止的交易行为，应当及时向证监会报告。

四、上市公司的收购

（一）上市公司收购的概念和方式

上市公司收购是指收购人通过取得股份的方式成为一个上市公司的控股股东，或者通过投资关系、协议、其他安排的途径成为一个上市公司的实际控制人，或者同时采取上述方式和途径取得上市公司控制权的行为。

投资者可以采取要约收购、协议收购及其他合法方式收购上市公司。要约收购是指收购人通过向被收购公司所有股东发出购买其所持有的全部或部分股份的要约的方式收购上市公司的股份，以获得或加强对上司公司的控制权。协议收购是指收购人通过与特定股东签订协议的方式收购上市公司的股份，以获得或加强对上司公司的控制权。其他合法方式是指通过投资关系、协议、其他安排的途径成为一个上市公司的实际控制人。

（二）上市公司收购的规则

1. 报告和公告义务

通过证券交易所的证券交易，投资者持有或者通过协议、其他安排与他人共同持有一个上市公司已发行的股份达到 5% 时，应当在该事实发生之日起 3 日内，向证监会、证券交易所作出书面报告，通知该上市公司，并予以公告；在上述期限内，不得再行买卖该上市公司的股票。

投资者持有或者通过协议、其他安排与他人共同持有一个上市公司已发行的股份达到 5% 后，其所持该上市公司已发行的股份比例每增加或者减少 5%，应当依照前述规定进行报告和公告。在报告期限内和作出报告、公告后 2 日内，不得再行买卖该上市公司的股票。报告和公告的内容：（1）持股人的名称、住所；（2）持有的股票的名称、数额；（3）持股达到法定比例或者持股增减变化达到法定比例的日期。

2. 强制要约收购

通过证券交易所的证券交易，投资者持有或者通过协议、其他安排与他人共同持有一个上市公司已发行的股份达到 30% 时，继续进行收购的，应当依法向该上市公司所有股东发出收购上市公司全部或者部分股份的要约。收购上市公司部分股份的收购要约应当约定，被收购公司股东承诺出售的股份数额超过预定收购的股份数额的，收购人按比例进行收购。发出强制收购要约，收购人必须公告上市公司收购报告书，并载明下列事项：（1）收购人的名称、住所；（2）收购人关于收购的决定；（3）被收购的上市公司名称；（4）收购目的；（5）收购股份的详细名称和预定收购的股份数额；（6）收购期限、收购价格；（7）收购所需资金额及资金保证；（8）公告上市公司收购报告书时持有被收购公司股份数占该公司已发行的股份总数的比例。

收购要约约定的收购期限不得少于 30 日，并不得超过 60 日。在收购要约确定的承诺期限内，收购人不得撤销其收购要约。收购人需要变更收购要约的，必须及时公告，载明具体变更事项。收购要约提出的各项收购条件，适用于被收购公司的所有股东。采取要约收购方式的，收购人在收购期限内，不得卖出被收购公司的股票，也不得采取要约规定以外的形式和超出要约的条件买入被收购公司的股票。

3. 协议收购规则

采取协议收购方式的，收购人可以依照法律、行政法规的规定同被收购公司的股东以协议方式进行股份转让以协议方式收购上市公司时，达成协议后，收购人必须在 3 日内将该收购协议向国务院证券监督管理机构及证券交易所作出书面报告，并予以公告。在公告前不得履行收购协议。

采取协议收购方式的，协议双方可以临时委托证券登记结算机构保管协议转让的股票，并将资金存放于指定的银行。采取协议收购方式的，收购人收购或者通过协议、其他安排与他人共同收购一个上市公司已发行的股份达到 30%时，继续进行收购的，应当向该上市公司所有股东发出收购上市公司全部或者部分股份的要约。但是，经证监会免除发出要约的除外。收购人依照前述规定以要约方式收购上市公司股份，应当遵守强制要约收购规则。

（三）上市公司收购的法律后果

收购期限届满，被收购公司股权分布不符合上市条件的，该上市公司的股票应当由证券交易所依法终止上市交易；其余仍持有被收购公司股票的股东，有权向收购人以收购要约的同等条件出售其股票，收购人应当收购。

收购行为完成后，被收购公司不再具备股份有限公司条件的，应当依法变更企业形式。在上市公司收购中，收购人持有的被收购的上市公司的股票，在收购行为完成后的 12 个月内不得转让，收购人与被收购公司合并，并将该公司解散的，被解散公司的原有股票由收购人依法更换。

收购行为完成后，收购人应当在 15 日内将收购情况报告证监会和证券交易所，并予公告。收购上市公司中由国家授权投资的机构持有的股份，应当按照国务院的规定，经有关主管部门批准。

五、证券业经营机构、自律组织与监管机构

（一）证券交易所

1. 证券交易所的设立

证券交易所是为证券集中交易提供场所和设施，组织和监督证券交易，实行自律管理的法人。证券交易所必须在其名称中标明证券交易所字样，其他任何单位或者个人不得使用证券交易所或者近似的名称。证券交易所的设立和解散，由国务院决定。

2. 证券交易所的交易规则

进入证券交易所参与集中交易的，必须是证券交易所的会员。投资者应当与证券公司签订证券交易委托协议，并在证券公司开立证券交易账户，以书面、电话以及其他方式，委托

该证券公司代其买卖证券。证券公司根据投资者的委托，按照证券交易规则提出交易申报，参与证券交易所场内的集中交易，并根据成交结果承担相应的清算交收责任；证券登记结算机构根据成交结果，按照清算交收规则，与证券公司进行证券和资金的清算交收，并为证券公司客户办理证券的登记过户手续。

证券交易所应当为组织公平的集中交易提供保障，公布证券交易即时行情，并按交易日制作证券市场行情表，予以公布。未经证券交易所许可，任何单位和个人不得发布证券交易即时行情。

因突发性事件而影响证券交易的正常进行时，证券交易所可以采取技术性停牌的措施；因不可抗力的突发性事件或者为维护证券交易的正常秩序，证券交易所可以决定临时停市。

证券交易所对证券交易实行实时监控，并按照证监会的要求，对异常的交易情况提出报告。证券交易所应当对上市公司及相关信息披露义务人披露信息进行监督，督促其依法及时、准确地披露信息。证券交易所根据需要，可以对出现重大异常交易情况的证券账户限制交易，并报证监会备案。

证券交易所依照证券法律、行政法规制定上市规则、交易规则、会员管理规则和其他有关规则，并报证监会批准。按照依法制定的交易规则进行的交易，不得改变其交易结果。对交易中违规交易者应负的民事责任不得免除；在违规交易中所获利益，依照有关规定处理。

（二）证券公司

1. 证券公司的设立

证券公司，是指依照《公司法》和《证券法》规定设立的经营证券业务的有限责任公司或者股份有限公司。证券公司必须在其名称中标明证券有限责任公司或者证券股份有限公司字样。

设立证券公司，必须经证监会审查批准。未经证监会批准，任何单位和个人不得经营证券业务。设立证券公司，应当具备下列条件：（1）有符合法律、行政法规规定的公司章程；（2）主要股东具有持续盈利能力，信誉良好，最近三年无重大违法违规记录，净资产不低于人民币 2 亿元；（3）有符合本法规定的注册资本；（4）董事、监事、高级管理人员具备任职资格，从业人员具有证券从业资格；（5）有完善的风险管理与内部控制制度；（6）有合格的经营场所和业务设施；（7）法律、行政法规规定的和经国务院批准的证监会规定的其他条件。

2. 证券公司的业务范围和注册资本要求

经证监会批准，证券公司可以经营下列部分或者全部业务：（1）证券经纪；（2）证券投资咨询；（3）与证券交易、证券投资活动有关的财务顾问；（4）证券承销与保荐；（5）证券自营；（6）证券资产管理；（7）其他证券业务。证券公司经营前述第（1）项至第（3）项业务的，注册资本最低限额为人民币 5 000 万元；经营第（4）项至第（7）项业务之一的，注册资本最低限额为人民币 1 亿元；经营第（4）项至第（7）项业务中两项以上的，注册资本最低限额为人民币 5 亿元。证券公司的注册资本应当是实缴资本。证监会根据审慎监管原则和各项业务的风险程度，可以调整注册资本最低限额，但不得少于前款规定的限额。

证监会应当自受理证券公司设立申请之日起 6 个月内，依照法定条件和法定程序并根据审慎监管原则进行审查，作出批准或者不予批准的决定，并通知申请人；不予批准的，应当说明理由。证券公司设立申请获得批准的，申请人应当在规定的期限内向公司登记机关申请设立登记，领取营业执照。证券公司应当自领取营业执照之日起十五日内，向证监会申请经营证券业务许可证。未取得经营证券业务许可证，证券公司不得经营证券业务。

3. 证券公司业务规则

证券公司从每年的税后利润中提取交易风险准备金，用于弥补证券交易的损失，其提取的具体比例由国务院证券监督管理机构规定。

证券公司应当建立健全内部控制制度，采取有效隔离措施，防范公司与客户之间、不同客户之间的利益冲突。证券公司必须将其证券经纪业务、证券承销业务、证券自营业务和证券资产管理业务分开办理，不得混合操作。证券公司的自营业务必须以自己的名义进行，不得假借他人名义或者以个人名义进行。证券公司的自营业务必须使用自有资金和依法筹集的资金。证券公司不得将其自营账户借给他人使用。

证券公司客户的交易结算资金应当存放在商业银行，以每个客户的名义单独立户管理。具体办法和实施步骤由国务院规定。证券公司不得将客户的交易结算资金和证券归入其自有财产。禁止任何单位或者个人以任何形式挪用客户的交易结算资金和证券。证券公司破产或者清算时，客户的交易结算资金和证券不属于其破产财产或者清算财产。非因客户本身的债务或者法律规定的其他情形，不得查封、冻结、扣划或者强制执行客户的交易结算资金和证券。

证券公司办理经纪业务，应当置备统一制定的证券买卖委托书，供委托人使用。采取其他委托方式的，必须作出委托记录。客户的证券买卖委托，不论是否成交，其委托记录应当按照规定的期限，保存于证券公司。证券公司接受证券买卖的委托，应当根据委托书载明的证券名称、买卖数量、出价方式、价格幅度等，按照交易规则代理买卖证券，如实进行交易记录；买卖成交后，应当按照规定制作买卖成交报告单交付客户。证券交易中确认交易行为及其交易结果的对账单必须真实，并由交易经办人员以外的审核人员逐笔审核，保证账面证券余额与实际持有的证券相一致。证券公司为客户买卖证券提供融资融券服务，应当按照国务院的规定并经证监会批准。

证券公司办理经纪业务，不得接受客户的全权委托而决定证券买卖、选择证券种类、决定买卖数量或者买卖价格。证券公司不得以任何方式对客户证券买卖的收益或者赔偿证券买卖的损失作出承诺。

证券公司及其从业人员不得未经其依法设立的营业场所私下接受客户委托买卖证券。证券公司的从业人员在证券交易活动中，执行所属的证券公司的指令或者利用职务违反交易规则的，由所属的证券公司承担全部责任。

证券公司应当妥善保存客户开户资料、委托记录、交易记录以及与内部管理、业务经营有关的各项资料，任何人不得隐匿、伪造、篡改或者毁损。证券公司应当按照规定向证监会报送业务、财务等经营管理信息和资料。证监会有权要求证券公司及其股东、实际控制人在指定的期限内提供有关信息、资料。证券公司及其股东、实际控制人向证监会报送或者提供的信息、资料，必须真实、准确、完整。

证券公司违法经营或者出现重大风险，严重危害证券市场秩序、损害投资者利益的，证监会可以对该证券公司采取责令停业整顿、指定其他机构托管、接管或者撤销等监管措施。

（三）证券登记结算机构

证券登记结算机构是为证券交易提供集中登记、存管与结算服务，不以营利为目的的法人。证券登记结算机构的名称中应当标明证券登记结算字样。设立证券登记结算机构必须经证监会批准。

证券登记结算机构履行下列职能：（1）证券账户、结算账户的设立；（2）证券的存管和过户；（3）证券持有人名册登记（4）证券交易所上市证券交易的清算和交收；（5）受发行人的委托派发证券权益；（6）办理与上述业务有关的查询；（7）证监会的其他业务。

证券登记结算采取全国集中统一的运营方式。证券登记结算机构章程、业务规则应当依法制定，并经证监会批准。证券持有人持有的证券，在上市交易时，应当全部存管在证券登记结算机构。证券登记结算机构不得挪用客户的证券。

证券登记结算机构应当向证券发行人提供证券持有人名册及其有关资料证券登记结算机构应当根据证券登记结算的结果，确认证券持有人持有证券的事实，提供证券持有人登记资料。证券登记结算机构应当保证证券持有人名册和登记过户记录真实、准确、完整，不得隐匿、伪造、篡改或者毁损。

证券登记结算机构为证券交易提供净额结算服务时，应当要求结算参与人按照货银对付的原则，足额交付证券和资金，并提供交收担保。在交收完成之前，任何人不得动用用于交收的证券、资金和担保物。结算参与人未按时履行交收义务的，证券登记结算机构有权按照业务规则处理前述财产。证券登记结算机构按照业务规则收取的各类结算资金和证券，必须存放于专门的清算交收账户，只能按业务规则用于已成交的证券交易的清算交收，不得被强制执行。

（四）证券服务机构

投资咨询机构、财务顾问机构、资信评级机构、资产评估机构、会计师事务所从事证券服务业务，必须经证监会和有关主管部门批准。投资咨询机构、财务顾问机构、资信评级机构从事证券服务业务的人员，必须具备证券专业知识和从事证券业务或者证券服务业务两年以上经验。

投资咨询机构及其从业人员从事证券服务业务不得有下列行为：（1）代理委托人从事证券投资；（2）与委托人约定分享证券投资收益或者分担证券投资损失；（3）买卖本咨询机构提供服务的上市公司股票；（4）利用传播媒介或者通过其他方式提供、传播虚假或者误导投资者的信息；（5）法律、行政法规禁止的其他行为。有上述所列行为之一，给投资者造成损失的，依法承担赔偿责任。

证券服务机构为证券的发行、上市、交易等证券业务活动制作并出具审计报告、资产评估报告、财务顾问报告、资信评级报告或者法律意见书等文件，应当勤勉尽责，对所依据的文件资料内容的真实性、准确性、完整性进行核查和验证。其制作、出具的文件有虚假记载、误导性陈述或者重大遗漏，给他人造成损失的，应当与发行人、上市公司承担连带赔偿责任，但是能够证明自己没有过错的除外。

（五）证券业协会

证券业协会是证券业的自律性组织，是社会团体法人。证券公司应当加入证券业协会。证券业协会履行下列职责：（1）教育和组织会员遵守证券法律、行政法规；（2）依法维护会员的合法权益，向证券监督管理机构反映会员的建议和要求；（3）收集整理证券信息，为会员提供服务；（4）制定会员应遵守的规则，组织会员单位的从业人员的业务培训，开展会员间的业务交流；（5）对会员之间、会员与客户之间发生的证券业务纠纷进行调解；（6）组织会员就证券业的发展、运作及有关内容进行研究；（7）监督、检查会员行为，对违反法律、行政法规或者协会章程的，按照规定给予纪律处分；（8）证券业协会章程规定的其他职责。

（六）证券监督管理机构

证监会依法对证券市场实行监督管理，维护证券市场秩序，保障其合法运行。证监会在对证券市场实施监督管理中履行下列职责：（1）依法制定有关证券市场监督管理的规章、规则，并依法行使审批或者核准权；（2）依法对证券的发行、上市、交易、登记、存管、结算，进行监督管理；（3）依法对证券发行人、上市公司、证券公司、证券投资基金管理公司、证券服务机构、证券交易所、证券登记结算机构的证券业务活动，进行监督管理；（4）依法制定从事证券业务人员的资格标准和行为准则，并监督实施；（5）依法监督检查证券发行、上市和交易的信息公开情况；（6）依法对证券业协会的活动进行指导和监督；（7）依法对违反证券市场监督管理法律、行政法规的行为进行查处；（8）法律、行政法规规定的其他职责。

证监会依法履行职责，被检查、调查的单位和个人应当配合，如实提供有关文件和资料，不得拒绝、阻碍和隐瞒。

第五节　保险法

一、保险与保险法概述

（一）保险的概念与分类

1. 保险的概念

保险是为确保社会经济生活的稳定，汇聚多数单位和个人的力量，根据合理计算，共同建立基金，对因特定危险事故造成的财产损失给予补偿或对约定的人身事件的出现实行给付的一种经济保障制度。就个人而言，保险的基本功能是在约定或法定条件下获得经济补偿。但从整个社会的角度来看，保险的本质是一种金融，是以保险人为中介把众人的货币资金汇集起来并融通给发生保险事故或满足给付条件的个人，同时，保险人也可把尚未给付的保险基金融通给资金需求者来实现保险基金的保值和增值。

2. 保险的分类

依据不同的标准，保险可以分为不同类别。

根据其设立是否以营利为目的，保险可以分为商业保险和政策性保险。政策性保险，是指不以营利为目的，而为实现特定政策目标设立的保险。政策性保险主要有两大类，即基于社会保障政策目的的政策性保险和基于经济政策目的的政策性保险。商业保险就是以营利为目的的保险类型。《保险法》中规定的保险仅指商业保险，该法明确指出，“本法所称保险，是指投保人根据合同约定，向保险人支付保险费，保险人对于合同约定的可能发生的事故因其发生所造成的财产损失承担赔偿保险金责任，或者当被保险人死亡、伤残、疾病或者达到合同约定的年龄、期限等条件时承担给付保险金责任的商业保险行为”。

以保险关系的发生是否以当事人自愿为依据，保险可分为自愿保险和强制保险。自愿保险是由投保人和保险人在平等协商的基础上自愿签订保险合同而形成的保险。强制保险则是保险关系人中至少一方依照法律规定必须参与的保险。

根据保险标的的不同，保险分为财产保险和人身保险。财产保险是以财产及其有关利益为保险标的的保险。人身保险是以人的寿命和身体为保险标的的保险。

（二）保险法的概念

保险法是调整保险关系，规范保险业务行为的法律规范的总称。本节所指的保险法仅指《保险法》及其相关的法律、法规、规章。

（三）保险法的基本原则

（1）自愿原则。订立保险合同，应当协商一致，遵循公平原则确定各方的权利和义务；除法律、行政法规规定必须保险的外，保险合同自愿订立。

（2）诚实守信原则。保险活动当事人行使权利、履行义务应当遵循诚实信用原则。

（3）合法和尊重社会公德原则。从事保险活动必须遵守法律、行政法规，尊重社会公德，不得损害社会公共利益。

（4）限制经营原则。保险业务由依法设立的保险公司以及法律、行政法规规定的其他保险组织经营，其他单位和个人不得经营保险业务。

（5）分业经营原则。保险业和银行业、证券业、信托业实行分业经营、分业管理，保险公司与银行、证券、信托业务机构分别设立。国家另有规定的除外。

（6）依法监管。国务院保险监督管理机构（即“保监会”）依法对保险业实施监督管理。保监会根据履行职责的需要设立派出机构，派出机构按照保监会的授权履行监督管理职责。

二、保险合同

（一）保险合同的相关概念

1. 保险合同

保险合同是投保人与保险人约定保险权利义务关系的协议。

2. 保险合同相关主体

投保人是指与保险人订立保险合同，并按照合同约定负有支付保险费义务的人。保险人是指与投保人订立保险合同，并按照合同约定承担赔偿或者给付保险金责任的保险公司。被保险人是指其财产或者人身受保险合同保障，享有保险金请求权的人。投保人可以为被保险人。受益人是指人身保险合同中由被保险人或者投保人指定的享有保险金请求权的人。投保人、被保险人可以为受益人。

3. 保险利益、保险金额和保险事故

保险利益是指投保人或者被保险人对保险标的具有的法律上承认的利益。《保险法》规定，人身保险的投保人在保险合同订立时，对被保险人应当具有保险利益。财产保险的被保险人在保险事故发生时，对保险标的应当具有保险利益。保险金额是指保险人承担赔偿或者给付保险金责任的最高限额。保险事故是指保险合同约定的保险责任范围内的事故。

（二）保险合同的订立与效力

1. 保险合同订立的程序与形式

投保人提出保险要求，经保险人同意承保，保险合同成立。保险人应当及时向投保人签发保险单或者其他保险凭证。保险单或者其他保险凭证应当载明当事人双方约定的合同内容。当事人也可以约定采用其他书面形式载明合同内容。保险合同成立后，投保人按照约定交付保险费，保险人按照约定的时间开始承担保险责任。

2. 保险合同的效力

依法成立的保险合同，自成立时生效。投保人和保险人可以对合同的效力约定附条件或者附期限。订立保险合同，采用保险人提供的格式条款的，保险人向投保人提供的投保单应当附格式条款，保险人应当向投保人说明合同的内容。对保险合同中免除保险人责任的条款，保险人在订立合同时应当在投保单、保险单或者其他保险凭证上作出足以引起投保人注意的提示，并对该条款的内容以书面或者口头形式向投保人作出明确说明；未作提示或者明确说明的，该条款不产生效力。

采用保险人提供的格式条款订立的保险合同中的下列条款无效：（1）免除保险人依法应承担的义务或者加重投保人、被保险人责任的；（2）排除投保人、被保险人或者受益人依法享有的权利的。

（三）保险合同的变更与解除

投保人和保险人可以协商变更合同内容。变更保险合同的，应当由保险人在保险单或者其他保险凭证上批注或者附贴批单，或者由投保人和保险人订立变更的书面协议。

除法律另有规定或者保险合同另有约定外，保险合同成立后，投保人可以解除合同，保险人不得解除合同。人身保险的投保人解除合同的，保险人应当自收到解除合同通知之日起30日内，按照合同约定退还保险单的现金价值。

订立保险合同，保险人就保险标的或者被保险人的有关情况提出询问的，投保人应当如实告知。投保人故意或者因重大过失未履行如实告知义务，足以影响保险人决定是否同意承保或者提高保险费率的，保险人有权解除合同。合同解除权，自保险人知道有解除事由之日起，超过30日不行使而消灭。自合同成立之日起超过2年的，保险人不得解除合同；发生保

险事故的，保险人应当承担赔偿或者给付保险金的责任。

投保人故意不履行如实告知义务的，保险人对于合同解除前发生的保险事故，不承担赔偿或者给付保险金的责任，并不退还保险费。投保人因重大过失未履行如实告知义务，对保险事故的发生有严重影响的，保险人对于合同解除前发生的保险事故，不承担赔偿或者给付保险金的责任，但应当退还保险费。但保险人在合同订立时已经知道投保人未如实告知的情况的，保险人不得解除合同；发生保险事故的，保险人应当承担赔偿或者给付保险金的责任。

（四）保险理赔

1. 理赔通知和理赔资料的提供

投保人、被保险人或者受益人知道保险事故发生后，应当及时通知保险人。故意或者因重大过失未及时通知，致使保险事故的性质、原因、损失程度等难以确定的，保险人对无法确定的部分，不承担赔偿或者给付保险金的责任，但保险人通过其他途径已经及时知道或者应当及时知道保险事故发生的除外。

保险事故发生后，按照保险合同请求保险人赔偿或者给付保险金时，投保人、被保险人或者受益人应当向保险人提供其所能提供的与确认保险事故的性质、原因、损失程度等有关的证明和资料。保险人按照合同的约定，认为有关的证明和资料不完整的，应当及时一次性通知投保人、被保险人或者受益人补充提供。

2. 赔偿金额的核定和赔偿义务的履行

保险人收到被保险人或者受益人的赔偿或者给付保险金的请求后，应当及时作出核定；情形复杂的，应当在 30 日内作出核定，但合同另有约定的除外。保险人应当将核定结果通知被保险人或者受益人；对属于保险责任的，在与被保险人或者受益人达成赔偿或者给付保险金的协议后 10 日内，履行赔偿或者给付保险金义务。保险合同对赔偿或者给付保险金的期限有约定的，保险人应当按照约定履行赔偿或者给付保险金义务。保险人未及时履行前述规定义务的，除支付保险金外，应当赔偿被保险人或者受益人因此受到的损失。

保险人依照法律规定作出核定后，对不属于保险责任的，应当自作出核定之日起 3 日内向被保险人或者受益人发出拒绝赔偿或者拒绝给付保险金通知书，并说明理由。保险人自收到赔偿或者给付保险金的请求和有关证明、资料之日起 60 日内，对其赔偿或者给付保险金的数额不能确定的，应当根据已有证明和资料可以确定的数额先予支付；保险人最终确定赔偿或者给付保险金的数额后，应当支付相应的差额。

3. 诉讼时效

人寿保险以外的其他保险的被保险人或者受益人，向保险人请求赔偿或者给付保险金的诉讼时效期间为 2 年，自其知道或者应当知道保险事故发生之日起计算。人寿保险的被保险人或者受益人向保险人请求给付保险金的诉讼时效期间为 5 年，自其知道或者应当知道保险事故发生之日起计算。

4. 保险人免除赔偿的情形

未发生保险事故，被保险人或者受益人谎称发生了保险事故，向保险人提出赔偿或者给付保险金请求的，保险人有权解除合同，并不退还保险费；投保人、被保险人故意制造保险事故的，保险人有权解除合同，不承担赔偿或者给付保险金的责任，除法律另有规定外，不退还保险费。保险事故发生后，投保人、被保险人或者受益人以伪造、变造的有关证明、资料或者其他证据，编造虚假的事故原因或者夸大损失程度的，保险人对其虚报的部分不承担赔偿或者给付保险金的责任。

投保人、被保险人或者受益人有上述行为之一，致使保险人支付保险金或者支出费用的，应当退回或者赔偿。

5. 再保险的理赔

保险人将其承担的保险业务，以分保形式部分转移给其他保险人的，为再保险。应再保险接受人的要求，再保险分出人应当将其自负责任及原保险的有关情况书面告知再保险接受人。再保险接受人不得向原保险的投保人要求支付保险费。原保险的被保险人或者受益人不得向再保险接受人提出赔偿或者给付保险金的请求。再保险分出人不得以再保险接受人未履行再保险责任为由，拒绝履行或者迟延履行其原保险责任。

（五）保险合同的解释

采用保险人提供的格式条款订立的保险合同，保险人与投保人、被保险人或者受益人对合同条款有争议的，应当按照通常理解予以解释。对合同条款有两种以上解释的，人民法院或者仲裁机构应当作出有利于被保险人和受益人的解释。

（六）人身保险合同的特殊规则

1. 保险利益

投保人对下列人员具有保险利益：（1）本人；（2）配偶、子女、父母；（3）前项以外与投保人有抚养、赡养或者扶养关系的家庭其他成员、近亲属；（4）与投保人有劳动关系的劳动者。此外，被保险人同意投保人为其订立合同的，视为投保人对被保险人具有保险利益。

订立合同时，投保人对被保险人不具有保险利益的，合同无效。

2. 年龄申报不实的处理

投保人申报的被保险人年龄不真实，并且其真实年龄不符合合同约定的年龄限制的，保险人可以解除合同，并按照合同约定退还保险单的现金价值。投保人申报的被保险人年龄不真实，致使投保人支付的保险费少于应付保险费的，保险人有权更正并要求投保人补交保险费，或者在给付保险金时按照实付保险费与应付保险费的比例支付。投保人申报的被保险人年龄不真实，致使投保人支付的保险费多于应付保险费的，保险人应当将多收的保险费退还投保人。

3. 死亡保险的限制

投保人不得为无民事行为能力人投保以死亡为给付保险金条件的人身保险，保险人也不得承保。父母为其未成年子女投保的人身保险，不受前款规定限制。但是，因被保险人死亡给付的保险金总和不得超过国务院保险监督管理机构规定的限额。

以死亡为给付保险金条件的合同，未经被保险人同意并认可保险金额的，合同无效。按照以死亡为给付保险金条件的合同所签发的保险单，未经被保险人书面同意，不得转让或者质押。父母为其未成年子女投保的人身保险，不受此规规定的限制。

4. 保险费的支付

投保人可以按照合同约定向保险人一次支付全部保险费或者分期支付保险费。合同约定分期支付保险费，投保人支付首期保险费后，除合同另有约定外，投保人自保险人催告之日起超过 30 日未支付当期保险费，或者超过约定的期限 60 日未支付当期保险费的，合同效力中止，或者由保险人按照合同约定的条件减少保险金额。被保险人在前款规定期限内发生保险事故的，保险人应当按照合同约定给付保险金，但可以扣减欠缴的保险费。

合同效力依照上述规定中止的，经保险人与投保人协商并达成协议，在投保人补缴保险费后，合同效力恢复。但是，自合同效力中止之日起满 2 年双方未达成协议的，保险人有权解除合同。保险人依照前述规定解除合同的，应当按照合同约定退还保险单的现金价值。

保险人对人寿保险的保险费，不得用诉讼方式要求投保人支付。

5. 人身保险受益人

人身保险的受益人由被保险人或者投保人指定。投保人指定受益人时须经被保险人同意。投保人为与其有劳动关系的劳动者投保人身保险，不得指定被保险人及其近亲属以外的人为受益人。被保险人为无民事行为能力人或者限制民事行为能力人的，可以由其监护人指定受益人。

被保险人或者投保人可以指定一人或者数人为受益人。受益人为数人的，被保险人或者投保人可以确定受益顺序和受益份额；未确定受益份额的，受益人按照相等份额享有受益权。被保险人或者投保人可以变更受益人并书面通知保险人。保险人收到变更受益人的书面通知后，应当在保险单或者其他保险凭证上批注或者附贴批单。投保人变更受益人时须经被保险人同意。

6. 保险金的继承

被保险人死亡后，有下列情形之一的，保险金作为被保险人的遗产，由保险人依照《继承法》的规定履行给付保险金的义务：（1）没有指定受益人，或者受益人指定不明无法确定的；（2）受益人先于被保险人死亡，没有其他受益人的；（3）受益人依法丧失受益权或者放弃受益权，没有其他受益人的。受益人与被保险人在同一事件中死亡，且不能确定死亡先后顺序的，推定受益人死亡在先。

7. 免除赔偿的情形

投保人故意造成被保险人死亡、伤残或者疾病的，保险人不承担给付保险金的责任。投保人已缴足 2 年以上保险费的，保险人应当按照合同约定向其他权利人退还保险单的现金价值。受益人故意造成被保险人死亡、伤残、疾病的，或者故意杀害被保险人未遂的，该受益人丧失受益权。

以被保险人死亡为给付保险金条件的合同，自合同成立或者合同效力恢复之日起 2 年内，被保险人自杀的，保险人不承担给付保险金的责任，但被保险人自杀时为无民事行为能力人的除外。保险人依照前款规定不承担给付保险金责任的，应当按照合同约定退还保险单的现金价值。

因被保险人故意犯罪或者抗拒依法采取的刑事强制措施导致其伤残或者死亡的，保险人不承担给付保险金的责任。投保人已缴足 2 年以上保险费的，保险人应当按照合同约定退还保险单的现金价值。

被保险人因第三者的行为而发生死亡、伤残或者疾病等保险事故的，保险人向被保险人或者受益人给付保险金后，不享有向第三者追偿的权利，但被保险人或者受益人仍有权向第三者请求赔偿。

（七）财产保险合同

1. 保险利益

保险事故发生时，被保险人对保险标的不具有保险利益的，不得向保险人请求赔偿保险金。保险标的转让的，保险标的的受让人承继被保险人的权利和义务。

2. 被保险人的义务

保险标的转让的，被保险人或者受让人应当及时通知保险人，但货物运输保险合同和另有约定的合同除外。因保险标的转让导致危险程度显著增加的，保险人自收到前述规定的通知之日起 30 日内，可以按照合同约定增加保险费或者解除合同。保险人解除合同的，应当将已收取的保险费，按照合同约定扣除自保险责任开始之日起至合同解除之日止应收的部分后，退还投保人。保险人、受让人未履行法律规定的通知义务的，因转让导致保险标的危险程度显著增加而发生的保险事故，保险人不承担赔偿保险金的责任。货物运输保险合同和运输工具航程保险合同，保险责任开始后，合同当事人不得解除合同。

被保险人应当遵守国家有关消防、安全、生产操作、劳动保护等方面的规定，维护保险标的的安全。保险人可以按照合同约定对保险标的的安全状况进行检查，及时向投保人、被保险人提出消除不安全因素和隐患的书面建议。投保人、被保险人未按照约定履行其对保险标的的安全应尽责任的，保险人有权要求增加保险费或者解除合同。保险人为维护保险标的的安全，经被保险人同意，可以采取安全预防措施。

在合同有效期内，保险标的的危险程度显著增加的，被保险人应当按照合同约定及时通知保险人，保险人可以按照合同约定增加保险费或者解除合同。保险人解除合同的，应当将已收取的保险费，按照合同约定扣除自保险责任开始之日起至合同解除之日止应收的部分后，退还投保人。被保险人未履行前款规定的通知义务的，因保险标的的危险程度显著增加而发生的保险事故，保险人不承担赔偿保险金的责任。

保险事故发生时，被保险人应当尽力采取必要的措施，防止或者减少损失。保险事故发生后，被保险人为防止或者减少保险标的的损失所支付的必要的、合理的费用，由保险人承担；保险人所承担的费用数额在保险标的损失赔偿金额以外另行计算，最高不超过保险金额的数额。

3. 保险费的降低

有下列情形之一的，除合同另有约定外，保险人应当降低保险费，并按日计算退还相应的保险费：（1）据以确定保险费率的有关情况发生变化，保险标的的危险程度明显减少的；（2）保险标的的保险价值明显减少的。

4. 保险费的退还

保险责任开始前，投保人要求解除合同的，应当按照合同约定向保险人支付手续费，保险人应当退还保险费。保险责任开始后，投保人要求解除合同的，保险人应当将已收取的保险费，按照合同约定扣除自保险责任开始之日起至合同解除之日止应收的部分后，退还投保人。

5. 保险价值

保险价值是指投保人与保险人订立保险合同时，作为确定保险金额基础的保险标的的价值，也即投保人对保险标的所享有的保险利益在经济上用货币估计的价值额。投保人和保险人约定保险标的的保险价值并在合同中载明的，保险标的发生损失时，以约定的保险价值为赔偿计算标准。投保人和保险人未约定保险标的的保险价值的，保险标的发生损失时，以保险事故发生时保险标的的实际价值为赔偿计算标准。

保险金额不得超过保险价值。保险金额超过保险价值的，超过的部分无效，保险人应当退还相应的保险费；保险金额低于保险价值的，除合同另有约定外，保险人按照保险金额与保险价值的比例承担赔偿保险金的责任。

6. 重复保险

重复保险是指投保人对同一保险标的、同一保险利益、同一保险事故分别与两个以上保险人订立保险合同，且保险金额总和超过保险价值的保险。重复保险的投保人应当将重复保险的有关情况通知各保险人。重复保险的各保险人赔偿保险金的总和不得超过保险价值。除合同另有约定外，各保险人按照其保险金额与保险金额总和的比例承担赔偿保险金的责任。重复保险的投保人可以就保险金额总和超过保险价值的部分，请求各保险人按比例返还保险费。

7. 保险标的部分损失的处理

保险标的发生部分损失的，自保险人赔偿之日起 30 日内，投保人可以解除合同；除合同另有约定外，保险人也可以解除合同，但应当提前 15 日通知投保人。合同解除的，保险人应当将保险标的未受损失部分的保险费，按照合同约定扣除自保险责任开始之日起至合同解除之日止应收的部分后，退还投保人。

8. 物权代位

保险事故发生后，保险人已支付了全部保险金额，并且保险金额等于保险价值的，受损保险标的的全部权利归于保险人；保险金额低于保险价值的，保险人按照保险金额与保险价值的比例取得受损保险标的的部分权利。

9. 代位求偿权

因第三者对保险标的的损害而造成保险事故的，保险人自向被保险人赔偿保险金之日起，在赔偿金额范围内代位行使被保险人对第三者请求赔偿的权利。保险事故发生后，被保险人已经从第三者取得损害赔偿的，保险人赔偿保险金时，可以相应扣减被保险人从第三者已取

得的赔偿金额。保险人行使代位请求赔偿的权利，不影响被保险人就未取得赔偿的部分向第三者请求赔偿的权利。

保险事故发生后，保险人未赔偿保险金之前，被保险人放弃对第三者请求赔偿的权利的，保险人不承担赔偿保险金的责任。保险人向被保险人赔偿保险金后，被保险人未经保险人同意放弃对第三者请求赔偿的权利的，该行为无效。被保险人故意或者因重大过失致使保险人不能行使代位请求赔偿的权利的，保险人可以扣减或者要求返还相应的保险金。

除被保险人的家庭成员或者其组成人员故意造成保险事故外，保险人不得对被保险人的家庭成员或者其组成人员行使代位请求赔偿的权利。保险人向第三者行使代位请求赔偿的权利时，被保险人应当向保险人提供必要的文件和所知道的有关情况。

10. 第三者责任险

责任保险是指以被保险人对第三者依法应负的赔偿责任为保险标的的保险。保险人对责任保险的被保险人给第三者造成的损害，可以依照法律的规定或者合同的约定，直接向该第三者赔偿保险金。责任保险的被保险人给第三者造成损害，被保险人对第三者应负的赔偿责任确定的，根据被保险人的请求，保险人应当直接向该第三者赔偿保险金。被保险人怠于请求的，第三者有权就其应获赔偿部分直接向保险人请求赔偿保险金。责任保险的被保险人给第三者造成损害，被保险人未向该第三者赔偿的，保险人不得向被保险人赔偿保险金。

11. 费用的承担

保险人、被保险人为查明和确定保险事故的性质、原因和保险标的的损失程度所支付的必要的、合理的费用，由保险人承担。责任保险的被保险人因给第三者造成损害的保险事故而被提起仲裁或者诉讼的，被保险人支付的仲裁或者诉讼费用以及其他必要的、合理的费用，除合同另有约定外，由保险人承担。

三、保险业经营机构

（一）保险公司

1. 保险公司的设立

设立保险公司应当经国务院保险监督管理机构（即“保监会”）批准。设立保险公司应当具备下列条件：（1）主要股东具有持续盈利能力，信誉良好，最近三年内无重大违法违规记录，净资产不低于人民币 2 亿元；（2）有符合《保险法》和《公司法》规定的章程；（3）有符合本法规定的注册资本；（4）有具备任职专业知识和业务工作经验的董事、监事和高级管理人员；（5）有健全的组织机构和管理制度；（6）有符合要求的营业场所和与经营业务有关的其他设施；（7）法律、行政法规和保监会规定的其他条件。

设立保险公司，其注册资本的最低限额为人民币 2 亿元。保监会根据保险公司的业务范围、经营规模，可以调整其注册资本的最低限额，但不得低于 2 亿元的限额。保险公司的注册资本必须为实缴货币资本。

申请设立保险公司，应当向国务院保险监督管理机构提出书面申请，并提交法律和保监会规定材料。保监会应当对设立保险公司的申请进行审查，自受理之日起 6 个月内作出批准或者不批准筹建的决定，并书面通知申请人。决定不批准的，应当书面说明理由。申请人应当自收到批准筹建通知之日起 1 年内完成筹建工作；筹建期间不得从事保险经营活动。筹建工作完成后，申请人具备法律规定的设立条件的，可以向保监会提出开业申请。保监会应当自受理开业申请之日起 60 日内，作出批准或者不批准开业的决定。决定批准的，颁发经营保险业务许可证；决定不批准的，应当书面通知申请人并说明理由。

2. 保险公司的业务范围

保险公司的业务范围包括：（1）人身保险业务，包括人寿保险、健康保险、意外伤害保险等保险业务；（2）财产保险业务，包括财产损失保险、责任保险、信用保险、保证保险等保险业务；（3）国务院保险监督管理机构批准的与保险有关的其他业务。保险人不得兼营人身保险业务和财产保险业务。但是，经营财产保险业务的保险公司经保监会批准，可以经营短期健康保险业务和意外伤害保险业务。保险公司应当在保监会依法批准的业务范围内从事保险经营活动。

3. 保险公司的变更与终止

保险公司有下列情形之一的，应当经保险监督管理机构批准：（1）变更名称；（2）变更注册资本；（3）变更公司或者分支机构的营业场所；（4）撤销分支机构；（5）公司分立或者合并；（6）修改公司章程；（7）变更出资额占有限责任公司资本总额 5% 以上的股东，或者变更持有股份有限公司股份 5% 以上的股东；（8）国务院保险监督管理机构规定的其他情形。

保险公司因分立、合并需要解散，或者股东会、股东大会决议解散，或者公司章程规定的解散事由出现，经保监会批准后解散。经营有人寿保险业务的保险公司，除因分立、合并或者被依法撤销外，不得解散。保险公司解散，应当依法成立清算组进行清算。

保险公司有《企业破产法》规定破产情形的，经保监会同意，保险公司或者其债权人可以依法向人民法院申请重整、和解或者破产清算；保监会也可以依法向人民法院申请对该保险公司进行重整或者破产清算。破产财产在优先清偿破产费用和共益债务后，按照下列顺序清偿：（1）所欠职工工资和医疗、伤残补助、抚恤费用，所欠应当划入职工个人账户的基本养老保险、基本医疗保险费用，以及法律、行政法规规定应当支付给职工的补偿金；（2）赔偿或者给付保险金；（3）保险公司欠缴的除第（1）项规定以外的社会保险费用和所欠税款；（4）普通破产债权。破产财产不足以清偿同一顺序的清偿要求的，按照比例分配。

经营有人寿保险业务的保险公司被依法撤销或者被依法宣告破产的，其持有的人寿保险合同及责任准备金，必须转让给其他经营有人寿保险业务的保险公司；不能同其他保险公司达成转让协议的，由国务院保险监督管理机构指定经营有人寿保险业务的保险公司接受转让。转让或者由国务院保险监督管理机构指定接受转让前款规定的人寿保险合同及责任准备金的，应当维护被保险人、受益人的合法权益。保险公司依法终止其业务活动，应当注销其经营保险业务许可证。

4. 保险经营规则

保险公司应当聘用专业人员，建立精算报告制度和合规报告制度。

保险公司的资金运用必须稳健，遵循安全性原则。保险公司的资金运用限于下列形式：

（1）银行存款；（2）买卖债券、股票、证券投资基金份额等有价证券；（3）投资不动产；（4）国务院规定的其他资金运用形式。

保险公司应当建立保险代理人登记管理制度，加强对保险代理人的培训和管理，不得唆使、诱导保险代理人进行违背诚信义务的活动。

保险公司应当按照保监会的规定，公平、合理拟订保险条款和保险费率，不得损害投保人、被保险人和受益人的合法权益。保险公司应当按照合同约定和本法规定，及时履行赔偿或者给付保险金义务。保险公司开展业务，应当遵循公平竞争的原则，不得从事不正当竞争。

（二）保险代理人和保险经纪人

保险代理人是根据保险人的委托，向保险人收取佣金，并在保险人授权的范围内代为办理保险业务的机构或者个人。保险代理机构包括专门从事保险代理业务的保险专业代理机构和兼营保险代理业务的保险兼业代理机构。保险经纪人是基于投保人的利益，为投保人与保险人订立保险合同提供中介服务，并依法收取佣金的机构。保险代理机构、保险经纪人应当具备保监会规定的条件，取得保监会颁发的经营保险代理业务许可证、保险经纪业务许可证。

个人保险代理人代为办理人寿保险业务时，不得同时接受两个以上保险人的委托。保险人委托保险代理人代为办理保险业务，应当与保险代理人签订委托代理协议，依法约定双方的权利和义务。

保险代理人根据保险人的授权代为办理保险业务的行为，由保险人承担责任。保险代理人没有代理权、超越代理权或者代理权终止后以保险人名义订立合同，使投保人有理由相信其有代理权的，该代理行为有效。保险人可以依法追究越权的保险代理人的责任。保险经纪人因过错给投保人、被保险人造成损失的，依法承担赔偿责任。

保险佣金只限于向保险代理人、保险经纪人支付，不得向其他人支付。

四、保险业监督管理

保监会依照本法和国务院规定的职责，遵循依法、公开、公正的原则，对保险业实施监督管理，维护保险市场秩序，保护投保人、被保险人和受益人的合法权益。

关系社会公众利益的保险险种、依法实行强制保险的险种和新开发的人寿保险险种等的保险条款和保险费率，应当报保监会批准。保监会审批时，应当遵循保护社会公众利益和防止不正当竞争的原则。其他保险险种的保险条款和保险费率，应经保监会备案。

保险条款和保险费率审批、备案的具体办法，由保监会依照前款规定制定。保险公司使用的保险条款和保险费率违反法律、行政法规或者保监会的有关规定的，由保监会责令停止使用，限期修改；情节严重的，可以在一定期限内禁止申报新的保险条款和保险费率。

保监会依照本法规定作出限期改正的决定后，保险公司逾期未改正的，保监会可以决定选派保险专业人员和指定该保险公司的有关人员组成整顿组，对公司进行整顿。整顿决定应当载明被整顿公司的名称、整顿理由、整顿组成员和整顿期限，并予以公告。整顿组有权监督被整顿保险公司的日常业务。被整顿公司的负责人及有关管理人员应当在整顿组的监督下行使职权。整顿过程中，被整顿保险公司的原有业务继续进行。但是，保监会可以责令被整顿公司停止部分原有业务、停止接受新业务，调整资金运用。被整顿保险公司经整顿已纠正其违反本法规定的行为，恢复正常经营状况的，由整顿组提出报告，经保监会批准，结束整顿，并由保监会予以公告。

保险公司有下列情形之一的，保监会可以对其实行接管：（1）公司的偿付能力严重不足的；（2）违反本法规定，损害社会公共利益，可能严重危及或者已经严重危及公司的偿付能力的。被接管的保险公司的债权债务关系不因接管而变化。接管组的组成和接管实施办法，由保监会决定，并予以公告。接管期限届满，保监会可以决定延长接管期限，但最长不得超过 2 年。接管期限届满，被接管的保险公司已恢复正常经营能力的，由保监会决定终止接管，并予以公告。被整顿、被接管的保险公司有《破产法》规定情形的，保监会可以依法向人民法院申请对该保险公司进行重整或者破产清算。

保险公司的股东利用关联交易严重损害公司利益，危及公司偿付能力的，由保监会责令改正。在按照要求改正前，保监会可以限制其股东权利；拒不改正的，可以责令其转让所持的保险公司股权。

第六节　票据法

一、票据的概念和种类

票据法中的票据是指出票人签发的，承诺由本人或委托其他人在见票时或在票据记载的日期向持票人无条件支付一定金额的有价证券。

票据具有以下基本特征：（1）票据是设权证券。票据权利因票据的作成和交付而产生，票据交付之时就是票据权利产生之日。（2）票据是货币证券。票据权利是支付确定数额的货币请求权。（3）票据是要式证券。票据的形式及其记载内容应当符合法律规定，否则不产生票据法上的效力。（4）票据是无因证券。虽然票据基于一定的原因如货币的支付等制作而成，但票据关系一旦产生，即具有独立性，其原因的法律效力状态对其法律效力没有影响。（5）票据是文义证券。票据上创设的权利和义务以票据上记载的文义为准。

我国《票据法》仅规定了三种票据，即汇票、本票和支票。

汇票是出票人签发的，委托付款人在见票时，或者在指定日期无条件支付确定的金额给收款人或者持票人的票据。汇票包括银行汇票和商业汇票。银行汇票是出票银行签发的，由其在见票时按照实际结算金额无条件支付给收款人或者持票人的票据。商业汇票是出票人签发的，委托付款人在指定日期无条件支付确定的金额给收款人或者持票人的票据。商业汇票又分为商业承兑汇票和银行承兑汇票，商业汇票的付款人为承兑人。商业承兑汇票由银行以外的付款人承兑，银行承兑汇票由银行承兑。

本票是出票人签发的，承诺自己在见票时无条件支付确定的金额给收款人或者持票人的票据。在我国，法定本票只有银行本票一种。

支票是出票人签发的，委托办理支票存款业务的银行或者其他金融机构在见票时无条件支付确定的金额给收款人或者持票人的票据。

二、票据法律关系

（一）票据法律关系

票据法律关系（简称“票据关系”），是指票据当事人在票据的签发和流通过程中，依据票据法律规范而形成的票据上的权利义务关系。票据关系主体包括出票人、收款人、付款人、持票人等，其中出票人、收款人和付款人是基本当事人，其他为非基本当事人。由于票据为货币证券，因此票据关系的客体是一定数量的货币。票据关系的内容是票据当事人的票据权利和票据义务。票据权利是指持票人向票据债务人请求支付票据金额的权利，包括付款请求权和追索权。票据义务又称票据责任，是指票据债务人向持票人支付票据金额的义务。

（二）票据基础关系

票据基础关系，又称“票据实质关系”，是指作为产生票据关系的事实和前提，存在于票据关系之外而由民法规定的非基于票据行为产生的法律关系。票据基础关系包括票据原因关系、票据资金关系和票据预约关系等。

票据原因关系，又称票据原因，是指当事人授受票据的原因。出票人签发票据、收款人接受票据，在经济上和法律上必有一定的原因，该原因关系就是票据的原因关系。例如，因购买货物而签发并交付票据，用以支付货款，出票人与收款人因此发生票据关系，其原因关系即买卖关系。票据资金关系是指发生于汇票和支票的出票人与付款人之间、出票人与承兑人之间的一种基础关系。票据资金关系的成立，必须具备如下两个条件：（1）出票人必须在付款人处存有可由付款人处分的资金；（2）资金必须可采用票据进行处分。票据预约关系是票据签发前票据当事人就票据的种类（汇票、本票或支票）、金额、到期日、付款地等事项达成合意。

票据关系具有无因性，票据关系一经形成就与基础关系相分离，基础关系是否存在、有效对票据关系都不起作用，除非持票人是不履行约定义务的与自己有直接债权债务关系的人。

三、票据行为

（一）票据行为的概念与种类

票据行为是以票据权利义务的设立、变更或者消灭为目的的法律行为。广义的票据行为是指票据权利义务的创设、转让和解除等行为，包括票据的签发、背书、承兑、保证、参加承兑、付款、参加付款、追索等行为在内。狭义的票据行为专指以设立票据债务为目的的行为，只包括出票、背书、保证、承兑、参加承兑和保付等六种。

出票是指出票人签发票据并将其交付给收款人的票据行为。票据上的权利义务关系都是由出票行为引起的。出票行为有效成立后，票据才可以有效存在。出票行为由票据制作和交付构成。背书是指持票人以转让票据权利或设定质权等为目的而在票据背面签章的票据行为。在票据背面签章的人为背书人，接受已被背书的票据的人为被背书人。承兑是指在汇票中付款人承诺在汇票到期日支付汇票金额的票据行为。在我国，本票和支票见票即付，无需承兑。

参加承兑是指参加人为某一特定票据债务人的利益而承诺负担票据债务的行为。保证是保证人为担保某一特定票据债务人履行票据债务而为的行为。保付是指银行等金融机构对出票人签发的支票所作的保证付款的行为。

（二）票据行为的效力要件

票据行为的效力要件包括实质要件和形式要件。实质要件包括票据行为实施人应当具有完全民事行为能力、意思表示真实、不违反法律法规的强制性规定等。因为票据行为是一种要式行为，必须按一定的方式进行，才能产生票据效力。票据行为还需具备形式要件，包括书面形式、记载事项、签章和交付。

1. 书面形式

出票、背书、承兑等票据行为必须采用书面形式，即应将意思表示记载在票据用纸上，口头的票据行为无效。

2. 记载事项

票据行为具有文义性，票据权利以票据记载的内容为准。根据效力的不同，票据记载事项分为必要记载事项和任意记载事项。必要记载事项是指票据法规定应当记载的事项，包括绝对必要记载事项和相对必要记载事项。绝对必要记载事项是指如果不予记载，票据即无效，如签章、金额、标示票据种类的文字、出票日期等。相对必要记载事项是指虽属法定记载事项但如果不记载，就按票据法的规定来确定其法律效力。例如，如果汇票的到期日没有记载，则法律视为见票即付。任意记载事项是指记载与否由当事人决定，但一经记载即产生票据上的效力，如票据利率、“禁止背书”等内容。除必要记载事项和任意记载事项外，其他记载在票据上的内容不具有票据法上的效力，甚至某些记载事项影响整个票据的效力。

《票据法》规定，票据上的记载事项必须符合法律的规定。票据金额、日期、收款人名称不得更改，更改的票据无效。对票据上的其他记载事项，原记载人可以更改，更改时应当由原记载人签章证明。票据金额以中文大写和数码同时记载，两者必须一致，两者不一致的，票据无效。

3. 签章

票据当事人在票据上签章是票据行为生效的必要条件。票据上的签章，为签名、盖章或者签名加盖章。在票据上的签名，应当为该当事人的本名。《票据法》规定，票据出票人制作票据，应当按照法定条件在票据上签章，并按照所记载的事项承担票据责任。持票人行使票据权利，应当按照法定程序在票据上签章，并出示票据。其他票据债务人在票据上签章的，按照票据所记载的事项承担票据责任。

票据当事人可以委托其代理人在票据上签章，并应当在票据上表明其代理关系。没有代理权而以代理人名义在票据上签章的，应当由签章人承担票据责任；代理人超越代理权限的，应当就其超越权限的部分承担票据责任。无民事行为能力人或者限制民事行为能力人在票据上签章的，其签章无效，但是不影响其他签章的效力。法人和其他使用票据的单位在票据上的签章，为该法人或者该单位的盖章加其法定代表人或者其授权的代理人的签章。

4. 交付

交付是指票据行为人将票据交给相对人的行为。票据为占有证券，相对人只有持有证券才能行使票据权利。因此，只有将票据交付票据行为才能生效。

（三）票据伪造和变造的法律后果

票据的伪造是指无权限人假冒他人或虚构他人名义签章的行为。签章的变造属于伪造。票据的变造是指无权更改票据内容的人，对票据上签章以外的记载事项加以改变的行为。票据上有伪造、变造的签章的，不影响票据上其他当事人真实签章的效力。票据上的记载事项应当真实，不得伪造、变造。伪造、变造票据上的签章和其他记载事项的，应当承担法律责任。票据上有伪造、变造的签章的，不影响票据上其他真实签章的效力。票据上其他记载事项被变造的，在变造之前签章的人，对原记载事项负责；在变造之后签章的人，对变造之后的记载事项负责；不能辨别是在票据被变造之前或者被变造之后签章的，视同在变造之前签章。

四、票据权利及其抗辩

（一）票据权利的概念

票据权利是指持票人向票据债务人请求支付票据金额的权利。票据权利包括付款请求权、追索权两类。付款请求权是指票据债务人请求票据主债务人或其他付款义务人按票据金额支付金钱的权利。汇票的主债务人是承兑人，本票的主债务人是出票人，支票的主债务人则是付款人。追索权是指在持票人不能获得付款或承兑时，在保全票据权利的基础上，要求主债务人以外的其他票据债务人支付票据金额及其损失的权利。

（二）票据权利的取得与限制

票据权利的取得包括从出票人处取得、从持票人处取得和依照法定方式取得。因税收、继承、赠与可以依法无偿取得票据的，所享有的票据权利不得优于其前手的权利。前手是指在票据签章人或者持票人之前签章的其他票据债务人。以欺诈、偷盗或者胁迫等手段取得票据的，或者明知有前列情形，出于恶意取得票据的，不得享有票据权利。持票人因重大过失取得不符合法律规定的票据的，也不得享有票据权利。

（三）票据权利的行使与保全

持票人对票据债务人行使票据权利，或者保全票据权利，应当在票据当事人的营业场所和营业时间内进行，票据当事人无营业场所的，应当在其住所进行。

票据丧失，失票人可以及时通知票据的付款人挂失止付，但是，未记载付款人或者无法确定付款人及其代理付款人的票据除外。收到挂失止付通知的付款人，应当暂停支付。失票人应当在通知挂失止付后 3 日内依法向人民法院申请公示催告，或者向人民法院提起诉讼；也可以在票据丧失后直接向人民法院申请公示催告，或者向人民法院提起诉讼。

（四）票据抗辩

所称票据抗辩，是指票据债务人根据票据法的规定对票据债权人拒绝履行义务的行为。票据债务人不得以自己与出票人或者与持票人的前手之间的抗辩事由，对抗持票人；但持票人明知存在抗辩事由而取得票据的除外。票据债务人可以对不履行约定义务的与自己有直接债权债务关系的持票人，进行抗辩。

（五）票据权利的消灭

票据权利在下列期限内不行使而消灭：（1）持票人对票据的出票人和承兑人的权利，自票据到期日起2年。见票即付的汇票、本票，自出票日起2年；（2）持票人对支票出票人的权利，自出票日起6个月；（3）持票人对前手的追索权，自被拒绝承兑或者被拒绝付款之日起6个月；（4）持票人对前手的再追索权，自清偿日或者被提起诉讼之日起3个月。票据的出票日、到期日由票据当事人依法确定。

持票人因超过票据权利时效或者因票据记载事项欠缺而丧失票据权利的，仍享有民事权利，可以请求出票人或者承兑人返还其与未支付的票据金额相当的利益。

五、有关汇票的具体规定

（一）出票规则

汇票的出票人必须与付款人具有真实的委托付款关系，并且具有支付汇票金额的可靠资金来源。不得签发无对价的汇票用以骗取银行或者其他票据当事人的资金。

汇票的绝对必要记载事项包括：（1）表明“汇票”的字样；（2）无条件支付的委托；（3）确定的金额；（4）付款人名称；（5）收款人名称；（6）出票日期；（7）出票人签章。汇票上未记载前述规定事项之一的，汇票无效。

汇票上记载付款日期、付款地、出票地等事项的，应当清楚、明确。汇票上未记载付款日期的，见票即付。汇票上未记载付款地的，付款人的营业场所、住所或者经常居住地为付款地。汇票上未记载出票地的，出票人的营业场所、住所或者经常居住地为出票地。汇票上可以记载本法规定事项以外的其他出票事项，但是该记载事项不具有汇票上的效力。付款日期可以按照下列形式之一记载：（1）见票即付；（2）定日付款；（3）出票后定期付款；（4）见票后定期付款。付款日期为汇票到期日。

出票人签发汇票后，即承担保证该汇票承兑和付款的责任。出票人在汇票得不到承兑或者付款时，应当向持票人清偿《票据法》规定的金额和费用。

（二）背书规则

持票人可以将汇票权利转让给他人或者将一定的汇票权利授予他人行使。

出票人在汇票上记载“不得转让”字样的，汇票不得转让。持票人行使转让权或委托权时，应当背书并交付汇票。票据凭证不能满足背书人记载事项的需要，可以加附粘单，粘附于票据凭证上。粘单上的第一记载人，应当在汇票和粘单的粘接处签章。背书由背书人签章并记载背书日期。背书未记载日期的，视为在汇票到期日前背书。汇票以背书转让或者以背书将一定的汇票权利授予他人行使时，必须记载被背书人名称。

以背书转让的汇票，背书应当连续。持票人以背书的连续，证明其汇票权利；非经背书转让，而以其他合法方式取得汇票的，依法举证，证明其汇票权利。所谓背书连续，是指在票据转让中，转让汇票的背书人与受让汇票的被背书人在汇票上的签章依次前后衔接。以背书转让的汇票，后手应当对其直接前手背书的真实性负责。后手是指在票据签章人之后签章的其他票据债务人。

背书不得附有条件。背书时附有条件的，所附条件不具有汇票上的效力。将汇票金额的一部分转让的背书或者将汇票金额分别转让给二人以上的背书无效。背书人在汇票上记载“不得转让”字样，其后手再背书转让的，原背书人对后手的被背书人不承担保证责任。背书记载“委托收款”字样的，被背书人有权代背书人行使被委托的汇票权利。但是，被背书人不得再以背书转让汇票权利。汇票可以设定质押；质押时应当以背书记载“质押”字样。被背书人依法实现其质权时，可以行使汇票权利。

汇票被拒绝承兑、被拒绝付款或者超过付款提示期限的，不得背书转让；背书转让的，背书人应当承担汇票责任。背书人以背书转让汇票后，即承担保证其后手所持汇票承兑和付款的责任。背书人在汇票得不到承兑或者付款时，应当向持票人清偿《票据法》规定的金额和费用。

（三）承兑规则

承兑是指汇票付款人承诺在汇票到期日支付汇票金额的票据行为。定日付款或者出票后定期付款的汇票，持票人应当在汇票到期日前向付款人提示承兑。提示承兑是指持票人向付款人出示汇票，并要求付款人承诺付款的行为。

见票后定期付款的汇票，持票人应当自出票日起一个月内向付款人提示承兑。汇票未按照规定期限提示承兑的，持票人丧失对其前手的追索权。见票即付的汇票无需提示承兑。

付款人对向其提示承兑的汇票，应当自收到提示承兑的汇票之日起 3 日内承兑或者拒绝承兑。付款人收到持票人提示承兑的汇票时，应当向持票人签发收到汇票的回单。回单上应当记明汇票提示承兑日期并签章。

付款人承兑汇票的，应当在汇票正面记载“承兑”字样和承兑日期并签章；见票后定期付款的汇票，应当在承兑时记载付款日期。汇票上未记载承兑日期的，以《票据法》第四十一条第一款规定期限的最后一日为承兑日期。

付款人承兑汇票，不得附有条件；承兑附有条件的，视为拒绝承兑。付款人承兑汇票后，应当承担到期付款的责任。

（四）票据保证规则

汇票的债务可以由保证人承担保证责任。保证人由汇票债务人以外的他人担当。保证人必须在汇票或者粘单上记载下列事项：（1）表明“保证”的字样；（2）保证人名称和住所；（3）被保证人的名称；（4）保证日期；（5）保证人签章。保证人在汇票或者粘单上未记载前述第（3）项的，已承兑的汇票，承兑人为被保证人；未承兑的汇票，出票人为被保证人。

保证人在汇票或者粘单上未记载前述第（4）项的，出票日期为保证日期。保证不得附有条件；附有条件的，不影响对汇票的保证责任。

保证人对合法取得汇票的持票人所享有的汇票权利，承担保证责任。但是，被保证人的债务因汇票记载事项欠缺而无效的除外。被保证的汇票，保证人应当与被保证人对持票人承担连带责任。汇票到期后得不到付款的，持票人有权向保证人请求付款，保证人应当足额付款。保证人为两人以上的，保证人之间承担连带责任。保证人清偿汇票债务后，可以行使持票人对被保证人及其前手的追索权。

（五）付款的规则

持票人应当按照下列期限提示付款：（1）见票即付的汇票，自出票日起一个月内向付款人提示付款；（2）定日付款、出票后定期付款或者见票后定期付款的汇票，自到期日起10日内向承兑人提示付款。持票人未按照前款规定期限提示付款的，在作出说明后，承兑人或者付款人仍应当继续对持票人承担付款责任。通过委托收款银行或者通过票据交换系统向付款人提示付款的，视同持票人提示付款。持票人依照前述规定提示付款的，付款人必须在当日足额付款。持票人获得付款的，应当在汇票上签收，并将汇票交给付款人。持票人委托银行收款的，受委托的银行将代收的汇票金额转账收入持票人账户，视同签收。

持票人委托的收款银行的责任，限于按照汇票上记载事项将汇票金额转入持票人账户。付款人委托的付款银行的责任，限于按照汇票上记载事项从付款人账户支付汇票金额。

付款人及其代理付款人付款时，应当审查汇票背书的连续，并审查提示付款人的合法身份证明或者有效证件。付款人及其代理付款人以恶意或者有重大过失付款的，应当自行承担责任。对定日付款、出票后定期付款或者见票后定期付款的汇票，付款人在到期日前付款的，由付款人自行承担所产生的责任。

付款人依法足额付款后，全体汇票债务人的责任解除。

（六）追索权

汇票到期被拒绝付款的，持票人可以对背书人、出票人以及汇票的其他债务人行使追索权。汇票到期日前，有下列情形之一的，持票人也可以行使追索权：（1）汇票被拒绝承兑的；（2）承兑人或者付款人死亡、逃匿的；（3）承兑人或者付款人被依法宣告破产的或者因违法被责令终止业务活动的。

持票人行使追索权时，应当提供被拒绝承兑或者被拒绝付款的有关证明。持票人提示承兑或者提示付款被拒绝的，承兑人或者付款人必须出具拒绝证明，或者出具退票理由书。未出具拒绝证明或者退票理由书的，应当承担由此产生的民事责任。持票人因承兑人或者付款人死亡、逃匿或者其他原因，不能取得拒绝证明的，可以依法取得其他有关证明。承兑人或者付款人被人民法院依法宣告破产的，人民法院的有关司法文书具有拒绝证明的效力。承兑人或者付款人因违法被责令终止业务活动的，有关行政主管部门的处罚决定具有拒绝证明的效力。持票人不能出示拒绝证明、退票理由书或者未按照规定期限提供其他合法证明的，丧失对其前手的追索权。但是，承兑人或者付款人仍应当对持票人承担责任。

持票人应当自收到被拒绝承兑或者被拒绝付款的有关证明之日起3日内，将被拒绝事由书面通知其前手；其前手应当自收到通知之日起 3 日内书面通知其再前手。持票人也可以同时向各汇票债务人发出书面通知。未按照前述规定期限通知的，持票人仍可以行使追索权。因延期通知给其前手或者出票人造成损失的，由没有按照规定期限通知的汇票当事人，承担对该损失的赔偿责任，但是所赔偿的金额以汇票金额为限。在规定期限内将通知按照法定地址或者约定的地址邮寄的，视为已经发出通知。

汇票的出票人、背书人、承兑人和保证人对持票人承担连带责任。持票人可以不按照汇票债务人的先后顺序，对其中任何一人、数人或者全体行使追索权。持票人对汇票债务人中的一人或者数人已经进行追索的，对其他汇票债务人仍可以行使追索权。被追索人清偿债务后，与持票人享有同一权利。

持票人为出票人的，对其前手无追索权。持票人为背书人的，对其后手无追索权。

持票人行使追索权，可以请求被追索人支付下列金额和费用：（1）被拒绝付款的汇票金额；（2）汇票金额自到期日或者提示付款日起至清偿日止，按照中国人民银行规定的利率计算的利息；（3）取得有关拒绝证明和发出通知书的费用。被追索人清偿债务时，持票人应当交出汇票和有关拒绝证明，并出具所收到利息和费用的收据。被追索人依照前条规定清偿后，可以向其他汇票债务人行使再追索权，请求其他汇票债务人支付下列金额和费用：（1）已清偿的全部金额；（2）前项金额自清偿日起至再追索清偿日止，按照人民银行规定的利率计算的利息；（3）发出通知书的费用。行使再追索权的被追索人获得清偿时，应当交出汇票和有关拒绝证明，并出具所收到利息和费用的收据。被追索人依照规定清偿债务后，其责任解除。

六、有关本票与支票的具体规定

（一）有关本票的具体规定

本票的出票人必须具有支付本票金额的可靠资金来源，并保证支付。本票必须记载下列事项：（1）表明“本票”的字样；（2）无条件支付的承诺；（3）确定的金额；（4）收款人名称；（5）出票日期；（6）出票人签章。本票上未记载前述规定事项之一的，本票无效。本票上记载付款地、出票地等事项的，应当清楚、明确。本票上未记载付款地的，出票人的营业场所为付款地。本票上未记载出票地的，出票人的营业场所为出票地。

本票的出票人在持票人提示见票时，必须承担付款的责任。本票自出票日起，付款期限最长不得超过 2 个月。本票的持票人未按照规定期限提示见票的，丧失对出票人以外的前手的追索权。

本票的出票行为以及背书、保证、付款行为和追索权的行使，除《票据法》有特别规定外，适用有关汇票的规定。

（二）有关支票的具体规定

开立支票存款账户，申请人必须使用其本名，并提交证明其身份的合法证件。开立支票存款账户和领用支票，应当有可靠的资信，并存入一定的资金。

开立支票存款账户，申请人应当预留其本名的签名式样和印鉴。支票可以支取现金，也可以转账，用于转账时，应当在支票正面注明。支票中专门用于支取现金的，可以另行制作现金支票，现金支票只能用于支取现金。支票中专门用于转账的，可以另行制作转账支票，转账支票只能用于转账，不得支取现金。

支票必须记载下列事项：（1）表明“支票”的字样；（2）无条件支付的委托；（3）确定的金额；（4）付款人名称；（5）出票日期；（6）出票人签章。支票上未记载前款规定事项之一的，支票无效。

支票上的金额可以由出票人授权补记，未补记前的支票，不得使用。支票上未记载收款人名称的，经出票人授权，可以补记。支票上未记载付款地的，付款人的营业场所为付款地。支票上未记载出票地的，出票人的营业场所、住所或者经常居住地为出票地。出票人可以在支票上记载自己为收款人。

支票的出票人所签发的支票金额不得超过其付款时在付款人处实有的存款金额。出票人签发的支票金额超过其付款时在付款人处实有的存款金额的，为空头支票。禁止签发空头支票。支票的出票人不得签发与其预留本名的签名式样或者印鉴不符的支票。

出票人必须按照签发的支票金额承担保证向该持票人付款的责任。出票人在付款人处的存款足以支付支票金额时，付款人应当在当日足额付款。

支票限于见票即付，不得另行记载付款日期。另行记载付款日期的，该记载无效。支票的持票人应当自出票日起 10 日内提示付款；异地使用的支票，其提示付款的期限由人民银行另行规定。超过提示付款期限的，付款人可以不予付款；付款人不予付款的，出票人仍应当对持票人承担票据责任。付款人依法支付支票金额的，对出票人不再承担受委托付款的责任，对持票人不再承担付款的责任。但是，付款人以恶意或者有重大过失付款的除外。

支票的出票行为以及背书、付款行为和追索权的行使，除《票据法》有特别规定外，适用《票据法》有关汇票的规定。

【课后习题】

1. 下列不属于中国人民银行的职能是（　　）。

A. 发行的银行　B. 银行的银行　C. 企业的银行　D. 政府的银行

2. 残缺的人民币由（　　）收回、销毁。

A. 中国人民银行　B. 国有独资商业银行　C. 储蓄所　D. 财政部

3. 依据我国《商业银行法》的规定，设立商业银行的最低注册资本数额是人民币（　　）。

A. 1 亿元　B. 5 亿元　C. 10 亿元　D. 20 亿元

4.为股票发行出具审计报告、资产评估报告、法律意见书等文件的有关专业人员，在该股票承销期内和期满后（　　）内，不得购买或者持有该股票。

A. 1 个月　B. 3 个月　C. 6 个月　D. 1 年

5. 保险期间内发生保险责任范围内的损失，应由第三者负责赔偿的，如果投保方向保险方提出赔偿要求，保险方应该（　　）。

A. 在第三者无力赔偿时，保险方才予以赔偿

B. 在查明第三者尚未对投保方承担赔偿责任时，保险方才予以赔偿

C. 保险方不予赔偿

D. 保险方先予以赔偿，然后取得代位追偿权

6. 甲公司在向银行申请贷款时以银行承兑汇票作质押担保。票据质押的生效要件是（　　）。

A. 甲公司须与银行签订票据质押合同

B. 甲公司只须将汇票交付银行占有即可

C. 甲公司应向银行作转让背书

D. 甲公司须在票据上作质押背书

参考答案

1. C　2. A　3. C　4. C　5. D　6. D

参考文献

[1] 张守文．经济法学[M]．北京：北京大学出版社，2008.
[2] 肖光辉．20 世纪世界经济法理论的几个问题[A]．何勤华．20 世纪外国经济法的前沿[M]．北京：法律出版社，2002.
[3] 李昌麒．经济法——国家干预经济的基本法律形式[M]．成都：四川人民出版社，1995.
[4] 程信和，刘国政．比较法在日本经济发展中的作用及对中国的启示[J]．法学评论，1999（2）．
[5] 漆多俊．经济法基础理论[M]．武汉：武汉大学出版，2000.
[6] 梁慧星．民法总论[M]．北京：法律出版社，1996.
[7] 徐国栋．人性论与市民法[M]．北京：法律出版社，2006.
[8] 魏振瀛．民法[M]．北京：北京大学出版社，2013.
[9] 王泽鉴．民法总则[M]．北京：北京大学出版社，2009.
[10] 梁慧星．民法总论[M]．4 版．北京：法律出版社，2011.
[11] 范健．商法[M]．4 版．北京：高等教育出版社，北京大学出版社，2011.
[12] 阿蒂亚．合同法概论[M]．程正康，等，译．北京：法律出版社，1982.
[13] 屈茂辉．中国合同法学．长沙：湖南大学出版社，2003.
[14] 王利明，房绍坤，王轶．合同法[M]．北京：中国人民大学出版社，2002.
[15] 崔建远．合同法[M]．北京：法律出版社，2002.
[16] 李永军．合同法[M]．北京：法律出版社，2005.
[17] 朱崇实．经济法[M]．厦门：厦门大学出版社，2007.
[18] 刘剑文．税法学[M]．北京：北京大学出版社，2010.
[19] 刘剑文．企业所得税法实施问题研究[M]．北京：北京大学出版社，2010.
[20] 张守文．税法学[M]．北京：法律出版社，2011.
[21] 张守文．税法原理[M]．北京：北京大学出版社，2012.
[22] 史正保．税法原理与实务[M]．北京：经济科学出版社，2011.
[23] 陈清秀．现代税法原理与国际税法[M]．台北：元照出版公司，2010.
[24] 李占荣．当代中国经济法理论的反思整合与发展[M]．杭州：浙江大学出版社，2004.